普通高等教育经管类专业“十三五”规划教材·会计信息化系列

管理会计信息化

丛书主编　欧阳电平

主　　编　苏亚民　李　颖

副 主 编　赵团结　刘成明　王　盼

清华大学出版社

北　京

内容简介

本书系统地介绍了管理会计信息化的基本原理、业务流程、应用案例，展示企业开展管理会计信息化的全景图像，助力高校开展管理会计信息化教学以及管理会计信息化的普及学习。全书共分七章，包括管理会计信息化概论、全面预算管理、成本管理、项目管理、绩效管理、财务共享服务和管理会计报告系统。每章均设有学习目标、本章小结、关键名词、思考题和案例分析。本书具有内容结构新颖、传授“授人以渔”的指导思想、紧密联系实际及适应课堂教学和自学的特点。

本书适用于高等院校财会专业本科生和研究生。

图书在版编目(CIP)数据

管理会计信息化 / 苏亚民，李颖 主编. —北京：清华大学出版社，2019 (2025.1重印)
(普通高等教育经管类专业“十三五”规划教材·会计信息化系列 / 欧阳电平 主编)
ISBN 978-7-302-52204-1

Ⅰ. ①管… Ⅱ. ①苏… ②李… Ⅲ. ①管理会计－会计信息－财务管理系统－高等学校－教材
Ⅳ. ①F234.3

中国版本图书馆 CIP 数据核字(2019)第 013082 号

责任编辑： 刘金喜
封面设计： 范惠英
版式设计： 思创景点
责任校对： 成凤进
责任印制： 丛怀宇

出版发行： 清华大学出版社
网　　址： https://www.tup.com.cn, https://www.wqxuetang.com
地　　址： 北京清华大学学研大厦 A 座　　**邮　　编：** 100084
社 总 机： 010-83470000　　**邮　　购：** 010-62786544
投稿与读者服务： 010-62776969，c-service@tup.tsinghua.edu.cn
质 量 反 馈： 010-62772015，zhiliang@tup.tsinghua.edu.cn
课 件 下 载： https://www.tup.com.cn，010-62781730
印 装 者： 三河市君旺印务有限公司
经　　销： 全国新华书店
开　　本： 185mm×260mm　　**印　　张：** 17.5　　**字　　数：** 383 千字
版　　次： 2019 年 5 月第 1 版　　**印　　次：** 2025 年 1 月第 3 次印刷
定　　价： 58.00 元

产品编号：080089-02

丛 书 序

经济全球化和大数据、云计算、移动互联、人工智能等新一轮信息技术的飞速发展，加速了我国企业信息化进程，会计环境也发生了重大变革。依托于信息技术创新的财务管理模式(如财务共享服务)，以及管理会计信息化的深入推进，不仅提高了会计工作效率，更加提升了会计管理、控制和决策的能力。我国财政部发布的《关于全面推进管理会计体系建设的指导意见》(财会2014〔17〕号)文件中也明确指出“加快会计职能从重核算到重管理决策的拓展”，我国会计信息化事业进入一个新的发展阶段。

信息化事业的发展对财会人员或经管类专业学生的知识结构和能力提出了更高的要求。财会类或经管类专业的学生如果不掌握一定的信息技术知识，不具备较熟练的计算机应用能力和必要的分析问题、解决问题的能力，以及自我学习的能力，将很难适应未来专业工作的需要。如何培养适应时代发展的财会专业人才及企业信息化人才？作为一名在中国会计信息化领域从事教学和研究近30年的老教师，我一直在思考这个问题。会计信息化需要的是具有多学科交叉的复合型知识结构的人才。我国高校要培养这样的人才，首先要解决专业教育理念的转变、培养目标的正确定位，以及会计信息化师资等问题；在此基础上要制定适应信息化发展的人才培养方案，以及编写适应时代发展的合适的教材。为此，我们经过充分的调研和精心准备，推出了这套“会计信息化系列”丛书。

本系列丛书首先出版的是《会计信息化基础》和《财务与会计数据处理——以Excel为工具》两本。考虑到高等院校对会计综合实训课程开设的不同，为便于灵活选择，我们将原拟定的《会计综合实训——从手工会计到业财一体化》一书分解成《会计综合实训——从手工到电算化》和《会计综合实训——业务财务一体化》两本姊妹篇。在2018年3月出版《会计综合实训——从手工到电算化》后，即将出版《管理会计信息化》，随后将陆续出版《会计综合实训——业务财务一体化》《ERP系统原理与应用》《企业经营决策模拟实训——以财务决策为中心》等。

本系列丛书具有以下特点。

(1) 学历教育、职业教育、岗位对接一体化。本系列丛书的读者对象主要为我国普通高校财会专业及经管类专业的本科生、大专生，以及在职的财会人员。对于学历教育要求将基本概念、基本原理和知识架构论述清楚；对于职业教育要求将业务流程和数据之间的传递关系阐述清楚；对于岗位对接则要求将岗位职责和岗位操作流程表达清楚。本系列丛书的编写自始至终贯穿这个原则，使理论学习与实践有机地结合起来，课程教学与岗位学习有机地结合起来。

(2) 本系列丛书内容不仅注重信息化实践操作能力的培养，也注重构建相关学科信息化的完整理论体系。我们根据长期从事信息化教学的经验体会到：任何应用软件仅仅是从事专业工作的工具，只有对业务工作熟悉了才能使用好工具，因此，本系列丛书重点是对业务流程、业务场景阐述清楚，要有基础理论铺垫，不仅要使读者知其然，还要知其所以然。为便于教学，本系列丛书都配有软件的操作实训(如金蝶 K/3 系统的操作)，但又防止写成软件的操作手册，这样才能做到触类旁通。

(3) 创新性。本系列丛书由浅入深，内容丰富，满足各个层次的会计信息化教学和读者群的要求。其中，《会计综合实训——从手工到电算化》在教学手段信息化方面进行了改革创新，实现了依托互联网，充分利用“云存储”“二维码”等信息技术，由“纸质教材+配套账册+数字化资源库”构建成课程的一体化教学资源，可以通过手机等多种终端形式应用；《企业经营决策模拟实训——以财务决策为中心》《管理会计信息化》是目前市面上少有的教材，我们的编写思路和结构是创新性的。本系列丛书基本覆盖了目前高校财会专业及经管类专业开设的会计信息化相关的课程教学，同时又充分考虑了企业开展会计信息化培训的不同需求，按照从易到难的原则设计每本书的知识体系。每本书除了讲授相关课程的信息化理论和实务外，还提供了相应的案例、丰富的习题、上机实训题等，便于教学使用。

(4) 充分利用团队的力量，力保丛书的质量。本系列丛书由欧阳电平牵头策划、总编和主审，确定每本书的大纲、编写的思路和原则，以及修改。其他作者大部分是来自于湖北省会计学会会计信息化专业委员会的高校教师和在会计信息化领域有着丰富实践经验的专家，以及湖北高校多年从事会计信息化教学的教师，他们都具有多年信息化方面的教学和实践经验；另外，湖北省会计学会会计信息化专业委员会除了有高校委员外，还有浪潮集团湖北分公司等企业委员，他们丰富的实战经验和案例等资源为系列丛书提供了素材。我们利用会计信息化专业委员会这个平台组织丛书编写团队，充分调研和讨论大纲，相互交叉审阅书稿，力保丛书质量。

在本系列丛书的编著过程中，参考和吸收了国内外很多专家学者的相关研究成果并引用了大量的实例，在此一并表示感谢。尽管我们进行了多次的调研和讨论，力求做到推陈出新，希望能够做到尽可能完美，但仍然难免存在疏漏和错误，恳请读者多提宝贵意见。

欧阳电平

2018 年 7 月于珞珈山

前　言

财政部 2014 年发布的《关于全面推进管理会计体系建设的指导意见》指出，信息化是管理会计体系建设的重要支撑。为了满足高等院校管理会计信息化教学及管理会计信息化普及学习的需要，我们组织教学科研经验丰富的教师和具有丰富管理会计信息化实务经验的专家编写了本书。信息化是支持管理会计理念与方法落实，支撑管理会计功能发挥和价值实现的重要手段和推动力量。管理会计信息化框架涵盖数据来源、数据处理、数据分析和决策支持四部分，其创新同时体现在体系方法和技术工具层面。管理会计信息化研究如何将现代信息技术与管理会计的基本原理和方法进行融合，对企业经营管理进行规划、决策、控制、评价，实现会计与业务活动的有机融合，有效发挥管理会计的功能。

本书系统地介绍了管理会计信息化的基本原理、业务流程、应用案例，展示企业开展管理会计信息化的全景图像，有助于高校开展管理会计信息化教学以及管理会计信息化的普及学习。本书包括管理会计信息化概论、全面预算管理、成本管理、项目管理、绩效管理、财务共享服务和管理会计报告系统七章。

本书具有以下几个特点。

(1) 内容结构新颖。本书按照《管理会计应用指引第 802 号——管理会计信息模块》进行编写，涵盖了该应用指引中提到的所有管理会计信息模块，同时在内容上尽可能体现管理会计信息化的新思维、新理论和新方法，如财务共享服务。本书邀请有丰富财务共享服务实践经验的专家系统介绍了财务共享服务的基本原理、发展历程、财务共享服务中心的信息化建设等，为企业全面数字化转型提供了参考模式。

(2)“授人以渔”的指导思想。管理会计信息系统是个性化很强的信息系统，不同的企业规模、管理模式、管理者的知识背景、信息化水平等多种因素都会影响管理会计信息化的实施。那么对于财会管理人员重点要掌握什么呢？本书重点介绍对管理会计信息化实施的需求分析、业务场景、业务流程，让读者理解、掌握如何运用信息技术将管理会计的思想、方法应用到企业实践中，而不是简单地学习软件操作。

(3) 紧密联系实际。为了使讲授的管理会计信息化理论尽可能与实际相结合，本书贯穿了企业具体案例的应用，如全面预算管理、成本管理、项目管理、绩效管理、财务共享服务、管理会计报告选用的案例都是作者亲自参与的项目，他们在管理会计信息化应用方面经验丰富，是这方面的专家，这些企业也是信息化程度较高的企业。

(4) 适应课堂教学和自学。本书在体系安排上力求体现教学规律的要求，循序渐进，先易后难。每章均设有学习目标、本章小结、关键名词、思考题和案例分析。每章结合我国的实际情况分析问题，力求使本书既有理论性，又有实务的指导性。本书适用于财会专业、经济管理类专业本科生和研究生学习。

本书的数字化教学资源可通过 http://www.tupwk.com.cn/downpage 获取。

本书由丛书主编欧阳电平教授策划，确定编写思路和原则，组织讨论总体框架及详细的大纲，最后对全书统一审核、修改、定稿。由苏亚民教授和正高级会计师李颖任主编，负责拟定章节详细大纲并审阅统稿。第一章管理会计信息化概论由苏亚民编写；第二章全面预算管理由李颖编写；第三章成本管理第一节、第二节、第四节、第五节由苏亚民编写，第三章成本管理第三节标准成本管理信息化应用案例由王盼和苏亚民编写；第四章项目管理和第五章绩效管理由正高级会计师赵团结编写；第六章财务共享服务由浪潮国际项目总监刘成明编写；第七章管理会计报告系统由李颖编写。

本书是由欧阳电平教授担任丛书主编的会计信息化系列丛书之一，在此对丛书其他编者对本书编写所提供的宝贵意见表示感谢。毕梅财务总监和甘强工程师对本书的编写给予了大力支持，在此表示感谢。另外，本书的编写还参考和吸收了国内很多学者的相关研究成果，在此一并致谢。

由于编者水平有限，书中难免有欠妥和错误之处，恳请各位专家和广大读者批评指正。

服务邮箱：wkservice@vip.163.com。

作　者

2019 年 1 月于武汉

目　录

第一章

管理会计信息化概论

【学习目标】

通过本章的学习，了解管理会计的发展阶段；理解管理会计的定义、管理会计与财务会计的区别与联系、管理会计信息化和管理会计信息系统的含义；了解管理会计信息系统的功能模块、管理会计信息系统的实施阶段和管理会计信息系统的数据处理过程等。

第一节　管理会计的发展与相关概念

当前，我国经济发展进入新常态，全面深化改革进入攻坚期和深水区，需要提高改革整体效能，这对会计工作提出了新的要求。从国际上看，世界经济面临长期的结构性问题，如资源衰减、环境恶化、国际贸易争端、科技及竞争环境的急速变化等，使经济持续处于低增长态势。面对世界经济复杂严峻的环境和我国经济下行的持续压力，经济发展在未来的几年甚至更长一段时期也将迎来越来越多的挑战，推动我国经济转型升级迫在眉睫。近几年来，财政部连续出台了《会计改革与发展“十三五”规划纲要》《管理会计基本指引》《管理会计应用指引》(含征求意见稿)，进一步提出，要加强管理会计体系建设，推进管理会计广泛应用，提升会计工作管理效能。

一、管理会计的形成与发展

(一) 管理会计的定义

管理会计的定义有狭义和广义之分。狭义的管理会计又称微观管理会计，是指在当代市场经济条件下，以强化企业内部经营管理，实现最佳经济效益为最终目的，以现代企业经营活动及其价值表现为对象，通过对财务等信息的深加工和再利用，实现对经济过程的预测、决策、规划、控制、责任考核评价等职能的一个会计分支。

狭义管理会计研究的基本特点：

(1) 管理会计以企业为主体展开其管理活动；

(2) 管理会计是为企业管理当局的管理目标服务的；

(3) 管理会计是一个对内的会计信息系统。

狭义的管理会计的本质，是在一定经济条件和充分考虑企业利益相关者价值最大化的情况下，通过资金的有效运用，以实现企业价值增值的管理活动。管理会计在实现价值增值的过程中，要寻找并确定对客户价值和对利益相关者价值的驱动因素(价值动因)，识别企业价值增值活动与非增值活动，消除非增值活动，通过增值活动的开展使企业价值有所增加。“中国管理会计之父”余绪缨教授就强调，管理会计是“将现代化管理与会计融为一体，为企业管理者提供管理信息的会计”，它是企业管理信息系统的一个子系统。管理会计通过为企业管理者提供相关信息而创造价值，因此管理会计也是一个企业价值创造的信息系统。

广义的管理会计，是指用于概括现代会计系统中区别于传统会计，直接体现预测、决策、规划、控制和责任考核评价等会计管理职能内容的一个范畴。

广义管理会计研究的基本特点[①]：

(1) 管理会计以企业为主体展开其管理活动；

(2) 管理会计既为企业管理当局的管理目标服务，同时也为股东、债权人、规章制度制定机构及税务当局等非管理集团服务；

(3) 管理会计作为一个信息系统，提供的财务信息包括用来解释实际和计划所必需的货币性和非货币性信息；

(4) 从内容看，管理会计既包括财务会计，又包括成本会计和财务管理。

英国皇家特许管理会计师公会和美国注册会计师协会在2014年10月联合发布《全球管理会计原则》，同期，我国财政部也颁布了《关于全面推进管理会计体系建设的指导意见》。在全球特许管理会计师 CGMA(2014)的管理会计原则中，定义了管理会计以高质量的决策为中心，它将最相关的信息与相关分析放在显著的位置，用于价值的创造和保值。而美国管理会计师协会 IMA(2008)对管理会计所给出的定义则是：管理会计是一种参与企业管理决策、设计计划和业绩管理系统的职业，该职业以财务报告和控制形式提供专业经验以帮助管理层制定和实施组织的战略，是提供价值增值，为企业规划设计、计量和管理财务与非财务信息系统的持续改进过程，通过此过程指导管理行为、激励行为，支持和创造达到组织战略、战术和经营目标所必需的文化价值。该定义着重于管理会计为企业带来的价值增值，也将其提升到战略高度，表明管理会计追求和关注的不仅是企业的短期利益，而是企业的长期发展，管理会计这个“过程”指导的也不仅是经营活动本身，还包括为实现组织目标而必须建立的组织文化的形成。新世纪管理会计的主题将转变为企业核心能力的培植，它将围绕企业核心能力的培植与提升，形成一个独特的、超越传统会计的、全新的综合化信息系统。

(二) 管理会计的发展阶段

从国外来看，管理会计的提出到现在已经走过了160多年的历程。国际会计师联合

① 孙茂竹，等. 管理会计学[M]. 7版. 北京：中国人民大学出版社，2015.

会将管理会计的发展历程分成五个阶段(IFAC，1998)。第一个阶段是20世纪50年代以前，“管理会计”这个名词诞生于美国，该阶段的管理会计实践主要在于通过成本会计和预算等方法来确定企业成本和实施财务控制，其重点在于成本会计方法在管理中的作用。第二个阶段是20世纪50年代到1965年之间，该阶段的重心在于通过信息提供和决策分析方法为管理的预算计划和内部控制提供支持，该时期管理会计的特点在于其强调了信息的作用。第三个阶段是1965年到1985年之间，该阶段的特点是重视定量分析方法在管理会计中的作用，包括回归分析、线性和非线性编程、概率论和决策论等一大批科学的定量分析方法被广泛地运用到成本会计中[①]。第四个阶段为1985年到1995年之间，此阶段管理会计的重心已经从成本确定和财务控制转移到能够有助于创造价值的方法上，其目标是强调价值创造在管理会计中的作用。1995年到现在为第五个阶段，重心在于战略管理和管理会计的交叉融合创新。

从国内来看，20世纪70年代末至80年代初，我国的学术界主要是引进和学习西方的管理会计，这个阶段是引进学习阶段；再就是应用与发展创新阶段，并且产生了管理会计新的分支，如战略绩效评价管理会计、人力资源管理会计、知识资本成本管理会计、行为管理会计、环境管理会计、社会责任管理会计等。

从国内主流的教材来看，管理会计主要分为三个发展阶段：以成本控制为基本特征的管理会计阶段；以预测、决策为基本特征的管理会计阶段；以重视环境适应性为基本特征的战略管理会计阶段。

1. 以成本控制为基本特征的管理会计阶段(19世纪末至1939年)

以成本控制为基本特征的管理会计的主要内容如下。

(1) 标准成本。标准成本是早期管理会计的主要支柱之一。为了提高工人的劳动生产率，美国与西方发达国家的企业首先改革了工资制度和成本计算方法，以预先设定的科学标准为基础，发展奖励计件工资制度，采用标准人工成本的概念。在此之后，又把标准人工成本概念引申到标准材料成本和标准制造费用等。最初的标准成本是独立于会计系统之外的一种计算工作。1919年美国全国成本会计师协会成立，对推广标准成本曾起了很大的作用。1920—1930年，美国会计学界经过长期争论，才把标准成本纳入了会计系统，从此出现了真正的标准成本会计制度。标准成本是按照科学的方法制定在一定客观条件下能够实现的人工、材料消耗标准，并以此为基础，形成产品标准成本中的标准人工成本、标准材料成本、标准制造费用等。标准成本的制定，使成本计算由事后的计算和利用转为事前的计算和利用，是现代会计管理职能的体现。

(2) 预算控制。在管理控制中使用最广泛的一种控制方法就是预算控制。企业根据全面计划来组织与协调各种经济业务，授权给各有关部门实施的控制，称为预算控制。它可以分为业务预算控制、资本预算控制和财务预算控制。预算控制清楚地表明了计划与控制的紧密联系。预算是计划的数量表现。预算的编制是作为计划过程的一部分开始的，而预算本身又是计划过程的终点，是转化为控制标准的计划。按照人工、材料消耗

① Kaplan. R.S.1984.The Evolution of Management Accounting．Accounting Review，59 (3): 390 -418.

标准及费用分配率标准，将标准人工成本、标准材料成本、标准制造费用以预算形式表现出来，并据以控制料、工、费的发生，使之符合预算的要求。

(3) 差异分析。预算差异分析就是通过比较实际执行结果与预算目标，确定其差异额及差异原因。如果实际成果与预算标准的差异很大，企业管理当局应审慎调查，并判定其发生原因，以便采取适当的矫正措施。预算差异分析有利于及时发现预算管理中存在的问题，是控制和评价职能作用赖以发挥的重要的基本手段。

2. 以预测、决策为基本特征的管理会计阶段(1945 年至 20 世纪 70 年代)

以预测、决策为基本特征的管理会计的主要内容如下。

(1) 预测。由于任何经济过程的发展趋势总有一定的规律可循，而现代数学方法和电子计算机技术又可以帮助我们深刻理解经济发展过程的本质，并能使我们认识和掌握它的规律，这就为人们对企业经营过程的变化进行科学预测提供了实际的可能性。为了正确地预测未来的经济活动，管理会计广泛地应用数学方法，有时也运用概率论和微积分等高等数学方法进行定量分析，但是，现代经济生活是十分复杂的，在强调定量分析的同时，还必须考虑各种非计量因素，如政府政策和国内外政治形势、经济发展前景、市场竞争情况、购买者的心理偏好及职工的情绪等。这些非计量因素虽不能用数学方法来计量，但需要认真研究和预测。

(2) 决策。企业管理当局做出的经营决策和投资决策的正确与否，往往关系到一个企业的盛衰兴亡。从这个意义上讲，管理的重心在于经营，经营的重心在于决策。规划和控制企业的经济活动有赖于科学的决策分析，决策的正确与否关系到企业经营的成败。决策是在充分考虑各种可能的前提下，人们基于对客观规律的认识，对未来实践的方向、目标、原则和方法做出决定的过程。正确的决策需要以经过科学预测分析所提供的高质量的信息为基础。

3. 以重视环境适应性为基本特征的战略管理会计阶段(20 世纪 70 年代以后)

战略管理会计(Strategic Management Accounting)是对管理会计的发展。战略管理会计与企业战略管理密切联系，它运用灵活多样的方法收集、加工、整理与战略管理相关的各种信息，并据此来协助企业管理层确立战略目标、进行战略规划、评价管理业绩。1981 年，英国学者西蒙斯(Simmonds)最早将管理会计与战略管理联系起来，提出“战略管理会计”。他将战略管理会计定义为：对企业及其竞争对手的管理会计数据进行搜集和分析，由此来发展和控制企业战略的会计。之后，威尔逊(Wilson)等人认为战略管理会计是明确强调战略问题及相关重点的一种管理会计方法，它拓展了管理会计范围，通过应用财务信息来发展优秀的战略，以获取持久的竞争优势。随着战略管理的推广，战略管理会计已发展成为一种从战略的高度，收集、加工与企业相关各方面的经济信息，帮助企业管理层对内进行战略审视，对外做出战略决策，最大限度地协调企业现实与经济环境之间的关系，保持并不断创新其长期竞争优势的决策支持系统。无论从着眼点还是从内容来看，战略管理会计都是对现代管理会计的一次开拓性发展。

战略管理会计有如下特点。

(1) 战略管理会计着眼于长远目标和全局利益。

战略管理会计着眼于企业的长期发展和整体利益的最大化。当企业间的竞争已上升到高层次的全局性战略竞争时，抢占市场份额、扩大企业生存空间、追求长远的利益目标已成为企业家最为关注的问题。战略管理会计适应这一形势的要求，超越了单一会计期间的界限，着重从多期竞争地位的变化中把握企业未来的发展方向，并且以最终利益目标作为企业战略成败的标准，而不在于某一个期间的利润达到最大。它的信息分析完全基于整体利益。战略管理会计放眼长期经济利益，在会计主体和会计目标方面进行大胆的开拓，将管理会计带入了一个新境界。

(2) 战略管理会计是外向型的信息系统。

战略管理会计站在战略的高度，关注企业外部环境的变化，不局限于本企业这一个环节，而是研究在整个产业价值链中企业上家和下家的信息，努力改善企业的经济环境，强调企业发展与环境变化的协调一致，以求得产业的最优效益。战略管理会计围绕本企业、顾客和竞争对手形成的“战略三角”，收集、整理、比较、分析与竞争对手有战略相关性的信息，向管理者提供关于本企业与对手间竞争实力的信息，以保持和加强企业在市场上的相对竞争优势。战略管理会计强调比较优势，从相对成本到相对市场份额，它所关注的是相对指标的计算和分析，向管理者提供的是比较竞争成本和比较竞争优势的信息。战略管理会计通过对企业内外信息的比较分析，了解企业在市场中竞争地位的变动。战略管理会计拓展了会计对象的范围，是一种外向型的信息系统。

(3) 战略管理会计是对各种相关信息的综合收集和全面分析。

战略管理会计为适应企业战略管理需要，将信息的范围扩展到各种与企业战略决策相关的信息，其中包括货币性质的、非货币性质的；数量的、质量的；物质层面的、非物质层面的；甚至有关天时、地利、人和等方面的信息。信息来源除了企业内部的财务部门以外，还包括市场、技术、人事等部门，以及企业外部的政府机关、金融机构、中介顾问、大众媒体等。多样的信息来源和信息种类需要多种信息分析方法，因此，不仅是财务指标的计算，而是结合了环境分析法、对手分析法、价值链分析法、生命周期分析法、矩阵定位分析法、预警分析法、动因分析法、综合记分法等多种方法，这无疑是对管理会计方法的丰富。

(4) 战略管理会计拓展了管理会计人员的职能范围和素质要求。

战略管理会计对管理会计人员的要求已不止于财务信息的提供，而是要求他们能够运用多种方法，对包括财务信息在内的各种信息进行综合分析与评价，向管理层提供全部信息的分析结论和决策建议。在战略管理会计中，管理会计人员将以提供具有远见卓识的管理咨询服务为基本职能。随着管理会计人员职能的扩展，新型管理会计人员就总体素质而言，不仅应熟悉本企业所在行业的特征，而且更要通晓经济领域其他各个方面，具有战略的头脑、开阔的思路、高瞻远瞩的谋略和敏锐的洞察力及准确的判断力，善于抓住机遇，从整体发展的战略高度来认识和处理问题，是一种具有高智能、高创造力的人才。

(三) 管理会计的未来挑战及应对

未来管理会计应该建立更加优越的管理会计体系，对管理会计进行优化创新，完善管理会计人员对数据的认知及各方面素质，树立大数据应用管理会计的意识，提高管理会计对大数据的收集与分析技能，及时抓住大数据的机遇，有效应对挑战。云计算等新的计算机网络技术使得预算管理精准化得以实现，计算机网络技术使得绩效管理实现单维向多维的转变，财务信息共享的实现为管理会计提供了发展机遇。创新将成为"互联网+"管理会计的主要动力源泉，云计算、大数据提升了管理会计发展要求，管理会计与"互联网+"、大数据完善了企业价值链，提升了数据价值。管理会计应该建立规范的会计制度，改进信息披露，建立一个涉及国计民生的特色产业的统一规范的管理体系。从会计发展的经济拉动、技术驱动和内生动力三方面分析，我国会计改革和发展的方向应该是从财务会计为主的核算型会计向管理会计为主的管理型会计转型。企业会计不仅要核算企业资源投入与产出的价值运动过程，而且要为企业资源有效配置提供支持，实现战略管理闭环和落实，其核心是对未来经济事件中价值增值进行反映。就中国经济和企业所面临的环境而言，基于经济全球化和国际市场竞争日益激烈的形势，中国的经济发展进入"新常态"，增长速度放缓，中国经济必须升级转型，而中国企业国际竞争力逐渐下降，使低毛利率成为"新常态"，因此，中国企业需要"精细化管理""降本增效"。管理会计是中国企业实施精细化管理的有效工具，也是应对"新常态"的重要工具。

二、管理会计的基本概念

(一) 管理会计的对象

管理会计研究对象的正确定位，是学科本质特征的高度概括和总结，是整个理论体系研究的基石。无论是财务会计还是管理会计，都必须立足于会计主体的立场来开展工作，为主体的生存发展提供与价值相关的信息服务。管理会计是直接为企业管理当局服务的。这种服务在早期主要表现为成本核算、盈亏计算、成本控制、预算控制，后来逐步发展为经营预测、经营决策、投资决策、责任追溯、绩效考核，乃至战略分析、战略选择、战略评价、内部控制、风险管理等。随着企业规模和组织结构、形式的不停演变，管理会计的服务对象不再仅仅是企业管理当局，而是伴随着企业管理当局深化细化管理的要求而服务于企业内部的各级组织。从这个意义上说，管理会计的主体具有"一主多样"的特点，即主要的会计主体与财务会计主体相一致；同时兼有内部各责任主体的特征。

管理会计的对象不仅涉及会计对象的资金运动，更是结合了一些与计划、决策、控制和考核有关的非资金运动。由于会计的主要特征是货币计量，资金运动是价值运动的货币表现形式，因此，从发展变化的动态角度来说，管理会计的对象更多是以面向未来的、以风险为导向的资金运动。而管理反映的是一种生产关系，管理会计对象的客观性，使得管理会计对象本身不能被贴上“有益于计划、决策、控制及考核等”这一具有主观判断特征的标签限定。由此，管理会计的对象应是资金运动及其所体现的经济关系。还有学者认为管理会计的研究对象就是成本—效益，即建立在广义成本基础之上的，旨在提高企业经济效益的成本管理。该对象能反映出管理会计的本质特征和社会环境的特点，符合既抽象又具体可行的客观要求。

持现金流动论的学者认为管理会计的对象是企业的现金流动。首先，从内容上看，现金流动是贯穿于现代管理会计的始终，表现在预测、决策、预算、控制、考核、评价等各个环节，具有最大的综合性。其次，现金流动具有很大的敏感性，通过现金流动的动态，可以把企业生产经营的主要方面和主要过程全面、系统而及时地反映出来。

持经济活动及信息论的学者认为，管理会计的对象是能反映和控制的经济活动及其信息。管理会计和财务会计同属一个系统，从总体上来说，两者对象应该是一致的，即能反映和控制的经济活动及其信息。但由于分工的不同，在“时”“空”两个方面应各有侧重。管理会计的对象，在时间上侧重于现在和未来的经济活动及其信息，在空间上侧重于各级责任单位部分的、可供选择的或特定的经济活动及其信息。

持价值差量的学者认为，管理会计的对象是价值差量，首先，价值差量是对管理会计每一项内容进行研究的基本方法，并能贯穿始终。其次，价值差量具有很大的综合性，管理会计研究的“差量”问题，既有价值差量，又包括实物差量和劳动差量，后者是前者的基础，前者是后者的综合表现。

(二) 管理会计的目标

1972 年，美国会计学会管理会计委员会提出管理会计目标分基本目标和辅助目标两个层次，其中基本目标是向企业管理人员提供内部经营管理信息，协助企业管理人员制定决策。辅助目标有四个：协助履行计划管理职能；协助履行控制职能；协助履行组织职能；协助下属业务部门履行经营管理职能。1986 年，全美会计师协会下属的管理会计实务委员会在《管理会计公告——管理会计的目标》中指出管理会计应实现以下两个目标：①为管理和决策提供信息，管理会计应向各级管理人员提供以下经选择和加工的信息，与计划、评价和控制企业经营活动有关的各类信息；与维护企业资产安全、完整及资源有效利用有关的各类信息；与股东、债权人及其他企业外部利益相关者的决策有关的信息；②参与企业的经营管理。

组织的管理目标是一个基于根本目标之上的总的目标体系。与组织总的目标体系相适应，管理会计的目标也包含了不同侧面、不同层级的具体目标。就总目标而言，企业管理会计的总目标是提高组织配置资源的经济效益。李天民教授曾指出：企业“管理会计的总目标似可改为‘总任务’，即‘协助管理当局做出有关改进经营管理、提高经济效益和社会效益的决策’”。具体任务(目标)有四个方面：确定各项经济目标，合理使用经济资源，调节控制经济活动，评价考核经济业绩。李教授是从管理的过程来对管理会计的具体目标进行表述的。如果从会计主体来看，管理会计的具体目标还可以依据不同层次责任单位(部门)的需要来确认。具体目标是对总目标的分解，由具体目标和总目标共同构成的目标体系是对组织绩效进行评价的依据。

(1) 为了提高企业的效益，向企业内部经营管理提供信息。

管理会计要强化企业内部经营管理，为提高经济效益服务，运用一系列专门的方式方法，收集汇总、分析和报告各种经济信息，借以进行预测和决策，制订计划，对经营业务进行控制，并对业绩进行评价，以保证企业改善经营管理，提高经济效益。在掌握会计核算能力的基础上，提升扩展能力，掌握管理会计学的基本理论、方法和技术，具备利用经济信息进行预测、决策，对经营业务进行控制、分析评价的能力。长期、持续地提高整体经济效益是战略管理会计的基本目标。战略管理会计目标在战略管理会计网络体系中起主导作用，是引导战略管理会计行为的航标，是战略管理会计系统运行的动力和行为标准。提供内外部综合信息是战略管理会计的具体目标。

(2) 参与企业决策，充分发挥经营管理职能。

这一目标的基本思想是将企业长期稳定持续的发展摆在首位，它看似简单，实际上包含了丰富的内涵。这强调了风险与报酬的均衡，将风险控制在企业可承担的范围之内；既要有量的扩大，也要有质的变革和创新，后者集中体现在企业核心竞争力的培育和提升上，从而使企业形成强大的竞争力，保持长期稳定的发展；客户价值最大化。一个企业要想取得成功并不断地繁荣发展，必须设计和提供消费者满意的产品和服务，建立高效率的分销渠道，开展富有成效的市场营销活动，快速地将产品和服务提供给消费者。尽管管理会计信息不能保证这些至关重要的活动取得成功，但是匮乏和扭曲的会计信息将使企业面临严重的困难。高效的管理会计系统通过及时而准确地提供信息，将为企业创造巨大的财富。未来的企业管理者必须牢固树立客户第一的思想，想客户之所想，一切以客户为中心，努力提高客户的满意度和忠诚度，用客户价值的最大化换来企业价值的持续最大化。现代管理会计作为主要为企业提供管理信息支持的信息系统，也应该以客户价值最大化为其目标；重视社会责任，关心经济与自然的协调发展，不以牺牲生态环境和社会效益为代价追求利润最大化。总之，以企业价值最大化作为管理会计的战略目标，体现了企业经济效益与社会效益、短期利益与长期利益的统一。

(三) 管理会计的职能

管理会计的职能是指管理会计实践本身客观存在的必然性所决定的内在功能。按照管理五职能的观点，可以将管理会计的主要职能概括为以下五个方面。

(1) 预测经济前景。一个企业只有对当前和长远经济前景做出客观的预测，才能为企业决策者提供第一手信息。管理会计参照企业对未来的发展规划和经营目标，预估企业未来的经济活动变化趋势并形成不同的选择方案，帮助领导者了解未来经济的发展趋势。

(2) 参与经济决策。决策是企业经营管理的中心，也是各部门的主要工作职责，怎样为企业决策者提供准确的决策信息，是各职能管理部门的中心工作之一。

(3) 规划经营目标。其职能的实现方式主要是通过编制各种预算与规划确定的。通过分析和了解数据，编制各种预算和计划，然后将不同的经营目标划分到不同的预算计划中，合理地利用企业的各种资源，同时也为企业后续的绩效考核奠定基础。将实时更新与预算管理相结合，提升预算有效性，改善公司经营管理效率低下的不足，降低数据中心的运营成本，减少企业管理会计管理系统的资金投入等方面来完善管理会计职能。

(4) 控制经济过程。就是把企业经济过程的事前控制、事中控制与事后反馈进行有机地结合，根据提前确定的科学可行的种种标准，以及执行过程中的实际情况与最初计划发生偏差的原因分析，可以及时地采取相应的解决措施。

(5) 考核评价经营业绩。该职能主要体现在事后根据各责任单位定期编制的业绩报告，将实际发生数与预算数进行对比、分析来评价和考核各责任单位的业绩，以便正确处理分配关系，保证经济责任制的贯彻执行。

(四) 管理会计信息质量特征

管理会计信息质量特征是与管理会计目标联系在一起的，是根据管理会计的目标规定出评估管理会计信息的基本标准，作为管理会计选择的依据，是管理会计目标同管理会计程序和方法之间的中介。管理会计信息质量特征，是管理会计目标的具体化，而管理会计目标则是决定管理会计信息质量特征的基础。直到目前，管理会计信息质量特征在会计理论界和实务界尚未达成共识。根据管理会计的基本特征和侧重于为企业管理者提供信息服务这一基本目标，一般认为管理会计所提供的信息必须具备以下质量特征。

(1) 客观性。客观性是管理会计信息质量特征的本质基础，管理会计信息应当是中立的、不带个人偏好的，客观性是指不同的会计人员通过相同的方法、程序等得出的结果应该保持基本一致。

(2) 相关性。相关性是指管理会计所提供的信息与管理当局的决策相联系，有助于提高管理人员决策能力的特征。无论是进行短期经营决策还是进行长期投资决策，都需要在备选方案中寻找最佳方案并做出判断和决策。相关性处于管理会计信息特征中的特定需要，只要存在可供选择的不同方案，就表明决策中存在“差别”，需要进行分析、比较和评价，以便从“差别”中选出理想的方案，作为未来行动的依据。因此，管理会计信息的相关性，就是指帮助信息使用者提高决策能力所需要的发现、分析和解释“差别”，从而能从“差别”中做出选择和判断的特征。相关的会计信息必须具备两个条件，一是通过预测获得未来信息，二是在各可供选择的方案之间发生的各种用货币计量的“差别”。为此，会计人员必须熟悉企业的经营活动，并了解管理当局的信息需求，以便从大量的数据中，选择对管理当局决策有用的重要信息。特别是在当今的信息爆炸时代，这一选择过程将更为困难。要完成这一任务，会计人员首先必须确定管理当局决策对信息的需要性，然后对各种可取得的数据进行加工分析，并从中选择对管理当局决策有用的信息。对财务会计至关重要的“真实性”特征，对于管理会计而言，却不能成为其总体质量特征，只能是其质量特征组合中的重要成员，“相关性”

或者“决策有用性”才是管理会计信息的首要质量特征。

(3) 及时性。及时性是管理会计信息质量特征的生命力。及时性是指管理会计必须为管理当局的决策提供最为及时、迅速的信息。只有及时的信息，才有助于管理当局做出正确的决策；反之，过时的信息将会导致决策的失误。强调信息的及时性，必须明确及时性与精确性的关系。在需要信息时，速度往往高于精确。信息获得速度越快，则管理人员越能迅速解决问题。管理人员往往宁愿以牺牲部分精确性换取信息的立即可用。因此，在管理会计上，估计值或近似值可能比精确的信息更为有用。及时性本身不能增加相关性，但不及时的相关信息将使相关性完全消失。

在某些情况下，管理会计信息的及时性，要求会计人员定期提供计划性信息。例如，每日的现金收支报告，将有助于管理当局有效地管理安排日常现金的使用。而每周的产品成本报告，则有助于管理当局对产品成本的有效控制。在另一些情况下，管理会计信息的及时性，则要求管理会计师以不定期为基础或只在需要时编制管理会计报告，为管理当局提供决策信息。

(4) 准确性。准确性是指管理会计所提供的信息在有效使用范围之内必须是准确的。不准确的信息会导致管理当局的决策失误。例如，如果将一份不准确的有关客户过去的付款情况的报告提交给管理当局，就将使管理当局做出给客户提供信用的不明智决策。强调信息的准确性，必须明确信息的准确性和精确性两个不同的概念。要求提供准确的信息，并不意味着要求提供的信息越精确越好，在许多情况下，采用近似的方法，以线性关系代替非线性关系，以基于确定性分析方法代替基于不确定性的分析方法，反而可以取得较好的实践效果。

(5) 简明性。管理会计信息的价值在于对决策有用。而简明性是指管理会计所提供的信息，不论在内容上还是在形式上，都应简单明确，易于理解，使信息使用者理解它的含义和用途，并懂得如何加以使用。明确而易于理解的信息，有助于管理人员将注意力集中于计划与控制活动中的重大因素上。例如，在管理当局提供有关成本控制的信息时，揭示成本差异的信息将有助于管理当局重视差异，并采取有效措施，消除不利差异，保持有利差异，从而促进企业的健康发展。

(6) 成本—效益平衡性。以上各项管理会计的信息质量特征可以看作是为适应管理当局的各种需要提供信息的通用指南。在运用这些指南时，必须同时考虑各管理人员的各种特定需要，并根据其需要提供管理会计信息。但取得这些信息要花费一定的代价。因此，必须将形成、使用一种信息所花费的代价与其在决策和控制上所取得的效果进行具体对比分析，借以确定在信息的形成、使用上如何以较小的代价取得较大的效果。无论信息有多重要，只要其成本超过其所得，就不应形成、使用这一信息。因此，注重成本效益原则，取得管理会计信息要花费一定的代价，不论信息有多么重要，只要其取得成本大于收益，就不值得获取该信息。获得管理会计信息时一定要注重它的成本效益的平衡性，这可以看作是管理会计信息的一个约束条件。

三、管理会计与财务会计的联系与区别

(一) 管理会计与财务会计的联系

(1) 管理会计与财务会计同属于现代会计。管理会计与财务会计两者源于同一母体，都属于现代企业会计，共同构成了现代企业会计系统的有机整体。两者相互依存、相互制约、相互补充，存在着密切的联系。

(2) 管理会计与财务会计的最终目标相同。两者都以企业经营活动及其价值表现为对象；它们都必须服从现代企业会计的总体要求，共同为实现企业和企业管理目标服务。

(3) 管理会计与财务会计相互分享部分信息。信息来源方面，管理会计与财务会计活动所使用的原始信息，归根结底都同样来自企业的生产经营活动产生的信息。在实践中，管理会计所需要的许多资料来源于财务会计系统，它的主要工作内容是对财务会计信息进行深加工和再利用，因而受到财务会计工作质量的约束；同时，部分管理会计信息有时也列作对外公开发表的范围。资料运用相通。管理会计的进行需要运用来自财务会计生成的信息资料。反过来，管理会计运用这些资料对企业经营效益所做出的预测和决策是否正确，最终还需要通过财务会计检验。

(4) 财务会计的改革有助于管理会计的发展。财务会计与管理会计的和谐耦合是现代会计发展的必然趋势，无论财务会计还是管理会计，都面临着如何适应时代要求而不断完善与发展的问题；都需要探索、实践按照现代企业管理的要求如何组织和开展会计管理工作的问题；都需要解决好如何广泛运用电子计算机技术，不断提高会计信息质量和处理能力的问题；在核算内容上又有交叉和重叠，财务会计中的一些指标，是管理会计进行预测和控制的基础；而管理会计中的预算标准是财务会计核算的依据之一。

(二) 管理会计与财务会计的区别

管理会计是对内报告会计，其与财务会计的区别一方面体现在报告对象的不同，另一方面在职能目标上也存在差异。财务会计是事后会计，主要实现的职能为核算和监督。而管理会计既包括事前的预测、决策，也涵盖事中的组织、控制，以及事后的评价环节。传统观点认为，会计只是反映企业的经营情况，而随着信息技术的发展普及，企业会计领域，尤其是管理会计，已成为企业重要的决策支持保障。它们的主要区别如下。

(1) 工作主体(范围)的层次不同。管理会计的工作主体可分为多个层次，它既可以以整个企业(如投资中心、利润中心)为主体，又可以将企业内部的局部区域或个别部门甚至某一管理环节(如成本中心、费用中心)作为其工作的主体。而财务会计的工作主体往往只有一个层次。

(2) 工作侧重点(具体目标)不同。管理会计作为企业会计的内部管理系统，其工作侧

重点主要是为企业内部管理服务，在于针对企业经营管理遇到的特定问题，进行分析研究；财务会计工作的侧重点在于为企业内外利益关系集团提供会计信息服务，在于根据日常的业务记录，登记账簿，定期编制有关的财务报表。

(3) 作用时效不同。管理会计的作用时效不仅限于分析过去，而且还在于能动地利用已知的财务会计资料进行预测和规划未来，同时控制现在，从而横跨过去、现在和未来三个时态；财务会计的作用时效主要在于反映过去。

(4) 遵循的原则、标准和依据的基本概念框架结构不同。管理会计在工作中还可灵活应用预测学、控制论、信息理论、决策原理、目标管理原则和行为科学等现代管理理论作为指导，它所使用的许多概念都超出了传统会计要素等的基本概念框架；而财务会计工作必须严格遵守“公认的会计原则”。

(5) 信息特征及信息载体不同。管理会计所提供的信息往往是为满足内部管理的特定要求而有选择的、部分的和不定期的管理信息；财务会计能定期地向与企业有利害关系的集团或个人提供较为全面的、系统的、连续的和综合的财务信息。管理会计大多以没有统一格式、不固定报告日期和不对外公开的内部报告为其信息载体；财务会计在对外公开提供信息时，其载体是具有固定格式和固定报告日期的财务报表。

(6) 方法体系不同。管理会计可选择灵活多样的方法对不同的问题进行分析处理；财务会计的方法比较稳定。

(7) 工作程序不同。管理会计工作的程序性较差；财务会计必须执行固定的会计循环程序。

(8) 体系的完善程度不同。管理会计缺乏规范性和统一性，体系尚不健全；财务会计工作具有规范性和统一性，体系相对成熟，形成了通用的会计规范和统一的会计模式。

(9) 观念的取向不同。管理会计注重管理过程及其结果对企业内部各方面人员在心理和行为方面的影响；财务会计往往不大重视管理过程及其结果对企业职工心理和行为的影响。

(10) 基本职能不同。管理会计主要履行预测、决策、规划、控制和考核的职能，属于“经营型会计”；财务会计履行反映、报告企业经营成果和财务状况的职能，属于“报账型会计”。

(11) 管理会计与财务会计的信息属性不同。管理会计在向企业内部管理部门提供定量信息时，除了价值单位外，还经常使用非价值单位，此外还可以根据部分单位的需要，提供定性的、特定的、有选择的、不强求计算精确的，以及不具有法律效用的信息；财务会计主要向企业内外利益关系集团提供以货币为计量单位的信息，并使这些信息满足全面性、系统性、连续性、综合性、真实性、准确性、合法性等原则和要求。

(12) 对会计人员素质的要求不同。管理会计对会计人员素质的要求是以决策目标为导向，注重灵活；财务会计对会计人员素质的要求是熟悉会计准则和会计制度，依规行事。

第二节 管理会计信息化概述

一、管理会计信息化的含义

财政部在管理会计应用指引中指出，管理会计信息化是会计信息化的子集，是指以财务和业务数据为基础，借助计算机、网络通信等现代信息技术手段，对信息进行获取、加工、整理、分析和报告等操作处理，为企业有效开展管理会计活动提供全面、及时、准确的信息支持。该定义基于系统论和信息论，基于管理会计信息系统，借助信息方法对管理会计信息化予以界定，偏重于管理会计信息的流转，包括信息的输入、信息的处理、信息的输出，以及信息的使用，详见图 1-1。其中，信息的输入是业务和财务数据；信息的处理包括信息获取、信息加工、信息整理、信息分析、信息报告等，信息的处理工具是计算机、网络通信等现代信息技术手段，在实务工作中具体主要体现为管理会计信息系统；信息的输出是管理会计信息，要求具有全面性、及时性和准确性；信息的使用主要是指将输出的管理会计信息用于企业有效开展管理会计活动①。

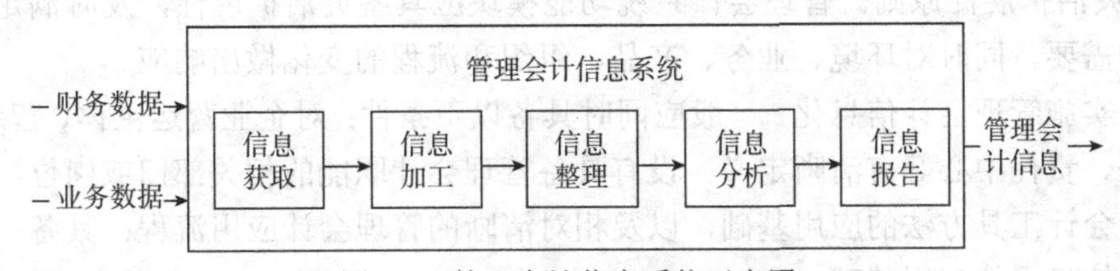

图 1-1　管理会计信息系统示意图

管理会计信息化是随着科技的进步和信息化水平的提高，使用一些方法将财务部门提供的数据和其他数据一起进行加工、整理和分析，然后让企业管理层根据整理和分析好的数据制定出合理的经营战略决策，即用 IT 手段来满足管理会计用户的信息需求。

在企业的经营管理中，管理会计信息化扮演着不可或缺的角色。它可以为企业管理层提供精确的数据信息来帮助他们更好地制定经营决策，进而帮助企业更好地发展及在市场中占有一席之地。随着信息化时代的到来，市场对企业也就提出了新的要求，所以能够掌握管理会计信息化的企业才能长久地经营下去。

管理会计信息化不仅仅是将现代化技术应用到管理会计领域，提高计算准确度，更是形成了一个全新的企业内外部信息整合路径，为企业制定战略决策提供帮助。管理会计信息化作为信息化环境下衍生出的现代管理模式，其一方面突破了传统管理会计在时间和空间上的限制，深入挖掘企业各个流程的相关数据，实现信息的实时传递与分析；

① 刘梅玲. 管理会计信息化基础理论研究[J]. 财会通讯，2017(22).

另一方面也拓展了信息技术应用的范围，真正将科学技术转化为企业价值。管理会计与信息技术的融合是对管理会计流程的变革式创新：传统管理会计在时间链上有着操作限制，且不同模块之间彼此孤立；而信息时代的管理会计则是将企业资源整合共享，不同操作模块互相配合运行，做到数据的实时、准确传递，最终实现管理会计各环节的同步、高效运作。

二、管理会计信息化遵循的原则

企业实施管理会计信息化，一般应遵循以下原则。

(1) 系统集成原则。管理会计系统功能模块应与财务及业务系统功能模块紧密集成，通过事先定义的规则，完成财务和业务数据到管理会计数据的自动生成过程，同时实现对财务和业务数据的预警或控制。

(2) 数据共享原则。企业在实施管理会计信息化时，一方面应制定统一的标准和规范，实现数据的集中统一管理；另一方面应借助系统的无缝对接，实现数据的一次采集，全程共享。

(3) 规则可配置原则。管理会计系统功能模块应提供规则配置功能，实现其他功能模块与管理会计模块相关内容的映射和自定义配置。

(4) 灵活扩展性原则。管理会计系统功能模块应具备灵活扩展性，及时满足企业内部管理的需要，同时对环境、业务、产品、组织和流程的变化做出响应。

企业实施管理会计信息化，一般应同时具备以下条件：对企业营运主体、营运范围、业务流程、责任中心等有清晰定义；设有具备管理会计职能的相关部门或岗位，具有一定的管理会计工具方法的应用基础，以及相对清晰的管理会计应用流程；具备一定的财务和业务信息系统应用基础。

三、管理会计信息化的准备

(一) 会计人员转型

在信息化技术的推动下，传统繁杂的记账工作已经可以大部分交由计算机去完成。如在企业管理会计信息系统中，传统会计中非常耗费时间精力的报销工作，员工可以在任何时间、任何地点提交报销申请，报销申请通过相关审核之后自动生成记账凭证，并通过网银转账系统同步结算相关费用。会计人员需要由传统核算型会计向管理型会计转型。这就需要及时向会计人员普及新的财务理念，提高其审核、监督、控制的能力和对财务数据分析的技巧，同时鼓励其进行财务流程创新，不断优化信息系统，让财务部门成为企业新的价值增长点。

(二) 财务云建设

财务云是企业所拥有的信息共享平台，能够实现核算、报账、资金、决策的协同运用，同时减少人员的重复设置，最大化降低信息冗余，提高信息利用效率。员工业务处理不再受空间、时间限制，能够最大化提高财务人员工作质量。财务云的建设是构建管理会计信息化体系的重要技术支持。相对完善的财务云不仅可以将企业各类信息及时汇总，还能够实现各个系统之间的整合，建立集中、统一的企业财务云中心。通过业务标准化、人员专业化、服务柔性化，可以使企业实现全程信息化操作，提高企业整体效益。

(三) 软件模块标准化

当下不少会计核算软件已开始涉足管理会计领域，但不同软件的模块设置仍存在很多差异。如国内某大型第三方软件供应企业提供的管理会计服务主要以预算管理系统为主，主要包括预算组织、预算目标体系、预算编制、预算执行、预算考评，而另一些软件供应企业的产品则主要涵盖财务管理、人力资源管理、产品生命周期管理三部分内容。想做到不同软件之间数据的无缝对接相当困难，且缺乏通行的标准，这使得企业信息化运作成本进一步提高。构建管理会计信息化体系，需要将不同软件的模块加以标准化。标准化的模块设计一方面便于人员操作上的准确性，也便于对员工的培训，避免由于企业经营规模变化带来的软件更迭成本高企，另一方面也有利于大数据时代数据的整合，方便在此基础上进一步对信息进行分析。

四、管理会计信息化的框架体系

到目前为止，管理会计信息化发展尚未形成成熟、系统、完善的体系。管理会计信息化的建设是一个涉及面广、复杂度高、资源投入大的系统工程，需要相关参与者缜密的构思和布局。从宏观上看，管理会计信息化发展体系是指以现代信息技术在管理会计领域中的广泛应用为主导，以管理会计信息资源的开发利用为核心，以信息网络的构建为基础，以信息技术的不断创新和管理会计信息化产业的蓬勃发展为支撑，以管理会计信息化人才培养为依托，以管理会计信息化政策法规、标准规范和管理会计信息安全为保障的综合体系。发展体系是包含信息系统、信息资源、信息安全、信息技术、信息产业、信息化人才、信息化相关政策标准等要素的集合体。从微观上看，管理会计信息化发展体系主要是指企业内部信息化事业的发展主体、发展过程和发展环节等，包括管理会计信息化发展的相关部门和人员，管理会计信息系统建设、应用的过程和核心环节，信息化事业所涉及的技术、方法、工具、系统、制度、流程、文化等因素，见图 1-2。

管理会计的应用主体是最核心的部分，尽管其信息化发展主要由其内在的发展动力所驱动，但外部的政府主管部门、管理会计行业协会(学会)、管理会计信息化发展供应链、经济技术环境等方面的影响也起到非常重要的推动(或阻碍)作用。在这些外部的影响因素中，政府主管部门——政府财政、审计、金融、税务、国资委、证监会等部门，主要通过制定法规、标准、规范、准则、指引等来管理、协调、推动各应用单位管理会

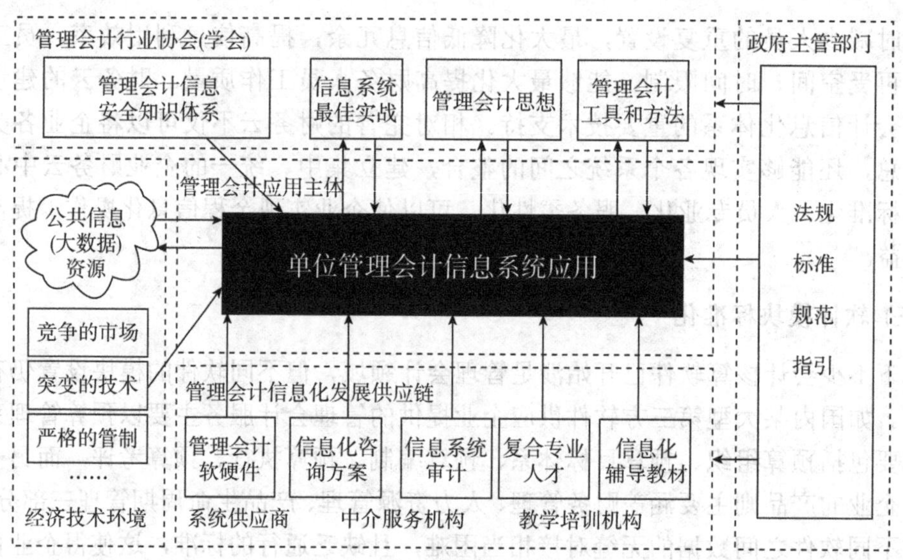

图 1-2　管理会计信息化框架

计信息化的发展。管理会计行业协会(学会)则主要通过组织专业技术人员，研究知识体系、收集最佳实践来影响单位，其知识体系中主要包括管理会计思想、管理会计工具和方法、管理会计信息安全知识体系、信息系统最佳实战等。在行业协会服务应用单位的同时，先进的应用单位也会通过协会(学会)的渠道将其最佳实践影响到其他单位。管理会计信息化发展供应链指与应用单位管理会计信息化相关的教学培训机构、中介服务机构和系统供应商等，它们主要提供信息化所必需的专门人才、学习资料、软硬件系统、数据库资源、管理咨询、信息系统审计、信息系统工程监理等产品和服务。经济技术环境则通过不断加剧的竞争市场、突飞猛进的信息技术、严格的经营管理环境，以及丰富的公共信息(大数据)资源来激发应用单位实施管理会计、应用信息系统的动力(见图 1-3)。

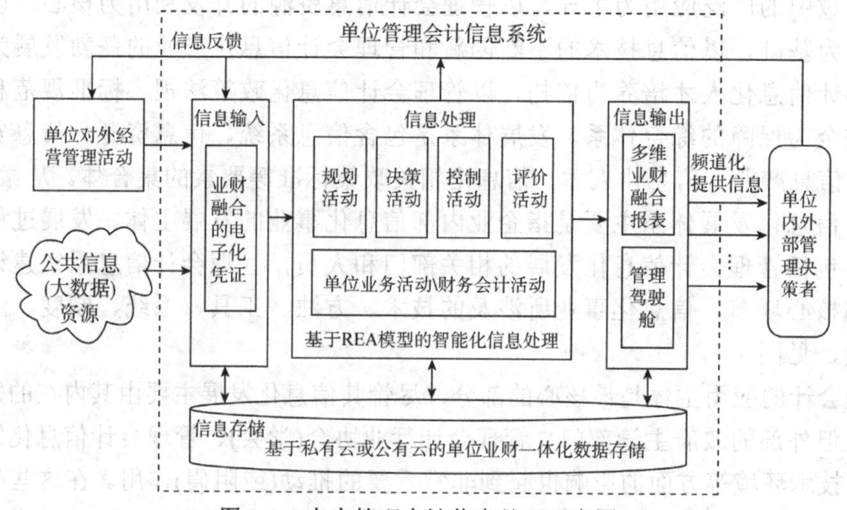

图 1-3　未来管理会计信息处理示意图

由于业务财务系统的高度融合，事实上管理会计作为单独的管理活动会逐渐消失，必将成为与业务活动不可分割的组成部分①。

五、管理会计信息化建设的目标

(一) 紧密结合企业战略目标

一方面是管理会计信息化建设应该立足于企业长期战略规划，并逐步推进和部署，这是企业管理的必然要求；另一方面信息化过程中流程驱动业务协同使得战略的落实和执行得到保障。企业高层需要了解和分析各种不同类型的业务给企业带来的收益，进而比较各工程项目的投入产出和对企业实现利润多少的贡献。通过管理会计信息系统，可以快速地分析出哪类业务对公司利润贡献大，从而支持企业决策，实现战略目标。

(二) 支持实现业务财务一体化

现有的模式下，部门之间存在无形的壁垒，跨部门的沟通比较困难。一个项目从前期运作、跟踪、投标、中标、签约、施工到成本核算等要涉及经营部、合约部、项目部、工程部、财务部等若干部门，而合同是贯穿项目开展过程中的重要文件，每个部门针对合同使用各自不同的软件与方法建立自己的数据体系，这样的结果造成每个部门都无法及时了解合同从拟订到变更过程中的信息变化，从而造成信息无法共享。通过管理会计信息化建设，业务部门与财务部门实现数据库的实时共享以及合理的业务流程再造与组织结构扁平化优化，从而实现业务财务一体化。部门之间信息传递的壁垒将被打破，使财务和业务部门实现数据共享，数据口径一致，方便财务人员深入挖掘和分析业务数据，从而提供更加有参考价值的决策信息。

(三) 支持实现价值创造

管理会计信息化建设利用管理会计本身的内在特性、方式手段、信息资源等方面来实现创造经济价值，它是以推动、规范、牵引、影响性为主的自我管理，它还要通过会计信息及价值管理方面的理论去实行管理，这种管理是强化性的统一管理。它具有以下5个特点：重构会计系统为人本会计；以行为管理作为价值管理的基础；实现自我管理与统一管理的结合；实现技术方法与艺术方法的统一；实现内在机制与外在规则的协调。所以，管理会计必须具备价值创造管理能力以适应日新月异的发展变革。

(四) 提供丰富的分析决策功能

管理会计信息化建设充分利用数据库技术和数据挖掘技术，提供业务数据的多方位比较分析，如同一项技术指标的历史数据比较、不同项目间的成本结构分析、不同工程项目部的经营业绩比较等。其分析都含有统计图形和报表的打印，为企业中高层领导的业务判断和决策提供了有效的数据基础。

① 刘勤. 我国管理会计信息化发展体系探讨[J]. 财会通讯，2017(22).

六、信息化对管理会计的影响

虽然全球信息化不断深入发展，但是在管理会计这个领域，我国的发展和应用的范围还远没有达到发达国家的水准。所以，管理会计信息化已经成为企业想要长远发展的不二选择。信息化对管理会计的影响有以下几个方面。

(一) 为管理会计的发展提供了信息技术支撑

随着云技术的不断应用，如云计算、云服务、云存储等的迅速发展，会计信息的处理变得更加及时、快速、准确、集中，会计的核算也逐步变得更正规、高效、便捷。管理会计是通过收集、分析、汇总数据使得企业的管理越发精细。根据管理会计的数据要求，企业内部的数据收集不单单指财务数据，还涵盖销售、运营、员工等许多方面的数据。信息技术使得管理会计分析、处理数据的周期大大缩短，使管理会计为企业创造出更大的价值。随着财务共享服务中心的出现，加快了会计职能从关注核算到关注管理决策的转变，促进管理会计工作的有效开展。同时建立资源维护后台，进行实时监控，确保管理会计对于会计信息的成功接收与利用。

(二) 强化了管理会计职能

信息化时代，企业中的管理会计不再是单独地研究某一个或者某几个领域，而是将它们结合为一体，共同研究。企业已经不再只是单纯在日常经营决策中使用管理会计，在一些关系企业命运的长期战略决策中也开始尝试使用管理会计。现在企业可以更加轻易地获取更多的有效数据，因为获取信息的途径就是通过各类信息技术手段进行。企业可以先收集大量的数据，然后通过一些信息技术进行筛选，就可以得到企业想要的一些有效信息，并且通过数据分析，企业还能得到在生产经营过程中每个环节之间的联系，为企业管理者的战略决策提供相关信息，实现企业长期发展目标。

(三) 拓宽了管理会计的处理技术

由于信息化的不断发展，市场对管理会计提出的要求也越来越多。因此，无论是在结构上，还是在规模上，传统的数据处理技术都已经无法满足现阶段的管理会计所提出的要求。因为传统会计业务的处理只需要逐个模块分别进行处理，所以传统的数据处理技术也只能建立预算管理和成本管理等领域的单独的信息系统。在信息化时代，各信息系统之间的关联互通至关重要，而信息化的出现就很好地解决了这个问题，它将会计核算与相关的业务活动进行有机融合，这样做就从源头上消除了“信息孤岛”现象，极大地提高了各个信息系统之间的信息共享性，实现了数据的信息共享。

我国管理会计信息化仍处于低水平状态，管理信息系统建设亟待完善。目前，国内企业采用的会计软件仅有部分管理功能，即便如此，大部分企业也只应用了会计软件中的核算功能，系统资源浪费严重。同时，由于各单位战略、投资、价值、绩效千差万别，管理会计的应用小同大异，因此管理会计信息系统建设花费较大、人才培养难度较高，单位对建立和完善管理信息系统的主动性不强。

七、管理会计信息化的建设策略

(一) 营造适合管理会计信息化发展的内部环境

首先，构建一种正确的、可以推动管理会计信息化发展的企业文化，使企业上至股东、董事下到每一个员工都正确地认识到管理会计信息化的重要性；其次，储备足够全面的管理会计人才，提供充分发挥管理会计信息化的功效；再次，提供强有力的后台资金保障；最后，完善企业内部控制体系，供管理会计信息化赖以生存。

(二) 实现 XBRL 技术与管理会计信息系统的集成与融合

学界认为，XBRL 是在财务报告信息交换和提取领域的一种应用，是目前应用于非结构化数据，尤其是财务信息交换的最新公认标准和技术。将 XBRL 技术与管理会计信息系统集成与融合，在信息资料的收集、计算、分解、追踪过程中，引进 XBRL 技术，可以得到各类标准和统一的文件。管理会计信息使用者可以便捷地收集、查阅、量化信息，实现各类型的数据资料自由转换和跨平台管理。要重视企业会计信息化的标准化建设，通过XBRL技术在企业内部应用发掘企业管理效益，核心是要实现底层业务数据的标准化，充分实现深度的、有机的业务财务的融合。

(三) 建设强大的财务共享服务平台

企业管理会计信息化建设应该充分考虑新信息技术，并以此推进管理会计信息化的建设及其功能的高效发挥。目前，越来越多的企业开始关注财务共享服务，其作为一种新型管理模式，在强化集团管控、优化流程、规范管理、降成本增效率、推动会计信息化建设等方面表现突出，促进了企业在管理会计信息化背景下的转型升级，已成为跨国企业和大型集团企业的重要选择，是大中型企业财务由“管控型”向“创造型”转型升级的基石。管理会计要想真正发挥作用实现价值，必须充分利用信息资源，以财务共享服务为基础，借助信息技术支撑实现资源整合；财务共享服务能够更好地保障企业顺畅运行与竞争力提升，推进管理会计信息化建设。

第三节　管理会计信息系统的建设

一、管理会计信息系统的定义

管理会计信息系统，有别于管理会计信息化，是指以财务和业务信息为基础，借助计算机、网络通信等现代信息技术手段，对管理会计信息进行收集、整理、加工、分析和报告等操作处理，为企业有效开展管理会计活动提供全面、及时、准确信息支持的各功能模块的有机集合。管理会计信息系统建设应该经过业务系统、财务系统，包括互联网数据的整合之后，建立一个以数据挖掘、大数据应用为核心手段，面向商业智能决策的信息系统，该系统不能离开业务系统孤立存在，只有将商业决策反馈到市场、研发、采购、生产、销售等环节，该系统才会发挥更大价值。

二、管理会计信息系统建设的基本框架

构建较为完善的管理会计信息化框架是保证管理会计工作顺利开展的重要前提，也是企业实现管理环节高效完善的基本条件。管理会计信息系统的模块包括成本管理、预算管理、绩效管理、项目管理及管理会计报告[①]。各个模块之间互相协调，数据共享，共同为企业业绩做出贡献。随着信息化时代的到来，各个子系统的功能也发生着革命性的变化。

1. 成本管理模块

成本管理模块应实现成本管理的各项主要功能，一般包括对成本要素、成本中心、成本对象等参数的设置，以及成本核算方法的配置，从财务会计核算模块、业务处理模块及人力资源等模块抽取所需数据，进行精细化成本核算，生成分产品、分批次(订单)、分环节、分区域等多维度的成本信息，以及基于成本信息进行成本分析，实现成本的有效控制，为企业成本管理的事前计划、事中控制、事后分析提供有效的支持。成本管理模块应提供基于指标分摊、基于作业分摊等多种成本分摊方法，利用预定义的规则按要素、期间、作业等进行分摊。

2. 预算管理模块

预算管理模块应实现的主要功能一般包括企业预算参数设置、预算管理模型搭建、预算目标和计划制订、预算编制、预算执行控制、预算调整、预算分析和评价等全过程的系统化管理。预算目标和计划制订主要完成企业目标设定和业务计划的制订，实现预算的启动和准备过程。预算目标和计划制订的输入信息一般包括企业远景与战略规划、内外部环境信息、投资者和管理者期望、往年绩效数据、经营状况预测，以及公司战略举措、各业务板块主要业绩指标。企业应对内外部环境和问题进行分析，评估预算候选方案，制订详细的业务计划，输出企业与各业务板块主要绩效指标和部门业务计划等。预算编制主要完成预算目标设定、预算分解和目标下达、预算编制和汇总及预算审批过程，实现自上而下、自下而上等多种预算编制流程，以及提供固定预算、弹性预算、零基预算、滚动预算、作业预算等一种或多种预算编制方法的处理机制。预算编制的输入信息一般包括历史绩效数据、关键业绩指标、预算驱动因素、管理费用标准等。企业应借助适当的预测方法(趋势预测、平滑预测、回归预测等)建立预测模型，辅助企业制定预算目标，依据预算管理体系自动分解预算目标，辅助预算的审批流程，自动汇总预算。最终输出结果应为各个责任中心的预算方案等。预算管理模块应能提供给企业根据业务需要编制多期间、多情景、多版本预算计划的功能，以

① 管理会计应用指引第 802 号——管理会计信息系统。

满足预算编制的要求。预算执行控制主要实现预算系统与各业务系统的及时数据交换，实现对财务和业务预算执行情况的实时控制等。预算执行控制的输入信息一般包括企业各业务板块及部门的主要绩效指标、业务计划、预算执行控制标准及预算执行情况等。企业应通过对数据的校验、比较和查询汇总，比对预算目标和执行情况的差异；建立预算监控模型，预警和冻结超预算情形，形成预算执行情况报告；执行预算控制审核机制及例外预算管理等。最终输出结果应为预算执行差异分析报告、经营调整措施等。预算调整主要实现对部分责任中心的预算数据进行调整，完成调整的处理过程等。预算调整的输入信息一般包括企业各业务板块及部门的主要绩效指标、预算执行差异分析报告等。企业应对预算数据进行调整，并依据预算管理体系自动分解调整后的预算目标，辅助调整预算的审批流程，自动汇总预算。最终输出结果应为各个责任中心的预算调整报告和调整后的绩效指标等。预算分析和评价主要提供多种预算分析模型，实现在预算执行的数据基础上，对预算的实际发生数进行多期间、多层次、多角度的预算分析，最终完成预算的业绩评价，为绩效考核提供数据基础。预算分析和评价的输入信息一般包括预算指标及预算执行情况，以及业绩评价的标准与考核办法等数据。企业应建立差异计算模型，实现预算差异的计算，辅助实现差异成因分析过程，最终输出部门、期间、层级等多维度的预算差异分析报告等。

3. 绩效管理模块

绩效管理模块主要实现业绩评价和激励管理过程中各要素的管理功能，一般包括业绩计划和激励计划的制订、业绩计划和激励计划的执行控制、业绩评价与激励实施管理等，为企业的绩效管理提供支持。绩效管理模块应提供企业各项关键绩效指标(Key Performance Indicator，KPI)的定义和配置功能，并可从其他模块中自动获取各业务单元或责任中心相应的实际绩效数据，进行计算处理，形成绩效执行情况报告及差异分析报告。业绩计划和激励计划制订主要完成绩效管理目标和标准的设定、绩效管理目标的分解和下达、业绩计划和激励计划的编制过程，以及计划的审批流程。业绩计划和激励计划制订的输入信息一般包括企业及各级责任中心的战略 KPI、年度经营 KPI 指标以及企业绩效评价考核标准、绩效激励形式、条件等基础数据。处理过程一般包括构建指标体系、分配指标权重、确定业绩目标值、选择业绩评价计分方法，以及制订薪酬激励、能力开发激励、职业发展激励等多种激励计划，输出各级考核对象的业绩计划、绩效激励计划等。业绩计划和激励计划执行控制主要实现预算系统与各业务系统的及时数据交换，实现对业绩计划与激励计划执行情况的实时控制等。业绩计划和激励计划执行控制的输入信息一般包括绩效实际数据及业绩计划和激励计划等。企业应建立指标监控模型，根据指标计算办法计算指标实际值，比对实际值与目标值的偏差，输出业绩计划和激励计划执行差异报告等。业绩评价和激励实施管理主要实现对计划的执行情况进行评价，形成综合评价结果，向被评价对象反馈改进建议及措施等。业绩评价和激励实施管理的输入信息一般包括被评价对象的业绩指标实际值和目标值、指标计分方法和权重等。企业应选定评分计算方法计算评价分值，形成被评价对象的综合评价结果，输出业绩评价结果报告和改进建议等。

4. 项目管理模块

项目管理模块主要实现对投资项目的系统化管理过程，一般包括项目设置、项目计划与预算、项目执行、项目结算与关闭、项目报告及项目后审计等功能。

(1) 项目设置。该功能主要完成项目定义(项目名称、项目期间、成本控制范围、利润中心等参数)，以及工作分解定义、作业和项目文档等的定义和设置，为项目管理提供基础信息。

(2) 项目计划与预算。该功能主要完成项目里程碑计划、项目实施计划、项目概算、项目利润及投资测算、项目详细预算等过程，并辅助实现投资预算的审核和下达过程。项目里程碑计划，一般包括对项目的关键节点进行定义，在关键节点对项目进行检查和控制，以及确定项目各阶段的开始和结束时间等。

(3) 项目执行。该功能主要实现项目的拨款申请，投资计量，项目实际发生值的确定、计算和汇总，以及与目标预算进行比对，对投资进行检查和成本管控。

(4) 项目结算与关闭。通过定义的结算规则，运用项目结算程序，对项目实现期末结账处理。结算完成后，对项目执行关闭操作，保证项目的可控性。

(5) 项目报告。项目管理模块应向用户提供关于项目数据的各类汇总报表及明细报表，包括但不限于项目计划、项目投资差异分析报告等。

(6) 项目后审计。企业可以根据实际需要，在项目管理模块中提供项目后辅助审计功能，依据项目计划和过程建立工作底稿，对项目的实施过程、成本、绩效等进行审计和项目后评价。

5. 管理会计报告模块

管理会计报告模块应实现基于信息系统中财务数据、业务数据自动生成管理会计报告，支持企业有效实现各项管理会计活动。管理会计报告模块应为用户生成报告提供足够丰富、高效、及时的数据源，必要时应建立数据仓库和数据集市，形成统一规范的数据集，并在此基础上，借助数据挖掘等商务智能工具方法，自动生成多维度报表。管理会计报告模块应为企业战略层、经营层和业务层提供丰富的通用报告模板，为企业提供灵活的自定义报告功能。企业可以借助报表工具自定义管理会计报表的报告主体、期间(定期或不定期)、结构、数据源、计算公式及报表展现形式等。系统可以根据企业自定义报表的模板自动获取数据进行计算加工，并以预先定义的展现形式输出。管理会计报告模块应提供用户追溯数据源的功能。用户可以在系统中对报告的最终结果数据进行追溯，可以层层追溯其数据来源和计算方法，直至业务活动。管理会计报告模块可以独立的模块形式存在于信息系统中，从其他管理会计模块中获取数据生成报告，也可内嵌到其他管理会计模块中，作为其他管理会计模块重要的输出环节。管理会计报告模块应与财务报告系统相关联，既能有效生成企业整体报告，也能生成分部报告，并实现整体报告和分部报告的联查。

三、管理会计信息系统建设的原则

(一) 战略导向原则

管理会计信息系统遵从管理会计的本质要求，以企业规则的战略为导向设置管理会计信息系统，该系统以企业持续价值创造为理念核心，通过系统平台促进企业的可持续发展。因此，管理会计信息系统设计的出发点与落脚点都应当是企业的战略，系统要保持与战略的同方向，支持对组织绩效的关注功能，控制组织的行为与战略目标一致。

(二) 全员管理支持原则

管理会计信息系统要能为各责任单位、各个管理岗位，乃至全员管理服务，每个责任单位、管理岗位和全体员工都是管理会计信息的使用者和提供者。管理会计信息系统应嵌入企业内部相关领域、层次、环节，以业务流程为基础，利用管理会计工具方法，将财务和业务等有机融合，使得该系统充分与企业业务一体化，实现为各业务单位服务。这一原则要求系统能配套密集的终端门户网，管理会计信息系统的设计目标旨在为企业内部的全员、全网服务，因此，需要通过某种能实现对企业内部信息交互门户全覆盖的模式，保证企业内部不同层级结构的信息主体都能低成本的交互到其必要的管理会计信息。

(三) 全程管理支持原则

管理会计信息系统跟踪的是闭环的管理会计活动，因此该系统应当支持管理会计的预测、决策、计划、控制、核算、分析、考核各项服务，形成一个全过程的闭环通道。对此，管理会计的信息均通过信息系统统一收集、输入、加工、传输、转换输出，管理会计信息系统应尽可能地联通管理会计的各项活动，通过信息传输提高活动的衔接性、关联性。

(四) 技术先进性原则

管理会计信息系统应充分融入业务的具体领域与流程的环节中，通过 IT 平台发挥管理会计工具的效用，系统在搭建过程中要考虑到新技术的扩展空间与接口。通过对管理会计业务的信息化模拟，将业务操作投射到电子流平台上，富有前瞻性地考虑新技术的应用，对云计算、大数据、神经网络等计算基础要预留好可能需要的物理条件。管理会计信息系统的部署与运行也不是照搬现成的平台，而是应当与本企业所处的环境与特点适应，充分考虑本企业的特殊性，调节管理会计信息系统中不适用于业务现实的功能点，要保持对新技术的包容性。

四、管理会计信息系统建设的要求

(一) 改善管理会计信息系统的架构和服务能力

目前，我国多数管理会计信息系统都基于核算型会计软件的数据信息和相关操作，并在此基础上实施会计信息数据分析等，管理会计信息系统结构体系从很大程度上受到了限制，而管理会计信息系统在架构、功能和数据处理上，要比传统型会计软件更为复杂。其应当以管理为主、核算为辅，所开发设计的模式应当进行创新，以管理会计信息系统业务流程为基础，对使用单位的内部、外部财务信息进行整合，据此对数据流程进行分析和重构，形成全新的软件逻辑结构和物理结构，这样才能展现管理会计信息系统的特点，完善管理会计信息系统的功能。要利用企业现有信息化建设的成果，如ERP(Enterprise Resources Planning，企业资源计划)、CRM(Customer Relationship Management，客户关系管理)、MES(Manufacturing Execution System，制造执行管理系统)、SCM (Supply Chain Management，供应链管理)等系统，打破“信息孤岛”现象。一个拥有高效管理系统的制造企业必须要实现的就是信息共享，要对制造企业内部的各个部门进行信息的资源共享，将其生产经营的各个环节、供应商、分销网络、顾客等都要纳入一个宏观统一的系统资源之中，而且还要对各个环节的运营能够有效控制及监控，使之满足制造企业生产经营的需要。现如今，制造企业之间的竞争已不仅限于制造企业之间的竞争手段，更多的可能是其供应链间、内部管理上的竞争，管理会计信息系统正是这个新型的供应链管理系统，制造企业必须用好这个强大的工具才能满足市场竞争的需要。管理会计信息系统不仅是其提高资源配置的有效手段，也是大大节约人力、物力、财力及时间的有效方法。对制造企业而言，从签订合同开始，整个业务的流程就有了依据，这个项目所经过的一切部门对项目所关联的事项都变得有据可查，大大提高了制造企业的管理效率。从另一个角度来说，管理会计信息系统不只是节约了资源，更加强了对制造企业的监督，提高了制造企业财务管理质量，也体现了财务的基本职能。

(二) 提高制造企业成本管理上的专用性

商品化的管理会计软件难以满足软件使用单位成本管理的个性化、精细化的需求。在这种情况下，具备一定条件的集团公司或大型软件使用单位，应当对商品化软件共同进行软件开发和升级，进而确保管理会计软件与自身要求相符，加强软件的适用性。而没有条件的中小管理会计软件使用单位，应当对软件进行二次开发，分析和了解软件使用单位自身经营特点和成本管理情况，衡量软件使用单位相关指标和行业经营数据信息，实现成本个性化需求和精细化管理需求。也只有对软件进行二次开发，才能真正提高管理会计软件的实用性，确保软件的全面、有效。

(三) 积极培养能胜任管理会计软件应用的复合型人才

管理会计信息系统的开发、设计和应用应当与软件使用单位经营相符，其开发设计不但需要懂计算机专业知识的人才，还需要懂会计专业知识的人才。然而，我国高校对于人才的培养过于细化，只单方面强调文凭的提升，对实际工作能力的提升并不十分关注，复合型人才的培养更是少之又少。一定时期内的高校专业人才的培养与软件使用单位人才的需求相脱钩，软件使用单位与高校应当共同合作，培养出具有实际工作能力的全方位专业型人才。软件使用单位应开拓财务人员的知识结构层面，引进并优化软件使用单位人力资源管理模式。作为现代化管理会计软件的使用单位，应当重视培养综合型人才，不能只是单方面强调学生的学历，应当更加重视财务人员的综合专业知识和实际工作能力，满足管理会计信息系统对复合型人才的需求。

(四) 通过信息化倒逼企业建立规范的管理会计体系

管理会计信息系统应当与时俱进，为软件使用单位提供具体的解决办法。除此之外，全方位提高软件使用单位管理会计应用能力，不能只依靠管理会计信息系统，应当按照管理会计信息系统的要求对自身会计工作流程进行重组，并对其进行全面改革，建立规范的管理会计体系。必要时还应当对软件使用单位会计信息数据进行全面改善，对软件使用单位工作业务流程或组织结构进行全面变革等。会计软件开发公司不能只进行软件销售，应当与软件进行配套业务指导和服务，帮助软件使用单位有效利用会计管理软件实现财务管理。从本质上讲，我国制造企业会计业务流程重组将随时发生的会计信息融入日常业务处理当中，也就是说企业在进行生产活动的同时，将业务数据输入管理信息系统中，在处理业务和信息的过程中，生成了集成信息。通过信息化倒逼企业建立规范的管理会计体系的主要措施有以下几点。

1. 业务建模流程

业务建模流程是对制造企业日常经济业务的调研和分析，需要与制造企业的各级管理部门及上下员工进行沟通，并可以将其记录为文档的形式。通过沟通了解，可以明显看出许多制造企业组织结构、业务操作等方面的实际流程存在着差异，这时需要优化会计业务流程，通过深入员工内部进行沟通，达成共识，最后形成文档形式。需要说明的是，该业务流程与管理会计信息系统流程必须是制造企业部门主管及其下属共同协商的结果。

2. 用户需求分析流程

现有业务流程“瓶颈”或需求的调研要求要有一套用户需求分析流程。企业各级部门在实际工作中的需求或者期望是这种需求的来源，同时也是管理会计信息系统建设的下一步目标。这种用户需求分析的基础是广泛听取制造企业各部门员工的意见，并进行归纳整理，将结果与信息系统领域相结合，形成文档的方式进行备案，以便日后查阅。

3. 业务设计流程

业务设计流程：首先，获取业务活动，其中包括业务事件发生的原因、发生了什么事情、何时发生、何地发生、负责人是谁等；其次，处理业务事件，当业务事件发生时，在对各子系统业务按规则进行处理的情况下，还应同时生成会计凭证，将整理的结果放入数据库中保存起来；最后，通过报告可以为企业各部门管理者提供所需的数据结果。基本顺序是业务事件、记录的维护与更新、集成数据库、报告工具、用户。实行新的会计流程按以下步骤进行：首先，对会计人员进行管理会计信息系统相关知识培训；其次，确立会计岗位与职责和设立会计组织机构；最后，建立符合企业经营情况的会计业务控制制度。

五、管理会计信息系统的实施阶段

在管理会计信息系统实施阶段，企业应制订详尽的实施计划，清晰划分实施的主要阶段、有关活动和详细任务的时间进度。实施阶段一般包括项目准备、系统设计、系统实现、测试和上线、运维及支持等过程。

(1) 项目准备阶段。企业主要应完成系统建设前的基础工作，一般包括确定实施目标、实施组织范围和业务范围，制订项目计划、资源安排和项目管理标准，开展项目动员及初始培训等。

(2) 系统设计阶段。企业主要应对组织现有的信息系统应用情况、管理会计工作现状和信息化需求进行调查，梳理并优化管理会计应用模型和应用流程，据此设计管理会计信息化的实施方案。

(3) 系统实现阶段。企业主要应完成管理会计系统功能模块的系统配置、功能和接口开发、单元测试及数据整理等工作。

(4) 测试和上线阶段。企业主要实现管理会计系统功能模块的整体测试、权限设置、系统部署、数据导入、最终用户培训和上线切换过程。必要时，企业还应根据实际情况进行预上线演练。

(5) 运维及支持阶段。企业主要保障管理会计系统的稳定性，负责模块的版本升级、漏洞修复、故障处理、性能容量评估及扩容等；负责系统运行过程中对出现的问题的收集及反馈，紧急情况下对重大故障和安全事件迅速响应，能准确定位故障节点，组织相关人员及时处理，把控故障解决时间。

六、管理会计信息系统的数据处理过程

管理会计信息系统的数据处理程序一般包括输入、处理和输出三个环节。

(1) 输入环节，是指管理会计信息系统采集或输入数据的过程。管理会计信息系统需提供已定义清楚数据规则的数据接口，以自动采集财务和业务数据。同时，系统还应支持本系统其他数据的手工录入，以利于相关业务调整和补充信息的需要。

(2) 处理环节，是指借助管理会计工具模型进行数据加工处理的过程。管理会计信息系统可以充分利用数据挖掘、在线分析处理等商业智能技术，借助相关工具对数据进行综合查询、分析统计，挖掘出有助于企业管理活动的信息。

(3) 输出环节，是指提供丰富的人机交互工具、集成通用的办公软件等成熟工具，自动生成或导出数据报告的过程。数据报告的展示形式应注重易读性和可视化。最终的系统输出结果不仅可以采用独立报表或报告的形式展示给用户，还可以输出或嵌入其他信息系统中，为各级管理部门提供管理所需的相关、及时的信息。

七、管理会计信息系统建设的应用案例①

(一) 发展历程

本应用以长虹集团财务共享中心为例，其发展历程如表 1-1 所示。

表 1-1　长虹集团财务共享服务中心的发展历程

时间	措施	结果
20 世纪 90 年代末(萌芽期)	探索财务集中核算的道路	财务共享服务中心雏形诞生
2005 年(起步期)	管理和服务职能分离，成立财务管理中心和财务服务中心	财务服务中心为业务单位提供核算服务
2008 年(发展期)	开展市场化运作，成立财务共享服务中心	财务共享服务确定为长虹公司服务产业转型板块之一，迈出外部咨询第一步
2009 年(成熟期)	长虹共享服务中心实现财务信息化体系建设	长虹财务共享服务中心深化改革、稳步提升共享服务能力

(二) 组织机构

长虹财务共享服务中心的设置具有扁平化的特征，将财务共享中心的业务分为四个部门，然后各个部门下设若干机构负责不同的业务(见图 1-4)。

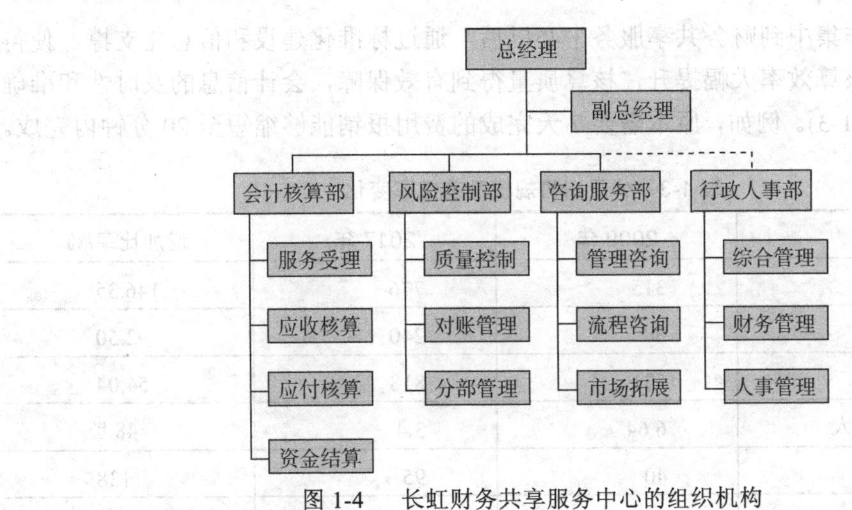

图 1-4　长虹财务共享服务中心的组织机构

(三) 实施效果

1. 降低经营成本

长虹通过建立财务共享服务中心将业务集中到统一的部门进行处理，解决了伴随公

① 吴玥璐. 财务共享中心支撑企业战略发展：基于长虹的案例分析[J]. 财政监督，2018(1).

司规模扩大需要重复配置资源的问题。伴随着销售规模和子公司数量的增多，成本消耗会越来越重，但是长虹的财务人员增长得并不迅速，反而平均每公司财务人员越来越少。财务共享服务中心的实施帮助长虹有效地控制了成本。自从长虹建立财务共享中心之后，平均每公司财务人员由 23 人减少到 4 人，大大降低了人工成本，如表 1-2 所示。

表 1-2　公司营业收入及财务人员变化

年份	营业收入/亿元	财务人员/人	子公司/家	平均每公司财务人员/人
2007 年	230	957	41	23
2008 年	279	1157	74	16
2009 年	315	1149	80	14
2010 年	417	1154	90	13
2011 年	520	1223	133	9
2012 年	523	1273	145	9
2013 年	589	1194	147	8
2014 年	595	1180	148	8
2015 年	648	1172	200	6
2016 年	672	1167	220	5
2017 年	776	818	240	4

(数据来源：2007—2017 年长虹集团年报)

2. 提高核算效率

会计核算工作集中到财务共享服务中心以后，通过标准化建设和信息化支撑，使得核算难度降低，核算效率大幅提升，核算质量得到有效保障，会计信息的及时性和准确性大幅提高(见表 1-3)。例如，原本需要 7 天完成的费用报销能够缩短至 20 分钟内完成。

表 1-3　公司销售规模及差错率变化

指标	2009 年	2017 年	增加比率/%
销售规模/亿元	315	776	146.35
子公司数量/个	80	240	92.50
会计人员数量/人	531	818	54.04
平均公司会计人员/人	6.64	3.4	-48.8
自动化占比/%	40	95	138
差错率	万分之 5	万分之 0.45	-91

3. 规避财务风险

长虹通过财务共享服务中心实时收集财务相关数据，定期进行分析整理，对各业务单位进行监控，形成了事前、事中、事后一整套风险管控体系，降低了企业在日常活动及重大决策中可能存在的风险，提高了应对风险的能力。2008 年坏账准备占应收账款的比重达 50%以上，随着财务共享的实施，比重逐渐降低。2012 年大幅度降低至 4.23%，到目前为止一直保持在 5%左右(见表 1-4)。

表 1-4　公司应收账款及坏账准备变化

年份	应收账款/百万	坏账准备/百万	坏账准备占应收账款比例/%
2008 年	4688	2398	51.15
2009 年	5054	2520	49.86
2010 年	5480	2481	45.27
2011 年	7105	2480	34.91
2012 年	6192	262	4.23
2013 年	6821	284	4.16
2014 年	8561	398	4.65
2015 年	8904	430	4.83
2016 年	8471	438	5.17
2017 年	8217	428	5.21

(数据来源：2007—2017 年长虹集团年报)

(四) 存在的问题

1. 财务共享战略与集团整体战略不一致

长虹设置财务共享服务中心的初衷是为了降低成本，集中处理财务信息，提高信息质量，为管理层的决策提供依据。但是目前长虹财务共享服务中心的业务主要偏重于会计凭证审核、会计记账业务等基本业务，每天重复流水线的工作，沦为“加工厂”，忽视了自身创造价值和整合数据的作用，没有起到为决策服务的作用。

2. 员工流失率高

首先，集团设置财务共享服务中心后，财务工作转移到财务共享服务中心，工作环境相对封闭，很少有机会接触到其他部门，员工的人际交往和可持续发展受到阻碍，加之，每天的工作流程化高、重复性大。面对这种情况，优秀的员工会产生抵触的心理，导致离职率上升。其次，在财务共享服务中心工作的人员工资低，提升空间小，公司缺乏有效激励机制和晋升机制，也导致财务共享服务中心人员离职以寻找更好的出路。最后，由于长虹财务共享服务中心的反馈机制缺乏强制性，财务人员话语权受限，向集团提出的财务建议难以被采纳。

3. 信息系统不完善

长虹财务共享服务中心通过一系列标准化和流程化设置，使得部分业务可以通过信息系统来处理。但是企业业务单位多、业务量大，如果信息系统不及时更新，将会影响日常工作的正常开展。而且信息系统更新快，更新速度可能存在不一致，导致各个阶段会使用不同版本的系统。如果存在版本不兼容的问题会直接影响使用效果。最后，信息系统存在漏洞可能会导致财务数据丢失或泄露，带来严重后果。

4. 流程优化机制有待完善

长虹财务共享服务中心的特征表现为，整个集团的作业流程和业务标准是统一、标准化的。长虹的流程设计存在一些缺陷，如设计流程未充分考虑内控需求造成财务流程与业务流程脱节，质量目标没有以流程分析为基础。所以长虹财务共享服务中心应该在原有流程机制的基础上再加以完善，改善原有机制的不足，优化日常业务运营模式。

(五) 对策

1. 变“共享财务”为“战略财务”

目前，长虹的财务共享中心还是集中在费用报销、应收应付核算、总账报表等非核心的财务会计处理基础工作上，没有发挥财务共享数据分析的优势。长虹财务共享中心要尽快转变职能，从原本简单的财务核算中心向新的数据共享中心发展，优化数据共享、数据分析等工作，为企业决策提供支持，利用大数据和AI等信息技术逐步发展成本分析、预算分析等业务。长虹财务共享中心已经实现自主运营，那么下一步应该向专业的财务公司、管理咨询、培训业务转型，能够为整个集团的战略发展提供支持。

2. 创造人才培养体系，完善激励机制，留住优秀人才

人员和岗位合理配置，技术含量低、流程化高的基础性工作，可以让教育程度相对较低的人员来完成。对于技术含量高、涉及决策方面的工作，让具有工作经验或者学历相对较高的人来担任。虽然长虹财务共享服务中心的专业分工比较细，每个职工负责的工作内容比较具体，但财务人员仍要不断学习来提高自己的财务管理水平。所以，公司应该定期组织专业培训以及适当轮岗，提高职工的业务能力。另外，公司应该利用处理时效、业务量、顾客满意度、业务质量等量化指标对财务共享中心的人员建立完善的绩效考核体系，将绩效与员工工资和职位晋升挂钩，平衡奖惩力度，对员工形成一种激励机制。

3. 财务信息系统向财务云信息系统和人工智能系统更新

财务共享服务中心依托于信息系统进行流程化处理，所以信息系统的升级对财务共享服务中心尤为重要。长虹的财务共享并没有完全实现信息化，许多基础性业务需要在专业人员的协助下才能够完成，有的业务甚至需要纯手工完成。当信息系统升级为人工智能系统后，许多由人担任的工作将被取代，这样大大地降低了人工成本，由人工密集型转向科技密集型。

除了降低成本之外，人工智能系统拥有强大的数据收集和处理能力，覆盖长虹生产经营活动的全要素、全方位、全过程，通过对海量数据进行分布式挖掘，进行企业内部业务价值链的深入分析，实现数据“增值”。

4. 重视流程后续管理，加强优化流程执行

财务共享服务中心从业务端延伸到供应商端，已经从成本中心变成利润中心，享受共享经济效益。财务共享服务中心通过贴近业务单元、融入业务链条中，支持全价值链

财务管理，提升战略参与能力，形成共享服务、业务财务和战略财务三层叠加的财务管理体系。目前财务共享服务是在战略定位统筹下，通过对观念、组织、人员、流程和系统的再造，实现财务领域的变革。在建设财务共享服务中心的过程中，企业一般会设定降低成本、控制风险和促进业务转型的不同战略目标，并根据实际情况选择区域中心、职能中心、业务中心的战略结构。财务部门作为企业战略和决策支撑的重要部门，要主动变革适应企业战略转型与发展，采取信息技术，立足于网络经济，不断降低企业运行成本、控制并降低经营风险和财务风险、帮助企业建立快速的财务反应能力以适应快速变化的外部环境。

本章小结

管理会计的定义有狭义和广义之分。狭义的管理会计，又称微观管理会计，是指在当代市场经济条件下，以强化企业内部经营管理，实现最佳经济效益为最终目的，以现代企业经营活动及其价值表现为对象，通过对财务等信息的深加工和再利用，实现对经济过程的预测、决策、规划、控制、责任考核评价等职能的一个会计分支。广义的管理会计，是指用于概括现代会计系统中区别于传统会计，直接体现预测、决策、规划、控制和责任考核评价等会计管理职能的那部分内容的一个范畴。

从国内主流的教材来看，管理会计主要分为三个发展阶段：以成本控制为基本特征的管理会计阶段，以预测、决策为基本特征的管理会计阶段和以重视环境适应性为基本特征的战略管理会计阶段。管理会计与财务会计既有区别又有联系。

管理会计信息化是指随着科技的进步和信息化水平的提高，使用现代信息技术、方法将财务部门提供的数据和其他数据一起进行加工、整理及分析，然后让企业管理层根据整理和分析好的数据制定出合理的经营战略决策。

管理会计信息系统有别于管理会计信息化，是指以财务和业务信息为基础，借助计算机、网络通信等现代信息技术手段，对管理会计信息进行收集、整理、加工、分析和报告等操作处理，为企业有效开展管理会计活动提供全面、及时、准确信息支持的各功能模块的有机集合。管理会计信息系统的模块主要包括成本管理、预算管理、绩效管理、项目管理及管理会计报告。管理会计信息系统的实施阶段一般包括项目准备、系统设计、系统实现、测试和上线、运维及支持等过程。管理会计信息系统的数据处理过程一般包括输入、处理和输出三个环节。

关键名词

管理会计　财务会计　管理会计信息化　管理会计信息系统　成本管理模块　预算管理模块　绩效管理模块　项目管理模块　管理会计报告模块

思 考 题

1. 管理会计与财务会计在管理中能否结合应用？请列举一些事例予以说明。
2. 简述管理会计与财务会计的区别与联系。
3. 管理会计信息化与管理会计信息系统的区别是什么？

案 例 分 析

案例背景：

在知识经济时代，碎片化营销导致个性化需求越来越旺盛，大规模制造必须向大规模定制转变，先市场、后生产，即用户驱动的即需即供模式。海尔在互联网时代的商业模式创新就是创造顾客人单合一的双赢模式，在该模式下，员工有根据市场变化的自主决策权，有权根据为市场创造的价值来决定自己的待遇。这样人和单都成了富有竞争力的市场目标。员工和客户成为利益共同体，“企业组织架构从正三角变为倒三角，核算体系从资本主义变为人本主义”。

在此背景下，海尔在管理会计领域的创新是把利润表转化分解成每个有自主权的经营个体，甚至到每位员工，不再以企业为索引，而是以人为索引。

海尔的管理会计创新强调以人为索引的核算体系，把传统财务报表转化为每个人的四张表：损益表、日清表、人单酬表和流程表。海尔的损益表是战略损益表，在这样的损益表上，不是先创造用户再造产品的所有数都是“损”，不能为用户创造价值的作业全部计入负数。日清表的任务是关闭这些差距，“关差”的主要内容是创新机制、流程、平台、团队，把这些创新的工作形成每天的预算，每天进行根据预算的日清。人单酬表把员工的报酬和其为用户创造的价值紧密结合。流程表推动业务流程的持续优化。

管理创新为海尔企业经营管理和效益带来了积极的变化。目前，海尔的库存周转天数平均是 5 天，应收周转天数为 4 天，营运资金周期达负 10 天。2009 年，海尔实现利润同比增长 55%，而 2010 年前三季度，增幅高达 67%。权威的全球著名调查机构欧睿国际公布，海尔蝉联世界白色家电第一品牌。

请思考：

1. 海尔管理会计创新的特点是什么？
2. 海尔管理会计创新的本质是什么？
3. 海尔管理会计创新的启示是什么？

第二章

全面预算管理

【学习目标】

通过本章的学习，能够掌握全面预算的概念、作用及分类。结合实际业务需求，深入思考如何开展全面预算管理信息化系统的相关设计工作；收集不同类型公众企业运营等相关信息，尝试为其设计全面预算管理指标体系、表格体系和审批流程，并与正在实践的全面预算管理体系比对，查找差异并思考差异原因；理解全面预算管理信息系统上线要求，思考如何做好上线前的准备工作。通过应用案例的学习，思考实践中应如何高效准确地进行全面预算报告的编制工作、如何科学地进行预算变更控制及预算考核控制。要求理论结合实践，从管理会计工具应用的角度思考全面预算管理工作的真实意义。

第一节　全面预算管理概述

古训《礼记·中庸》中说：“凡事预则立，不预则废。”《孙子兵法》有：“夫未战而庙算胜者，得算多也；未战而庙算不胜者，得算少也。多算胜，少算不胜，而况于无算乎！”两句话都强调了事先筹谋规划的重要性。西方学者对预算的评价更为直观，著名管理学家戴维·奥利认为全面预算管理是为数不多的几个能把企业的所有关键问题融合于一个体系之中的管理控制方法之一。在信息化普及的时代，大数据和云计算技术突飞猛进，企业管理发生了翻天覆地的变化，预算作为现代企业管理的重要“抓手”也在不断变革。本章旨在结合案例对全面预算管理工作进行系统介绍。

一、全面预算管理的概念及作用

(一) 全面预算管理的概念

一般而言，预算是指在战略规划和决策基础上，以数量和金额形式反映特定期间的资源配置状况和经营活动的详细安排。全面预算是通过企业内外部环境的分析，在预测与决策的基础上，调配相应的资源，对企业未来一定时期的经营和财务等做出一系列的具体计划。全面预算管理以全面预算为基础，是一个全员参与、业务范围全覆盖、管理流程全跟踪的综合管理系统。

(二) 全面预算管理的作用

自20世纪20年代起，全面预算管理在美国通用电气、杜邦、通用汽车等公司被广泛运用，被视为大型制造类企业的标准作业方法。从最初的计划、协调，发展到兼具控制、激励、评价等诸多功能，成为最有效地贯彻、细分并执行企业战略的管理工具，在企业内部控制体系中承载着核心的管控职能。全面预算管理的作用主要体现在计划、沟通、协调、评估、授权等方面。

1. 计划作用

“磨刀不误砍柴工”，预算管理工作前，管理者必须对未来经营中可能发生的各种情况做出充分的考虑，并根据发生概率的大小在预算编报中予以完整体现。

2. 沟通作用

全面预算管理覆盖企业经营的所有环节、事项、部门及人员。全面预算管理既是企业战略落地的“抓手”，也是管理者让全体员工了解企业目标和经营计划的“窗口”。全面预算的编制过程需要反复沟通，目的是将各种经营信息传递到企业全员。沟通是降低成本、提升工作效率的重要手段。

3. 协调作用

全面预算编制过程也是企业资源分配的过程。一方面协调战略落实；另一方面紧密联系企业内部各职能部门、事业部、子公司，通过预算协调指导企业内部的资源分配。

4. 评估作用

全面预算报告应充分体现企业的年度经营目标。实践中，为保证经营目标的实现，通常将业绩考核工作与全面预算工作结合开展，年度业绩考核目标值由预算报告取值，预算执行情况的好坏与业绩考核结果息息相关。

5. 授权作用

以预算授权的方式实现预算控制。例如，事先在预算管理信息系统软件中设定各类成本、费用的具体控制权限及相应额度范围，并明确业务处理流程。管理层通过事先预算授权审批、事后预算费用核查的方式实现管控。

二、全面预算管理的分类

(一) 按预算形式分类

从预算形式角度而言，全面预算可分为自上而下型预算、自下而上型预算、混合型预算。

1. 自上而下型预算

自上而下型预算又称为权威式预算。该预算方法下，预算编制由管理层负责，其优点是可以更好地将企业战略贯彻到预算中，有效提高决策效率；其缺点是“一言堂”式预算的编制会降低预算执行者的认同，无法形成有效激励。该种预算方式适用于规模小、竞争不激烈的企业。

2. 自下而上型预算

自下而上型预算又称为参与型预算。此种预算模式下，要求全员参与，预算目标由各基层部门结合其实际情况报出，能更好地激励预算达成，但是若控制不力，预算松弛将明显存在。其优点是能较好地发挥预算的沟通作用；其缺点是存在部门利益主导、未将公司的整体战略目标作为预算编制最终导向的情况。该种预算方式适用于分权管理的大型企业或行业竞争激烈的企业。

3. 混合型预算

此种预算模式结合了上述两种预算的优点，部门预算及子公司预算由执行单位编制，管理层与部门及子公司充分沟通协商后达成双方都能认同的预算目标。混合型预算既有效保证了公司战略的实现，又有效激励了预算执行者。

(二) 按预算方法分类

从编制方法角度而言，全面预算分为滚动预算、零基预算、增量预算、弹性预算、固定预算等。

1. 滚动预算

滚动预算是指企业根据上一期预算执行情况和新的预测结果，按既定的预算编制周期(月度、季度、年度等)和滚动频率，对原有的预算方案进行调整和补充、逐期滚动并持续推进的预算编制方法。滚动预算由中期滚动预算和短期滚动预算组成，中期编制周期通常为 3 到 5 年、短期编制周期通常在 1 年以内。

2. 零基预算

零基预算是指忽略以前年度的预算数据和经营数据，以零为起点进行预算编制。该方法需要逐项审议各类预算费用开支标准是否合理，故而成本投入较大。零基预算旨在减少浪费、降低预算松弛，但若控制不力将产生更多的预算松弛。一般而言，政府机构、非营利组织及企业利润增长瓶颈期可采用此方法。

3. 增量预算

增量预算是一种基于过去展望未来的预算编制方法。该方法的编制前提是现有业务活动、费用水平合理，以基期成本费用为基础，结合预算期业务情况及成本控制措施，通过调整有关费用项目进行预算编报。增量预算的优点是不需要大量资源投入；缺点是很可能产生预算松弛，导致无效费用开支项目无法得到有效控制，造成浪费。

4. 弹性预算

弹性预算又称动态预算法。该方法是以成本性态分析为基础，依据业务量、成本和利润之间的联动关系，按照预算期内可能的一系列业务量(如生产量、销售量、工时等)

水平编制系列预算的方法，实务中主要用于编制成本费用预算和利润预算。

5. 固定预算

固定预算又称静态预算法。在编制预算时，只根据某一固定的正常、可实现业务量(如生产量、销售量等)水平作为唯一基础编制预算的方法。静态预算的优点是简单，其缺点是适应性、可比性不足。

实践中，企业应结合战略规划、根据自身业务特点和管理需要，选择一种或多种适合的预算方法综合运用。

三、全面预算管理的编制流程

俗话说，“三分战略七分执行”，全面预算与战略的关系密不可分，战略必须落实在实际业务中。全面预算是企业战略落地的“抓手”，也是实现战略的有效工具。企业应将宏大的战略目标分解为多个可逐步实现的小目标，通过预算管理有计划地推进战略落地。

(一) 通过长短期目标拆分战略规划

企业战略是企业在较长周期发展的指导纲要，按预算跨度时间的长短可将预算划分为长期预算和短期预算，长期预算体现企业的长期目标，短期预算体现企业的短期目标。通过长短期预算相结合的管理方式，将战略拆分到日常业务中，进而实现全员、所有部门、所有业务全覆盖。

1. 长期预算与战略的关系

长期预算主要用来确定未来5～10年企业的行动措施，它体现企业长期发展目标，通常与项目投资、企业研发等长期项目相关。通过长期预算将企业战略拆分为若干个明确的短期目标，并将其作为当年度考核指标，促进企业战略落地。长期预算包括资本预算和为实现战略的预算，其中，资本预算是指长期投资项目预算；为实现战略预算是指未来可给企业带来竞争力的各种支出预算，如研发支出等。

2. 短期预算与战略的关系

短期预算是长期预算的拆分，若干个短期预算构成长期预算。长期预算是企业战略的体现，短期预算为一年内的预算，可以进一步分解为经营预算和财务预算。经营预算涵盖经营活动的全部内容，包括销售、生产、采购、材料、费用等预算；财务预算以财务报表形式反映预算成果，包括利润表预算、资产负债表预算、现金流量表预算等。

(二) 确定全面预算的年度目标

在制定年度预算目标之前，预算管理委员会应考虑宏观环境变化、市场动态、企业战略目标等长期因素后，编写预算指南以指导各预算执行单位的预算编报工作。确定企业全面预算的年度目标，即将细分战略对应时间并明确未来每一年度企业发展的主要目标。一般而言，全面预算年度预算指标设计原则为以财务指标为主、非财务指标为辅，定量指标与定性指标相结合，以通过全面预算客观体系细化的战略目标。明确全面预算年度目标的制定有利于全面反映企业年度经营目标并开展绩效考核工作，有利于全体员工、各职能部门清楚年度工作目标并为之不断努力。

(三) 编制年度全面预算

预算编制工作应按照上下结合、分级编制、逐级汇总的程序进行。全面预算编制是全员参与的过程，财务部门在预算编制过程中发挥协调、统一的作用，预算编制过程业务部门必须高度参与，否则预算编制将脱离实际。

通常年度全面预算编制步骤如下。

(1) 分解预算目标。预算管理工作机构测算下一年度全面预算总体目标，结合实际情况制定具体的分解方案及编制政策，上报预算管理委员会并经过审批同意后，层层下达至各预算单位。

(2) 分级编报预算报告。各预算单位依照目标结合实际情况进行预算报告编制，完成内部审批程序后，上报上级预算单位。

(3) 汇总、审查、平衡总体预算。预算管理工作机构汇总、审核所有上报预算，形成预算初稿并提出建议。该过程需要进行大量的沟通与协调工作，审核过程中发现错误与偏差要求编报单位予以修正。实际工作中，应做好时间预留准备。存在无法达成一致的重大事项时，必须上报预算管理委员会，由预算管理委员会集体决策是否调整重大事项所在预算单位的年度预算目标。

(4) 汇总编制全面预算草案。汇总调整平衡后的全面预算，形成全面预算草案，上报预算管理委员会审议后，提交董事会审批。

(四) 全面预算管理编制步骤

全面预算管理编制步骤应结合实际业务开展情况，实践中通常将全面预算管理编制体系分为以下七个方面的内容：①细分战略，明确年度发展目标；②组建预算组织、搭建预算体系；③明确年度经营目标；④年度预算编制；⑤预算审核及审批；⑥预算下达；⑦预算分析评价。具体步骤如表 2-1 所示。

表 2-1 全面预算管理编制步骤表

步骤	工作内容	具体内容
①	细分战略，明确年度发展目标	1. 战略是公司层面的发展规划，结合公司实际细分战略为年度目标，指引日常经营工作开展； 2. 具体战略包括战略规划、市场规划、人力资源规划、研发规划等
②	组建预算组织、搭建预算体系	1. 组建预算工作机构，明确组织体系及分工； 2. 预算工作权责归属、各类预算管控归口、预算考核归口； 3. 统一预算表格模板、统一制定预算定额、统一预算编制方法
③	明确年度经营目标	1. 依据各类细分规划，制定企业下属各行业年度经营目标； 2. 分解并量化目标，下达各责任单位

(续表)

步骤	工作内容	具体内容
④	年度预算编制	1. 各级预算责任单位为预算编制主体，应结合其实际经营情况，由经营预算、项目预算开始预算编报； 2. 预算包括销售预算、生产预算、采购预算、费用预算、投资预算等； 3. 各预算责任单位在预算报表中体现年度经营目标并上报其上级管理单位； 4. 汇总各责任单位各类预算报告形成年度预算初稿
⑤	预算审核及审批	按预算归口分工审批预算、逐级审议原则开展预算审核工作(上级单位审核下级单位预算、层层审核)、按预算工作流程进行预算审批、公司预算管理委员会工作机构负责最终汇总平衡预算、预算管理委员会负责最终预算的审批并报董事会审议
⑥	预算下达	1. 预算经董事会或类似法定机构审批后，下达至各级预算责任单位执行，预算下达后即生效； 2. 有预算管理系统的单位自下达之日起在系统内启用预算管控
⑦	预算分析评价	综合运用历史数据、行业标杆数据、年度经营目标数据进行横向对比分析、纵向趋势分析，查缺补漏评价预算完成情况，并适时调整经营

四、全面预算管理实施的保障体系

全面预算管理是涉及“全员、全过程、全方位”的一项庞大、复杂的工作，它是企业未来某一段时间内指导经营的行动指南，任何一个环节的问题都可能影响全面预算的有效性，科学组织体系的建设是全面预算管理工作开展的前提。

(一) 健全全面预算管理的组织保障

全面预算管理涉及企业各个方面，是企业资源与权力的分配过程，企业一把手对预算工作的推动是全面预算工作有效开展的前提和保障。全面预算管理的机构包括决策机构、工作机构、执行单位三个层次，在进行全面预算管理信息系统需求分析时，应结合企业实际情况搭建三级架构，明确决策机构、工作机构、执行机构三层架构的各自权限、职责、审批流程。

1. 决策机构

董事会或授权机构(决策层)对全面预算管理负总责。董事会下设预算管理委员会为全面预算管理决策机构。预算管理委员会在董事会授权下决定和处理涉及预算的重大事宜，包括拟订预算的目标、政策，制定预算管理的具体措施和办法，审议、平衡预算方案，组织下达预算，协调解决预算编制和执行中的问题，组织审计、考核预算的执行情况，督促企业完成预算目标等工作。

2. 工作机构

预算管理委员会为非常设机构，企业应当在委员会下设全面预算管理的工作机构，履行日常管理职责，通常预算管理工作机构设在企业的财务部。预算管理工作机构负责拟订各项预算管理制度，检查落实预算管理制度的执行，拟订年度预算总目标的分解方案及有关预算编制程序，初审各单位预算初稿、综合平衡并提出修订意见，汇总全面预算草案，跟踪监督全面预算执行情况，协调解决企业预算编制和执行中的问题，提出预算奖惩方案等工作。

3. 执行机构

预算的执行机构为承担经济责任并享有相应权力的企业内部单位，包括企业的职能部门和所属分公司、子公司以及其下级次所有单位。一般而言，企业内部预算责任中心可划分为收入中心、成本中心、投资中心、利润中心等。各预算执行单位在本单位全面预算管理委员会的指导下开展本单位预算工作，各预算执行单位负责人对本单位预算执行结果负责，在上级预算管理部门的指导下，负责预算编制、执行、控制、考核及分析等相关工作，严格执行经批准的预算。

(二) 完善全面预算管理制度建设

全面预算工作具有复杂性、系统性等特点，落实与否取决于制度建设情况、制度执行情况。通常，全面预算管理制度包括全面预算管理组织制度、全面预算权限分配管理办法、全面预算管理办法、全面预算执行考核办法、全面预算调整管理办法、全面预算工作流程、全面预算审批流程等。完善的全面预算管理制度可有效规范预算工作全过程，以保证各项工作有序推进，充分发挥预算管理效能。

(三) 明确预算授权、审批机制

纵观预算管理过程，预算管理部门扮演着决策、组织、领导、协调和平衡的角色，各预算执行单位应结合自身实际情况要求其相应职能部门(包括但不限于生产、销售、人事、财务、投资等部门)做好归口预算的编制、执行、分析等工作，配合预算管理部门做好综合平衡、执行、考核等工作。应严格按照不相容职务相分离原则，明确预算编制、执行、分析、调整、考核各环节授权、审批的具体流程和权限，确保全面预算工作有序开展。

(四) 形成重视全面预算工作的企业文化

全面预算工作的高质量完成与企业文化建设的有效性密不可分，必须将预算理念植入企业文化。预算文化的形成非一蹴而就，需要持续宣贯、不断培训，全员逐步养成“预算文化”。最终形成“立足实际、科学编制、开支前看预算、无预算不开支、预算与业绩薪酬挂钩”的企业文化。

综上，在开展全面预算工作前需要从企业内部环境出发，全面梳理业务流程、制定符合企业需求的全面预算工作方案。全面预算工作的有效开展需要取得管理层的全力支持、获得员工的充分理解，逐步将全面预算管理文化植入人心，使全面预算工作发挥管理效力。

第二节 全面预算管理信息系统上线运行准备

一、全面预算管理指标体系设计

全面预算管理指标体系设计是预算工作的核心，应体现股东对经营层运营业绩、经营发展等方面的要求。指标体系在实际业务中发挥着指挥棒作用，相关指标的设计必须科学、合理。该项工作可实现“四两拨千斤”的管理效应，预算指标体系设计者必须充分了解各预算主体的盈利模式、历史经营数据、行业内标杆企业数据、业务信息、定额指标信息等信息。

(一) 全面预算管理指标体系设计工作流程

首先，考核指标体系设计部门应结合运营实际情况，充分收集企业历年各类经营数据(包括但不限于历史经营数据、业务信息、各类定额指标及标准耗用、盈利模式、行业对标数据、相关产业政策、宏观经济信息等相关资料)，结合行业特点进行数据分析后，分行业及业务提出预算管理指标体系草案。

其次，草案设计后应下发至相关单位征询意见。设计者应深入业务一线，充分沟通、积极听取预算执行单位的意见，掌握第一手资料，依据合理意见优化调整预算管理指标草案，并将最终方案报决策层审核。

最后，预算管理指标体系应结合企业实际经营情况定期对指标体系进行修订，使其切实满足企业管理需要。

(二) 全面预算管理指标体系的主要内容

全面预算是发展战略落实的“抓手”，预算目标体现细化到年度的发展战略目标。各类考核指标在预算目标中提炼，充分体现年度发展战略目标。全面预算管理指标体系的设计需要多维度思考，一方面从业务层级对预算目标项目分解，另一方面应结合责任主体的实际情况分解指标。应与业务一线单位充分沟通、反复磋商，最终设计出富有指导意义的全面预算管理指标体系。

全面预算管理指标体系包括定量指标和定性指标、财务指标和非财务指标。通常财务指标为定量指标，主要体现为企业的收入、经营利润、EBIT(息税前利润)、EVA(经济增加值)、ROE(净资产收益率)、ROA(资产回报率)、存货周转率、应收账款周转率等系列关键业务指标。非财务指标主要体现为定性指标，主要为管理工作目标。例如，工程建设进度、安全生产、土地摘牌、园区开园等工作目标。

各种指标设计时应充分考虑行业特点、业务特点，结合被考核企业的实际情况设计相关考核指标。例如，进行销售业务预算时，主要考核指标应包括销售数量指标、销售价格指标、销售额指标、销售费用指标、产品市场占有率指标、客户满意度指标、投诉率指标等。进行主营业务成本预算时，对于制造类企业通常考核的指标包括标准单位生产成本达成率、产成品废品率、返修率、设备产能利用率等指标。进行人力成本预算考核时主要考核指标应包括人均培训成本、离职率、设定标准工时产出率、员工满意度等指标。

(三) 全面预算管理指标体系的设计原则

全面预算管理指标体系的设计要满足科学性、适用性、多样性要求，保证指标在考核阶段能予以正常应用，应遵循 SMART 原则。具体如下：S(Specific)指标必须具体、清晰、容易理解且便于考核；M(Measurable)指标必须可量化且可衡量；A(Attainable)指标必须客观实际，不能好高骛远，脱离实际设立目标；R(Relevant)指标的设计必须与预算执行单位的实际业务相关，不能设计脱离实际的目标；T(Time-bound)指标设计必须符合时效性原则，需明确预算期限。

二、全面预算管理表格体系设计

“管理制度化、制度流程化、流程表单化、表单信息化”是实现预算管理信息化的主线。全面预算管理表格是预算结果的载体，表格体系设计覆盖预算全过程，设计的合理性对全面预算工作开展影响极大。从业务流程看，表格体系设计包括预算编制、预算执行、预算分析、预算考核等工作流程。从涵盖的业务看，表格体系设计包括经营预算、财务预算、投资预算等预算类别。全面预算管理表格设计工作是全面预算管理工作的核心，也是信息化工作的基础，更是业财融合成果的展现。该项工作需要既懂业务又懂财务(管理会计)的工作人员负责。

(一) 全面预算管理表格体系设计的原则

(1) 简洁明了。全面预算表格设计应简洁明了，结合业务特点及取数难易程度设计预算管理表格，以方便使用及软件实施。

(2) 突出重点。全面预算表格设计要结合财务会计报告形式但不能受限于财务报告，表格设计时应充分体现管理会计思想，结合企业的实际情况、所在行业、经营特点设计相应的报告表格。

(3) 简单易懂。全面预算表格设计应简单易懂、容易操作，避免使用晦涩难懂的专业词汇，应在设计时充分体现业财融合的理念，充分反映管理层关注的经营重点。

(4) 对标管理。选择与代表企业有相似性的行业内标杆企业(最好为上市公司)，研究标杆企业业务特点，充分借鉴并吸取其管理优点进行预算表格设计工作。

(二) 表格设计工作流程

“工欲善其事，必先利其器”，开展设计工作前应深入研究企业的战略发展目标、经营目标，理解企业的愿景、使命，组成调研小组开展调研工作。在调研样本的选择上应结合企业的实际情况，在不同行业板块中选取有代表性的单位开展调研工作。收集企业经营的各种资料，深入了解所属行业特点、盈利模式、主要竞争对手营运情况、历年经营数据及重大事项，尤其要注意业务信息及各类定额指标的收集。从人、财、物，产、供、销等方面全面了解情况，为预算表格设计奠定基础。

1. 业务信息收集

业务信息是反映日常生产经营活动的重要依据，也是开展预算编制、进行预算执行分析的必备信息。业务设计者应深入业务，梳理业务脉络、整理各类单据、收集各类表样，应特别关注业务间的逻辑关系以利于信息化实施时设计相关公式。业务信息的收集应特别关注企业现行的管理制度、业务流程、各类表单等信息。例如，采购申请单、材料入库单、材料领用单、原材料耗用汇总表、产品成本计算单、制造费用分配单、人工成本单等凭证。业务信息整理工作完成质量的高低，对全面预算管理信息化工作有着重大的影响，必须高度重视此项工作。

2. 定额指标收集

定额可以理解为管理会计中的标准成本概念。定额指标是经营预测、决策、核算分析、考核评价的重要标准，是推行全面预算管理信息化必须完善的基础工作。

定额指标的收集是预算管理信息化最耗时、耗力的工作，这项工作完成的情况直接影响业务预算编报结果。与预算相关的定额主要包括以下几类：与人力资源成本相关的劳动定额(工时定额、工资定额、定员定额等)；与材料耗用相关的材料耗用定额(单位产品原材料消耗定额、单位产品易耗品消耗定额)；与各类费用相关的费用定额(单位制造费用定额、单位管理费用定额、单位销售费用定额)；与机器设备产能有关的设备定额(产量定额、设备利用率定额、生产能力利用率定额)。

定额指标管理是对各类消耗、费用、资金等定额的制定、执行和管理。定额标准的获取需要投入大量人力、物力、财力，管理层的重视和支持极为重要。实践中，影响定额标准的因素有很多，如工艺因素、地域因素、企业文化因素、盈利模式因素等，不同企业生产相同产品的定额标准可能存在差异。

以百公里油耗支出标准的预算定额为例，偏远山区车辆受地理环境、气候环境影响，其配备公务用车要求较高，必须为四驱、发动机功率 2.0 以上 5 座车辆，通常百公里油耗 10～12 升；而地处城市配备公务用车，发动机功率 1.6 以下 5 座车辆即可，考虑城市内交通堵塞情况，该类公务用车百公里油耗在 8 升左右。

以酒店房价的预算定额为例，客房单房房价定额设计时应结合酒店地理位置、经营周期、淡旺季等因素设计。通常情况下，五星级酒店单房房价最高、经济型酒店单房房价居中、景区酒店房价季节性特点明显，景区经营旺季时，其房价高于五星级酒店单房房价，淡季时景区酒店的单房房价为旺季价格的 30%～50%。

需要强调的是，定额标准取值必须来自于业务，绝对禁止凭设想、估计确定定额指标。由于企业经营情况变化快，定额标准需要定期检查，结合业务实际对定额进行修订、增补、删减，以保证预算工作的准确性。

3. 相关公式收集

预算表格设计要考虑数据关系，一是预算表格数据间的钩稽关系，二是预算表格间的从属关系。预算表格间的钩稽关系是预算报告编报的前提，预算表格间的从属关系在设计时要特别注意预算表格中公式的收集整理。可以将预算表格视为三层结构，第一层为预算总表，第二层为分项预算表，第三层为业务预算表，三层次表格层层细化、数据间互相支持，如同总账、明细账、辅助分类账之间的关系。需要注意的是，表格的设计不要受限于财务报表格式，应结合业务实际从管理会计应用角度出发设计预算表格，充分发挥全面预算工作管理效率。

(三) 预算表格分配

预算表格分配是按参与预算的各主体所承担的责任及其主要业务进行，不同的责任主体负责不同的预算表格。如某企业的预算报告包括财务预算指标报表、财务预算表、经营预算表、资本预算表等，每类报告又下设相应的预算明细表格，同时明确各类预算报表的报送流程和填报要求。

三、全面预算管理审批流程设计

对于多级次责任主体企业而言，编制并完成年度预算需要经过多层级审核，如何科学设计审批流程是全面预算管理体系重要的设计内容之一。在进行审批流程设计时，需要先将预算分类，并考虑每一类预算所涉及的审核流程及审核人员，通常依据预算类型、预算是否有归口管理部门、是否为专项预算开展业务流程设计。

(1) 业务预算审批流程为预算编报完成后提交部门领导审核，审核通过后由所在单位分管领导审批形成预算草案；预算草案报上级部门领导审核，由上级部门业务分管领导批准后，提交预算管理办公室进行汇总平衡。业务预算均应按照上述流程开展。

(2) 根据归口管理要求进行全面预算管理设计审批流程。例如，办公室归口接待费用、差旅费用、办公费用、车辆费用的管理；人力资源部门归口人事培训、人事招聘、薪酬及员工激励等相关费用的管理。

(3) 有无例外管理事项，如专款管理需要独立管控。在业务梳理过程中对此特殊业务流程需要明确责任部门、责任人以及具体流程。

至此，全面预算管理信息化需由实施单位提前收集整理的基础工作全部完成。上述工作是全面预算信息化管理工作的基础，对于全面预算管理实施极为重要，其完成质量将决定全面预算管理软件上线后的运行效果，应予以高度重视。

四、全面预算管理信息系统上线

(一) 软件供应商的选择

企业在进行软件供应商选择前应结合企业发展战略和未来 3～5 年的经营发展需要对信息化工作进行整体设计，对企业经营所需的所有信息化项目进行统筹，将各种软件需求统一纳入方案中，避免重复投资造成浪费。软件在配备相应硬件的基础上运作，软硬件投入多少与业务量大小、风险管控要求的高低呈正比关系，业务量越大、风险控制度越高的企业信息化投入成本越大。

1. 软件供应商选择应考虑的因素

企业的全面预算管理信息系统的成功实施与否，与软件的选择有紧密联系。从实务角度看软件合作伙伴应考虑以下因素：①软件实用程度，是否能满足实际管理的需求；②软件功能是否完善，是否满足客户化自定义业务需求；③需要考虑软件接口开放程度、可定制开发程度；④软件是否易于操作、方便维护；⑤有无同类成功案例及市场口碑情况。

2. 软件供应商选择流程

以软件供应商选择为例，具体包括以下流程：①查询市面上有影响力的全面预算管理软件供应商名单，并了解其排名、实力、行业口碑及成功实施案例情况；②电话交流并预约面谈，了解合作伙伴实力、服务品质、产品情况等信息；③初次交流时介绍采买方业务需求，要求对方在一定时间内提交项目建设方案及具体实施方案；④综合摸底后，企业撰写全面预算管理供应商甄选工作报告，分析各供应商优势、劣势及具体建议，并提出整体软件实施方案和招标工作计划，报批后开始准备招标工作；⑤制定招标文件(包括投标邀请、投标须知、技术规范、履约保证金、投标文件格式等)、评标管理办法(明确商务标评标标准及技术标评标标准等相关文件)、明确标底，报经营层批准后开始招标工作；⑥经过发标、开标、评标后选取排名第一、第二的企业作为候选供应商进行竞争性磋商，并进行实地考察，着重了解候选供应商的业务能力、经营实力、专业水平、服务质量(实施服务质量、培训服务质量)等方面情况，形成考察报告及相关建议报告明确供应商单位后上报企业管理层；⑦管理层审议通过后即可确定最终合作伙伴，并启动合同签订流程。

(二) 系统上线准备内容

企业全面预算管理系统软件实施工作人员(一般为财务部负责IT工作的专职人员)要与软件供应商实施团队密切配合，团队间的相互支持是系统上线工作的基础，实施企业管理层对全面预算工作的重视与支持是系统上线工作的充分保证。系统上线是重要的工作环节，也是实现全面预算管理信息化过程。软件供应商进场后，企业工作人员将梳理后的预算管理指标体系、预算管理表格体系(含各类公式)、全面预算管理制度、预算工作业务流程、业务审批流程、各类业务标准定额指标等资料整理成册交给软件工程师。软件工程师基于企业现有预算管理体系，结合前期预算咨询规划阶段的预算管理体系，进行信息化系统实施，主要完成包括维度定义、模型搭建、数据关系建立、预算报表样式建立、计算关系及汇总关系在内的全面预算管理信息系统体系定义相关工作。

(三) 全面预算管理软件系统功能架构

全面预算管理产品架构一般包括体系定义、预算编制、预算控制、预算调整、预算分析五大功能，以浪潮软件为例截取系统功能架构图(见图 2-1)，介绍主要功能如下。

体系定义即由软件工程师负责的系统软件初始化，完成体系定义后的预算软件可满足企业需求，并投入使用。预算编制、预算控制、预算调整、预算分析四个部分是软件的应用。通过预算编制功能完成全面预算的各类报表编制。全面预算模块与企业的各业务系统模块相连，通过预算控制功能在日常业务中落实预算管控。对于重大调整事项通过预算调整模块开展相关工作。通过预算分析模块对预算的执行情况进行实时分析，查找原因并制定对策，通过预警方式对重大风险进行提示。

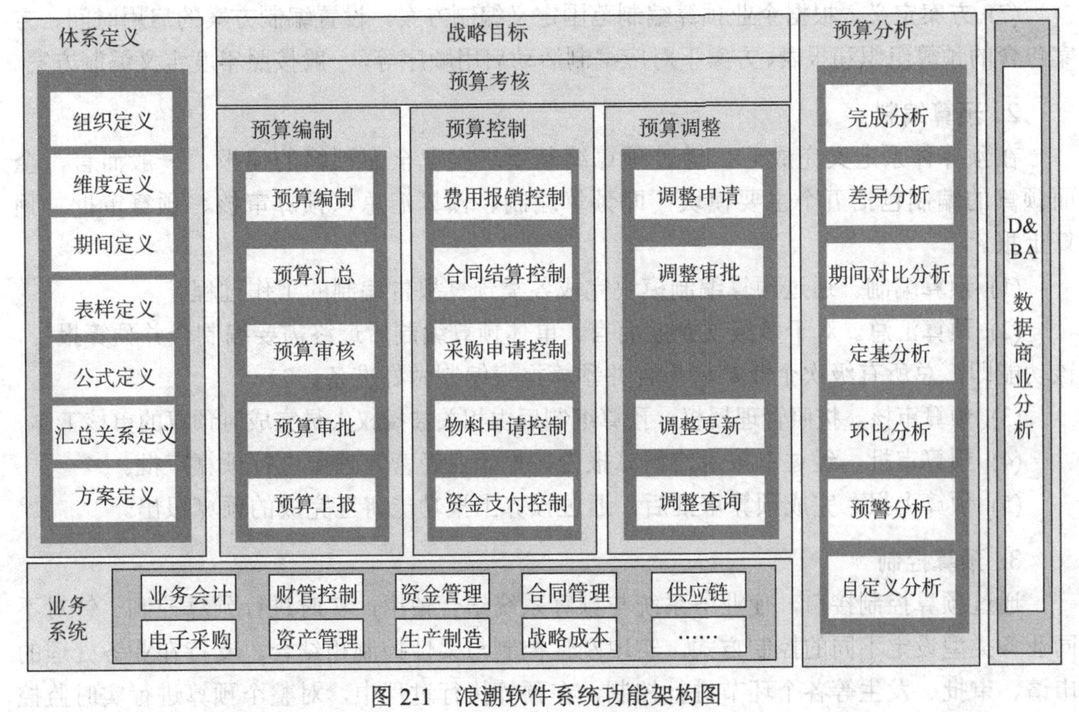

图 2-1　浪潮软件系统功能架构图

1. **体系定义**

体系定义是全面预算管理信息系统搭建的过程，也是结合企业业务进行全面预算管理信息系统运行的基础。体系定义主要包括组织定义、维度定义、期间定义、表样定义、公式定义、汇总关系定义和方案定义七项内容。

(1) 组织定义。预算组织是预算编制的最小单位，根据企业预算管理的颗粒度来设置。一般来说，预算组织包含核算组织，可以根据管理需要设置比核算组织更为细致的管理部门，如设置以班组为单位的预算组织。

(2) 维度定义。维度定义指项目、产品等预算作用的对象。维度定义包括公有维度及私有维度，公有预算维度指项目、产品等预算作用的对象，私有预算维度指下级单位为满足自身管理需要而设定的对象，常见维度包括预算期间、预算责任主体、产品类别、客户、供应商等项目。

(3) 期间定义。用于定义全面预算起止时间，一般预算期间为 1 月 1 日起到 12 月 31 日止。

(4) 表样定义。用于定义全面预算管理表格，一般根据企业的管理需求、结合管理层的管理意图进行预算表样的设计，通过表样定义功能将相关表样植入全面预算管理软件中。

(5) 公式定义。用于定义各报表内部及报表之间的钩稽关系，通过公式设计实现计算机自动取数、计算功能。

(6) 汇总关系定义。设置预算数据的汇总关系，可以按照预算组织架构维度关系或者另外定义其他维度关系进行汇总。

(7) 方案定义。根据企业预算编制范围定义编制方案，设置编制方案的启用时间、方案包含的预算组织和报表、方案下对应编制活动启用顺序等，一般按照年度定义编制方案。

2. 预算编制

在预算体系定义完成后，通过预算编制模块实现全面预算的编报，一般而言，全面预算的编制包括五个主要模块，即预算编制、预算汇总、预算审核、预算审批、预算上报。

(1) 预算编制。通过预算编制模块完成各类预算报告编制的工作过程。

(2) 预算汇总。对于多级次企业而言，单体预算编制后最终需要编制合并预算报告，该功能即汇总所有级次企业数据为合并预算报表编制做好准备。

(3) 预算审核。按照管理授权，预算编制后由相关被授权人员完成对预算的审核工作。

(4) 预算审批。经过审核后的预算报告，报企业经营管理层进行预算审批。

(5) 预算上报。完成预算审批后，通过预算上报功能将已完成的预算报出。

3. 预算控制

通过预算控制接口，使业务系统与预算系统结合使用，实时进行预算控制。针对不同业务类型设定不同的控制方式，实现刚性控制与柔性控制相结合。支持在业务处理的申请、审批、发生等各个环节进行控制，在预算执行过程中，对整个预算进行实时监控及与业务系统进行交互。

(1) 费用报销控制。将费用类预算细分到月，日常费用报销与费用类预算关联，根据企业设定的费用控制条件进行费用控制，在预算范围内发生的费用允许报销、记账，预算范围外发生的费用未进行预算调整前不得入账。

(2) 合同结算控制。通过设定预算管控条件对合同结算进度进行控制。

(3) 采购申请控制。通过设立安全库存警戒线，当存货水平下降到警戒线水平时按照设定采购申请流程启动采购流程，进而对采购申请进行预算控制。

(4) 物料申请控制。通过设立物料安全库存标准，当库存到达警戒线水平时系统自动按预设申请流程进行物料申请，进而实现对物料领用的预算管控。

(5) 资金支付控制。通过资金计划对资金进行管控，无计划资金不予支付。

4. 预算调整

在预算完成审批后，已经备案不能再直接修改预算表，如果要修改预算可以通过预算的大调整和小调整的方式进行。预算的大调整一般调整的数据比较多，是集中批量的调整，这种可以通过重新启动一个编制的流程方案来实现；小调整则发生在平时的变动，由于基础指标的变动，或个别部门费用类的调整，影响的数据量少，使用调整单的方式来实现。具体操作步骤如下。

(1) 调整申请。当发生对经营产生影响的重大经济事项时，根据设定的流程发起预算调整申请，在调整申请中明确预算调整原因及具体影响。

(2) 调整审批。按设定的审批流程对预算调整申请进行审批。

(3) 调整更新。调整审批流程完成后，依照审批意见进行相关预算报表调整，并更新预算数据。

(4) 调整查询。通过调整查询功能实现已调整各类预算的查询。

5. 预算分析

在执行预算分析之前，需要对各类分析进行相应的设置，包括分析项目、格式、过滤条件等，针对不同的分析重点和指标，全面预算系统提供多种分析方式，如完成分析、差异分析、期间对比分析、定基分析、环比分析、预警分析和自定义分析等。

(1) 完成分析。对选定期间内的所选预算表的所有项目的完成情况进行查询分析，反映各类预算的执行情况。

(2) 差异分析。对预算实际执行情况与预算目标进行对比，该功能用于分析各类预算的执行情况，及时纠偏、预警各类风险，以保证预算有效执行。

(3) 期间对比分析。通过对期间对比分析的定义，设置分析类型、关联数据模型、设置分析的项目和指标内容等，实现期间对比分析。

(4) 定基分析。通过对定基分析定义，设置分析类型、关联数据模型、设置分析项等，实现预算定基分析。

(5) 环比分析。通过对环比分析定义，设置分析类型、关联数据模型、设置分析项等，实现预算环比分析。

(6) 预警分析。结合企业管理需求，明确重大风险点，设立相应的预警业务标准并在全面预算软件中预设，当运行中结果接近预警标准时自动预警并对预警进行分析。

(7) 自定义分析。根据企业管理要求自行设定分析条件，实现个性化预算分析要求。

(四) 全面预算管理软件初始化过程

初始化工作是体系定义的过程，也是在软件中搭建企业完整预算报告的过程。软件初始化工作由两部分组成，第一部分是由实施企业提供包括预算组织、预算维度、预算期间定义、预算表样、预算公式关系、预算汇总关系、预算方案等相关信息，软件工程师负责实施，最终在软件系统内搭建全面预算管理环境；第二部分由企业在完成的预算软件中录入与企业经营相关的各类数据。对于集团企业而言，初始化工作的难度更大，通常其实施包括两个步骤：一是由集团系统管理员进行的集团层面的公共数据、预算基础数据的设置工作；二是由各子公司相关权限人员进行的所在单位公司层面的私有数据设置工作。上述工作全部完成后全面预算初始化工作正式完成，经过数据测试后，全面预算软件可以正式上线使用。

初始化工作前期主要由软件工程师负责实施，企业在此过程中需要配合提供大量信息。以下工作作为实施单位配合人员需要特别注意：第一，企业工作人员应当在充分了解软件公司的产品功能后，整理出实施企业的预算组织、预算编制表样、取数公式、汇总关系、各种业务相关维度等信息提交给软件工程师在系统中进行设计、定义。第二，企业工作人员应梳理清楚实施单位各类业务的预算相关审批流程、预算控制关系等信息。第三，应结合年度经营目标的要求将年度预算工作的核心指标及相关管理要求与软件实施人员进行充分沟通交流，以利于实施中体现。

软件初始化中核心工作包括预算体系定义(见图 2-2)、预算表样定义(见图 2-3)、预算表格公式定义(见图 2-4)、预算编制方案定义(见图 2-5)，需要说明的是，相关截图以浪潮软件为例，以方便读者理解学习。

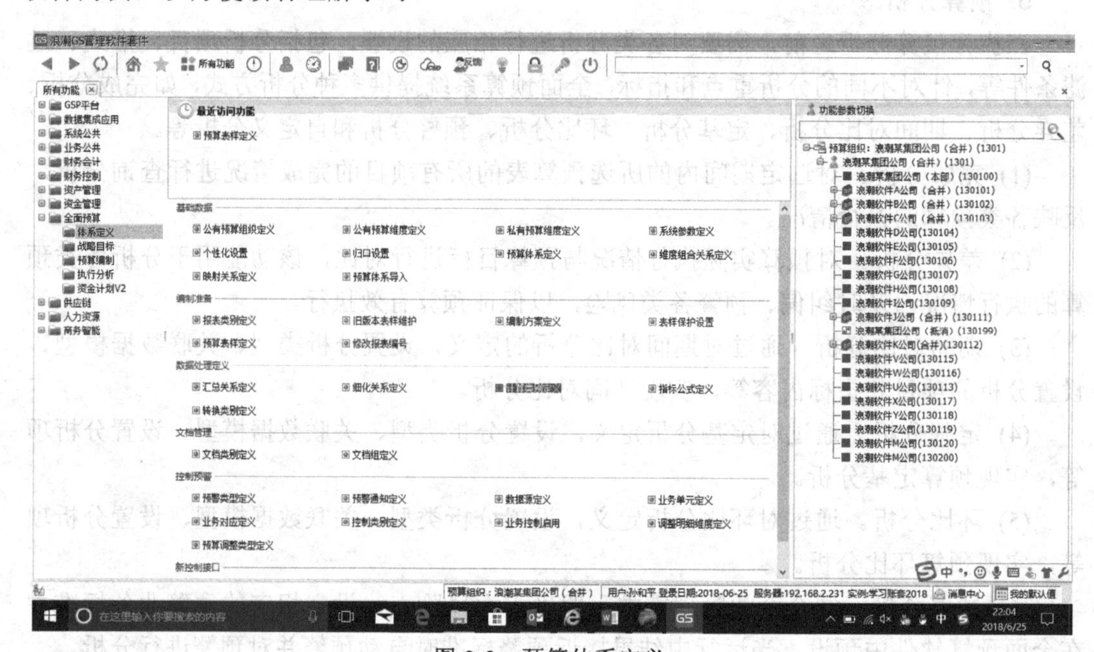

图 2-2　预算体系定义

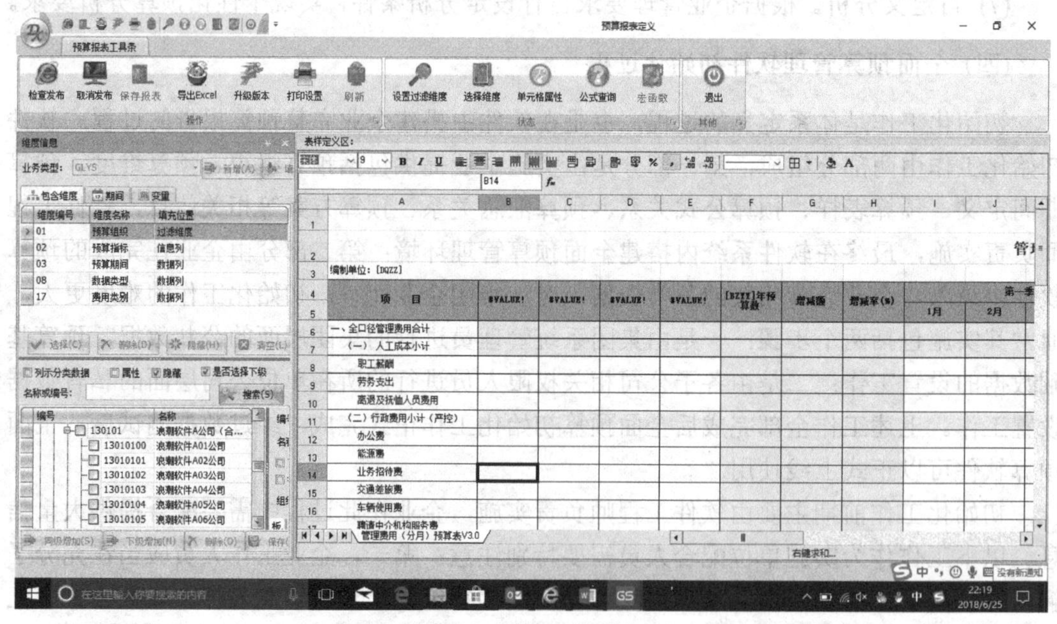

图 2-3　预算表样定义

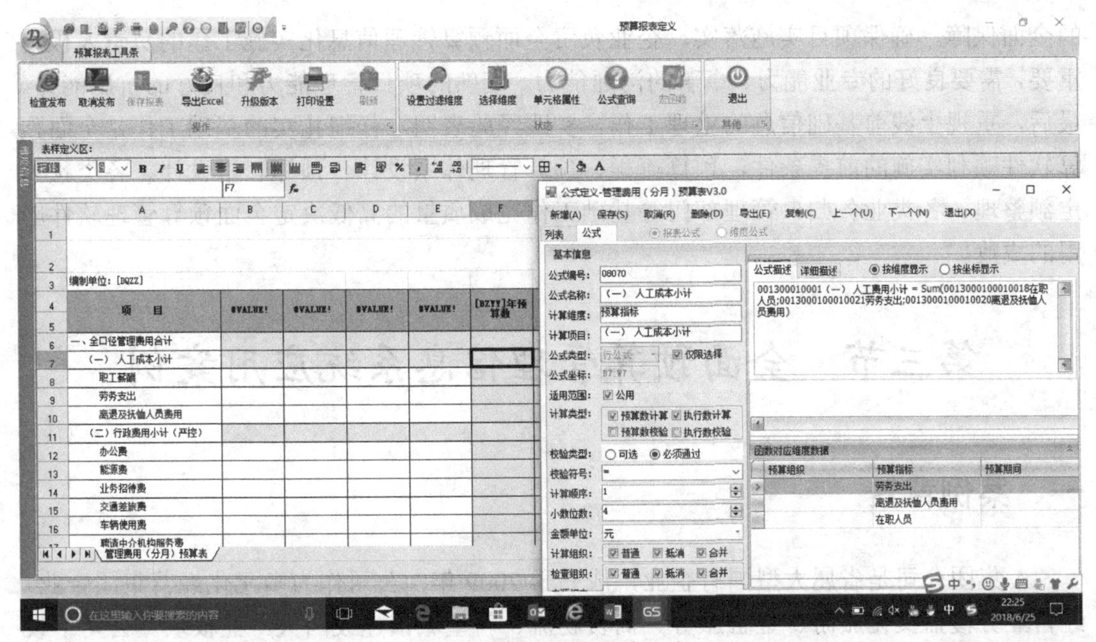

图 2-4　预算表格公式定义

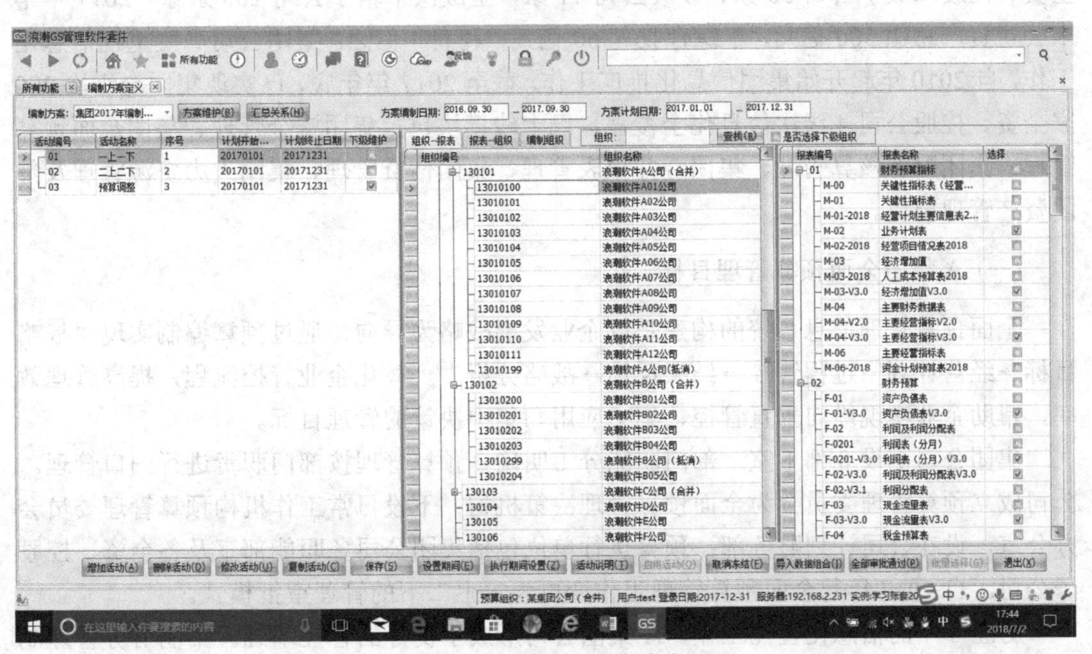

图 2-5　预算编制方案定义

实践中，无论企业选择何种品牌软件，从企业角度而言都需要在软件实施前做好充分的准备。首先，全面预算管理信息化工作务必得到管理层全力支持，将全面预算管理工作纳入公司顶层设计是充要条件。其次，全面预算管理信息化工作必须有前瞻性。结合企业发展战略梳理未来 3～5 年企业发展方向进行预算系统设计，确保所落实的全面预算管理信息系统能满足企业未来 3～5 年的发展需要。再次，成立专班，给予人、财、物的全面保障，确保项目实施落实。企业负责全面预算管理信息化实施工作的负责人极为重要，需要良好的专业能力、卓著的沟通能力、娴熟的项目管理能力和良好的抗压能力。最后，重视上线前基础信息的整理工作。实践经验表明，仔细扎实的基础工作是全面预算软件顺利实施的前提条件，预算流程、预算管理体系设计、预算表格设计、各类预算定额整理、各类业务归口管理部门等基础工作完成质量的高低决定全面预算管理软件应用的成败。

第三节 全面预算管理信息系统应用案例

一、案例背景

A集团公司是省属大型国有企业，成立于2009年，公司作为多元化经营集团企业，经营业务覆盖文化旅游、金融服务、商贸物流、新型城镇建设四大产业板块。公司下设全资、控股二级子公司50家、参股公司11家，全级次下辖子公司200余家。2017年年末公司资产总额500亿元，年综合收入60亿元，利润4亿元。集团公司高度重视信息化工作，自2010年起开始集团信息化推广工作。截至2017年年底，已实现集团全级次200家全资、控股公司4级次信息化全覆盖。已上线模块包括集团资金管理、集团全面预算管理、集团财务核算管理、集团合并报表管理、集团信贷管理、集团人力资源管理及集团资产管理模块。

(一) A集团全面预算管理目标

全面预算管理信息系统的构建是以企业发展战略为导向，通过预算编制实现“战略目标→经营计划→过程管控→结果反馈→战略分析”一体化企业管控流程，提高管理效率，帮助企业实现纵向垂直管控、集中应用和集中决策的管理目标。

集团公司下设8部1室，部门职能分工明确，预算管理按部门职责进行归口管理。公司成立预算管理委员会为全面预算管理决策机构；下设日常工作机构预算管理委员会办公室，设在公司计划财务部；预算执行单位包括集团公司各职能部室及各全资、控股子公司。自2017年起全面预算管理工作变更为二上二下的管理审批模式。

历经8年的信息化管控工作，A集团公司形成了良好的管控基础。集团财务管理制度已全面统一，集团公司制定了企业财务核算指引，全面规范了集团各板块相关业务会计科目的使用，明确了预算科目与核算科目一一对应的映射关系，使费用预算管控有据可依。结合企业现状，A集团制定了刚柔并济的预算管控模式，对费用类预算施行总额管控、费用科目间适当调剂的管理方式，二级单位费用管控亦然。为提高管理效率，对于重大预算调整事项采取备案管理，由预算变更单位提出备案申请，依照管理权限层层审批后，最终报集团公司备案。强化预算归口管理，明确预算管控重点。投资类预算采取与资金预算挂钩的管控模式，未纳入年度投资预算的投资项目，原则上不匹配资金；未按要求完成的立项项目，原则上不予安排资金。受国资监管部门控制的人工成本预算，由人事部根据相关文件要求设立预算标准，各单位依据下一个经营年度实际情况合理预测人数及职工薪酬，对人工成本采取刚性控制，超出预算不允许发放。

(二) A 集团全面预算业务流程简介

作为多元化经营集团，A 集团公司下属子公司众多且行业跨度巨大，为了使预算工作高效便捷，A 集团结合实践，分业务类别明确了预算工作流程。

(1) 对二级单位预算审批流程设计充分体现企业法人治理结构要求。例如，二级单位对其下属全资及控股子公司预算编报有审批权，集团公司对二级单位汇总预算指标有审批权。

二级单位预算编制审批流程如下：二级单位完成包含下属子公司相关预算汇总表→上报二级单位财务部复核→二级单位预算管理委员会或总经理办公会审批→报集团公司职能部门审核→审核通过后纳入集团合并预算数据。

(2) 按业务归口制定审批流程。例如，投资类业务立项后由集团公司投资部审核批准、资金类业务由集团公司财务部最终审核批准。

总部的审批流程如下：汇总通过集团职能部门审核的预算数据→确认重大事项二级单位决策流程是否完整→若完整报总经理办公会审批，否则退回→上报预算管理委员会审批。

(3) 本部各职能部室预算由各部室编报，报分管领导审批后，由集团财务部汇总经过集团公司总经理办公会审议后报预算管理办公室审批。

集团公司审批流程如下：各职能部门各类预算表→报集团分管领导审批→报集团财务部汇总→报集团总经理审批。

二、预算编制流程与内容

预算编报工作一般在每年10月份启动，一般在跨年前完成董事会对预算的审批工作，下一个自然年度开始时正式启用预算管控。年度经营考核目标由经批准的预算报告中取值计算得到。企业进行年度预算编制前，需明确年度预算编制规则。A 集团公司结合实际情况对其年度预算进行了明确要求，具体如下。

A 集团公司 2018 年全面预算工作分为两上两下，其中，预算“一上”是指由集团财务部下发核心业务预算表，以各二级单位为填报对象(合并其下属全级次子公司业务数据)，由二级单位上报核心业务预算表。预算“一下”是指集团各职能部门在预算管理委员会的领导下，对“一上”核心业务预算表进行审核，并将相关意见反馈至各二级单位。各二级单位及其全级次下属企业结合“一下”意见开展“二上”预算全套报表编制，“二上”预算报告应全面反映企业在预算年度的经营情况，并结合“一下”意见对预算报告进行相应的调整后按预算流程上报集团公司，此时完成预算“二上”。预算“二下”是指在预算经过集团预算管理委员会审核、批准等流程后，下发各二级单位作为下一年度的预算执行依据。

(一) 一上一下预算编制

“一上一下”报告为经营预算套表(共6张报表)，包括经营计划主要信息表、经营项目情况表、EVA预算表、人工成本预算表、主要经营指标表、资金计划表。

(1) 经营计划主要信息表。该表主要用于反映近5年利润表相关科目变化情况，通过5年的经营周期数据反映经营趋势，评价收入、成本、各类费用等项目的变化情况。

(2) 经营项目情况表。该表主要反映各行业营业收入、营业成本及毛利近三年以来的变化情况，为科学评价营运效果，将当年新增项目数据单独列报。

(3) EVA预算表。根据主管机关国务院国有资产监督管理委员会要求，通过经济增加值的技术评价各预算主体的实际经营业绩高低。

(4) 人工成本预算表。该表主要反映近两年来人工成本预算，包括职工薪酬、劳务支出、人工成本的构成明细及具体金额。

(5) 主要经营指标表。选取各行业重点关注KPI指标，反映包括预算期在内近三年的指标值，通过趋势分析反映预算年度各行业经营水平。一方面有效帮助预算评价，另一方面有利于预算执行机构管理层快速找出经营问题并明确目标。

(6) 资金计划表。结合公司经营现状，按资金来源及投向总体平衡资金，综合反映公司资金整体情况，为编制现金流量预算做好准备。

(二) 二上二下预算编制

二上二下全面预算管理套表分五类，共41张报表，具体构成如表2-2所示，包括经营计划报告、预算分析报告、财务预算报告、经营预算报告及资本预算报告，每类报告结合管理需要下设系列子报告，具体情况如下。

(1) 经营计划报告共1张报表，主要反映年度业务计划。

(2) 预算分析报告共2张报表，包括EVA预算表及主要经济指标预算表，该类预算报表结合实际业务设计了多类业务指标，主要用于评价所编制年度预算报告的合理性。

(3) 财务预算报告共13张报表，包括资产负债表、利润及利润分配表、现金流量表等财务预算报告，通过该类报告反映整体预算年度企业的经营情况。

(4) 经营预算报告共19张报表，反映各板块经营收入预算、管理费用及销售费用预算、在建及开发成本预算、存货预算等与企业经营密切相关的预算报告。

(5) 资本预算报告共6张报表，反映各类资本支出预算情况，包括股权投资、并购、固定资产投资等业务。

表2-2 二上二下全面预算管理套表

项目	序号	预算表格	编号	说明
经营计划	1	业务计划表	M-01	根据年度经营计划细化，由各职能部门共同编制

(续表)

项目	序号	预算表格	编号	说明
预算分析表	2	经济增加值(EVA)预算表	M-02	根据年度预算数据计算，由财务部门负责编制
	3	主要经营指标预算表	M-03	
财务预算	4	资产负债表	F-01	反映预算编制单位年度内预计达到的财务状况、实现的经营成果及利润分配情况、资金预测及筹资计划等，由财务部门负责编制本部分预算，其他职能部门协助编报
	5	利润及利润分配表	F-02	
	6	利润及利润分配表(分月)	F-0201	
	7	现金流量表	F-03	
	8	资金平衡预算表	F-04	
	9	税金预算表	F-05	
	10	财务费用(分月)预算表 V3.0	F-06	
	11	内部单位往来挂账(无息)	F-07	
	12	筹资预算表	F-08	
	13	利息预算表	F-09	
	14	固定资产折旧预算表	F-10	
	15	投资收益预算表	F-11	
	16	非经常性损益预算表	F-12	
经营预算	17	营业收入预算表—总表	O-01	反映预算编制单位在预算年度内预计达到的生产、销售或者营业规模及其带来的各项收入、发生的各项成本和费用情况，由销售部门、采购部门、营销部门、工程部门、人力资源部门等共同负责本部分预算编报
	18	①旅游板块—酒店	O-0101	
	19	②旅游板块—旅行社	O-0102	
	20	③旅游板块—景区	O-0103	
	21	④农业板块	O-0104	
	22	⑤土地一级开发	O-0105	
	23	⑥房地产开发	O-0106	
	24	⑦房地产开发附表	O-010601	
	25	⑧金融板块	O-0107	
	26	⑨其他	O-0108	
	27	⑩其他业务收入预算表	O-0109	
	28	营业成本预算表	O-02	
	29	存货预算表	O-03	
	30	全口径管理费用预算表	O-04	
	31	管理费用(分月)预算表	O-05	
	32	销售费用(分月)预算表	O-06	
	33	在建工程—工程管理费(分月)预算表	O-07	
	34	开发成本—工程管理费(分月)预算表	O-08	
	35	人力资源费用预算表	O-09	

(续表)

项目	序号	预算表格	编号	说明
资本预算	36	固定资产投资预算表(经营)	C-01	反映预算编制单位在2018年度内预计发生新建、改扩建、外购、融资租赁等固定资产支出情况(分基建投资和经营性投资)和对外股权投资项目、金融类产品投资项目等。由工程部门和投资部门负责编报本部分预算
	37	固定资产投资项目明细表	C-0201	
	38	土地明细表	C-0202	
	39	并购项目明细表	C-03	
	40	股权投资项目明细表	C-04	
	41	金融类产品投资项目明细表	C-05	

三、子公司预算报告编制举例

W 公司是 A 集团公司旗下全资子企业，主业为商贸业务，主要经营快销类商品。现以 W 公司资金平衡预算表编报过程为例对全面预算工作的编制进行说明。

资金平衡预算表是编制单位用于平衡整体年度资金需求的管理报表，必须覆盖企业所有涉及资金收支的相关业务，结合实际业务设定的账期条件分析填报。资金平衡预算表需要明细到月，通过数据的填列分析，以确定资金缺口产生的具体时间，同时在预算编制时明确相应的融资方案。由于该表涉及业务较多，为清楚展示相关预算数据，将月度资金数据隐去，以季度数据进行说明。W 公司结合实际业务情况编制 2017 年的资金平衡预算表如图 2-6 所示。W 公司资金平衡预算表反映其 2017 年预计流入资金 153 403.52 万元、流出资金 153 120.97 万元，期末库存资金 5 441.38 万元。

资金平衡预算表

编制单位：浪潮软件W公司　　　　金额单位：万元

项目	2017年预算数	第一季度	第二季度	第三季度	第四季度
		小计	小计	小计	小计
资金来源	153,403.52	37,850.88	39,850.88	37,850.88	37,850.88
上期经营性应收款项收现	136,403.52	34,100.88	34,100.88	34,100.88	34,100.88
新增系统内部单位借款	15,000.00	3,750.00	3,750.00	3,750.00	3,750.00
新增外部单位或金融机构借款	2,000.00		2,000.00		
其中：债务融资	2,000.00		2,000.00		
收回对系统内部单位借款本金					
收到系统内单位资金往来款（无息）					
收到所属公司支付管理咨询费（总部填报）					
资金支出	153,120.97	37,012.21	42,029.39	37,024.30	37,055.07
本期营业成本付现	135,026.40	33,756.60	33,756.60	33,756.60	33,756.60
管理费用付现	201.89	50.26	50.51	50.43	50.69
销售费用付现	101.23	25.21	25.13	25.45	25.44
流转税、所得税等纳税付现	225.56	66.91	55.17	56.87	46.61
购建经营性固定资产及无形资产付现	22.95	19.35	1.20	1.20	1.20
股权投资					
外部并购款					
归还系统内部单位借款本金	12,000.00	3,000.00	3,000.00	3,000.00	3,000.00
归还外部单位或金融机构借款本金	5,000.00		5,000.00		
支付系统内部单位借款利息	353.44	27.18	67.98	108.75	149.53
系统内其他单位	353.44	27.18	67.98	108.75	149.53
支付外部单位或金融机构借款利息	189.50	66.70	72.80	25.00	25.00
系统内其他单位					
支付总部管理咨询费（子公司填报）					
期末资金余额	5,441.38	5,997.50	3,818.99	4,645.57	5,441.38

图 2-6　资金平衡预算表

(一) 资金平衡预算表构成

资金平衡预算表以收付实现制为编报基础，该表仅反映与资金收支有关的业务，表格由资金来源、资金支出、期末资金余额三部分组成。资金来源主要反映与货币资金流入相关的业务，如收回应收账款、新增各类借款、资本金到位等资金流入的情况；资金支出主要反映货币资金流出对应的各类业务，如各类付现成本(利息、税费、管理费用、销售费用、付现成本等)、归还各类借款、投出的股权资本金、购买固定资产等资金流出的情况。期末资金余额为时点数，反映期末预算时点货币资金的情况。

(二) 资金平衡预算表编制过程

1. 资金来源编报

(1) 经营性应收账款收现。预算当期经营性应收款项收现项目金额 136 403.52 万元(见图 2-7)，每季度回款额为 34 100.88 万元，来自于根据结算账期条件在预算年度内应收回的应收款项，该金额与当期的销售收入和上期的应收账款余额密切相关。W 企业2017 年营业收入预算根据实际账期条件做了预测，W 企业与上游厂商约定的信用条件为应收账款余额保持在 2 000.00 万元水平，超出部分全部以现金方式结算。期初应收账款余额为 2 000.00 万元，预计预算年度 W 企业实现营业收入 136 403.52 万元全部可以收现。

浪潮GS管理软件套件

预算编制：营业收入预算表（其他）V3.0_浪潮软件W公司 | 预算编制：营业成本预算表V3.0_浪潮软件W公司 | 预算编制：存货预算表V3.0_浪潮软件W公司 | 预算编制：全口径管理

编制说明(B) 文档(W) 保存并计算(J) 检查(D) 汇总(Z) 取消审核(Q) 已审批 导入导出 打印 其他 清空(K) 退出(X)

信息列检索： 上一个 下一个

A16 8、发供电收入

0-0108

营业收入预算表（其他）

编制单位：浪潮软件W公司　　金额单位：万元

项目名称	2015年实际数	2016年1-9月实际数	2016年预估数	2017年预算数	第一季度	第二季度	第三季度	第四季度	2017年同比增幅
					小计	小计	小计	小计	
主营业务收入-其他	34,144.01	84,046.79	127,329.04	136,403.52	34,100.88	34,100.88	34,100.88	34,100.88	7.13%
5、商品零售及贸易收入	34,144.01	84,046.79	127,329.04	136,403.52	34,100.88	34,100.88	34,100.88	34,100.88	7.13%
6、物业管理费收入									
7、工程供水收入									
8、发供电收入									
9、自来水厂供水收入									
10、淡水养殖收入									
11、建筑安装									
销售回款情况	--	--	--	--	--	--	--	--	--
1、期初应收款项余额	--			2,000.00	2,000.00	2,000.00	2,000.00	2,000.00	
2、本期销售回款	--								
3、本期收回前期应收款	--		125,329.04	136,403.52	34,100.88	34,100.88	34,100.88	34,100.88	8.84%
4、期末应收款项余额	--	84,046.79	2,000.00	2,000.00	2,000.00	2,000.00	2,000.00	2,000.00	

图 2-7　营业收入预算表

(2) 各类借款资金流入。W 公司经过调研发现市场对高端进口食品需求旺盛，经过努力公司已取得了相关经营资质，为扩大经营规模，W 公司拟投入 17 000.00 万元作为新业务的启动资金。由于 W 公司成立时间较短，向金融机构融资存在一定困难，因此 W 公司拟向其母公司借款 15 000.00 万元、向金融机构借款 2 000.00 万元(见图 2-8)，期末借款余额为 17 000.00 万元。在资金平衡预算表资金来源项目中可以看到新增集团内关联企业借款 15 000.00 万元、新增金融机构银行借款 2 000.00 万元。在筹资预算表中，可以看到内部借款 15 000.00 万元来自于集团公司，新增短期银行借款 2 000.00 万元来自于渤海银行，年利率为 5%。

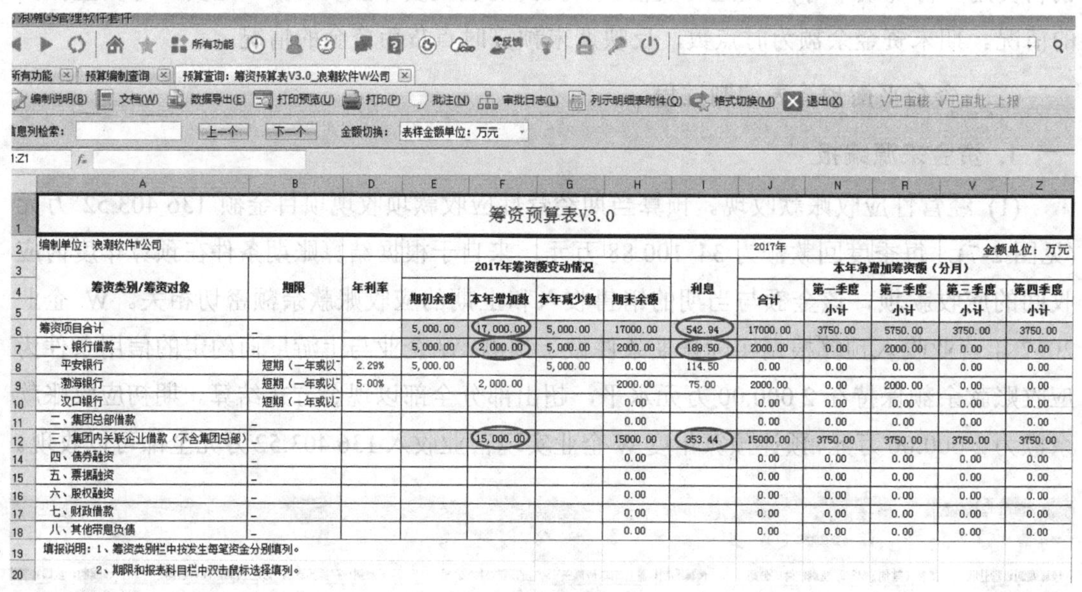

筹资预算表V3.0

编制单位：浪潮软件W公司　2017年　金额单位：万元

筹资类别/筹资对象	期限	年利率	2017年筹资额变动情况				利息	本年净增加筹资额（分月）				
			期初余额	本年增加数	本年减少数	期末余额		合计	第一季度	第二季度	第三季度	第四季度
									小计	小计	小计	小计
筹资项目合计	_		5,000.00	17,000.00	5,000.00	17000.00	542.94	17000.00	3750.00	5750.00	3750.00	3750.00
一、银行借款	_		5,000.00	2,000.00	5,000.00	2000.00	189.50	2000.00	0.00	2000.00	0.00	0.00
平安银行	短期（一年或以	2.29%	5,000.00		5,000.00	0.00	114.50	0.00	0.00	0.00	0.00	0.00
渤海银行	短期（一年或以	5.00%		2,000.00		2000.00	75.00	2000.00	0.00	2000.00	0.00	0.00
汉口银行	短期（一年或以					0.00		0.00	0.00	0.00	0.00	0.00
二、集团总部借款	_					0.00		0.00	0.00	0.00	0.00	0.00
三、集团内关联企业借款（不含集团总部）	_			15,000.00		15000.00	353.44	15000.00	3750.00	3750.00	3750.00	3750.00
四、债券融资	_					0.00		0.00	0.00	0.00	0.00	0.00
五、票据融资	_					0.00		0.00	0.00	0.00	0.00	0.00
六、股权融资	_					0.00		0.00	0.00	0.00	0.00	0.00
七、财政借款	_					0.00		0.00	0.00	0.00	0.00	0.00
八、其他带息负债	_					0.00		0.00	0.00	0.00	0.00	0.00

填报说明：1、筹资类别栏中按发生每笔资金分别填列。
2、期限和报表科目栏中双击鼠标选择填列。

图 2-8　筹资预算表

2. 资金支出编报

(1) 营业成本付现。W 公司在预算期内预计发生付现营业成本 135 026.40 万元，如图 2-9 所示。主业为进口高端食材贸易，为培养良好的产品口碑，公司对产品品质要求较高，该类产品被国外少数供应商垄断，强势要求全额现款结算。因此，W 公司预算期内付现营业成本较高，所有采购均需要现金结算。在现金流量预算表中付现成本为 135 026.40 万元。营业成本预算表、资金平衡表、现金流量预算表中付现应用成本数据均为 135 026.40 万元，三者一致说明钩稽关系正确。

(2) 付现费用。付现费用包括付现的管理费用和销售费用(见图 2-10、图 2-11)，主要是指用现金结算的管理费用和销售费用，其中付现管理费用为 201.89 万元、付现销售费用为 101.23 万元。需特别注意的是，由于折旧摊销费用较小，为简化工作，在本例中将折旧摊销费用视作付现费用考虑。在实际业务中应结合企业的实际情况进行设计，若折旧摊销等非付现费用金额较大，应在编制资金平衡表时予以剔除。

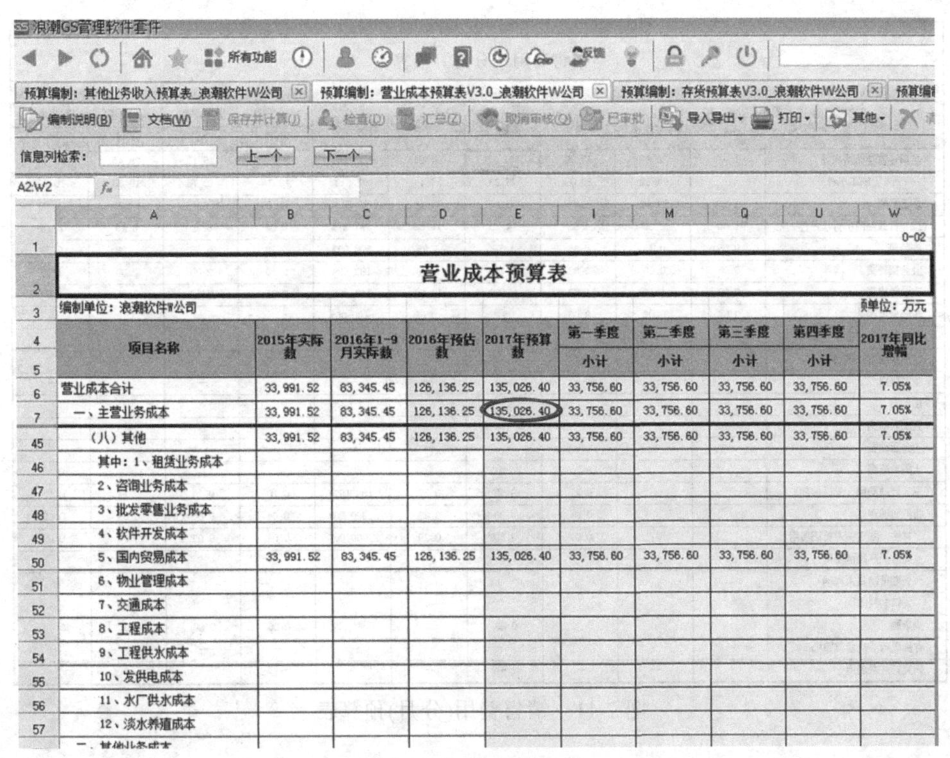

0-02

营业成本预算表

编制单位：浪潮软件W公司　　单位：万元

项目名称	2015年实际数	2016年1-9月实际数	2016年预估数	2017年预算数	第一季度	第二季度	第三季度	第四季度	2017年同比增幅
					小计	小计	小计	小计	
营业成本合计	33,991.52	83,345.45	126,136.25	135,026.40	33,756.60	33,756.60	33,756.60	33,756.60	7.05%
一、主营业务成本	33,991.52	83,345.45	126,136.25	135,026.40	33,756.60	33,756.60	33,756.60	33,756.60	7.05%
（八）其他	33,991.52	83,345.45	126,136.25	135,026.40	33,756.60	33,756.60	33,756.60	33,756.60	7.05%
其中：1、租赁业务成本									
2、咨询业务成本									
3、批发零售业务成本									
4、软件开发成本									
5、国内贸易成本	33,991.52	83,345.45	126,136.25	135,026.40	33,756.60	33,756.60	33,756.60	33,756.60	7.05%
6、物业管理成本									
7、交通成本									
8、工程成本									
9、工程供水成本									
10、发供电成本									
11、水厂供水成本									
12、淡水养殖成本									

图 2-9 营业成本预算表

0-05

管理费用（分月）预算表

编制单位：浪潮软件W公司　　2017年　　金额单位：万元

项　目	2015年实际数	2016年1-9月实际数	2016年预估数	2017年	增减额	增减率(%)	第一季度	第二季度	第三季度	第四季度
							小计	小计	小计	小计
一、全口径管理费用合计	29.63	89.25	135.74	201.89	66.15	48.73%	50.26	50.51	50.43	50.69
（一）人工成本小计	15.16	45.72	54.22	87.30	33.08	61.01%	21.81	21.81	21.81	21.87
职工薪酬	15.16	45.72	54.22	87.30	33.08	61.01%	21.81	21.81	21.81	21.87
（二）行政费用小计（严控）	4.15	6.21	10.59	50.95	40.36	381.11%	12.82	12.67	12.63	12.83
办公费	0.21	0.81	2.05	3.50	1.45	70.73%	0.89	0.87	0.87	0.87
能源费	0.32	0.06	0.23	1.80	1.57	682.61%	0.45	0.45	0.45	0.45
业务招待费	0.13	0.16	0.15	1.50	1.35	900.00%	0.39	0.39	0.36	0.36
交通差旅费	0.79	0.54	0.89	10.00	9.11	1,023.60%	2.60	2.50	2.46	2.44
车辆使用费	1.02	3.18	5.48	9.86	4.38	79.93%	2.46	2.46	2.46	2.48
修理维护费	0.03									
租赁及物业管理费	1.60	1.46	1.79	19.29	17.50	977.65%	4.83	4.80	4.83	4.83
食堂费用	--	--	--	--	--	--	--	--	--	--
培训费	0.05									
工会活动费				5.00	5.00		1.20	1.20	1.20	1.40
出国考察费										
（三）行政费用（总额控制）	0.66	2.28	17.34	6.47	-10.87	-62.69%	1.26	1.73	1.74	1.74
折旧摊销费	0.27	1.48	2.62	6.27	3.65	139.31%	1.20	1.67	1.69	1.71
其中：固定资产折旧费用	0.27	1.30	1.90	4.10	2.20	115.79%	0.65	1.13	1.15	1.17
无形资产摊销费用										
长期待摊费用摊销		0.18	0.72	2.17	1.45	201.39%	0.55	0.54	0.54	0.54
其他费用	0.39	0.80	14.72	0.20	-14.52	-98.64%	0.06	0.06	0.05	0.03
（四）其他不可控费用小计	9.66	35.04	53.59	57.17	3.58	6.68%	14.37	14.30	14.25	14.25
保险费	0.28									
环保卫生绿化费				0.10	0.10		0.05	0.05		
税费	9.38	35.04	53.59	57.07	3.48	6.49%	14.32	14.25	14.25	14.25

图 2-10 管理费用(分月)预算表

0-05

销售费用（分月）预算表

编制单位：浪潮软件W公司　　2017年　　单位：万元

项　目	2015年实际数	2016年1-9月实际数	2016年预估数	2017年预算数	增减额	增减率(%)	第一季度	第二季度	第三季度	第四季度
							小计	小计	小计	小计
一、全口径管理费用合计	1.47	26.43	43.32	101.23	57.91	133.68%	25.21	25.13	25.45	25.44
（一）人工成本小计		24.12	38.09	75.23	37.14	97.51%	18.78	18.78	18.78	18.89
职工薪酬		24.12	38.09	75.23	37.14	97.51%	18.78	18.78	18.78	18.89
（二）行政费用小计（严控）	1.02	2.30	4.92	24.50	19.58	397.97%	6.06	5.96	6.29	6.19
办公费	0.05	0.11	0.25	1.50	1.25	500.00%	0.36	0.36	0.39	0.39
业务招待费	0.03	0.80	2.82	8.00	5.18	183.69%	2.10	2.00	2.00	1.90
交通差旅费	0.90	1.31	1.77	15.00	13.23	747.46%	3.60	3.60	3.90	3.90
车辆使用费	0.04	0.08	0.08		-0.08	-100.00%				
租赁及物业管理费										
信息系统维护建设费										
食堂费用	--	--	--	--	--	--	--	--	--	--
培训费										
党团活动费	--	--	--	--	--	--	--	--	--	--
工会活动费	--	--	--	--	--	--	--	--	--	--
出国考察费										
（三）行政费用（总额控制）			0.21	0.50	0.29	138.10%	0.10	0.14	0.14	0.12
折旧摊销费			0.01	0.30	0.29	2,900.00%	0.04	0.08	0.09	0.09
其中：固定资产折旧费用			0.01	0.30	0.29	2,900.00%	0.04	0.08	0.09	0.09
无形资产摊销费用										
长期待摊费用摊销										
周转材料摊销										
运杂费			0.20	0.20			0.06	0.06	0.05	0.03
存货盘亏、盘盈及毁损	--	--	--	--	--	--	--	--	--	--
研究与开发费用	--	--	--	--	--	--	--	--	--	--

图 2-11　销售费用(分月)预算表

(3) 流转税、所得税付现。如图 2-12 所示的计提税金预算表，W 公司在预算期内发生流转税及附加 94.08 万元、所得税 131.48 万元，两者合计 225.56 万元，与资金平

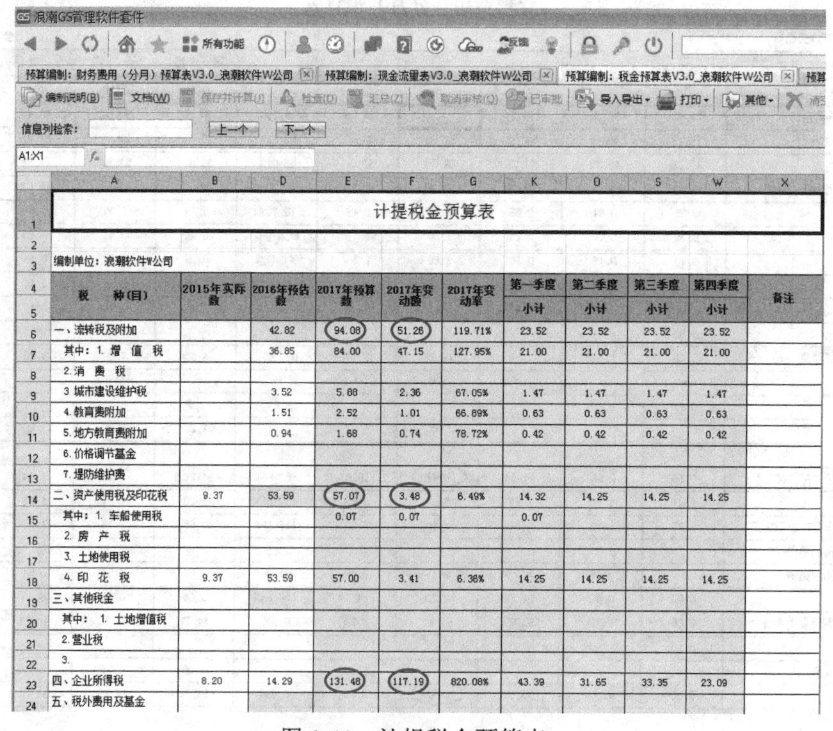

计提税金预算表

编制单位：浪潮软件W公司

税　种(目)	2015年实际数	2016年预估数	2017年预算数	2017年变动额	2017年变动率	第一季度	第二季度	第三季度	第四季度	备注
						小计	小计	小计	小计	
一、流转税及附加		42.82	94.08	51.26	119.71%	23.52	23.52	23.52	23.52	
其中：1. 增 值 税		36.85	84.00	47.15	127.95%	21.00	21.00	21.00	21.00	
2.消 费 税										
3 城市建设维护税		3.52	5.88	2.36	67.05%	1.47	1.47	1.47	1.47	
4.教育费附加		1.51	2.52	1.01	66.89%	0.63	0.63	0.63	0.63	
5.地方教育费附加		0.94	1.68	0.74	78.72%	0.42	0.42	0.42	0.42	
6.价格调节基金										
7.堤防维护费										
二、资产使用税及印花税	9.37	53.59	57.07	3.48	6.49%	14.32	14.25	14.25	14.25	
其中：1. 车船使用税			0.07	0.07		0.07				
2. 房 产 税										
3. 土地使用税										
4. 印 花 税	9.37	53.59	57.00	3.41	6.36%	14.25	14.25	14.25	14.25	
三、其他税金										
其中：　1. 土地增值税										
2.营业税										
3.										
四、企业所得税	8.20	14.29	131.48	117.19	820.08%	43.39	31.65	33.35	23.09	
五、税外费用及基金										

图 2-12　计提税金预算表

衡预算表(见图 2-6)中付现流转税所得税金额 225.56 万元一致。资产使用税及印花税 57.07 万元，直接计入当期费用，已并入管理费用明细表中，该费用已经作为当期付现费用考虑。

(4) 构建经营性固定资产和无形资产付现。预算年度新增固定资产、无形资产投入需结合企业实际情况考虑后明确具体投资。W 公司在预算年度内新增固定资产 22.95 万元，新增资产为电子设备 3.40 万元、交通运输工具 17.95 万元、办公设备 1.60 万元(见图 2-13)。

此外，上述新增资产将产生相应的折旧与摊销，对资金平衡表没有影响，但会对企业当期损益产生影响。折旧及摊销费用预算需要考虑既有资产产生的折旧及摊销费用，还需考虑新增资产所产生的折旧及摊销费用。2017 年预算 W 公司共发生折旧及摊销费用 6.57 万元，包括固定资产折旧 4.40 万元(既有资产折旧 2.44 万元、新增资产折旧 1.96 万元)；长期待摊费用产生摊销费用 2.17 万元，如折旧摊销预算表(见图 2-14)。计入当期管理费用预算 6.27 万元、计入当期销售费用预算 0.30 万元，上述数据可查询管理费用预算表和销售费用预算表中的折旧与摊销数据。

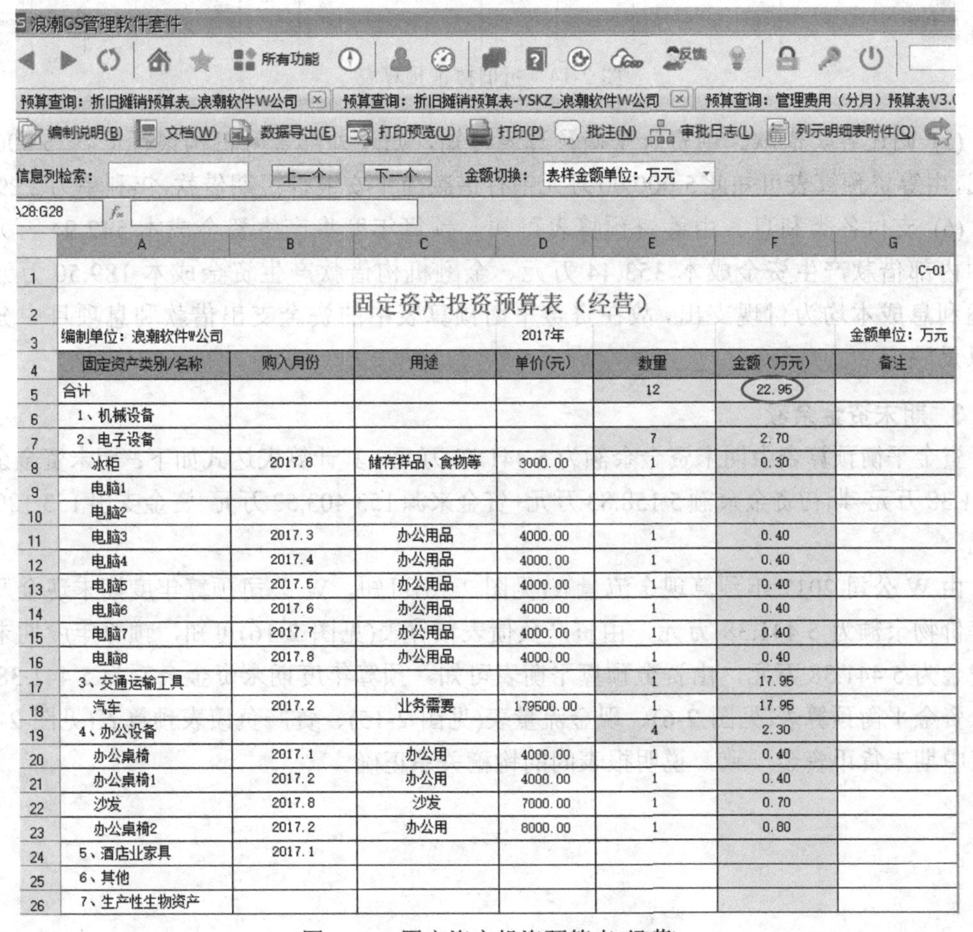

C-01

固定资产投资预算表（经营）

编制单位：浪潮软件W公司　　2017年　　金额单位：万元

固定资产类别/名称	购入月份	用途	单价(元)	数量	金额（万元）	备注
合计				12	22.95	
1、机械设备						
2、电子设备				7	2.70	
冰柜	2017.8	储存样品、食物等	3000.00	1	0.30	
电脑1						
电脑2						
电脑3	2017.3	办公用品	4000.00	1	0.40	
电脑4	2017.4	办公用品	4000.00	1	0.40	
电脑5	2017.5	办公用品	4000.00	1	0.40	
电脑6	2017.6	办公用品	4000.00	1	0.40	
电脑7	2017.7	办公用品	4000.00	1	0.40	
电脑8	2017.8	办公用品	4000.00	1	0.40	
3、交通运输工具				1	17.95	
汽车	2017.2	业务需要	179500.00	1	17.95	
4、办公设备				4	2.30	
办公桌椅	2017.1	办公用	4000.00	1	0.40	
办公桌椅1	2017.2	办公用	4000.00	1	0.40	
沙发	2017.8	沙发	7000.00	1	0.70	
办公桌椅2	2017.2	办公用	8000.00	1	0.80	
5、酒店业家具	2017.1					
6、其他						
7、生产性生物资产						

图 2-13 固定资产投资预算表(经营)

折旧摊销预算表

编制单位：浪潮软件W公司　　　　金额单位：万元

固定资产项目	账面原值				折旧摊销预算数					净值		2017年较2016年折旧摊销额变动	
	2016年年末预估数	2017年新增（经营类）	年新增（在建转）	2017年处置或报废	折旧年限	残值率	2017年全年预算数	其中：		2016年年末数	2017年年末预算数	变动额	变动率
			金额					新增固定资产折旧额	期初固定资产折旧额				
一、固定资产	20.14	22.95					4.40	1.96	2.44	17.96	36.51	2.49	130.37%
1、土地													
2、房屋及建筑物													
3、机械设备													
4、电子设备	1.85	3.40			5	5.00%	0.92	0.42	0.50	1.48	3.96	0.58	170.59%
5、交通运输工具	15.19	17.95			10	5.00%	2.70	1.26	1.44	13.51	28.76	1.26	87.50%
6、办公设备	3.10	1.60			5	5.00%	0.78	0.28	0.50	2.97	3.79	0.65	500.00%
7、酒店业家具													
8、其他													
二、无形资产								--	--				
1、土地使用权								--	--				
2、软件费								--	--				
3、其他								--	--				
三、长期待摊费用	6.40		--		3		2.17	--	--	5.68	3.51	1.45	201.39%
四、周转材料			--					--	--				

图 2-14　折旧摊销预算表

(5) 归还各类借款。由资金平衡预算表可知，归还外部金融机构银行借款 5 000.00 万元，由筹资预算表可知此 5 000.00 万元银行借款为平安银行短期借款，年利率为 2.29%。

(6) 支付各类利息。由筹资预算表可知，预算年度将产生资金成本 542.94 万元，其中内部借款产生资金成本 353.44 万元、金融机构借款产生资金成本 189.50 万元。上述利息成本均为付现支出，故在资金平衡预算表中的资金支出借款利息项目中分别予以反映。

3. 期末资金余额

资金平衡预算表中期末资金余额为 5 441.38 万元，其计算表达式如下：期末资金余额 5 441.38 万元=期初资金余额 5 158.83 万元+资金来源 153 403.52 万元−资金支出 153 120.97 万元。

由 W 公司 2017 年预算现金流量表(见图 2-15)可知，W 公司预算年度期末现金及现金等价物余额为 5 441.38 万元，由资产负债表预算表(见图 2-16)可知，预算年度期末货币资金为 5 441.38 万元，由资金预算平衡表可知，预算年度期末资金余额为 5 441.38 万元。资金平衡预算表(见图 2-6)、现金流量表(见图 2-15)、资产负债表预算表(见图 2-16)三表中期末货币资金一致，说明报表间的钩稽关系正确。

现金流量表

编制单位：浪潮软件W公司　　　　2017年　　　　单位：万元

项　目	2016年1-9月实际数	2016年全年预估数	2017年预算数	变动额	变动率
一、经营活动产生的现金流量					
经营活动现金流入小计	87,008.69	127,334.87	136,413.52	9,078.65	7.13%
销售商品、提供劳务收到的现金	87,003.63	127,329.04	136,403.52	9,074.48	7.13%
收到的其他与经营活动有关的现金	5.06	5.83	10.00	4.17	71.53%
经营活动现金流出小计	110,638.26	126,366.10	135,565.09	9,198.99	7.28%
购买商品、接受劳务支付的现金	110,451.30	126,136.25	135,026.40	8,890.15	7.05%
支付给职工以及为职工支付的现金	67.79	92.31	162.53	70.22	76.07%
支付的各项税费	99.49	111.30	282.63	171.33	153.94%
支付的其他与经营活动有关的现金	19.68	26.24	93.53	67.29	256.44%
经营活动产生的现金流量净额	-23,629.57	968.77	848.43	-120.34	-12.42%
二、投资活动产生的现金流量					
投资活动现金流入小计	1.57				
取得投资收益所收到的现金	1.57				
投资活动现金流出小计	4.22	4.22	22.95	18.73	443.84%
购建固定资产、无形资产和其他长期资产所支付的现金	4.22	4.22	22.95	18.73	443.84%
投资活动产生的现金流量净额	-2.65	-4.22	-22.95	-18.73	443.84%
三、筹资活动产生的现金流量					
筹资活动现金流入小计	65,964.00	67,964.00	17,000.00	-50,964.00	-74.99%
借款所收到的现金	65,964.00	67,964.00	17,000.00	-50,964.00	-74.99%
筹资活动现金流出小计	11,801.51	63,778.61	17,542.93	-46,235.68	-72.49%
偿还债务所支付的现金	11,630.00	62,964.00	17,000.00	-45,964.00	-73.00%
支付的其他与筹资活动有关的现金	171.51	814.61	542.93	-271.68	-33.35%
筹资活动产生的现金流量净额	54,162.49	4,185.39	-542.93	-4,728.32	-112.97%
五、现金及现金等价物净增加额	30,530.27	5,149.94	282.55	-4,867.39	-94.51%
加：期初现金及现金等价物余额	8.89	8.89	5,158.83	5,149.94	57,929.58%
六、期末现金及现金等价物余额	30,539.16	5,158.83	5,441.38	282.55	5.48%

图 2-15　现金流量表

资产负债表预算表

2017-F-01

编制单位：浪潮软件W公司　　　　单位：万元

资产	序号	2016年9月实际数	2016年全年预估数	2017年预算数	变动额	负债和所有者权益	序号	2016年9月实际数	2016年全年预估数	2017年预算数	变动额
流动资产：	1					流动负债：	57				
货币资金	2	30539.16	5158.83	5441.38	282.55	短期借款	58	5000.00	5000.00	2000.00	-3000.00
交易性金融资产	3				0.00	贴现负债△	59				0.00
买入返售金融资产△	4				0.00	交易性金融负债	60				0.00
应收票据	5				0.00	应付票据	61				0.00
应收账款	6	9356.78	2000.00	2000.00	0.00	应付账款	62	195.47			0.00
减：应收账款坏账准备	7				0.00	预收款项	63	7710.93	3541.22	3758.09	216.87
应收账款净值	8	9356.78	2000.00	2000.00	0.00	卖出回购金融资产△	64				0.00
预付款项	9	25195.96	7000.00	5000.00	-2000.00	应付职工薪酬	65	0.62			0.00
应收利息	10				0.00	其中：应付工资	66				0.00
应收股利	11				0.00	应付福利费	67				0.00
其他应收款	12	0.42			0.00	其中：职工奖励及福利基金	68				0.00
减：其他应收款坏账准备	13				0.00	应交税费	69	-24.68	7.04	7.26	0.22
其他应收款净值	14	0.42			0.00	其中：应交税金	70	-24.68	7.04	7.26	0.22
贴现资产△	15				0.00	应付手续费及佣金	71				0.00
短期贷款△	16				0.00	应付利息	72	351.65			0.00
代理业务资产△	17				0.00	应付股利	73				0.00
存货	18	721.57	2004.06	1674.43	-329.63	其他应付款	74	51586.90	6551.80	7200.00	648.20
其中：原材料	19				0.00	担保赔偿准备金△	75				0.00
库存商品	20	721.57	2004.06	1674.43	-329.63	代理业务负债△	76				0.00
消耗性生物资产	21				0.00	一年内到期的非流动负债	77				0.00
一年内到期的非流动资产	22				0.00	其他流动负债	78				0.00
其他流动资产	23				0.00	流动负债合计	79	64822.89	15100.06	12965.35	-2134.71
流动资产合计	24	65813.89	16162.89	14115.81	-2047.08	非流动负债：	80				

备注：△表示买入返售金融资产为 2017 年新增科目。

图 2-16　资产负债表预算表

四、全面预算管理信息系统过程控制

实践中，全面预算管理的编制与执行常出现“两张皮”现象，预算与实践脱节的情况较为常见，表现为预算与考核不挂钩、不注重预算执行情况的分析考核、预算编制与实际业务脱节、经营管理层对预算重视度低。预算控制是预算达成的有效保障，是监督经营中各项工作落实的过程，也是管理层通过预算履行管理职责的过程。预算控制并不是单纯的数字控制，控制核心是在企业效益最大化原则下平衡效率与控制的关系。

（一）预算执行控制体系设计

1. 预算执行控制的原则

首先，预算控制需要考虑成本效益原则。企业的资源是有限的，预算执行控制需要把握投入资源与业务产出是否平衡的问题。其次，预算控制应把握刚柔并济的控制原则。既要兼顾预算的刚性原则，又要结合实际情况体现预算的可调整性、灵活性。再次，预算控制应体现重要性原则以提升工作效率。应用“二八原则”将资源分类，将管理重点放在重大项目和资源管理上，进而提升管理效率。最后，业财一体化是最为有效的控制方式。全面预算管理必须基于业务，预算控制的设计必须符合业务的实际情况，完整反映信息流，使业务流程与控制点一致，以保证预算控制的有效性。

2. 明确预算控制主体

清楚划分各预算责任主体的权利、义务是预算控制的前提。预算的主体责任应层层分解落实，例如，预算的编制责任应由最末级业务部门负责，由业务一线的基层员工落实预算编报往往能反映业务最真实情况。一般而言，预算执行机构自控为基础控制，其上级单位相关职能部门的监控为二级监控，由预算管理委员会类似权力机构进行的审批控制为三级监控，企业的内部审计部门的独立监控为四级监控。依据四级授权应明确相应的预算业务流程及相应的预算控制授权管理规则。

（二）信息系统对预算执行控制的主要方法

1. 刚性控制

企业可结合自身业务的实际特点和管理风格选择不同的控制方式。刚性控制强调预算的刚性，不允许超预算费用发生，为保证企业经营成果，一般对费用类预算施行刚性预算。实践中，若出现销售态势超过预期、收入大幅增长导致费用超预算情况时，可以启动费用预算变更程序追加费用预算，追加预算待预算变更获批后方可使用。

2. 柔性控制

柔性控制则允许超出预算，系统对超出预算仅发出提示信息，由各预算管理层、审批层决定是否允许预算执行。此类预算管理方式优点明显，它较为柔和、弹性较大；但管理成本较大，若控制不力，很容易产生预算“两张皮”现象。

3. 刚柔结合控制

刚柔结合控制是结合企业经营目标和管理理念，具体分析预算类型、预算项目，明确具体控制方法，并在信息系统中进行设置。需要注意的是，控制方法的选择并非一成不变，需要结合业务情况、管理要求对预算管控方式进行调整。

(三) 控制案例

以 A 集团公司为例，2018 年预算工作启动前对预算执行控制制定了相关原则，具体如下。

1. 收入、利润目标基本原则

区分老项目和新运行项目上报年度经营目标。老项目收入和利润总额增幅原则上不低于前三年增幅平均值和最近一年增幅较高者，新项目效益应结合可行性研究报告及本单位现有项目或公司内部其他同行业营运情况进行测算。

2. 成本费用基本原则

总原则为预算年度营业总成本占营业收入的比重不高于前三年平均实际值。成本费用编制依据如下。

(1) 营业成本应与收入预算相匹配，推行以目标利润为起点的业务预算编制模式，确保主要业务毛利率不低于行业平均水平及前三年(经营期)毛利率平均值。

(2) 关注 KPI 指标预算，严控应收账款和存货规模，从严设定预算控制目标，预算应收账款周转率和存货周转率应较上年有一定提升。

(3) 大力压缩招待费、交通费、差旅费、会议费、办公费及出国考察费等非直接生产性费用开支，各项严控类全口径费用原则上均应控制在上年实际发生额以内，当年有新项目投入运营的可较上年适当提高。

(4) 按照“小投入，大产出”的原则切实加强营销费用预算管理，压缩宣传营销成本。①剔除返点、返利费用后的年度营销性预算严格控制在上一年度经营性收入的 10%以内，同比增幅不得超过营收增幅；②严格营销费用预算口径，与市场营销工作无关或关联度不大的费用严禁记入营销费用科目；③严格控制主题活动费用支出，超过 20.00 万元的活动需附详细活动方案及目标预期。

(5) 人工成本及工资总额增长幅度原则上要低于经济效益(收入及利润)增长幅度。

3. 信息系统控制

刚性控制方面通过信息系统设置对相关科目进行严控，例如，已发生费用记账时，预算与核算系统关联，记账时系统会提示费用是否超出预算及占预算比重等信息，如图 2-17 所示。若费用发生额超出预算总额，则记账凭证不能保存，进而实现费用刚性控制。通过全面预算信息系统中的控制类别定义，对需要管控的科目进行相应管理权限的设置，以实现对不同业务中的管控目的，明确各类科目的控制程度，具体设置如图 2-18 所示。

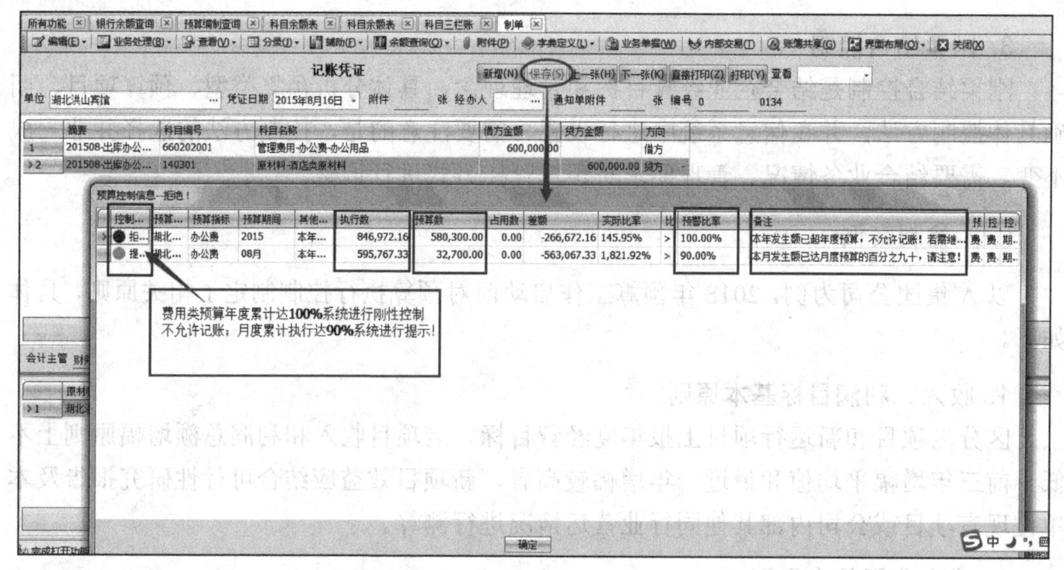

图 2-17　费用刚性控制

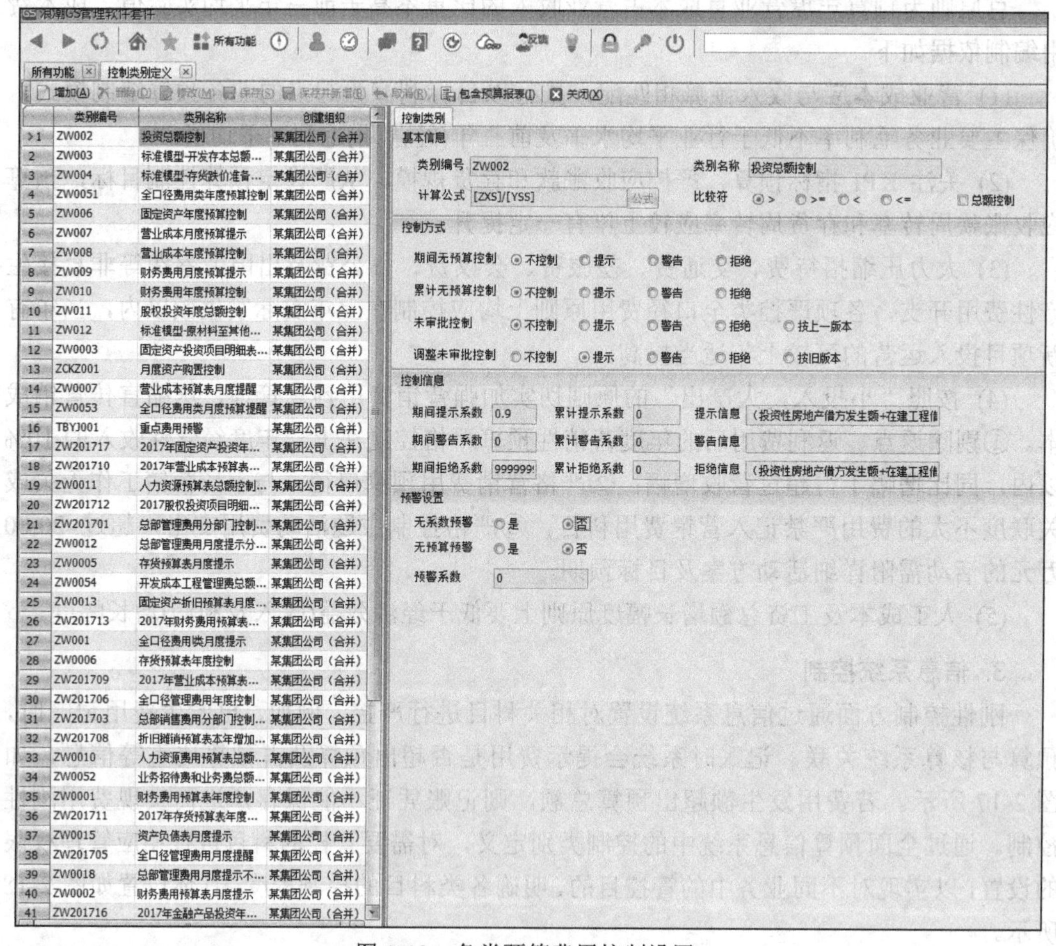

图 2-18　各类预算费用控制设置

目前，A 集团公司对于人工成本、行政费用和宣传营销费预算实行刚性控制。行政费用(总额控制)和其他费用类项目执行刚柔结合控制，即行政费用总额为刚性控制项目、行政费用下属二级科目预算可进行调剂采取柔性控制，但费用总额不得超过预算。此外，预算管控至最末级单位，对二级单位下级单位间同项目的预算调剂采取预算总额刚性控制，可在不同子公司间进行预算调剂，即柔性控制。

(四) 控制实施时点

1. 事前控制

事前控制是指在业务活动发生以前，设置相应的审批流程，达到事前控制的目的。从全面预算的业务流程上看，预算编制阶段即对未来业务进行预计并经过相应的审核流程对预算进行批准，在执行阶段业务发起人和审核人均可以通过预算管理系统了解具体预算情况(包括预算余额、该笔费用占预算总额的比重等信息)，进而在事前对业务活动做出判断。

2. 事中控制

事中控制在资金预算中体现最为明显，在资金拨付前需要将付款申请与资金计划进行匹配，同时落实合同执行情况是否符合付款条件，进而决定是否付款。

此外，在预算信息系统中可根据经营管理需要预设各类预警指标，当临界或达到预警指标时信息系统会自动发出提醒信息，提示相关人员进行处理。预警指标的设计需要遵循重要性原则，筛选核心指标进行预警控制，企业应该结合自身情况合理选择预警指标。关注营运结果的企业可以将 EVA、总资产回报率、净资产回报率设为预警指标；对于生产制造类企业可将存货周转率、应收账款周转率、毛利率等设为指标。

3. 事后控制

事后控制即预算分析与考核，通过预算分析反映预算偏离度，找出问题症结，提出管理建议并及时纠正错误。考核指标来自于预算数据，将考核与预算挂钩，并制定相应的奖惩机制，促进经营目标实现。

为强化预算刚性约束、避免出现预算编制和执行脱节现象，各单位应将终稿预算目标分解到各部门，使每个部门均有明确的年度工作目标和任务，使预算控制做到有据可依。各单位应做好预算管控工作，通过完善相关制度，设置预算事前审批流程，将预算与各项业务事前审批活动相关联，在业务活动发生前，通过相应的审批过程，达到事前控制目的，将预算管控延伸到业务前端。同时，开通各预算执行主体预算执行情况和剩余额度查询渠道，避免出现记账时才发现预算已超额的情况。各单位应按月对经营数据和投资进度进行分析，对于重大预算执行差异，应就此展开审慎分析调查，认真查明原因，以保证预算目标的实现。各单位应在每季度过后 10 日内报送年度经营目标完成情况表及预算执行情况材料，对未完成指标应深入分析原因并提出具体举措。集团计划财务部将负责跟踪各单位重点经营指标的预算执行情况，对预算指标存在重大偏离的单位进行及时预警提示，使其能及时采取有效的应对措施。

五、全面预算管理变更控制

预算刚性是保证预算执行力的前提，刚性预算并不意味着预算固化、一成不变。预算编制是在一定前提假设下开展的，当假设条件变化时，预算就不再具有指导意义。

(一) 预算变更的必然性

市场化经营的企业，所处环境瞬息万变，当市场环境发生变化时，预算就需要进行调整。实践中预算调整是发生在出现如地震、水灾等重大不可抗力灾害时，或市场环境、国家宏观政策发生重大变化时，或生产经营需要新设、关闭组织时。

预算的调整需要建章建制，并设定明确的业务流程。由于每个企业所经营业务、环境差异较大，企业管理理念不同，预算变更所设置的管理流程也有不同。企业要根据自己的业务特点设计具体的预算变更业务流程、权限及具体管理制度，并在预算软件中完整体现预算变更的管理要求。由于预算调整可能会影响预算考核，在进行预算调整工作时应区分具体情况对预算考核方式变化进行明确规定。

(二) 预算变更的原则及变更流程

1. 预算变更的原则

(1) 客观性原则。即非客观原因不得发起预算调整。

(2) 服从性原则。即预算变更应服从企业的发展战略和年度目标。

(3) 成本效益原则。即预算变更需对变更原因及必要性进行科学论证，对变更后将产生的成本、效益进行充分论证并作为评价依据。

2. 预算变更流程

变更权限的设计与变更业务流程息息相关，尤其是涉及经营目标、预算目标及主要预算考核指标变化的事项，应由预算工作最高权力机构预算管理委员会审批。预算权限变更应采取归口管理，即由归口管理部门对预算变更方案的合理性进行审核，反馈意见后，由预算管理办公室进行汇总平衡，最后报预算管理委员会审批。在实际工作中，由于预算管理委员会为非常设机构，为提高工作效率，对经营目标影响较小或无影响的预算变更工作可以由预算管理委员会授权预算管理办公室进行审批，但需要明确审批权限及额度。此外，设计流程时要特别注意内部控制合规性要求，对于不相容岗位应相分离。

预算变更后与预算相关的业绩指标会受到影响，在预算变更获得批准后，应调整与预算指标相关的经营目标值，并明确相关指标的取数方式和预算调整产生考核偏差的计分原则。该项工作是预算调整后的必要动作，否则预算考核工作将受到影响无法发挥其管控作用。

(三) 预算变更案例

以 A 集团公司预算变更为例进行说明。

1. 预算变更总体原则

(1) 刚性原则。未经授权批准，任何部门和个人不得随意调整预算。

(2) 例外原则。因以下事项导致预算编制的基本假设发生重大变化的，可予以调整。①重大政策变化因素；②严重自然灾害等不可抗力因素；③企业重组、上市、会计准则及企业财务通则调整等不可比因素；④经总部预算管理委员会认可的企业结构调整等其他事项。

2. 调整审批流程

A 集团公司规定，年中启动年度预算调整工作，确因不可抗力因素造成影响的企业允许提出年度预算调整申请。公司规定每年 7 月 20 日前上报预算调整申请报告，并对预算调整内容、原因，以及对年度经营目标影响及预算执行的保障措施等内容予以说明，同时附上 A 集团预算调整备案表(见表 2-3)及符合预算调整的证明文件。上述文件报 A 集团公司预算指标归口管理部门审批(见表 2-4)。

表 2-3　A 集团预算调整备案表

单位名称：

调整项目	子公司名称	调整指标类别	预算指标	原核算/万元	调整调度/万元	调整后预算/万元
调整信息						
	合计					
调整依据						
申请单位预算管理委员会意见						
集团职能部室意见						
集团预算管理办公室意见						
集团总会计师签字						

预算调整申请经各预算调整指标归口管理部门审核并报总部预算管理委员会批准后方能调整预算指标。预算调整后对年度经营目标的影响具有不确定性。对于满足备案条件

的调整事项，由各二级单位汇总调整数据后报总部相关部室和预算管理办公室备案；通过备案方式调整预算指标的，调整结果不影响年度经营目标，年度考核时不予扣分。采用审批方式调整预算且调整事项属于预算编制的基本假设发生重大变化的，年度考核时不予扣分且调整年度经营目标。不属于以上两种情况的，若指标负向调整的，在年度考核时按照指标的调整比例扣分且不同步调整年度经营目标；若指标正向调整的，年度考核时不予扣分，也不同步调整年度经营目标。针对经营计划中列明不确定性事项或预算年度内因公司战略发生变化新增项目的，预算编报单位应在事项确定后尽快上报补充预算，若调整事项符合公司战略目标且有利于企业经营的，经公司领导批准后，同意调整事项并同步调整年度考核目标，不予扣分。若不确定事项在预算年度亏损的，需提供未来几年盈利预测，以证明该事项实施有利于公司未来发展和提升经营效益等，未来预算编报时将参考本次提供盈利预测确定经营目标。对于不确定性事项调整原则上每年不得超过一次。

表 2-4　A 集团预算指标归口分工

预算项目	审批部门
股权投资计划(不含并购)	企划投资部
股权投资计划(并购)	并购办公室
项目投资计划	企划投资部、工程管理部
金融产品投资计划	企划投资部
经营性资产购置预算	资产管理部
筹资预算	计划财务部
业务预算	计划财务部
行政费用	综合办公室
人工成本预算	人力资源部
营销费用预算	宣传营销中心

六、全面预算管理考核控制

预算编制工作完成后形成预算草案，预算正式得到权力机构(董事会或股东会)批准后即为正式预算方案。为保证经营目标的实现，纳入考核的经营目标在经过批准的预算报告中取值，进而实现预算与业绩考核的挂钩，通过预算管控落实经营目标的管理目的。企业在进行经营目标设计时，应充分认识被考核企业所在行业经营特点、发展趋势、战略规划等因素设计考核指标。

(一) 全面预算管理考核的必要性

全面预算管理的考核控制是预算能否达成的重要环节。以预算执行结果作为业绩考核奖惩的依据大大提升了考核工作的科学性、客观性，有效解决了预算“两张皮”问题，通过预算考核真正做到将企业的关键问题融入一处。预算考核是全面预算管理工作的重要部分，考核工作应做到公开、公平、公正，充分体现预算工作的权威性和严肃性。从长远看将有助于培养企业全员上下重视预算工作的企业文化。

(二) 全面预算管理考核的原则

(1) 量化原则。为提升预算考核效率，应尽量选取量化预算指标。考核指标可由预算信息化系统自动计算获取，预算执行单位可实时在预算信息系统内查询预算差异分析。

(2) 可控性原则。为保证考核的公平性，应选择预算执行单位可以控制的预算指标作为考核指标。

(3) 标准原则。以预算目标为考核标准，此为提升预算权威性的最有效方式。

(4) 公开、公平、公正考核原则。三公原则是预算考核工作的重点，注意考核过程中的透明性、信息公开、评价公平公正将有助于全面预算管理工作的推广和认可。

(三) 全面预算考核案例

预算经审批下达后，集团公司与各执行二级单位签订年度经营业绩责任状，明确考核目标。A 集团结合多元化经营特点，将四大业务板块细分为 9 个子业务板块，梳理各板块业务特点并结合其核心业务设计 KPI 考核指标，如表 2-5 所示。考核指标包含财务报表指标和业务指标两大类。

1. 财务指标

财务指标包括财务报表指标、管理会计指标、预算指标三类。具体说明如下。

(1) 财务报表指标包括收入总额、经营性净现金流入。

(2) 管理会计类指标包括 EBIT、EVA、总资产回报率、投融资配比率。

(3) 预算类管理指标为费用类指标预算达成率。

财务指标中的目标值源自于经批准后的全面预算报告，并通过信息系统将考核指标值内置于预算软件中，各预算执行主体可随时通过软件查询其预算执行状况，便于预算纠偏。

2. 业务指标

按行业不同选取相应的 KPI 指标，其他维度指标由公司相关职能部门结合预算执行单位实际情况设定。

表 2-5 A 集团 KPI 指标

主要板块	财务指标			业务指标
	财务报表指标	管理会计指标	预算指标	
酒店	1. 收入总额(5%)； 2. 经营性现金净流入(10%)	1. EBIT(不含非经常性损益)(5%)； 2. EVA(5%)； 3. 总资产回报率(绝对值)(10%)； 4. 总资产回报率(相对值)(5%)	费用类指标预算达成率(5%)	1 客房入住率； 2. 每间可供出租客房收入； 3. 餐饮上座率； 4. 餐饮销售增长率； 5. 餐饮毛利率； 6. 应收账款周转率； 7. 温泉接待人数(根据自身业务客观选择以上指标中五项，本项目总权重为 45%)

(续表)

主要板块	财务指标			业务指标
	财务报表指标	管理会计指标	预算指标	
景区	1. 收入总额(10%); 2. 经营性现金净流入(10%)	1. EBIT(不含非经常性损益)(10%); 2. EVA(10%); 3. 总资产回报率(绝对值)(5%); 4. 总资产回报率(相对值)(5%); 5. 投融资配比率(5%)	费用类指标预算达成率(5%)	1. 游客接待量; 2. 消费额/人次; 3. 工程成本预算控制率; 4. 景区知名度; 5. 顾客满意度 (根据自身业务客观选择以上指标中两项，总权重为20%)
旅行社	1. 收入总额(10%); 2. 经营性现金净流入(10%)	1. EBIT(不含非经常性损益)(10%); 2. EVA(10%); 3. 总资产回报率(绝对值)(5%); 4. 总资产回报率(相对值)(5%); 5. 投融资配比率(5%)	费用类指标预算达成率(5%)	1. 游客接待量(5%); 2. 集团内景区游客贡献量(5%)
农业养殖	1. 收入总额(10%); 2. 经营性现金净流入(10%)	1. EBIT(不含非经常性损益)(10%); 2. EVA(10%); 3. 总资产回报率(绝对值)(5%); 4. 总资产回报率(相对值)(5%); 5. 投融资配比率(5%)	费用类指标预算达成率(5%)	1. 全程料肉比(养殖)(5%); 2. 出栏量(养殖)(5%); 3. 全群育成率(养殖)(5%); 4. 存货周转率(贸易)(5%); 5. 应收账款周转率(贸易)(5%)
在建期单位	经营性现金净流入(10%)	1. EBIT(不含非经常性损益)(2%); 2. EVA(2%); 3. 投融资配比率(20%)	费用类指标预算达成率(6%)	1. 年度产值指标(10%); 2. 成本控制指标(10%); 3. 质量验收一次性合格率(10%)
大城镇化(含一级、二级开发)	1. 收入总额(5%); 2. 经营性现金净流入(10%)	1. EBIT(不含非经常性损益)(10%); 2. EVA(5%); 3. 总资产回报率(绝对值)(5%); 4. 总资产回报率(相对值)(5%); 5. 投融资配比率(5%)	费用类指标预算达成率(5%)	1. 竣工面(房地产)(3%); 2. 销售回款(房地产)(3%); 3. 销售费用(房地产)(3%); 4. 应收账款周转率(房地产3%); 5. 土地挂牌面(城镇化 2%); 6. 征地面积(城镇化 2%); 7. 拆迁面(城镇化 2%); 8. 还建房交付面积(城镇化2%)

(续表)

主要板块	财务指标			业务指标
	财务报表指标	管理会计指标	预算指标	
金融	1. 收入总额(10%)； 2. 利润(10%)	1. EBIT(不含非经常性损益)(5%)； 2. EVA(5%)； 3. 总资产回报率(绝对值)(6%)	费用类指标预算达成率(4%)	1. 平均资本回报(5%)； 2. 贷款损失率(45%)； 3. 贷款利息回收(5%)； 4. 逾期三个月以上贷款占贷款余额比重(5%)
文化传媒	1. 收入总额(10%)； 2. 经营性现金净流入(10%)	1. EBIT(不含非经常性损益)(10%)； 2. EVA(10%)； 3. 总资产回报率(绝对值)(10%)； 4. 总资产回报率(相对值)(10%)	费用类指标预算达成率(10%)	1. 人均产值(剔除智慧景区建设直接相关人员)(10%)； 2. 集团外单位收入占营业收入比重(10%)
电子商务	1. 收入总额(10%)； 2. 经营性现金净流入(10%)	1. EBIT(不含非经常性损益)(10%)； 2. EVA(10%)； 3. 总资产回报率(绝对值)(10%)； 4. 总资产回报率(相对值)(10%)； 5. 投融资配比率(5%)	费用类指标预算达成率(5%)	1. 人均产值(剔除智慧景区建设直接相关人员)(10%)； 2. 集团外单位收入占营业收入比重(10%)

(四) 经营目标考核

为保证考核工作的公开、公平、公正，A 集团企业聘请会计师事务所在每年年报审计时对各企业业绩完成情况进行审计并出具业绩审核专项审计报告，在报告中就指标取值过程数据来历进行说明。

会计师事务所以审定后的年报为基础加减预算调整项目后计算财务指标实际完成值，并依权重计算出得分。审计报告中就业绩责任书每项指标得分情况进行披露，包括加分、扣分原因及计算过程，便于预算执行单位清楚了解考核结果。

以 A 集团下属酒店板块甲企业为例，经会计师事务所审计后甲企业 2015 年考核指标最终按计分规则扣分后实际得分 75.51 分，满分 80 分，详见表 2-6。

预算考核实施 5 年以来，A 集团每年都会针对企业的实际情况对考核指标和考核办法进行修订，旨在公平、客观、高效地完成考核工作。全面预算工作考核控制改变了国有企业“吃大锅饭”的传统管理理念，考核真正起到奖勤罚懒的作用，充分发挥了考核指挥棒引导力。考核最终得分在集团内按照两个维度排序，第一个维度是在集团内同行业企业间进行排名，第二个维度是按全集团所有二级经营单位排名。科学的管控方式赢得了管理层及二级单位经营者的认可，考核工作真正做到透明公开，极大提升了全员对全面预算信息化工作的认可程度。

表 2-6 甲企业 2015 年业绩考核指标完成情况报告

经营目标		指标名称	计量单位	指标值	调整后值	指标权重	执行数	差异额	完成率	实际得分
财务指标	财务报表指标	收入总额	万元	1 000.00	1 000.00	10%	1 100.00	100.00	110%	10
		经营性现金净流入	万元	1 100.00	1 100.00	10%	900.00	-200.00	81.82%	8.18
	管理会计指标	EBIT(不含非经常性损益)	万元	180.00	180.00	10%	180.00	0	100%	10
		EVA	万元	1 000.00	1 000.00	10%	1 000.00	0	90%	10
		总资产回报率(绝对值)	%	5.5%	5.5%	5%	5.6%	0.6%	101.82%	5
		总资产回报率(相对值)	%	5%	5%	5%	5.2%	0.2%	104%	5
	预算指标	费用类指标预算控制率	%	≤100%	≤100%	10%	95%	≤5%	100%	10
业务指标	景区经营指标	游客接待量	万人	8	8	3%	7.5	-0.5	93.75%	2.81
		消费额/人次	元/人	100	100	3%	95.00	-5.0	95%	2.85
	客房经营指标	客房入住率	%	50%	50%	5%	40%	-10%	80%	4
	餐饮经营收入	餐饮上座率	%	50%	50%	2%	35%	-15%	70%	1.4
		餐饮销售增长率	%	45%	45%	2%	40%	-5%	88.89%	1.78
		餐饮毛利率	%	67%	67%	2%	50%	-17%	74.62%	1.49
	其他经营指标	应收账款周转率	%	150%	150%	3%	200%	50%	133.33%	3
合计						80%				75.51

本章小结

全面预算管理必须按照《中华人民共和国公司法》相关规定及公司章程约定开展，该项工作是系统性、全面性、复杂性极高的工作，预算的编报覆盖公司的全部业务，涉及所有人员，预算的业务数据必须来自于业务部门，单依靠财务部门的力量无法有效完成全面预算编报工作。全面预算是资源再分配过程，是权力再分配过程，全面预算的编制过程是一场博弈，预算数据是一个由上到下、由下到上、反复沟通协调确定的过程。为保障预算刚性，全面预算工作必须与业绩考核挂钩，以实现预算管理效果。

全面预算管理是企业管理中行之有效的管理会计工具。全面预算管理信息化大大提高了预算工作的效率，将财务人员从繁重的预算基础工作中解放出来。信息化是全面预算管理成功的充分条件，成功的必要条件与高层领导的重视和扎实有效的预算基础工作息息相关。全面预算管理工作要与企业的发展战略、经营目标相结合；要适应企业文化；要结合企业内部控制开展；要服务于企业发展需求。全面预算管理是一个系统工程，不可能一蹴而就，不可操之过急。需要建立专业职能部门负责全面预算工作，实践中发现将全面预算管理工作纳入“一把手工程”往往效果更好。全面预算管理具有全员、全过程特点，将全面预算工作理念植入企业文化，通过员工培训等方式培育特色预算文化非常重要。全面预算是企业战略的“抓手”，是企业经营目标数字化的体现。要加强预算管理，防止预算松弛，科学地选择预算编制方法开展预算编报。要特别重视预算的日常管控，避免秋后算账的管理模式，定期进行预算分析，及时反馈经营问题并给予改进建议。预算控制管理应刚柔并济，结合企业实际选择适当的管理方式，充分发挥信息化管控的优势，密切跟踪预算执行情况，通过预算预警功能实时对预算进行控制。建立预算调整机制，确因不可抗力等客观原因导致的预算变更应明确变更流程及权限报批后进行预算调整。科学设计 KPI 预算考核指标，建立完善的预算考核体系，维护预算严肃性，提升预算管理工作的权威性。最后，应特别注重预算管理的基础工作，从定额指标选取到预算表格设计，再到预算考核指标安排，都以基础工作为依据，扎实的预算基础工作是全面预算工作顺利开展的保证。

实务中，财务部门被误解为全面预算工作的第一责任人，其他部门为可有可无的配角，领导在关键业务流程中把关即可。实践证明，预算工作“独角戏”安排导致各部门的配合支持有限、业务数据无法获取，“少报、漏报、错报、瞒报、谎报、不报”现象普遍，预算松弛、预算偏离实际的情况比比皆是。预算编制成了财务部孤军奋战、加班加点为了预算而预算的痛苦经历。在此认知下的全面预算成了“两张皮”，全面预算工具的管理功能无法发挥，企业应予以避免。

关键名词

全面预算管理　预算编制　预算控制(刚性控制、柔性控制)　预算调整　预算考核

思考题

1. 按预算编制的方法分类，可将预算分为哪些类型？
2. 全面预算管理的作用有哪些？
3. 全面预算管理信息系统上线主要应做好哪些准备工作？

案例分析

案例背景：

随着电力投资主体的日益多元化，面对日益激烈的市场竞争，如何通过有效的全面预算管理，实现企业发展战略、分配有限资源、提高盈利能力，成为摆在发电集团企业面前的严肃课题。目前各大发电集团企业都已推行全面预算管理，开展企业绩效评价，提高了企业的管理水平和管理效益。

但在实践中，由于许多源自预算管理系统自身的、潜在的、具有本质影响力的因素制约了它发挥积极的作用。从典型意义上来说，预算松弛就是一个非常重要且较为复杂的预算管理行为因素。预算松弛导致各层级管理人员出于私利而高估成本、低估收入，以操纵其经营管理业绩。在一定程度上，基层单位为了实现其预算，采取各种措施进而偏离预算评估，使得业绩看起来更好。在使用预算数据评价经营业绩的过程中，上级单位由于信息不对称造成评价不合理。当基层单位大面积的预算松弛时，会导致发电集团企业资源浪费、效率低下，影响企业发展战略的实现。经过分析，发电集团财务部发现下属基层单位一般通过下列手段低估收入、高估成本，从而实现预算松弛(见表 2-7)。

表 2-7　预算松弛分析表

目的	调整的方式	调整财务项目	隐藏利润空间	辨识难度
降低收入	降低利用小时数	售电收入	大	难
	提高厂用电率	售电收入	大	难
	降低上网电价	售电收入	大	中
高估成本	提高供电煤耗	燃料费	大	难
	降低燃料热值	燃料费	大	难
	增加单项生产活动支出	燃料费	小	中
	资本性支出转固时间提前	折旧费	小	中

请思考：

结合本章学习的内容以及实际业务，思考财务部门应如何应对发电集团下属基层单位预算松弛的行为？并给出具体建议。

第三章

成本管理

【学习目标】

通过本章的学习，了解成本管理的内容、标准成本的种类、作业成本法的意义；理解标准成本的制定、标准成本控制与分析、作业成本法的计算程序；掌握标准成本法、作业成本法基本原理和具体应用等。

第一节　成本管理系统概述

一、成本管理系统的概念

成本管理系统是能够实现成本管理的各项主要功能，一般包括对成本要素、成本中心、成本对象等参数的设置和成本核算方法的配置，从财务会计核算模块、业务处理模块及人力资源等模块抽取所需数据，进行精细化成本核算，生成分产品、分批次(订单)、分环节、分区域等多维度的成本信息，以及基于成本信息进行成本分析，实现成本的有效控制，为企业成本管理的事前计划、事中控制、事后分析提供有效支持的成本管理信息系统。

二、成本管理的原则

(1) 融合性原则。成本管理应以企业业务模式为基础，将成本管理嵌入业务的各领域、各层次、各环节，实现成本管理责任到人、控制到位、考核严格、目标落实。

(2) 适应性原则。成本管理应与企业生产经营特点和目标相适应，尤其要与企业发展战略或竞争战略相适应。

(3) 成本效益原则。成本管理应用相关工具方法时，应权衡其为企业带来的收益和付出的成本，避免获得的收益小于其投入的成本。

(4) 重要性原则。成本管理应重点关注对成本具有重大影响的项目，对于不具有重要性的项目可以适当简化处理。

三、成本管理的环节

成本管理包括成本预测、成本决策、成本计划、成本控制、成本核算、成本分析和成本考核等管理活动[①]。

(1) 成本预测。即以现有条件为前提，在历史成本资料的基础上，根据未来可能发生的变化，利用科学的方法，对未来的成本水平及其发展趋势进行描述和判断的成本管理活动。

(2) 成本决策。即在成本预测及有关成本资料的基础上，综合经济效益、质量、效率和规模等指标，运用定性和定量的方法对各个成本方案进行分析并选择最优方案的成本管理活动。

(3) 成本计划。即以营运计划和有关成本数据、资料为基础，根据成本决策所确定的目标，通过一定的程序，运用一定的方法，针对计划期企业的生产耗费和成本水平进行的具有约束力的成本筹划管理活动。

(4) 成本控制。即成本管理者根据预定的目标，对成本发生和形成过程以及影响成本的各种因素条件施加主动的影响或干预，把实际成本控制在预期目标内的成本管理活动。

(5) 成本核算。即根据成本核算对象，按照国家统一的会计制度和企业管理要求，对营运过程中实际发生的各种耗费按照规定的成本项目进行归集、分配和结转，取得不同成本核算对象的总成本和单位成本，向有关使用者提供成本信息的成本管理活动。

(6) 成本分析。即利用成本核算提供的成本信息及其他有关资料，分析成本水平与构成的变动情况，查明影响成本变动的各种因素和产生的原因，并采取有效措施控制成本的成本管理活动。

(7) 成本考核。即对成本计划及其有关指标实际完成情况进行定期总结和评价，并根据考核结果和责任制的落实情况，进行相应奖励和惩罚，以监督和促进企业加强成本管理责任制，提高成本管理水平的成本管理活动。

四、成本管理的方法

成本管理领域应用的管理会计工具方法，一般包括目标成本法、标准成本法、变动成本法、作业成本法等。

本章重点介绍标准成本法和作业成本法。

(一) 标准成本法概况

1. 标准成本法的概念

标准成本法，是指企业以预先制定的标准成本为基础，通过比较标准成本与实际成

① 管理会计应用指引第300号——成本管理。

本，计算和分析成本差异，揭示成本差异动因，进而实施成本控制、评价经营业绩的一种成本管理方法。标准成本，是指在正常的生产技术水平和有效的经营管理条件下，企业经过努力应达到的产品成本水平。成本差异，是指实际成本与相应标准成本之间的差额。当实际成本高于标准成本时，形成超支差异；当实际成本低于标准成本时，形成节约差异。标准成本法一般适用于产品及其生产条件相对稳定，或生产流程与工艺标准化程度较高的企业。

2. 标准成本法的优缺点

标准成本法的主要优点：一是能及时反馈各成本项目不同性质的差异，有利于考核相关部门及人员的业绩；二是标准成本的制定及其差异和动因的信息可以使企业预算的编制更为科学和可行，有助于企业的经营决策。标准成本法的主要缺点：一是要求企业产品的成本标准比较准确、稳定，在使用条件上存在一定的局限性；二是对标准管理水平较高，系统维护成本较高；三是标准成本需要根据市场价格波动频繁更新，导致成本差异可能缺乏可靠性，降低成本控制效果[①]。

(二) 作业成本法概况

1. 作业成本法的概念

作业成本法，是指以“作业消耗资源，产出消耗作业”为原则，按照资源动因将资源费用追溯或分配至各项作业，计算出作业成本，然后再根据作业动因，将作业成本追溯或分配至各成本对象，最终完成成本计算的成本管理方法。

资源费用，是指企业在一定期间内开展经济活动所发生的各项资源耗费。资源费用既包括房屋及建筑物、设备、材料、商品等有形资源的耗费，也包括信息、知识产权、土地使用权等各种无形资源的耗费，还包括人力资源耗费以及其他各种税费支出等。

作业，是指企业基于特定目的重复执行的任务或活动，是连接资源和成本对象的桥梁。一项作业既可以是一项非常具体的任务或活动，也可以泛指一类任务或活动。按消耗对象不同，作业可分为主要作业和次要作业。主要作业是被产品、服务或客户等最终成本对象消耗的作业。次要作业是被原材料、主要作业等价于中间地位的成本对象消耗的作业。

成本对象，是指企业追溯或分配资源费用、计算成本的对象。成本对象可以是工艺、流程、零部件、产品、服务、分销渠道、客户、作业、作业链等需要计量和分配成本的项目。

成本动因，是指诱导成本发生的原因，是成本对象与其直接关联的作业和最终关联的资源之间的中介。按其在资源流动中所处的位置和作用，成本动因可分为资源动因和作业动因。

---

① 管理会计应用指引第 302 号——标准成本法。

2. 作业成本法的优缺点

作业成本法的主要优点：一是能够提供更加准确的各维度成本信息，有助于企业提高产品定价、作业与流程改进、客户服务等决策的准确性；二是改善和强化成本控制，促进绩效管理的改进和完善；三是推进作业基础预算，提高作业、流程、作业链(或价值链)管理的能力。作业成本法的主要缺点：部分作业的识别、划分、合并与认定，成本动因的选择及成本动因计量方法的选择等均存在较大的主观性，操作较为复杂，开发和维护费用较高①。

第二节　标准成本法

一、标准成本法的含义与内容

(一) 标准成本法的含义

标准成本法也称标准成本控制系统、标准成本制度(Standard Cost System)或标准成本会计，是指围绕标准成本的相关指标而设计的，将成本的前馈控制、反馈控制及核算功能有机结合而形成的一种成本控制系统。20 世纪 20 年代的美国为了弥补传统成本管理方法中的缺陷，创新推出标准成本法。这种成本管理方法融合了泰罗制与会计基础知识，并随着第二次世界大战得到了广泛的运用。经过演变，标准成本法形成了成本制定、差异分析和差异处理的控制系统。标准成本法以目标成本作为管理基础，将实际发生的成本与标准成本进行比较，并找出企业运行过程中的成本差异及形成的原因，且采取相应的措施予以解决。通过标准成本法，近现代企业的成本管理理念慢慢从“先干后算”向“先算后干”转变，控制的关键点也从事后控制向事前控制转变。标准成本管理以企业总目标为起点，通过事前制定标准成本目标，事中加强成本管理控制，事后对成本结果进行分析，实现生产流程全面控制；完善绩效评价系统，标准成本是判断实际成本的标杆，通过比对成本偏差促进新工艺和新技术变革；标准成本为企业决策提供客观的成本信息依据。

(二) 标准成本法的内容

企业应当建立标准成本预算，确定成本项目，核定定额指标。成本项目包括可控费用和固定费用，各单位按照专业管理职责分工，制定标准成本定额指标管理。用计划价格与按生产工序核定的各项消耗定额指标，计算工序的各项物料标准成本；年度标准成本预算与生产经营预算相结合；月份标准成本预算与滚动执行预算相结合。对于企业标准成本的制定应包含以下内容：生产所用的原材料和辅助材料、生产设备和设备消耗的燃料、人工对材料的直接损耗等。

① 管理会计应用指引第 304 号——作业成本法。

二、标准成本的种类

“标准成本”是指在正常的生产条件下应该发生的成本，即“应该成本”。根据标准成本所要求达到的效率不同，可以将其分为理想标准成本、正常标准成本和现实标准成本三类，其区别如表 3-1 所示。

表 3-1 标准成本的种类及区别

成本类型	含义	特点
理想标准成本	在现有条件下所能达到的最优成本水平，即在生产过程无浪费、机器无故障、人员无闲置、产品无废品的假设条件下制定的成本标准	要求异常严格。一般很难达到，让管理层感到在任何时候都没有改进的余地
正常标准成本	在正常情况下，企业经过努力可以达到的成本标准，这一标准考虑了生产过程中不可避免的损失、故障和偏差等	具有客观性、现实性和激励性等特点。通常反映了过去一段时期实际成本水平的平均值，反映该行业价格的平均水平、平均的生产能力和技术能力，在生产技术和经营管理条件变动不大的情况下，它是一种可以较长时间采用的标准成本
现实标准成本	在现有的生产条件下应该达到的成本水平，它是根据现在所采用的价格水平、生产耗用量以及生产经营能力利用程度而制定的标准成本	最接近实际成本，最切实可行，通常认为它能激励工人努力达到所制定的标准，并为管理层提供衡量的标准。在经济形势变化无常的情况下，这种标准成本最为合适

(一) 理想标准成本

这是趋于完美的成本控制类型，在理论上来说企业可以达到标准业绩，不浪费单位劳动和资金，但这种状态的实现基于没有任何浪费和损耗的前提下，利用所有的资源达到生产的最优成本。但是理想标准成本仅能作为一个成本管理中的参考值，并不能直接作为成本的控制标准，更不能以此作为员工绩效考核的标准，这样会打消员工的工作热情。由于过于理想，理想标准成本仅能用于分析实际成本和理想成本的差异来改善成本的管理过程。这种方法是指在最优的生产条件下，利用现有的规模和设备能够达到的最低成本，这种标准假定效率最高，可能投入的价格最低，取得的材料质量最好，以及生产过程中不会由于机器停工或停电导致生产中断，是一个完美无缺的目标，实际因很难达到而极少被采用。

(二) 正常标准成本

正常标准成本管理一般在制定中要高于理想标准成本，通常是结合企业的实际情况和企业正常生产环境下的生产经营能力、人力资源要素、企业管理水平等所制定出的成本控制标准，同时也考虑了生产过程中出现的正常损耗等因素，一般低于企业以往的实际平均成本。正常标准成本通常是员工通过努力可以实现的，具有可行性的成本状态。正常标准成本的本质主要是利用客观有效的方法与惯例，全面研究所制定出的，其出现的成本可以被当作评价业绩的主要依据；其可以实现被长期应用，除非工艺技术的管理与水平的实效性出现巨大转变，否则不用进行时常修正，其具有较强的稳定性，切合实际情况，具备科学性和可行性。

(三) 现实标准成本

现实标准成本是在现有的生产条件下应该达到的成本水平，它是根据现在所采用的价格水平、生产耗用量及生产经营能力利用程度而制定的标准成本，需要根据现实情况的变化不断进行修改。

三、标准成本的制定

葛家澍(2007)对标准成本的制定方法做了详细的介绍。他在《成本会计》一书中提出的方法包括期望法、预测法、工程技术测算法及历史成本推测法四种。同时他还认为只有将这四种方法综合运用才可以创建出先进并可行的标准成本，这就为企业推行标准成本提供了一定的方法支持。预算成本的制定作为标准成本法运行的关键环节，可以对标准成本管理的事前控制发挥出积极的效果。并且，成本制定也是标准成本控制目标实现的依据所在。直接用于产品生产的材料成本、人工成本及制造费用(包括变动制造费用和固定制造费用)便是在标准成本制定时必须考虑的元素。在这个过程中，企业还必须考虑社会平均生产力，并在此基础上提升公司的生产潜力，才有可能在同行业中脱颖而出，成为龙头企业。企业在制定标准成本时，一定要参照自身的实际情况，选择符合企业特性的标准成本制定方法，切忌空洞无物、华而不实。标准成本应该由企业的技术部门主导，会同财务部门、人事部门共同制定，不能由技术部门单独制定。标准成本制定依据及计算公式如表 3-2 所示。

表 3-2 标准成本制定依据及计算公式

种类		制定依据及计算公式
直接材料标准成本	用量标准	通常是以订货合同的价格为基础，并考虑到未来物价、供求等各种变动因素后按材料种类分别计算。 一般应根据科学的统计调查，以技术分析为基础计算确定
	计算公式	直接材料标准成本＝∑(单位产品材料用量标准×材料价格标准)
	价格标准 (标准工资率)	通常由劳动工资部门根据用工情况制定，当采用计时工资时，标准工资率就是单位标准工资率 标准工资率＝标准工资总额÷标准总工时

(续表)

种类		制定依据及计算公式
直接人工标准成本	用量标准(工时用量标准)	它是指企业在现有的生产技术条件下，生产单位产品所耗用的必要的工作时间，包括对产品直接加工工时，必要的间歇或停工工时及不可避免的废次品所耗用的工时等，以及不可避免的废次品所耗用的工时等
	计算公式	直接人工标准成本＝标准工资率×工时用量标准
	价格标准(分配率标准)	标准制造费用分配率＝标准制造费用总额÷标准总工时
制造费用标准成本	用量标准(工时用量标准)	其含义与直接人工用量标准相同
	计算公式	制造费用标准成本＝制造费用分配率标准×工时用量标准

【提示】

(1) 产品成本由直接材料、直接人工和制造费用三个项目组成，与产品成本定价中的制造成本含义相同。

(2) 单位产品的标准成本＝直接材料标准成本＋直接人工标准成本＋制造费用标准成本。

四、成本差异的计算及分析①

在标准成本管理模式下，成本差异是指一定时期生产一定数量的产品所发生的实际成本与相关的标准成本之间的差额。

企业在实际生产和经营过程中，因为经营环境和各种因素的变化，企业标准成本和实际成本间会出现一定差距。成本差异分析能够对企业经营和管理过程中出现的问题提供借鉴，提高成本差异分析可以增强企业管理能力，进一步适应市场经济发展的需求。

(一) 直接材料成本差异的计算与分析

直接材料成本差异，是指直接材料的实际总成本与实际产量下标准总成本之间的差异。

【提示】

(1) 凡实际成本大于标准成本的称为超支差异；凡实际成本小于标准成本的则称为节约差异。

(2) 价格差异的重点是价格，因此是用价格之差乘以实际用量，而用量差异的重点是用量，所以是用用量之差乘以标准价格。

(3) 由于价格差异是用价格之差乘以实际用量，而用量差异是用用量之差乘以标准价格，因此记住“价实量标”四个字即可以准确记住直接材料成本差异的两个公式——价(差)实(量)量(差)标(价)。此记忆方法也可以应用到下面讲的直接人工成本差异和变动制造费用成本差异公式的记忆中，但要明确直接人工效率差异是用量差异，工资率差异是价格

① 中华会计网校论坛，2015-03-30:http://bbs.chinaacc.com/forum-2-25/topic-4168752.html。

差异，变动制造费用耗费差异是价格差异，变动制造费用效率差异是用量差异。

直接材料价格差异发生的原因很多。从外部原因来讲，有市场价格的变动、供货商的变动、订货批量的大小、运输方式的不同等。从企业内部原因来看，有由于采购数量不同所以折扣不同、紧急的订货等。因此对直接材料价格差异的形成和责任，应当根据具体情况做具体的分析。只有明确原因，分清责任，才能发挥价格差异计算分析应有的作用。

影响直接材料数量差异的因素也是多方面的。如新技术的运用、合理下料等，都是降低材料用量，而废品损失、优材劣用等，则是提高材料消耗的重要原因。直接材料数量差异通常是在生产过程中形成的，一般应由生产部门负责。但有时也可能由采购工作所引起，如采购部门购进了质量较差的材料引起耗用量的增加，由此形成的不利差异应由采购部门负责。直接材料成本差异分析如表 3-3 所示。

表 3-3　直接材料成本差异分析表

成本差异	公式	形成原因	责任部门
直接材料用量差异	标准价格×(实际用量－实际产量下标准用量)	产品设计结构、原料质量、工人的技术熟练程度、废品率的高低等	主要是生产部门
直接材料价格差异	(实际价格标准价格)×实际用量	市场价格、供货厂商、运输方式、采购批量等的变动	主要是采购部门

(二) 直接人工成本差异的计算与分析

直接人工成本差异，是指直接人工的实际总成本与实际产量下标准总成本之间的差异。

人工差异的变化率并没有一个标准，但解决人工差异的方法，肯定要从企业的职工处着手。这就需要企业经营者调动企业职工的积极性，从而保证职工的工作效率，减少人工差异，至少要保证职工工作的效率不能低于计划成本中对职工工作效率估算的平均水平。作为企业的经营者，应该以大局为重，同时需要兼顾每个职工的状况，要为职工营造出一种家的感觉，形成一种氛围。企业经营者要在以人为本的基础上，调动企业职工的工作积极性，保证生产的效率，从而减少人工差异带来的问题。直接人工成本差异分析如表 3-4 所示。

表 3-4　直接人工成本差异分析表

成本差异	公式	形成原因	责任部门
直接人工效率差异(用量差异)	标准工资率×(实际工时－实际产量下标准人工工时)	工人技术状况、工作环境和设备条件的好坏等	主要是生产部门
直接人工工资率差异(价格差异)	(实际工资率－标准工资率)×实际工时	工资制度的变动、工人的升降级、加班或临时工的增减等	主要是劳动人事部门

(三) 变动制造费用成本差异的计算与分析

变动制造费用成本差异，是指实际发生的变动制造费用总额与实际产量下标准变动费用总额之间的差异。在实际工作中，通常根据变动制造费用弹性预算的明细项目，结合同类项目的实际发生数编制分析报告，将预算数和实际数进行对比，从而找到差异的原因及责任归属。变动制造费用效率差异实际上反映的是产品制造过程中的工时利用效率，在分析时应结合人工效率差异分析。因此，效率差异一般应由生产部门的管理人员负责。变动制造费用成本差异分析如表 3-5 所示。

表 3-5 变动制造费用成本差异分析表

成本差异	公式
变动制造费用效率差异(用量差异)	变动制造费用标准分配率×(实际工时－实际产量下标准工时)
变动制造费用耗费差异(价格差异)	(变动制造费用实际分配率－变动制造费用标准分配率)×实际工时

【提示】

(1) 变动制造费用效率差异的形成原因与直接人工效率差异的形成原因基本相同。

(2) 工时既可以是人工工时，也可以是机器工时，这取决于变动制造费用的分配方法。

(3) 变动制造费用标准分配率＝变动制造费用预算总额÷预算产量下标准总工时。

(四) 固定制造费用成本差异的计算与分析

固定制造费用成本差异，是指实际发生的固定制造费用与实际产量下标准固定制造费用的差异。固定制造费用耗费差异的产生原因可能是属于企业外部的，如人力资源的价格上涨等，但大多是企业内部的原因，如过量的管理人员、固定资产的投资等，会使固定制造费用增加。固定制造费用能量差异的出现，原因可能是市场需求降低、产品价格过高等造成市场销路不好，产量降低，或原材料、能源供应不足造成生产能力利用不充分。固定制造费用效率差异产生的原因和变动制造费用效率差异产生原因是一样的，是由工时利用效率造成的，一般由生产管理部门负责。固定制造费用成本差异分析如表 3-6 所示。

表 3-6 固定制造费用成本差异分析表

<table>
<tr><th colspan="2">差异分析</th><th>计算公式</th></tr>
<tr><td rowspan="2">两差异法</td><td>固定制造费用耗费差异</td><td>实际固定制造费用－预算产量下标准固定制造费用＝实际固定制造费用－预算产量下标准工时×标准分配率</td></tr>
<tr><td>固定制造费用能量差异</td><td>预算产量下标准固定制造费用－实际产量下标准固定制造费用＝(预算产量下标准工时－实际产量下标准工时)×标准分配率</td></tr>
<tr><td rowspan="3">三差异法</td><td>固定制造费用耗费差异</td><td>实际固定制造费用－预算产量下标准固定制造费用＝实际固定制造费用－预算产量下标准工时×标准分配率</td></tr>
<tr><td>固定制造费用产量差异</td><td>(预算产量下标准工时－实际产量下实际工时)×标准分配率</td></tr>
<tr><td>固定制造费用效率差异</td><td>(实际产量下实际工时－实际产量下标准工时)×标准分配率</td></tr>
</table>

【提示】

(1) 固定制造费用标准分配率＝固定制造费用预算总额÷预算产量下标准总工时。

(2) 固定制造费用能量差异＝固定制造费用产量差异＋固定制造费用效率差异。

(3) 固定制造费用成本差异(总差异)与直接材料成本差异、直接人工成本差异和变动制造费用成本差异都可以用以下通用公式表示：总差异＝实际产量下实际成本－实际产量下标准成本。

第三节 标准成本管理信息化应用案例

一、案例背景

G公司主要从事光通信领域内光电子器件的开发及制造，公司集产品研发、采购、生产、销售于一体。由于产品型号繁多，工序复杂，数量极大，产品在各车间流转，手工进行统计核算管理已不能满足公司的发展需求。为满足企业管理需要，公司上线了企业管理解决方案软件SAP系统(Systems Applications and Products in Data Processing)，主要解决公司经营管理中成本管控困难、业务与财务脱节等问题，提高企业产品的市场竞争力。运用SAP系统，主要是疏导流程管理问题：首先，要构建合理的组织架构，从多层次管理向扁平化管理转变；其次，要建立标准的业务流程体系，确定成本管理采用标准成本体系；最后，梳理产品以及财务基础数据，确保输入系统中的信息可用。

SAP系统可按利润中心和成本中心核算，根据公司战略，按照组织架构，创建三大利润中心和各个成本中心，即营销平台、业务平台、交付平台为三大利润中心；为使流程能高效运作，这三个利润中心下同时搭建了相应的成本中心，从而细化各部门的岗位分工，确定岗位职责。各平台协助配合，高效运转，也便于建立绩效考核机制。

(1) 营销平台。负责公司的市场销售管理、合同订单管理、收款账期管理、客户关系管理、品牌管理等。营销平台成本中心：销售部、合同及营销管理部。

(2) 业务平台。研究开发产品和技术规划建设，对公司产品市场成功和财务成功负责。业务平台成本中心：产品线、产品开发、市场部、运作管理部。

(3) 交付平台。产品生产、交付，质量管理、存货管理、工艺改进等。交付平台成本中心：制造车间、品质管理部、工程技术部、采购管理部、物料计划部、物流管理部等。

公司其他职能部门按其职责设立成本中心：综合管理部、财务管理部、人力资源管理部、体系管理部、信息管理部。G公司之所以设立利润中心和成本中心，是因为公司产品种类繁多，产品特性差异极大，市场细分差异大，且不同类型的产品应采用不同的核算方式进行考核和经营预警分析。

二、业务流程的梳理

公司自主研发产品，在产品实现批量销售前，处于研发项目管理阶段。研发转产后，公司业务流程从销售订单触发开始，采购下达订单采购物流，生产计划下达订单生产产品，产品完工入库后依据销售订单由仓库为客户发货，产品售后服务，整个业务流形成闭环管理。

以上流程涉及业务平台、营销平台、交付平台。下面详细讲解该业务涉及的流程操作。

(1) 公司基于战略以及对市场形势预判，会预先研究开发新品，评估项目可行性以及项目必要经费，确立产品成本及预期可达到的收益。项目管理人员需对整个项目研发进度进行跟踪管理，而财务人员需对项目经费进行管控，判断项目进度与费用支出是否相匹配。

(2) 销售人员接到订单后，将订单信息反馈给合同管理部，将销售合同信息(如客户需求品号、数量、单价、交货期、付款方式等)输入 SAP 系统中，通过运行 SAP 系统中的 MRP 需求，将销售计划分解为采购计划、生产计划。

(3) 物料计划依据销售需求评估库存材料。库存不足时，发布采购需求计划。

(4) 生产计划根据制造部门产品线的产能情况(人员、机器配比)和交货周期，进行生产排产，确保交货。

(5) 仓储部门依据交货周期，安排产品配送发货。

(6) 品质管理部跟进产品售后质量问题。

G 公司业务体量大，从以上业务过程可知，G 公司无法通过人员线下跟踪管理产品，所以要借助信息化系统 SAP，按上述业务进行流程分解后依次对应到 SAP 系统中，SD(销售管理)、PP(生产管理)、MM(采购管理)、FICO(财务与成本管理)模块。G 公司业务流程复杂，若使用到 SAP 系统，需将 G 公司的业务流程进行梳理，统一标准，流程标准化是确保信息化实施落实的关键前提，应尽量向 SAP 标准化管理靠拢，并将流程规范和固化。实在难以标准化的流程，可借助 SAP 系统二次开发报表。

G 公司从 SD、PP、MM、FICO 端梳理的流程如图 3-1 至图 3-3 所示。

SD(销售管理)模块业务流程

TB-SD-010 普通客户主数据维护流程图 V30
TB-SD-011 代理商客户主数据维护流程图 V30
TB-SD-020 客户物料编码维护流程图 V30
TB-SD-030 销售基本价维护流程图 V30
TB-SD-040 信用主数据维护流程图 V30
TB-SD-050 销售员信息维护流程图 V30
TB-SD-060 主计划管理流程图 V30
TB-SD-070 报价处理流程图 V30
TB-SD-080 合同(框架协议)管理流程图 V30
TB-SD-100 订单维护流程图 V31
TB-SD-110 订单变更流程图 V30
TB-SD-120 发货流程图 V30
TB-SD-130 客户投诉管理流程图 V30
TB-SD-140 退换货流程图 V31
TB-SD-160 信用控制流程图 V31
TB-SD-170 开票处理流程图 V30
TB-SD-180 寄售补货流程图 V30
TB-SD-190 寄售发货流程图 V30
TB-SD-200 样品发货管理流程图 V30
TB-SD-210 主计划变更流程图 V31
TB-SD-220 补货流程图 V30
TB-SD-230 未执行完订单清理流程图 V30

PP(生产管理)模块业务流程图

TB-PP-010 物料清单(BOM)维护流程V3.0
TB-PP-020工艺路线维护流程 V3.0
TB-PP-030 产品工程及设计变更执行流程 V3.0
TB-PP-040 工作中心维护流程 V3.0
TB-PP-050 样品试制作业流程 V3.0
TB-PP-060 中试小批量试产流程 V3.0
TB-PP-070 物料需求计划流程 V3.1
TB-PP-080 外协作业流程 V3.1
TB-PP-090 生产计划评估流程 V3.0
TB-PP-100 生产订单下达流程 V4.0
TB-PP-110 生产订单执行及报工流程 V4.0
TB-PP-120 生产订单结案流程 V3.0
TB-PP-130 生产订单变更流程 V3.0
TB-PP-140 生产拆零作业流程V3.0
TB-PP-150 生产改制作业流程V3.0

图 3-1 从 SD 端、PP 端梳理的流程图

MM(采购管理)模块业务流程

TB-MM-130 采购订单收货流程 V3.0
TB-MM-140 生产订单发料流程 V3.0
TB-MM-150 生产订单入库流程(产成品) V3.0
TB-MM-160 生产订单入库流程(半成品) V3.0
TB-MM-170 生产订单退料流程图 V3.0
TB-MM-180 成本中心领退料流程 V3.0
TB-MM-190 库存调拨处理流程 V3.0
TB-MM-200 委外订单发料流程 V3.0
TB-MM-210 委外订单收货流程 V3.0
TB-MM-220 销售订单发货流程 V3.0
TB-MM-230 客户返修退换货流程 V3.0
TB-MM-240 库存盘点流程 V3.0
TB-MM-250 库存物料报废流程 V3.0
TB-MM-260 倒冲物料问题处理流程 V3.0
TB-MM-270 倒冲物料库存盘点流程 V3.0

MM(资产管理)模块业务流程

TB-MM-010 物料主数据维护流程 V3.0
TB-MM-020 供应商主数据维护流程 V3.0
TB-MM-030 采购信息记录维护流程 V3.1
TB-MM-040 货源清单维护流程 V3.0
TB-MM-050 采购申请审批流程 V3.0
TB-MM-060 标准采购订单流程 V3.0
TB-MM-070 采购订单变更流程 V3.0
TB-MM-080 采购退换货流程 V3.0
TB-MM-090 固定资产采购订单流程 V3.0
TB-MM-100 费用类采购订单流程 V3.0
TB-MM-110 供应商寄售流程 V3.0
TB-MM-110 供应商寄售流程 V4.0
TB-MM-120 采购框架协议维护流程 V3.0

图 3-2　从 MM 端梳理的流程图

FICO(FI)模块业务流程

2606529 会计科目主数据维护流程说明
2606530 财务类供应商主数据维护流程说明
2606531 财务类客户主数据维护流程说明
2606532 总账凭证记账流程说明
2606533 供应商发票校验流程说明
2606534 应付账款计划内付款流程说明
2606535 员工借款流程说明
2606536 借款报销流程说明
2606537 固定资产折旧流程说明
2606538 销售开票过账流程说明
2606539 国内销售退票流程说明
2606540 国外销售退货流程说明
2606541 应收账款收款流程说明
2606542 应收账款外汇核销流程说明
2606543 应收账款对账及催款流程说明
2606544 坏账准备及核销流程说明
2606545 财务月结处理流程说明
2606546 财务年结处理流程说明
2608008 固定资产验收及入账流程说明
2608009 固定资产转移流程说明
2608010 固定资产维修流程说明
2608011 固定资产报废流程说明
2608012 固定资产盘点流程说明
2608013 在建工程管理流程说明
2608014 自制设备管理流程说明

FICO(CO)模块业务流程

2606519 成本中心主数据维护流程说明
2606520 成本要素主数据维护流程说明
2606521 作业类型主数据维护流程说明
2606522 作业价格维护流程说明
2606523 统计指标主数据维护流程说明
2606524 成本中心费用计划维护流程说明
2606525 标准成本估算流程说明
2606526 费用分摊流程说明
2606527 CO月结流程说明
2606528 获利能力分析流程说明
2607537 研发样品内部订单主数据维护流程说明
2607538 研发项目财务管理流程说明

图 3-3　从 FICO 端梳理的流程图

前端业务最终都要走到财务管理体系中，销售环节对应到财务 FI 中，月底财务人员对销售发票过账处理、应收账款管理等。采购环节对应到应付挂账处理、供应商发票校验、应付账款管理等。生产环节涉及整个交付运营平台，对应到财务的固定资产管理、财务 CO 月结管理、费用入账，以及间接分摊规则管理、统计指标和作业价格管理等。

梳理各个业务流程，其目的是使上线后的系统良好运转。疏通各业务流程后，依据业务需要在 SAP 系统中建立财务核算方式。财务核算方式要与业务流程相融合，财务不能脱离业务，核算只是手段，财务要提供可靠的经营分析。例如，当产品处于研发阶段时，计划下达样品试制流程或者小批量试产流程；当产品批量生产后，计划下达正常生产订单流程。这两个业务在不同的部门生产，对应的成本中心是不一样的，财务在核算时，也会在 SAP 系统中建立不同的结算规则。研发样品试制，结算到期间费用中，而正常订单生产结算到产品生产成本中，最终在存货与销售成本上分摊。

三、标准成本基础数据维护

在建立了标准化的业务流程后，需对利润中心、成本中心、产品工序的工作中心以及物料编码等，建立统一编码原则，且规则一旦实施，不能随意变更。公司根据业务性质，创建销售订单类型、生产订单类型、物料货物移动类型、物料类型、设备类型；根据存货特性，建立仓库库位管理。营销平台维护客户主数据、销售员信息；人力资源部维护人员信息；采购维护供应商主数据，物料主数据；财务总账会计维护会计科目主数据、固定资产主数据。财务成本会计维护成本中心主数据、成本要素主数据、作业类型主数据、统计指标主数据，财务成本会计维护的数据是为了精准归集和分摊费用。

一般而言，上述主数据维护都会对应到相应的利润中心或者成本中心，针对不能分到利润中心或者成本中心的数据，放在公司级别。例如，部门原材料属于公司所有产品共用，因产品应用范围不同，对应到不同的利润中心或者成本中心，此时若无明确的分摊方式，就放在公共成本中心。

由此可见，一般情况下费用在发生时就定义了成本中心，费用能有效归集。业务发生时通过流程工具传递到 SAP 系统中，所有节点人员线上操作，大大节约了时间，实现信息资源共享。

上述是在 SAP 系统中从财务角度核算管理成本，G 公司运作管理过程及内控还有其他信息化工具辅助支撑。如营销平台使用客户管理系统，采购部门有供应商及采购管理系统，制造部门有生产管理系统，物流管理部门有立体仓库系统，各部门都有信息系统支撑，财务报销系统支撑线上报销操作，人力资源系统管理人力成本。以上各部门系统独立运作，但最终数据整合集成传送到 SAP 系统，财务整体分析预测公司运营情况。

四、与成本管理对接的业务系统

(一) 固定资产管理

财务核算：固定资产按实际入库价值计价，采用平均年限法摊销累计折旧。

设备效能管理：利用信息化系统监控分析设备利用率，输出设备使用数据，为财务产品成本分析及设备投资项目分析提供数据支撑。

(二) 生产管理系统

制造执行系统：通过信息传递，对从订单下达到产品完成的整个过程进行优化管理。即对人、机、料、法(生产工序)几个基本要素进行管理。业务部门是对生产过程进行在线管理，达成数字化车间、智能工厂的目标。财务则利用生产管理系统输出的数据，分析交付运营平台评估产能利用率，分析产品工时功效，质量成本分析；当销售订单增加，公司产能饱和时，为产品生产模式(如扩产还是外包)提供数据决策分析，生产管理模式决定了财务成本核算模式。

(三) 存货管理系统

公司存货种类繁多，不可能依赖人去统计跟踪，这个工作具体且管理粗放容易出错。例如，A 产品需领用 C、D、E 原材料，若仓储人员粗心混料发放，将 E 料发成了 F 料，E 和 F 两种材料区别并不是很大，但是 E 料是客户指定用料，后续制造部门领料生产后，发现不合规，导致出现了产品批量质量问题，这对公司而言，就是巨大的损失。故为追踪产品过程，对后续售后服务进行可追踪管理，公司存货采用了物料批次管理，并使用条码系统扫描，减少人工报错概率及缩短员工输入系统时间，较大程度上提高了工作效率。另外，公司应用立体仓库管理，实现存货智能化管理。

(四) 采购管理系统

实现了在同一个平台上与供应商实时互动，信息可及时发布分享。采购合同订单信息化管理。

(五) 销售管理系统

与客户信息对接，管理公司内部销售合同流程及订单执行情况，信息快速传递给相关节点人员。

(六) 报销付款管理及流程管理平台

报销流程线上操作，员工不必四处奔走等待领导签字，财务人员审核通过后，出纳按要求打款，并启动短信通知业务，员工可随时查看费用报销付款情况。报销流程与 SAP 端口对接，财务会计执行后直接入账，不用会计人员录入会计凭证，将制作凭证的时间放在前端业务的审核控制上，控制业务风险点。

(七) 研发管理系统

研发系统主要是管理产品生命周期，从项目立项开始到最终退出，是一个产品从无到有到结束的过程管理。研发管理系统与生产管理系统集成。例如，在研发系统中已归档的生产文件，生产部门需要查看，此时，只用在研发系统中走完了文件审核流程后，就会被生产管理系统直接调用。因研发管理系统与 SAP 系统对接，财务利用项目管理系统中的数据，对产品进行阶段成本管理，评估各阶段的经济效益，实现产品过程成本管理。

五、物料管理

G 公司物料含义比较广泛，物料分为原材料、低值易耗品、半成品、成品。物料要分类、编码，并记录其一般或者特殊的属性，这些都是在物料主数据中进行维护。物料分类规则一旦确定，不能随意修改，且物料编码是唯一的，不能重复，详见表 3-7。

表 3-7 G 公司物料编码规则

分 类	说 明	编码规则
A001	成品	10000000～19999999
A002	半成品—A	20100000～20199999
A003	产成品—B	20200000～20299999
A004	半产品—C	20300000～20399999
A005	半成品—D	2040000～20499999
A006	原材料	30000000～39999999
A007	低值易耗品	40000000～49999999

G 公司半成品分为四类，其分类动因在于产品工序繁多，分工序在不同的生产车间串行完成，不是并行的流程，即存货在不同的生产车间按步骤流转新生成物料时，公司产品负责人在研发系统管理中触发流程，填写信息，经相关节点人员审核批准后自动写入 SAP 系统(注：研发管理系统与 SAP 系统接口)，下面以 10000100 为例，介绍 SAP 系统中物料创建过程，步骤如下。

(1) 在如图 3-4 所示的研发管理系统界面输入新增物料信息。

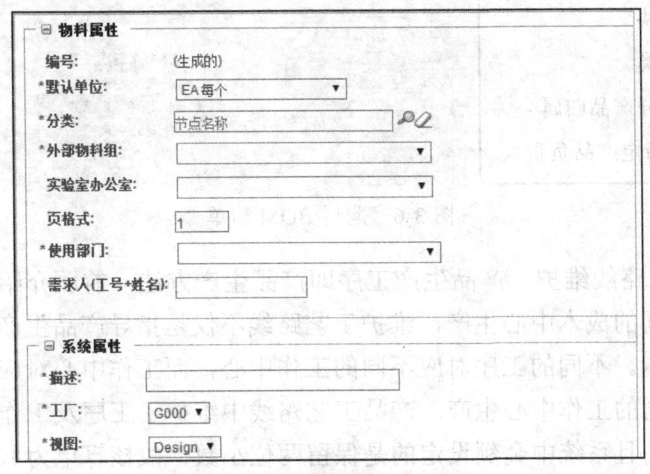

图 3-4 新增物料输入界面

(2) SAP 系统回传的信息如图 3-5 所示。

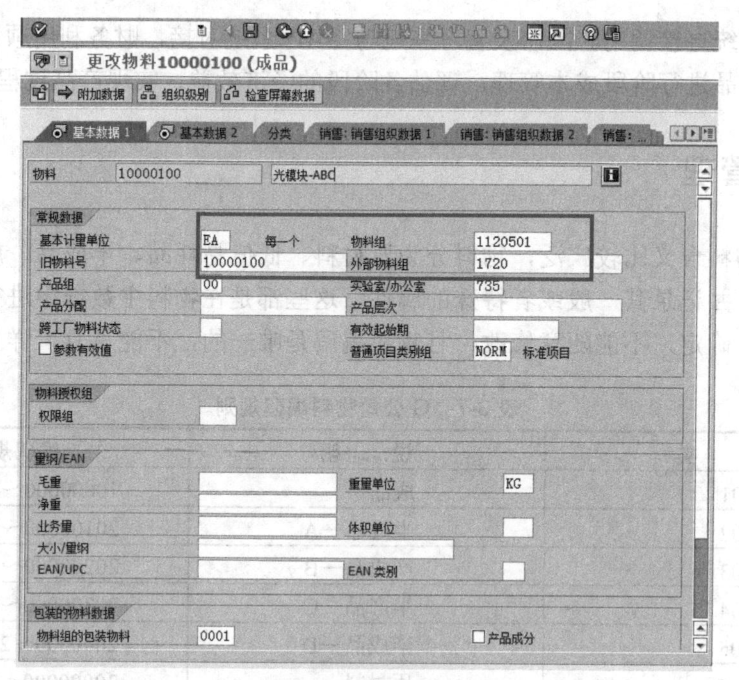

图 3-5　SAP 系统回传的信息

(3) 物料 BOM 清单如图 3-6 所示(采购依据 BOM 清单录入原材料采购信息记录)。

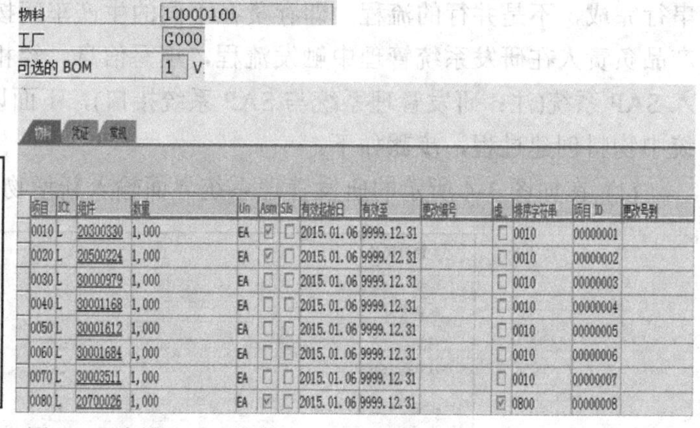

物料 10000100
工厂 G000
可选的 BOM 1

项目	ICt	组件	数量	Un	Asm	Sls	有效起始日	有效至	更改编号	成	排序字符串	项目 ID	更改号到
0010	L	20300330	1,000	EA	☑	☐	2015.01.06	9999.12.31		☐	0010	00000001	
0020	L	20500224	1,000	EA	☑	☐	2015.01.06	9999.12.31		☐	0010	00000002	
0030	L	30000979	1,000	EA	☐	☐	2015.01.06	9999.12.31		☐	0010	00000003	
0040	L	30001168	1,000	EA	☐	☐	2015.01.06	9999.12.31		☐	0010	00000004	
0050	L	30001612	1,000	EA	☐	☐	2015.01.06	9999.12.31		☐	0010	00000005	
0060	L	30001684	1,000	EA	☐	☐	2015.01.06	9999.12.31		☐	0010	00000006	
0070	L	30003511	1,000	EA	☐	☐	2015.01.06	9999.12.31		☐	0010	00000007	
0080	L	20700026	1,000	EA	☑	☐	2015.01.06	9999.12.31		☑	0800	00000008	

物料编号：10000100
物料描述：光模块
物料组：产品归类
外部物料组：区分产品归属
实验室办公室：指定产品负责人

图 3-6　购料 BOM 清单

(4) 产品工艺路线维护。产品生产工序即产品生产方法，前面介绍了产品按制造工序不同，分在不同的成本中心生产，维护工艺路线不仅是指导产品生产，也是为了准确核算产品制造成本。不同的工序对应不同的工作中心，而工作中心对应成本中心，一个产品可能会在不同的工作中心生产。产品工艺路线中维护了工序及工作中心。G 公司因物料单位价值不高且系统中金额设定的是保留两位小数，故核算单为1000，即 1000 只产品所需耗费的人工工时、机器工时(注：每个自制产品都需要维护工艺路线，计划在下达生产订单时，选择产品的生产工艺路线)。10000100 物料生产工艺如图 3-7 所示。

物料编号	物料组编...	MRP控制者	生产调度员	用途	组	组计数器	有效起始日...	工作中心	任务清单描...	控制码	工序号	工序数量	人工工时	人工单位	机器工时
10000100	1120501	WF1	160	1	11001559	01	2015.01.01	101600	V10	PP01	0010	1,000.000	0.00100	H	0.00000
10000100	1120501	WF1	160	1	11001559	01	2015.01.01	101600	V10	PP01	0020	1,000.000	4.62000	H	0.00000
10000100	1120501	WF1	160	1	11001559	01	2015.01.01	101600	V10	PP01	0030	1,000.000	4.62000	H	0.00000
10000100	1120501	WF1	160	1	11001559	01	2015.01.01	101600	V10	PP01	0040	1,000.000	4.62000	H	0.00000
10000100	1120501	WF1	160	1	11001559	01	2015.01.01	101600	V10	PP01	0050	1,000.000	4.62000	H	0.00000
10000100	1120501	WF1	160	1	11001559	01	2015.01.01	101600	V10	PP01	0060	1,000.000	4.62000	H	0.00000
10000100	1120501	WF1	160	1	11001559	01	2015.01.01	101600	V10	PP01	0070	1,000.000	4.62000	H	0.00000
10000100	1120501	WF1	160	1	11001559	01	2015.01.01	101600	V10	PP01	0080	1,000.000	4.62000	H	0.00000
10000100	1120501	WF1	160	1	11001559	01	2015.01.01	101600	V10	PP01	0090	1,000.000	4.62000	H	0.00000
10000100	1120501	WF1	160	1	11001559	01	2015.01.01	101600	V10	PP01	0100	1,000.000	3.30000	H	3.30000
10000100	1120501	WF1	160	1	11001559	01	2015.01.01	101600	V10	PP01	0110	1,000.000	3.96000	H	3.96000
10000100	1120501	WF1	160	1	11001559	01	2015.01.01	101600	V10	PP01	0120	1,000.000	3.30000	H	3.30000
10000100	1120501	WF1	160	1	11001559	01	2015.01.01	101600	V10	PP01	0130	1,000.000	4.62000	H	4.62000
10000100	1120501	WF1	160	1	11001559	01	2015.01.01	101600	V10	PP01	0140	1,000.000	1.32000	H	0.00000
10000100	1120501	WF1	160	1	11001559	01	2015.01.01	101600	V10	PP01	0150	1,000.000	2.64000	H	0.00000
10000100	1120501	WF1	160	1	11001559	01	2015.01.01	101600	V10	PP01	0160	1,000.000	1.32000	H	0.00000
10000100	1120501	WF1	160	1	11001559	01	2015.01.01	101600	V10	PP01	0170	1,000.000	0.00000	H	7.92000
10000100	1120501	WF1	160	1	11001559	01	2015.01.01	101600	V10	PP01	0180	1,000.000	0.66000	H	0.00000
10000100	1120501	WF1	160	1	11001559	01	2015.01.01	101600	V10	PP01	0190	1,000.000	14.52000	H	14.52000
10000100	1120501	WF1	160	1	11001559	01	2015.01.01	101600	V10	PP01	0200	1,000.000	11.88000	H	0.00000
10000100	1120501	WF1	160	1	11001559	01	2015.01.01	100000	V10	PP01	0210	1,000.000	0.00000		0.00000
10000100	1120501	WF1	160	1	11001559	01	2015.01.01	100000	V10	PP03	0800	1,000.000	0.00000		0.00000

图 3-7　10000100 物料生产工艺路线维护

注意：在正式新增成品物料号前，研发人员在产品开发过程中成品需用到的原材料已先提请流程申请新建原材料物料号，故当提请成品新增物料申请流程时，成品组件中对应的原材料物料号已在系统中生成，需检查的是采购部是否维护了采购信息记录基础数据。

六、产品标准成本核算

从图 3-5 中看到，财务数据并没有体现出来，其实 SAP 系统中物料主数据是包含会计视图和成本视图的。在看这两个视图前，先来谈谈 G 公司存货计价方法。G 公司根据不同类型物料采用不同的会计计价方法，具体如表 3-8 所示。

表 3-8　不同物料所采用的会计计价方法

分　类	计价方法	说　明
原材料	移动平均价(V)	物料在发生移动时计算成本，该成本是实际成本
半成品	标准价(S)	标准成本，每月月初发布标准成本，月末结算时，利用物料账还原为实际成本
成品	标准价(S)	标准成本，每月月初发布标准成本，月末结算时，利用物料账还原为实际成本
低值易耗品		按实际入库价格计入制造成本或期间费用

因 G 公司对半成品和成品先以标准成本计价，成本月结时将实际生产过程中产生的成本差异还原到各产品上，即月末结算完毕总账反映的是实际成本，故在实际业务中物料发生在货物移动之前，该产品必须先在系统中发布标准成本。G 公司标准成本是如何计算的？在看标准成本计算逻辑前，先来看看 G 公司的成本构成。图 3-8 为公司物料成本构成分布。

公司物料成本包含材料和制造成本，材料成本即 BOM 中各组件原材料成本，制造成本即制造中心(人工成本+设备折旧+直接制造费用+间接制造费用)，若有委外加工，则加上产品加工费，以此构成了产品成本。产品标准成本计算如图 3-9 所示。

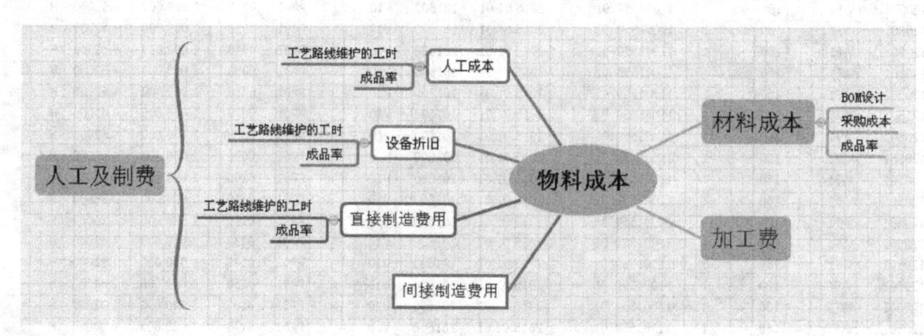

图 3-8　G 公司物料成本构成图

产品标准成本＝{ ∑BOM中物料的标准成本；∑工艺路线中标准工时*标准的人工费率；∑工艺路线中标准工时*标准的制费费率 }

图 3-9　产品标准成本计算

材料成本＝BOM 逐层展开组件中各原材料的单位成本*单位用量；人工成本＝各制造中心人工费率*标准工时(工艺路线人工工时)；折旧成本＝各制造中心折旧费率*标准机器工时(工艺路线机器工时)；制造费用＝各制造中心制造费率*标准工时(工艺路线人工工时)。

标准成本的人工费率、折旧费率、制造费率是财务依据历年实际情况测算得出；每个制造成本中心按历史数据测算费率；负责成本月结人员每月将各制造成本中心的标准费率(作业价格)维护到 SAP 系统中；当新增物料流程到财务节点时，财务人员执行标准成本计算程序，并检查是否报错，若无误则发布标准成本。例如，案例中 10000100，估算出成本为 85060(1000为单位)，发布后即可在物料主数据查看。以上计算方式说明了为什么在新增成品、半成品物料时需搭建好 BOM、BOM 组件中原材料的采购信息记录及产品工艺路线人工工时和机器工时、工作中心等基础信息。图 3-10 是标准成本计算和发布过程，图 3-11 是在物料主数据中查看标准成本。

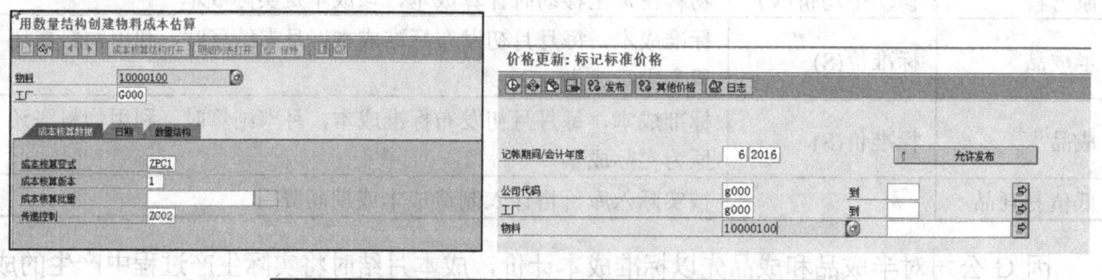

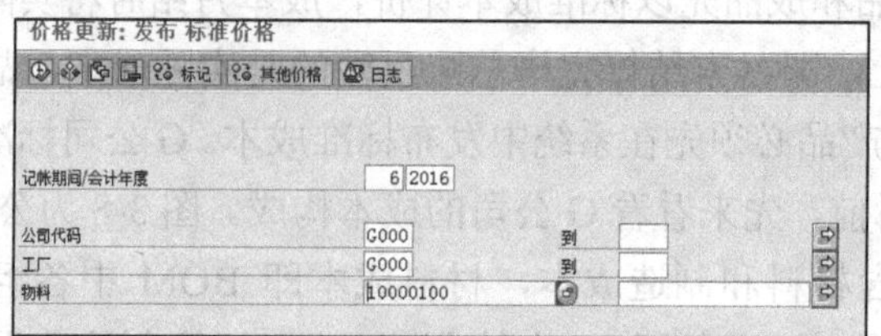

图 3-10　10000100 标准成本估算、标记、发布

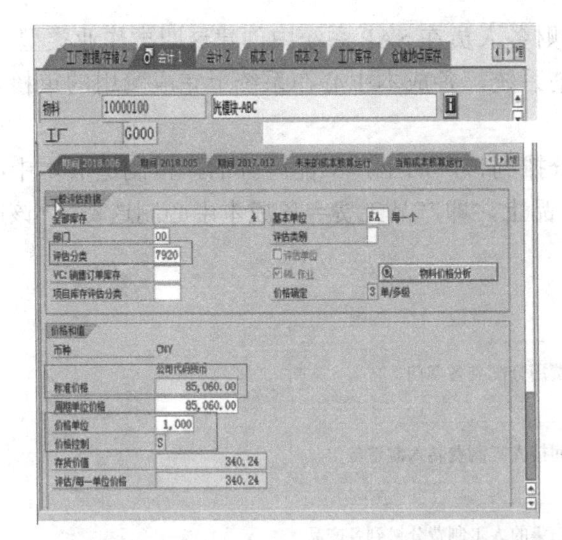

评估分类：区分产品类型(成品、半成品、原材料)
价格控制：S 标准价
V 移动平均价
价格单位：以 1000 倍显示
标准价格：标准成本
周期单位价格：实际成本

图 3-11 在物料主数据中查看标准成本

七、产品实际成本归集过程

(一) 原材料采购入库

(1) 采购信息记录维护。新增原材料时，执行公司内部的流程管理系统，采购询价后维护原材料信息记录(即材料采购价格、供应商、价格执行日期等信息)，采购维护完毕后自动写入 SAP 系统。减少因多次维护人员犯错概率，且价格信息及时共享，提高工作效率。

(2) 原材料入库成本核算。采购下达采购订单(订单价格自动链接采购信息记录价格)，原材料到货入库，验收合格后，物流部门财务人员在 SAP 系统中按业务对应的移动类型操作入库，此时原材料依据本次采购订单收货价格和上一次库存采用移动加权平均计价法计算原材料的成本，系统依据进出记录实时更新原材料单位成本。

(3) 实际发票入账。采购人员将发票提供给财务人员入账，财务人员在做发票校验时，存在发票金额与采购订单入库金额不符时，采购差异系统会自动调整原材料实际价格。

(4) 财务付款。财务账务处理完毕后，根据供应商主数据中维护的付款条件及付款账期，财务人员按系统对账后的金额准备付款计划，到期付款即可。

上述流程均在系统线上运行，各节点人员可以看到业务状态及进展，避免了信息传递滞后或者不对等，业务相关人员可随时查看成本情况，为产品报价和获利分析提供有力的数据支撑。

(二) 制造费用归集和分摊

前面在介绍标准成本时，G 公司是分四类作业价格，产品制造费用分为人工成本、设备折旧、直接制造费用(制造部门)、间接制造费用(辅助生产部门，如计划管理部、仓库管理部、品质管理部等发生的费用)。财务人员在 SAP 系统中创建这四类作业类型。

(1) 费用归集。公司上线了费用报销系统，各成本中心在系统上完成费用的审核，财务人员依据审核后的单据入账。

(2) 费用分摊。属于产品独享的，分摊到该产品上，不能区分的，按制造成本中心当月制造费率*产品报工工时分摊到各产品上，即产品工费＝各成本中心制造费率*该产品报工工时。

费用分摊分三部，如图 3-12 所示。

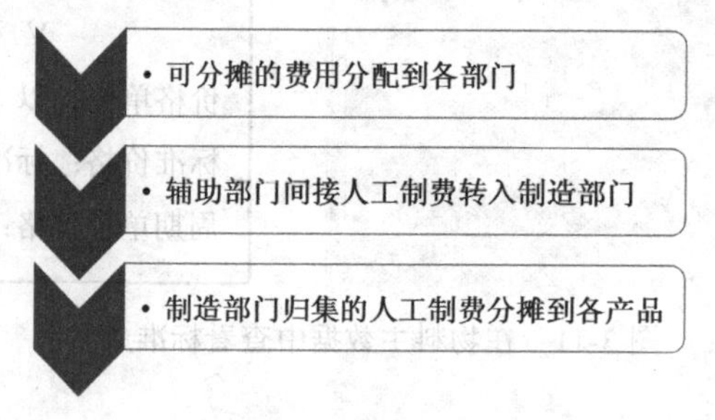

图 3-12　费用分摊图

辅助部门费用需转入制造成本中心，按服务对象分摊辅助部门费用。辅助部门费用按服务产品对象确定比率后,财务人员将此费率维护到SAP系统并建立费用分摊逻辑(即费用统计指标建立)。

(3) 制造成本中心费用分摊规则如图 3-13 所示。

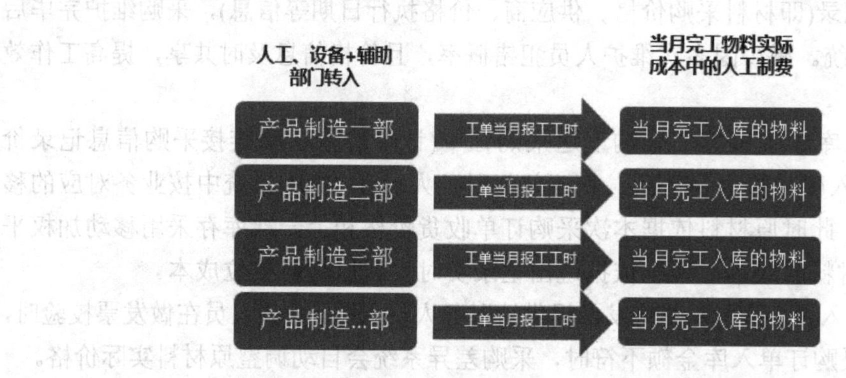

图 3-13　制造成本中心费用分摊规则

在 SAP 系统中建立费用分摊逻辑，输入统计指标后，执行月结程序时系统自动将费用分摊到各产品上，自动生成会计凭证，分摊完毕后，财务人员只需检查各成本中心费用是否摊销完毕，无余额。

费用分摊完毕后，实际费率与标准费率会产生差异，系统先归集这部分差异，后续通过月结程序将差异还原。财务人员可通过系统中的差异对比，分析费率偏差原因，也便于修正系统中的标准费率。

(三) 半成品、成品生产入库

生产过程通过生产工单来控制。通过销售在 SAP 系统中运行的主计划需求，待物料计划备料齐套后，根据客户要求的交货周期和生产周期安排生产，这些信息通过 SAP 来传递,制造部门接到生产订单后,根据订单去仓库领料,仓库依据订单上物料维护的 BOM 组件发料(系统自动带出 BOM 清单)。生产部门领料后，依据产品工序生产，产品完工验收合格后办理入库，同时 SAP 系统中配置为产品入库，即报工(工艺路线上维护的工时*生产数量)，工单报工是为了分摊制造部门费用。

以上生产管理过程中，所有的操作都是在 SAP 系统中配置好业务流程，同时配置对应的会计科目，当业务发生时，系统自动生成会计凭证和物料凭证。产品成本归集详情如图 3-14 所示。

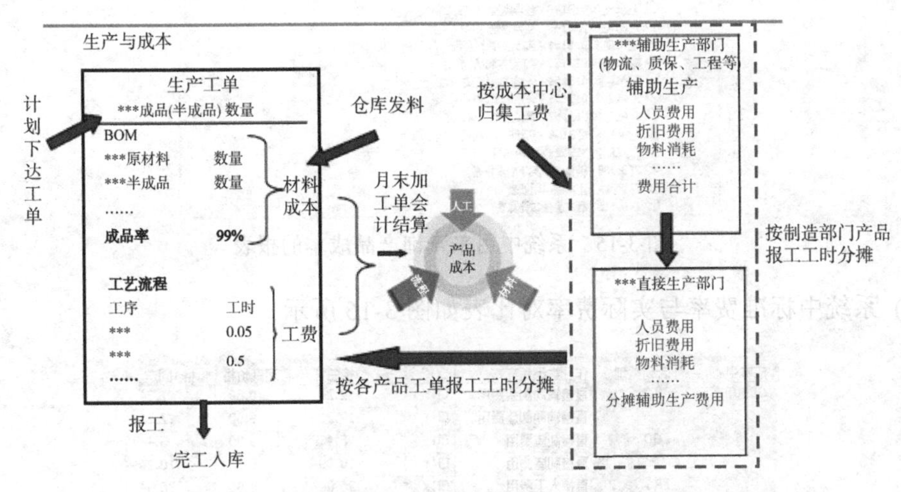

图 3-14 产品成本归集分布图

(四) 成品销售发货

物流部门按照销售订单上带出的客户信息发货，同时在系统中形成发货单号，销售部门与客户对账后开票，财务人员依据发票号在 SAP 系统中完成销售过账，形成收入，同时结转成本。上述物料凭证和会计凭证系统自动生成。

八、成本差异核算与分析

产品按实际生产工单结算。产品按照标准 BOM 中用量领料后，在实际过程中会因原材料质量问题或者生产人员制造问题等造成物料损耗，导致实际产出与目标产出不匹配，待生产订单关闭后，通过财务运行月结程序，系统会收集实际生产成本与标准成本产生的生产订单差异，并将此差异记录下来，反映到财务会计科目中。生产订单结算的过程是收集差异，即工单领用投入产出与标准成本存在差异，利用 SAP 系统物料分类账逻辑，将收集的差异还原给每个产品。物料分类账结合了标准价和移动平均价，期中基于标准价进行成本核算和库存评估，期末财务月结完毕后通过物料分类账计算出实际价格，将期末库存和主营业务成本等还原成实际价格，即实际成本＝标准成本±差异。上述物料主数据中亦可查看物料实际成本(周期单位价格)。

SAP 系统成本信息查询报表举例如下。

(1) 当前系统中用来查询产品标准和实际成本的报表如图 3-15 所示。

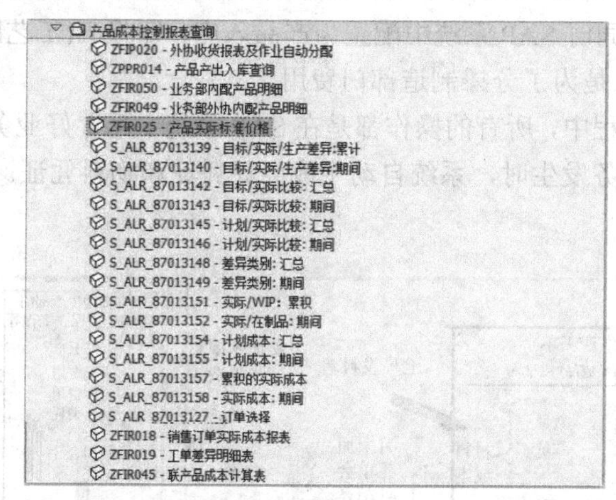

图 3-15　系统中用来查询产品成本的报表

(2) 系统中标准费率与实际费率对比表如图 3-16 所示。

成本中心	活动类型	作业类型短文本	COCr	价格总计	可变价格	价格 (固定...
G000510500	ZBD	直接辅助制造费用	CNY	2.24	0.00	2.24
		直接辅助制造费用	CNY	12.21	0.00	12.21
	ZGD	直接制造费用	CNY	5.41	0.00	5.41
		直接制造费用	CNY	10.99	0.00	10.99
	ZRG	直接人工费用	CNY	36.04	0.00	36.04
		直接人工费用	CNY	39.60	0.00	39.60
	ZZJ	折旧摊销	CNY	7.39	0.00	7.39
		折旧摊销	CNY	6.61	0.00	6.61

图 3-16　系统中标准费率与实际费率对比表

(3) 生产订单领料、入库并报工，计算差异如图 3-17 所示。

成本要素	成本要素 (文本)	总目标数量	总计目标成本	实际总计数量	总的实际成本	目标/实际成本差异	货币
5001010101	生产成本-原材料消耗	1,183.357	707.99	924	559.73	148.26-	CNY
5001010101	生产成本-原材料消耗	1,183.357	52.59	191	8.48	44.11-	CNY
5001010101	生产成本-原材料消耗	1,183.357	9.81	191	1.56	8.25-	CNY
5001010101	生产成本-原材料消耗	1,183.357	6,169.80	1,000	5,213.68	956.12-	CNY
5001010101	生产成本-原材料消耗	1,183.357	657.53	1,000	555.56	101.97-	CNY
5001010101	生产成本-原材料消耗	1,183.357	179.30	1,000	147.96	31.34-	CNY
5001010101	生产成本-原材料消耗	1,183.357	81.14	1,000	68.38	12.76-	CNY
5001010101	生产成本-原材料消耗	1,183.357	495.59	1,000	418.81	76.78-	CNY
5001010101	生产成本-原材料消耗	98.219	2.83	18	0.53	2.30-	CNY
5001010101	生产成本-原材料消耗	1,183.357	166.37	1,000	134.57	31.80-	CNY
5001010101	生产成本-原材料消耗	98.219	1.09	66	0.72	0.37-	CNY
5001010101	生产成本-原材料消耗	1,183.357	112.12	1,000	91.03	21.09-	CNY
5001010101	生产成本-原材料消耗	2.219	230.20	1.875	191.23	38.97-	CNY
5001010101	生产成本-原材料消耗	98.219	184.66	18	33.84	150.82-	CNY
5001010101	生产成本-原材料消耗	1,183.357	20.23	51	1.15	19.08-	CNY
5001010101	生产成本-原材料消耗	1,183.357	100.37	0	0.00	100.37-	CNY
5001010101	生产成本-原材料消耗	1,183.357	94.38	0	0.00	94.38-	CNY
5001010201	生产成本-半成品消耗	2,366.714	148,827.92	2,000	125,767.56	23,060.36-	CNY
5001010201	生产成本-半成品消耗	1,183.357	37,535.73	1,000	31,719.70	5,816.03-	CNY
5001090201	生产成本-半成品及成品转出	994-	218,617.96-	994-	218,617.96-	0.00	CNY
5001090201	生产成本-半成品及成品转出		0.00		34,818.97	34,818.97	CNY

图 3-17　生产订单成本差异计算

(4) SAP 物料账收集的订单物料差异(分成本组件展示)如图 3-18 所示。

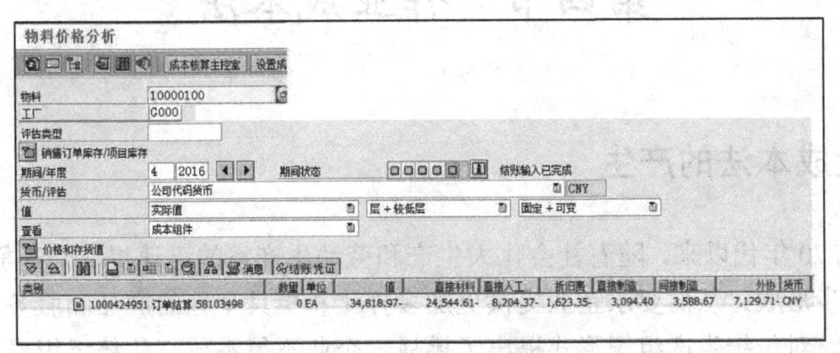

图 3-18 SAP 物料账收集的订单物料差异

九、标准成本差异控制

通过标准成本方案的实施，将各项差异作为成本管控的指示器，进一步查明形成差异的原因和责任，强化绩效考核。

标准成本差异控制路线如图 3-19 所示。

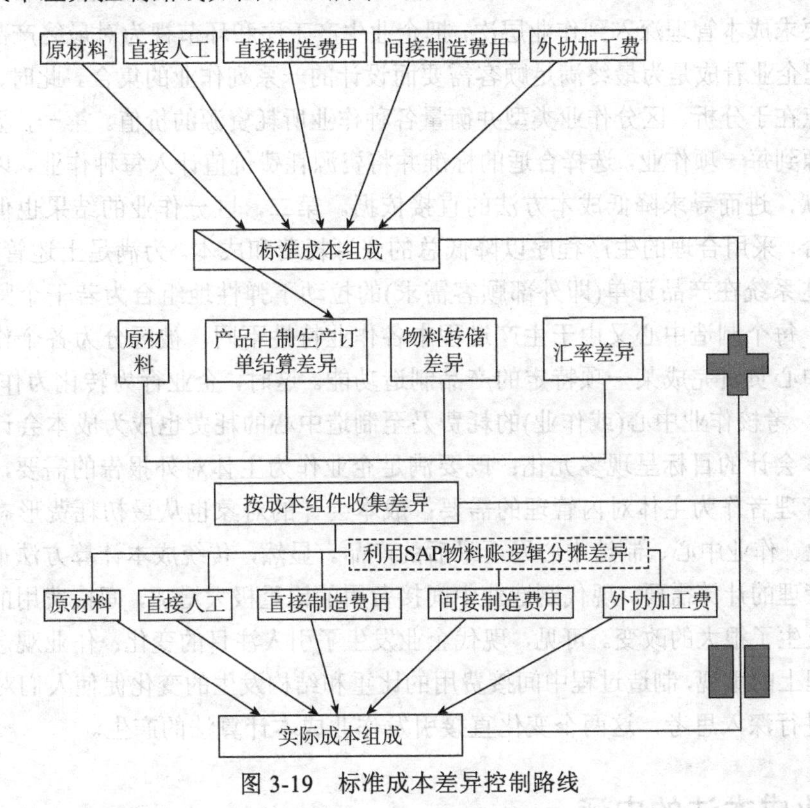

图 3-19 标准成本差异控制路线

第四节 作业成本法

一、作业成本法的产生

20世纪70年代以来，随着社会化大生产和劳动生产率的迅速提高，竞争日趋激烈。买方市场逐步形成，从而要求企业提供更加多样化和更具个性的产品和服务。市场需求的这种变化，对传统生产组织形式提出了挑战。企业不得不放弃传统组织形式下大量大批生产产品以待销售的习惯做法，改为采用能对顾客多样化、日新月异的需求迅速做出反应的弹性制造系统(FMS)。在这种制造系统中，生产程序经常根据顾客的需要进行调整。为了避免积压不受顾客欢迎的产品，企业一般按订单适时组织生产。这样，一方面，企业应以品种多、质量优、功能强去争取尽可能多的产品订单，以增加产品销售收入；另一方面，企业则应采用准时制的(Just in Time)生产方式，降低成本，增加利润。相对于传统的生产方式而言，准时制的生产方式要更多地组织、协调产品的生产工作，并为此发生资源耗费，增加企业间接费用；同时也要求企业内部不同工序和环节紧密相扣、适时相接。这一切都要求成本管理深入到作业层次，把企业生产工序和环节视为对最终产品提供服务的作用，把企业看成是为最终满足顾客需要而设计的一系列作业的集合。此时，成本管理工作的重点在于分析、区分作业类型并衡量各种作业所耗资源的价值。第一，要求成本会计追踪资源到每一项作业，选择合适的标准并将资源耗费价值计入每种作业，以此作为比较作业贡献，进而寻求降低成本方法的直接依据。第二，区分作业的结果也促使企业优化作业组合，采用合理的生产程序以降低总的资源耗费和成本。为满足上述管理的需要，企业的制造系统在产品订单(即外部顾客需求)的拉动下弹性地组合为若干个紧凑有效的制造中心；每个制造中心又由于生产过程中各作业特性不同，被区分为各个作业中心，每个作业中心负责完成某一项特定的产品制造功能。这时，企业行为转化为作业中心(或作业)行为，考核作业中心(或作业)的耗费乃至制造中心的耗费也成为成本会计的职能。于是，成本会计的目标呈现多元化：既要满足企业作为主体对外报告的需要，又要满足企业不同管理者作为主体对内管理的需要；成本会计的对象也从最初耗费形态的各种资源，到作业、作业中心、制造中心乃至最后的产品。显然，传统成本计算方法很难满足如此多层次管理的计算需要。现代制造业中间接费用的比重极大增加，间接费用的结构和可归属性也发生了很大的改变。可见，现代企业发生了引人注目的变化：作业观念已引起所有企业管理上的重视，制造过程中间接费用的比重和结构发生的变化促使人们对间接费用分配方法进行深入思考，这两个变化直接引发作业成本计算法的产生。

二、作业成本法的内涵

作业成本法主要是为了改进制造成本法中制造费用分配不够准确的缺陷而提出的

成本核算方法，主要是将企业的各项生产经营活动划分为若干作业中心，将间接费用按作业中心归集，然后根据各作业中心与产品之间的不同关系分别确定分配标准，将间接费用分配给产品。由此可见，作业成本法实质上是一种间接费用的分配方法。至于作业成本法下的产品成本内涵，从理论上讲并无定论，既可以是包含制造成本和期间费用的完全成本，也可以是不包含期间费用的制造成本；从应用上讲则取决于企业内部管理对成本信息的需要或者国家统一会计制度对产品成本核算的要求，完全成本一般更符合企业内部管理的需要，如定价决策或盈亏分析，而制造成本则是目前国家统一会计制度所要求的成本。

三、作业成本法的应用步骤

作业成本法的成本内涵是制造成本，因此作业成本法的应用程序也必须体现这一特点，因此可概括为如下 8 个步骤①。

(1) 作业分类。按照内部价值链分析的原理，将与产品生产过程直接相关的全部作业分为基本作业和辅助作业两大类。基本作业是指直接构成产品生产过程的作业，如产品设计、材料采购、产品生产、产品检验等；辅助作业是指不直接构成产品生产过程但为产品生产过程提供服务的作业，如修理、运输、产品信息管理等作业。需要强调的是，这里的辅助作业不包括行政管理方面的作业，基本作业不包括产品销售方面的作业，这是由制造成本的内涵所决定的。

(2) 划分作业中心和作业成本库。在划分基本作业和辅助作业的基础上，按照同质性、重要性和可行性原则划分作业中心和作业成本库。划分作业中心可以在企业现行机构设置的基础上进行，因为大多数机构设置都符合同质性和重要性原则，如果也符合可行性原则，则可以直接将这些机构作为作业中心，如产品设计、材料采购、产品生产、产品检验等部门可以作为基本作业中心，修理、运输、产品信息管理等部门可以作为辅助作业中心。作业中心可以与机构设置相同，也可以不同，这取决于机构设置是否符合作业中心的上述三个原则。作业成本库是对作业中心的进一步划分，如果同一作业中心包含不同类型的作业，这时就需进一步划分作业成本库，以便确定各自的分配标准(作业动因)，如材料采购作业中心包含搬运、验收和保管等三类作业，则应当相应划分为三个作业成本库。如果一个作业中心只包含一种作业，则不必再进行成本库划分，或者说该作业中心本身就是一个成本库，如产品检验作业中心。

(3) 将消耗的不能直接归属到产品的资源归集到各作业中心。作业成本法的核心就是对企业消耗的但不能直接计入产品的各项资源进行更合理的归集和更准确的分配，如果资源消耗能分清其归属，则直接归集到某一作业中心，如果某资源由几个作业中心共同消耗，则应选择合理的分配标准分配给各作业中心。大多数资源消耗一般都能直接归集到作业中心，如员工工资、物料消耗和外购水电消耗等，但也有少数资源消耗需要分

① 张彦，丁冉，作业成本法的成本内涵及其应用[J]. 财会月刊：上·财富，2015(7):120-121.

配，例如，当几个作业中心共用一栋房屋时，则房屋折旧费就应当在这些作业中心之间分配，分配标准可选择使用面积。

(4) 将辅助作业中心成本分配给辅助作业成本库。例如，后勤服务作业中心包括清洁服务和水电维修两个作业成本库，可以将这两种作业的工时作为分配标准。

(5) 辅助作业成本库之间交互分配。凡是辅助作业之间存在相互提供服务的，就需要对辅助作业成本库之间进行交互分配，分配标准可采用辅助作业数量。例如，物资运输与设备维修之间，物资运输的分配标准可采用“吨公里”，设备维修的分配标准可采用维修工时。

(6) 将辅助作业成本库分配给基本作业中心，分配标准同上。如果辅助作业也为行政管理和产品销售部门提供了产品或劳务，则需分配一部分给管理费用或销售费用。

(7) 将基本作业中心成本分配给基本作业成本库。例如，材料采购作业中心包括搬运、验收和保管三个作业成本库，可以将从事这三种作业的人数作为分配标准。

(8) 将基本作业成本库分配给各种产品。例如，材料搬运、验收和保管三个作业成本库，可以分别以各自的作业工时分配给产品。

上述作业成本法核算程序如图 3-20 所示。

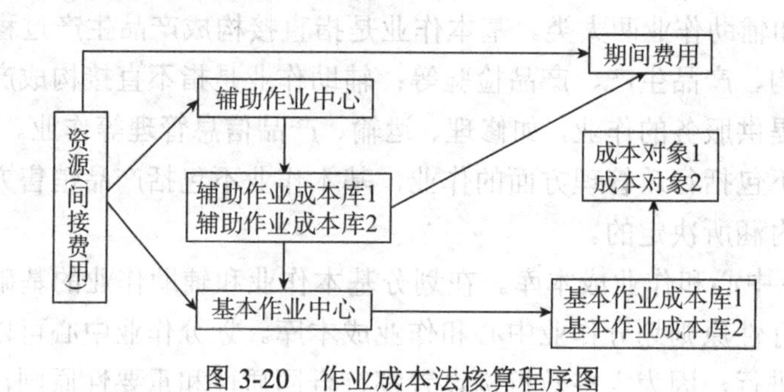

图 3-20　作业成本法核算程序图

第五节　作业成本法应用案例

一、案例企业背景简介①

(一) 案例企业概况

T 半导体封装测试工厂(以下简称“T 封装测试工厂”)是某跨国企业在中国大陆设立的生产工厂，这家工厂承担了母公司部分半导体分立器件和所有高端智能产品的封装测试任务，产品的应用领域非常广，包括汽车、家电、通信、电脑及工业应用。公司从建成开始，不断开发新产品，从原来的单一产品和生产线发展到拥有 30 多条产品大类生产线和 3000 多种产品。可以说，该工厂技术上的不断进步，给企业的财务，特别是成本管

① 周森苗. 作业成本法在 T 半导体封装测试工厂的运用研究[D]. 武汉大学硕士专业学位论文，2015.

理提出了巨大的挑战。

具体来讲，目前工厂的产品可以分为简单的单双芯片分立器件和多芯片的智能模块化产品，总共有30多种封装类型，不同的封装类型由于产品尺寸、设计精度不同，在大部分工艺上要采用专用设备，即不同的生产线。

根据半导体封装测试对环境要求的技术等级，工厂的生产区域划分为三大块。①前道生产部，主要完成芯片与引线框架的连接工艺，工艺精度要求极高，对该区域环境洁净度和温湿度控制要求也最高，主要是防止裸露在外的芯片受到任何的污染。由于高技术精度，工序全部采用设备自动化完成，作业员只负责上下材料和搬运。对于某些特殊产品，为了防止人工运输过程中颠簸造成的质量问题，部分采用了机器人搬运，基本实现了全面自动化。②后道生产部，主要完成产品的外部塑封和剪切成型，由于目前主要采用半自动注塑机，自动化程度相对较低，其他工艺全部采用自动化设备。③测试和包装生产部，在该部门其实只负责最后成品的电特性测试，工厂全部采用自动化的测试机器。最后的目检和包装则全部是人工操作。工厂目前采用24小时生产，“四班三运转”的排班方式，既保证工人合理的休息时间，又同时保证机器设备的高效运行。

(二) 工厂的主要工艺流程

T封装测试工厂整体的生产业务在半导体行业来讲是属于后端制造，即在半导体芯片生产出来后，为了保护脆弱敏感的芯片而把它封装保护起来的工艺。工厂的产成品就是一个个的封装体，该封装体提供了一个引接的接口，内部电性讯号可以通过引脚将芯片连接到系统，并避免硅芯片受外力、水、湿气、化学物的破坏与腐蚀，保持稳定的状态。

不同的半导体产品，有不同的封装工艺流程，特别是T封装测试工厂多芯片的智能功率模块的封装流程就相对复杂，而简单的单芯片产品就十分简单，但是归纳起来总的工艺制造流程是相似的。

(1) 晶圆芯片切割。简单来说，就是用特制的刀具把半导体前道工艺生产出来的晶圆上的芯片切割成单个的晶粒。

(2) 芯片黏着。这道工艺就是要将晶粒黏着固定在引线框架上。引线框架式提供晶粒黏着的位置，而且预设了可延伸晶粒电路的延伸脚。

(3) 焊线。就是将晶粒上的接点用铝线、金线或铜线连接到引线框架上的内引脚上，从而将晶粒的电路讯号传输到外部。

(4) 注塑封装。这个工艺能够有效地保护脆弱的芯片，防止外部各种因素的侵蚀。

(5) 电镀。就是在引线框架上电镀一层金属膜来保护引线框架，防止框架氧化、变形。

(6) 引线框架切脚成型。就是将引线框架上已经封装完成的晶粒剪切分离并将不需要的连接材料切除，同时利用冲压模具使外部引脚弯曲成指定的形状。

(7) 电特性测试。为了保证成品的质量，每个封装完成的产品都要经过电特性测试之后才能包装出货，因为前期的作业任何不慎都可能使芯片受损，最终产出质量不过关的残次品，在这一道工序中要能检验测试出来。

(8) 目检和包装出货。所有通过电特性测试的产品都会流到目检去进行最后的外观目检，然后按照规定的包装量进行包装出货。

（三）企业内部需求分析

从客观方面来讲，作业成本法运用的必要性，主要取决于工厂的产品复杂程度和成本结构。

总的来说，T封装测试工厂的产品可以分为两大类，一类是从企业建厂就开始生产的简单二极管、三极管等单芯片产品，这属于公司的低端产品。还有一类是拥有内部复杂电路和多芯片的超高集成大功率智能模块化产品，该系列产品属于公司的高端系列产品。工厂所有的产品系列从简单到复杂非常繁多，由于工艺、质量要求相差都特别大，因此对制造费用的消耗差异也相距甚远。那么，对于产品变化差异如此之大的工厂，运用单一的人工工时或机器工时来分配制造费用，可以想象这其中的合理性和准确度能达到多少。同时，研究从2003年以来工厂的成本结构可以看到，制造费用从最初的20%～30%提高到了目前的约50%。因此，对于比重日益增长的制造费用如果仍然采用传统的非常粗糙的费用分配方法，是不能满足企业管理的需要的。

从主观方面来讲，可以分为管理层和执行层两个角度来分析。作为企业的管理层，时刻面临着决策的问题，而决策的依据绝不能是拍脑袋，需要有可靠准确的数据为基础。在现有的成本核算体系下，即使财务部门提供了数据，仍然难以作为决策依据，因为数据过分粗糙而且缺乏合理性。作为执行层，其实更希望得到详细具体的数据作为工作的指导。目前，工厂经常面临的问题是由于来自客户和市场的压力，管理层要求必须降低某产品10%～20%的制造成本，那么作为一名工程师，必须要有准确合理的产品成本信息才能在此基础上寻找恰当的机会，在限定的人力、物力、时间条件下达到目标，而这些信息依靠传统的成本核算方法，是不可能提供的。但是推行了作业成本法之后，这些信息就能够得到，为执行层提供了可分析利用的成本信息。

公司的信息系统能支持数据的收集和运用，公司虽然没有整合的ERP系统，但是财务、生产、人事等部门都有相应的信息系统，能够可靠地收集作业成本法要用到的数据。

不管从技术到管理，还是从需求到系统支持，该企业都有了作业成本法推行的可行性。

二、T封装测试工厂作业成本系统实施步骤

（一）建立作业成本法实施团队

从技术角度讲，作业成本法的成功实施，其实不是一个财务成本部门能够完成的一项任务。因为现代企业，分工非常细致，仅从成本会计的角度很难非常准确到位地了解公司成本发生的具体来龙去脉。因此建立一支跨部门的合作团队，是作业成本法成功实施的关键，也是推行作业成本法第一步要做的事情。表3-9列明了T封装测试工厂推行作业成本法的项目团队构成。首先由公司高层的财务总监担任项目的总指导，保证上层领导的管理思想的实现。其次由公司的成本控制经理担任项目经理，来负责项目的各项具体事务，协调各项资源，管理项目团队，定期向上级汇报项目进展。然后具体的核心

团队成员包括成本专员、工业工程师、技术工程师、生产经理及信息工程师，所有这些团队成员利用各自专业领域内的知识和技术来推动项目顺利实施。

表 3-9 T 封装测试工厂作业成本法项目团队

功能	人员	职责
项目总指导(发起人)	财务总监	从管理层的角度监督项目并提供技术支持，同时负责与管理层沟通和反馈
项目经理	成本控制经理	负责项目的具体实施、成本系统的整体框架和逻辑。向财务总监汇报项目进展
团队成员	成本专员	具体的方案规划、演算、计算
	工业工程师	提供工艺流程及生产技术知识的帮助，帮助设计出合理的成本核算逻辑
	技术工程师	维护系统的 BOM 和工艺流程图，并提供工艺相关的专业意见和建议
	生产经理	提供生产数据及与生产相关的专业意见和建议
	信息工程师	信息技术支持，帮助解决数据的收集、整合和报表的自动化

作为推行作业成本法的核心团队，这支团队的核心作用不仅在于真正地实施作业成本法，而且还在于从项目推行的过程中就在各个部门推广作业成本法的理念和操作规范，只有这样，作业成本法在真正实施的时候，才能够顺利地完成从原来的旧模式到新模式的转换。

(二) 确认主要作业，建立作业中心

根据作业成本法项目团队的研究和分析，确认作业中心。

在制造部门，核心的 8 道工艺可以作为制造的作业中心来归集和分配制造费用——晶圆芯片切割、芯片黏着、焊线、注塑封装、电镀、引线框架切脚成型、电特性测试、目检和包装出货。同时，在这 8 个大的作业中心下面，根据生产线实际的运作情况，设立了第二层子作业中心。例如，虽然所有的产品都要经过焊线这道工艺，但是焊线这道工艺的生产线却不是所有产品都通用的，每种封装产品由于尺寸大小及精度要求不同，只能运行于某一条专用的焊线生产线上。因此，考虑到这种特有性，细分的作业中心为提高成本计算的精度提供了帮助。

(三) 选择成本动因

成本动因分为资源动因和作业动因，首先要找出资源动因。T 封装测试工厂资源的消耗种类繁多，要厘清这些因果关系是需要各部门配合协作的一个工作，根据 T 封装测试工厂现有的成本资料和实地的调查研究，归纳出各种作业对资源消耗的过程，只有真正理解了这个过程，才能合理地进行资源成本分配。例如，电费是工厂消耗的一大资源，其资源动因就应该是作业消耗的电量，因为电量消耗衡量了该资源的耗费。同时，资源动因数据要便于收集或者要有科学的方法去测算和统计，如果无法准确及时收集，那也无法作为资源动因。T 封装测试工厂的作业成本项目组经过详尽的调查研究，总结出了资源动因表，如表 3-10 所示。

表 3-10 资源动因表

资源种类	资源动因	动因数据来源	分配比例更新频率
直接原材料	直接归集到产品	仓库领用记录	
直接人工工资和福利	直接归集到作业	财务	
电费	作业消耗的千瓦时数/所有作业消耗的千瓦时数	设备部统计记录	一般一年一次，如有重大变化可在生效当月更新
气体费	作业消耗的气体流量/所有作业消耗的气体流量	设备部统计记录	一般一年一次，如有重大变化可在生效当月更新
厂房折旧费	生产作业面积/整个生产区域面积	设施管理部统计	一般一年一次，如有重大变化可在生效当月更新
机器折旧费	专用设备直接归集到作业，通用设备根据加工工时分配	工业工程部统计记录	根据设备运用情况及时更新(新增、报废、转移)
生产用辅助材料费	直接归集到作业	仓库领用记录	
机器设备维修费	直接归集到作业	付款申请单	
直接生产管理人员工资与福利	在各个作业中心工作时数/总工作时数	生产部统计记录	一般一季度检查更新一次，如有重大变化可在生效当月更新
工程技术管理部人员工资与福利	在各个作业中心工作时数/总工作时数	工程技术部统计记录	一般一季度检查更新一次，如有重大变化可在生效当月更新
工厂设施维护费和保安费	生产作业面积/整个生产区域面积	设施管理部统计记录	一般一年一次，如有重大变化可在生效当月更新
办公、培训、差旅费	作业直接人员数/所有直接作业人员数	人力资源部统计记录	一般一年一次，如有重大变化可在生效当月更新

接下来是选择作业动因，这是一项细致且耗时的工作，同时也是直接决定作业成本准确程度的关键数据。为此，项目组核心成员深入第一线，花费了 3 个月的时间，通过实地调查，了解各个作业中心的工作形态。最后，根据产品消耗作业的实质，确定了各个作业中心的作业动因，如表 3-11 所示。

表 3-11 作业动因表

作业中心	作业动因	动因数据来源	动因数据更新频率
晶圆芯片切割	芯片个数	工程师维护的 BOM	及时维护
芯片黏着	芯片个数	工程师维护的 BOM	及时维护
焊线	机器工时	工业工程师维护的标准机器工时×生产个数	标准工时半年检查更新一次，如有重大变化可在生效当月更新
注塑封装	机器工时	工业工程师维护的标准机器工时×生产个数	标准工时半年检查更新一次，如有重大变化可在生效当月更新
电镀	机器工时	工业工程师维护的标准机器工时×生产个数	标准工时半年检查更新一次，如有重大变化可在生效当月更新
引线框架切脚成型	机器工时	工业工程师维护的标准机器工时×生产个数	标准工时半年检查更新一次，如有重大变化可在生效当月更新

(续表)

作业中心	作业动因	动因数据来源	动因数据更新频率
电特性测试	机器工时	测试工程师维护的标准测试时间	标准工时半年检查更新一次，如有重大变化可在生效当月更新
目检和包装出货	人工工时	工业工程师维护的标准人工工时×生产个数	标准工时半年检查更新一次，如有重大变化可在生效当月更新

(1) 晶圆芯片切割。该作业是机器自动化作业，该作业的成本主要包括机器折旧、直接人员工资、机器耗品的费用，以及所有水、电、气等，所有的成本中占最大比重的是机器折旧费，因此，机器工时是比较合理的作业动因。但是根据工业工程师的观察和记录，机器工时和产品中芯片的个数正相关，因为每个芯片的大小差别不大，而复杂产品与简单产品最大的区别在于芯片个数的不同。而且每个产品的芯片个数在 BOM(产品材料清单)中都有具体记录，非常便于作业动因数据的获取和维护。因此，决定该作业动因采用芯片个数。

(2) 芯片黏着。该作业动因是芯片个数。

(3) 焊线。该作业动因是机器工时。

(4) 注塑封装。该工序采用的是半自动注塑成型机。每台设备需要 1 名作业人员负责操作，包括上料、下料、清模、手工检查和去毛刺等。该作业的人工工时也就等于机器工时，因此，作业动因是机器工时。

(5) 电镀。采用的是全自动电镀生产线，该作业动因是机器工时。

(6) 引线框架切脚成型。该作业动因是机器工时。

(7) 电特性测试。该作业是全自动作业，作业人员只负责整理材料和处理机器故障。作业中机械手臂可以自动取出装载好的产品放入测试平台进行电特性测试，成本主要是测试机器设备折旧、测试电路板更新维护费用、电费、直接作业人员工资。综合上述分析选取机器工时作为作业动因。

(8) 目检和包装出货。该作业由于是全人工作业，没有机器设备，主要成本也是直接人员工资，因此作业动因是人工工时。

(四) 作业成本计算模型

在以上这些作业中心、成本动因确定好了之后，就要根据一定的程序核算成本了。基本的核算程序其实都是大同小异的，即先将资源分配至各作业成本库，然后由作业成本库再分配至各个产品。T 封装测试工厂的计算思路大体也是如此，如图 3-21 所示。

总体来看，T 封装测试工厂的作业成本法对作业成本的归集和分配可以分为四个层次。第一层是资源层，第二层和第三层都是作业层，第四层是具体的核算对象——具体产品。

设计两个作业层次主要是因为这两个作业层的作用不同，针对 T 封装测试工厂的生产制造特点来确定的。T 封装测试工厂的生产方式属于多品种、小批量的生产方式。由于公司设计的产品封装类型特别多，不同的封装产品在不同的工艺有共享设备和专用设备及资源。因此，为了使成本核算更加准确，在大的作业中心下再单独设立针对不同封装生产线的小的作业中心，有利于归集很多专用资源的成本，避免由于成本分配造成的数据扭曲。

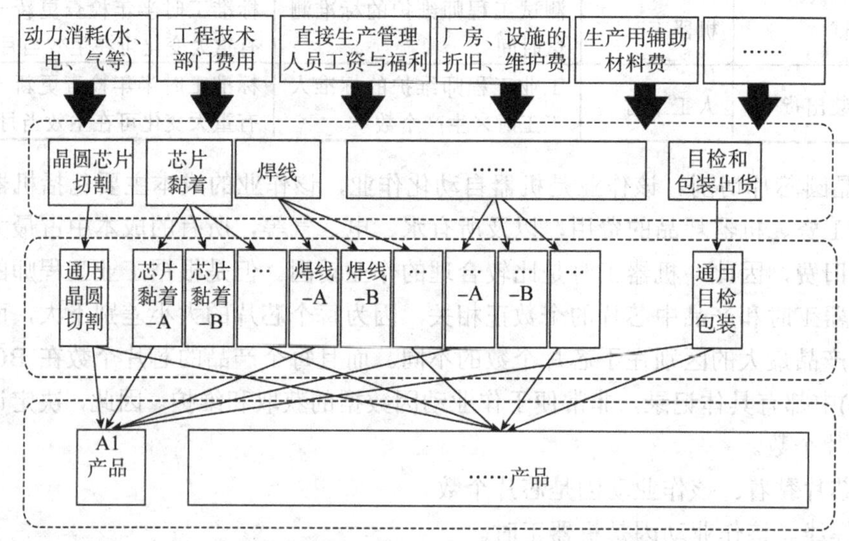

图 3-21　T 测试封装工厂作业成本核算过程图

例如焊线作业中心，目前所有的产品都要经过这道工序。在实际的工作中，不同封装类型的产品占用的设备和人力资源其实是相对固定和专用的。因此，在焊线这个作业中心下，根据实际情况，单独设立“A 生产线”“B 生产线”等作业成本库，使成本核算更加有追溯性。

根据以上的数据模型和对作业成本法核算的逻辑思路，可以总结出 T 半导体工厂 3 次分配，层层深入的运算规则。

(1) 作为第一层的资源费用要被分配到第二层的作业中。根据作业成本法的核算要求，每种不同的成本需要利用相应的成本动因率和成本动因量来进行成本分配。

资源动因率＝资源成本/资源动因总量

i 作业的资源成本＝资源动因率×i 作业资源动因量

(2) 完成步骤(1)成本分配之后，所有的资源成本就都被分配到第一层作业成本库了。这时第一层的作业成本库中原本归集到的成本加上资源分配到的成本继续根据各种与被分配的成本相关的成本动因进行第二次的成本分配至第三层细分作业成本库中。这一层次的成本分配其实与上一层次是一样的，只不过是更加细分的作业成本库。计算公式与上面是一样的。

(3) 在每个细分作业成本库中的成本根据加工时间作为本操作的成本动因进行最后的成本分配至每个批次的产品。

在资源都分配到作业中心以后，就要根据作业动因量，计算出作业动因费率，再根据每个产品消耗的作业动因量，乘以作业动因费率，得到产品在某作业的实际成本。具体的公式如下。

作业成本分配率＝作业成本库总成本/作业动因总量

$$i\text{作业成本}=\text{作业成本分配率}\times i\text{作业动因量}$$

最终，每个产品的具体成本就是该产品涉及作业的作业成本之和。计算公式如下。

$$\text{产品成本}=\sum_{i=1}^{n}\text{作业}i\text{的成本}$$

基于以上三个步骤且层层深入的作业成本核算方式，就能够达成作业成本法最初推行的目的——合理计算出每个产品在每道作业上的成本。

三、T 封装测试工厂 A1 产品的作业成本计算过程

(一) 根据资源动因分配作业资源

根据月度间接费用明细表和资源动因，把消耗的资源归集到第一层作业成本库中。由于工厂消耗的各种资源性质、消耗方式各有不同，因此要根据选定的资源动因来进行分配，避免成本扭曲。

总结起来，资源成本的分配可分为以下三类。

第一类是像“直接人工”和“专用设备折旧”“生产用辅助材料费”，基本上可以直接归集到作业成本库和子作业成本库，因此，不需要计算分配到作业成本库的分配比率，只需要在账务处理时列明具体是在哪个作业成本库下发生的。

第二类是像“电费”“气体费”“厂房折旧费”等作业消耗量比较固定的资源，即每个作业的资源动因量是比较固定的。由于半导体生产的特殊性，即使暂时没有生产的设备也会是开启状态，因此，这些资源的消耗在设备开启状态时是一直存在的。

具体的核算方法，以“厂房折旧”为例来简单说明。资源动因是作业的面积，那么根据设施管理部门的统计数据，可以得出如表 3-12 所示的计算结果。

表 3-12　厂房折旧分配表

作业成本库 / 资源动因	晶圆芯片切割	芯片黏着	焊线	注塑封装	电镀	引线框架切脚成型	电特性测试	目检和包装出货	合计
面积/千平方米	3.40	4.42	9.26	3.40	3.30	1.62	2.40	2.20	30.00
分配率	1.60	1.60	1.60	1.60	1.60	1.60	1.60	1.60	1.60
厂房折旧费用/万元	5.40	7.10	14.80	5.40	5.30	2.60	3.80	3.50	48.00

分配率＝总的厂房折旧费用/总的生产面积＝48/30＝1.60 万元/千平方米。

以“晶圆芯片切割”作业中心为例，厂房折旧费＝分配率×该作业中心的资源动因量(即生产面积)＝1.60×3.40＝5.40 万元。

第三类是像“工程技术管理部人员工资与福利”“生产管理人员工资与福利”等为维持生产顺利高效而消耗的费用，它们不一定是固定的消耗在具体的生产线上，因此，这部分的资源动因量需要根据季度的生产计划来预算得到。每个季度该部门的领导会根据具体的作业情况合理调配部门员工在各个作业上的作业时间，因此该分配比率也来自

部门的统计预算。

以“工程技术管理部人员工资与福利”为例，计算得到的结果如表 3-13 所示。

表 3-13　工程技术管理部人员工资与福利分配表

资源动因＼成本库＼作业	晶圆芯片切割	芯片黏着	焊线	注塑封装	电镀	引线框架切脚成型	电特性测试	目检和包装出货	合计
工作时间/小时	3100	8267	9973	6304	4650	6459	7751	5167	51 671
分配率	56.82	56.82	56.82	56.82	56.82	56.82	56.82	56.82	56.82
工程技术管理部人员工资与福利/万元	17.60	47.00	56.70	35.80	26.40	36.70	44.00	29.40	293.59

以“晶圆芯片切割”作业中心为例。

分配率＝总成本/动因量＝293.59×10 000/51 671＝56.82 元/小时。

工程技术管理部人员工资与福利＝分配率×该作业中心的资源动因量(即工作时间)＝56.82×3100/10 000＝17.60 万元。

完成了这一步成本分配之后，得到的结果如表 3-14 所示。

表 3-14　资源—作业分配表 1

资源种类＼成本库＼作业	晶圆芯片切割	芯片黏着	焊线	注塑封装	电镀	引线框架切脚成型	电特性测试	目检和包装出货	合计(取整)
直接人工工资和福利	58.00	90.00	150.00	89.00	88.00	52.00	104.00	86.00	717.00
电费	28.00	24.00	20.00	63.00	31.00	22.00	43.00	7.00	238.00
气体费	15.50	36.00	5.00	0.50	0.00	0.00	10.00	0.00	67.00
厂房折旧费	5.40	7.10	14.80	5.40	5.30	2.60	3.80	3.50	48.00
机器折旧费	73.00	119.00	200.00	147.00	61.00	151.00	183.00	19.00	953.00
生产用辅助材料费	149.00	34.00	93.00	24.00	66.00	57.00	24.00	170.00	617.00
机器设备维修费	57.00	29.00	28.00	19.00	26.00	57.00	37.00	57.00	310.00
直接生产管理人员工资与福利	64.00	61.00	1.00	2.00	7.00	4.00	18.00	115.00	272.00
工程技术管理部人员工资与福利(取整)	18.00	47.00	57.00	36.00	26.00	37.00	44.00	29.00	294.00
工厂设施维护费和保安费	11.00	16.00	14.00	23.00	27.00	31.00	4.00	19.00	145.00
办公、培训、差旅费	21.00	19.00	11.00	19.00	18.00	1.00	19.00	7.00	115.00
废料处理费	—	1.00	2.00	1.00	2.00	30.00	8.00	0.40	44.00
合计	499.90	483.10	595.80	428.90	357.30	444.60	497.80	512.90	3 820.00

(二) 细分作业成本库

完成了上述资源——作业的第一次分配后，接下来进行第二次资源分配，分配的目标是细分作业成本库。这一步的方法和第一步是一样的，如直接人工、专用设备的折旧费是直接归集的，电费、气体费等其他需要分配的制造费用根据资源动因进行分配。笔者以焊线作业中心为例，列出了进行第二次资源成本分配后的结果，如表 3-15 所示。

表 3-15 资源——作业分配表 2

作业成本库 / 资源种类	焊线—A 生产线	焊线—B 生产线	焊线—C 生产线	焊线—D 生产线	焊线—E 生产线	焊线—F 生产线	焊线—G 生产线	焊线—H 生产线	合计(取整)
直接人工工资和福利	33.80	29.10	6.40	27.30	20.50	9.70	5.20	18.30	150.00
电费	2.40	2.20	1.20	1.80	1.40	3.30	3.90	3.50	20.00
气体费	0.40	0.80	0.20	0.80	0.70	0.30	0.80	0.90	5.00
厂房折旧费	2.50	0.70	0.40	3.80	2.70	1.40	2.30	1.00	15.00
机器折旧费	25.40	38.00	31.20	16.00	16.00	25.80	36.80	11.30	200.00
生产用辅助材料费	1.50	15.70	21.70	4.70	3.30	21.10	1.70	23.40	93.00
机器设备维修费	2.90	0.70	5.90	2.60	5.10	4.60	3.70	2.20	28.00
直接生产管理人员工资与福利	0.20	0.10	0.20	0.20	0.20	0.20	0.10	0.20	1.00
工程技术管理部人员工资与福利	2.60	14.10	6.70	4.20	2.10	7.20	14.10	5.80	57.00
工厂设施维护费和保安费	2.60	1.00	2.10	1.90	0.50	1.60	1.90	2.10	14.00
办公、培训、差旅费	0.60	1.70	1.00	1.70	1.40	0.90	1.80	1.50	11.00
废料处理费	0.30	0.00	0.20	0.30	0.10	0.50	0.40	0.40	2.00
合计	75.20	104.10	77.20	65.30	54.00	76.60	72.70	70.60	596.00

然后分配作业成本到各产品。该步骤要将所有细分作业成本库的成本分配到具体的产品。在这一层的成本分配中，作业动因是成本分配的依据。以作业成本库“焊线—A 生产线”为例介绍具体的核算过程。

首先，“焊线—A 生产线”的作业动因量＝$\sum_{i=1}^{n}$ Ai产品的作业动因量＝4161 小时。

其次，作业动因分配率＝作业成本/作业动因量＝75.24×1000/4161＝181 元/小时。

然后，Ai 产品的作业成本＝分配率×Ai 产品的作业动因量，当 i=1 时，A1 产品作业的作业成本＝181×1094/10 000＝198 014.00 元，则 A1 产品的单位作业成本＝A1 产品的单位作业总成本/A1 的完工产品数量＝198 014/3 931＝50.30 元/千个。

“焊线—A 生产线”作业成本分配的最终计算结果如表 3-16 所示。

表 3-16　作业——产品分配表

资源动因＼产品	A1	A2	A3	A4	A5	A6	A7	合计
作业动因量—机器工时(小时)	1094	33	699	92	445	1047	750	4160
分配率(元/小时)	181	181	181	181	181	181	181	181
作业成本(万元)	19.80	0.59	12.64	1.66	8.05	18.94	13.57	75.25
完工产量(千个)	3931	117	2584	348	1821	4588	2521	15 911
单位作业成本(元/千个)	50.30	50.90	48.90	47.70	44.20	41.30	53.80	

完成了每个作业中心上成本的分配计算以后，把每个产品在各个作业中心的成本加总起来，便得到该产品的完整的作业成本，以 A1 产品为例，计算过程如表 3-17 所示。

表 3-17　A1 产品作业成本清单

A1 产品作业中心	作业动因量	作业分配率	作业成本(万元/千个)	单位作业成本(元/千个)
晶圆芯片切割	3931	26	10.20	25.90
芯片黏着	3931	39	15.40	39.30
焊线	1094	181	20.60	52.30
注塑封装	543	313	17.00	43.20
电镀	290	290	8.40	21.40
引线框架切脚成型	187	311	5.80	14.80
电特性测试	1310	110	14.30	36.50
目检和包装出货	4914	17	8.50	21.60
合计			100.20	255.00

四、作业成本系统的运行维护

(一) 相关数据收集和更新

要在公司的管理中长期良好地运行作业成本法，基础数据的更新和维护是至关重要的。如果数据不能反映真实情况，那么错误的投入必然导致错误的产出，不可能有管理层要求的准确合理的成本信息。那么，这个庞大的数据维护包括以下内容。

(1) 维护和更新资源动因和作业动因。这个是保证作业成本信息准确的关键要求。如果没有一个严格的流程制度来保证系统数据的更新和维护，那么作业成本系统不可能核算出准确的成本。T 封装测试工厂在导入作业成本法的过程中就考虑到这个关键数据的准确度要求，制定了相应的数据更新的频率，因此，各个相关部门和数据提供者需要严格按照这个流程来实施，以保证成本核算的准确性。例如，工厂设施维护费和保安费的资源动因是生产作业区域面积比率，一般该比率是固定的，一年重新测量和更新一次，但是其实该动因的变化要根据实际情况来决定是否更新，比如在年中的时候由于订单增多，公司新增了一条生产线，那么这个时候就不能等到年底再去更新这项资源动因，而应该根据实际情况的发生来及时更新作业成本系统的资源动因数据，否则成本信息就被扭曲了。

(2) 维护和更新每个产品具体的工艺路径。在系统进行产品成本核算的时候，工艺路径信息被用来确定该作业的成本是否要分配到该具体产品上，如果工艺路径错了，产品的成本就会被扭曲。维护每个产品的工艺路径是一项非常繁杂和具体的工作，因为 T 封装测试工厂的产品有 3000 多种，相同的封装形式工艺路径比较相似，但是也有很多大大小小的差别，特别是智能模块产品，由于不同的产品供应不同的客户，工艺流程的差异就比较大，比如相同的封装形式的一种智能模块，在芯片黏着这道工艺上就可以变化很多种，既可以采用焊线机利用金属焊线来焊接，也可以用带烘箱的环氧树脂粘贴芯片机，还可以用 SMT(表面贴装技术)来进行芯片贴装。不同的工艺路径采用的设备和资源完全不同，因此应维护好 3000 多种产品的工艺路径，为准确的产品成本核算保证正确的数据来源。而且，随着工艺的改进，工艺路径经常会变化，所以及时地更新信息能保持作业成本系统的准确性。

(3) 维护产品的标准工时。在成本核算的第三步要以机器工时作为成本动因来分配成本，由于实际生产中没有系统能记录每个产品的实际加工工时，因此，还是考虑采用标准工时乘以产品的生产个数作为机器工时来分配成本。那么标准工时的制定就非常重要了，虽然这是 IE(Industrial Engineer)的工作，但是该数据影响最后产品成本的核算，因此，不能在部门的协作中出现沟通问题，保持财务和 IE 的良好沟通，使其他部门理解他们的数据输出会对企业的成本核算造成的影响，能够提高部门间合作的融洽度，也是保障成本核算结果准确的前提。在日常操作中，主要涉及的是新产品标准工时的维护和旧产品标准工时的更新，特别是在工艺改进项目过程中，新的工艺方法可能极大地改变机器工时，比如“注塑封装”作业，由于某些客户的要求，封装材料由原来的一般材料换成了环保材料，但是单位产品的机器工时增加了 20%，这时，IE 必须及时地更新作业成本系统的标准工时数据，否则产品的成本分配就不能合理核算了。

(二) 作业成本系统结构的更新与维护

作业成本系统的结构不是一成不变的。企业新建或删除作业中心和子作业中心，主要是根据作业的配置和利用的更新。在实际工作中比较常见的是新产品、新技术的引进或者是老产品老工艺的淘汰，导致对现有作业中心和子作业中心的改变的需求。例如，由于产品升级，某种现有的封装产品决定外包给其他供应商，那么生产线机器设备可能就要被淘汰报废，这时就需要重新检查我们现有的作业中心和子作业中心，是否是该封装产品专用的，如果是专用的，那么就需要及时删除。这个动作其实不仅关系到该作业本身，还关系到资源动因率的更新，因为只要该作业中心取消，那么涉及该作业中心的资源动因率就要重新更新以便反映更新的资源消耗情况。

在企业的运营中，要确保作业成本系统这个相对比较复杂和对数据要求高的系统良好的运行，必须要做到以下三点。

(1) 建立健全作业成本系统维护的流程，把这个流程加入日常工作的内容中，保证持续地进行下去。

(2) 具体的工作要“责任到人”。这是一个跨部门合作的系统，比较容易产生推诿、扯皮现象，只有清晰地定义好每个部门、相关的人应该承担的相应的责任，才能让责任人对工作内容和具体责任有相应的认知和责任感。

(3) 要坚持数据的分析，从结果的不合理性中发现问题并修正系统。

本章小结

成本管理信息系统是能够实现成本管理的各项主要功能，为企业成本管理的事前计划、事中控制、事后分析提供有效支持的管理信息系统。成本管理包括成本预测、成本决策、成本计划、成本控制、成本核算、成本分析和成本考核等管理活动。成本管理领域应用的管理会计工具方法，一般包括目标成本法、标准成本法、变动成本法、作业成本法等。

标准成本法，是指企业以预先制定的标准成本为基础，通过比较标准成本与实际成本，计算和分析成本差异、揭示成本差异动因，进而实施成本控制、评价经营业绩的一种成本管理方法。成本差异，是指一定时期生产一定数量的产品所发生的实际成本与相关的标准成本之间的差额。

作业成本法，是指以“作业消耗资源，产出消耗作业”为原则，按照资源动因将资源费用追溯或分配至各项作业，计算出作业成本，然后再根据作业动因，将作业成本追溯或分配至各成本对象，最终完成成本计算的成本管理方法。

作业成本法的计算程序大致可以分为五步：①分析和确定作业中心。②分析和确定资源。③针对每种资源确定具体的资源动因是什么，然后运用这些信息和数据分配资源成本。④明确成本计算对象。⑤考察每项作业来决定具体的作业动因是什么，然后运用这些信息数据来分配作业成本到成本对象。

关键名词

成本管理信息系统　标准成本法　作业成本法　资源费用　作业　成本对象

思考题

1. 标准工时和预算工时的区别有哪些？

2. 如何理解固定制造费用成本三差异分析？
3. 试述变动成本差异的特点。
4. 材料用量差异的责任为何不能全部归咎于生产主管？

案例分析

案例背景：

宏光机械厂成本差异分析及处理案例①

宏光机械厂金工车间是专门为利群拖拉机制造厂配套供应发动机变速箱3号齿轮的加工车间，该车间成本核算原来采用定额法。为降低产品成本，加强成本管理，该车间决定引进标准成本控制制度，以加强成本控制，更加准确、及时地揭示成本差异原因，更有针对性地实施成本监督，明确责任，并进行账务处理。

该车间根据其现有技术条件和管理状况，制定了产品消耗定额，其料、工计划价格如下：每件产品消耗碳结钢5千克，每千克计划价格为1.00元。每件产品消耗工时3小时，每小时计划工资为2.00元。每小时间接制造费用为2.00元。年初该车间制定的每月弹性制造费用预算如表3-18所示。

表3-18 金工车间月弹性制造费用预算

金额单位：元

项目	制造费用			
	1月	2月	3月	4月
直接人工工时	24 000	27 000	30 000	33 000
生产能力(%)	80	90	100	110
变动制造费用	48 000.00	54 000.00	60 000.00	66 000.00
其中：物料	12 000.00	13 500.00	15 000.00	16 500.00
动力	24 000.00	27 000.00	30 000.00	33 000.00
其他	12 000.00	13 500.00	15 000.00	16 500.00
固定制造费用	30 000.00	30 000.00	30 000.00	30 000.00
其中：折旧费	20 000.00	20 000.00	20 000.00	20 000.00
保险费	8 000.00	8 000.00	8 000.00	8 000.00
其他	2 000.00	2 000.00	2 000.00	2 000.00
合计	78 000.00	84 000.00	90 000.00	96 000.00

2014年5月份该车间各项指标统计结果如下。

3号齿轮期初存货3000件，本月份生产9000件，销售11 000件，月初、月末在制品盘存量为零。

① 杨学富，耿广猛. 管理会计实训教程[M]. 大连：东北财经大学出版社，2014.

本月份碳结钢期初存量为 40 000 千克，每千克价格为 1 元，本月份以每千克 1.02 元的价格从金都钢厂购进 60 000 千克，生产领用 54 600 千克。

本月份生产工人实领工资 54 940.00 元，实际完成工时统计为 26 800 工时。

费用账户显示，变动制造费用实际发生 53 500.00 元，固定制造费用是 30 000.00 元。

宏光机械厂给予金工车间较大的自主权，确定其在成本管理方面应担任的责任是：材料用量、人工成本、制造费用发生额、工时消耗。材料价格由供应部门经理负责。

请思考：

用成本差异计算与分析原理揭示各成本项目的成本差异，分析原因，确定责任。

第四章

项 目 管 理

【学习目标】

通过本章的系统学习，读者可以熟悉项目管理的基本概念、项目管理过程的重点和难点、项目管理系统的整体架构。同时，通过案例分析，了解项目管理系统实施的主要风险点和关键控制点。由于项目管理的范围广，项目呈现出不同的特点，读者需要结合实际情况予以运用。

第一节　项目管理概述

2017 年 9 月，财政部印发了《管理会计应用指引第 502 号——项目管理》(以下简称《项目管理应用指引》)，该指引介绍了项目管理的定义、原则、基本程序、项目财务管理和常用的工具方法。该指引强调了业财融合的理念，鼓励财会人员既要参与项目管理的具体业务，又要发挥财务创造价值的功能。但在实务中，因项目本身的独特性、多样性及复杂性使得项目管理呈现出综合性及复杂性的特点。那么，作为企业具备专业技能的财会人员，如何有效参与项目管理？

美国项目管理协会(Project Management Institute)所著的《项目管理知识体系指南》(第六版)(简称《PMBOK 指南》)作为全球项目管理领域普遍认可的指南提供了诸多良好的做法，为大家参与项目管理提供了有效的借鉴。

下面主要结合《项目管理应用指引》和财政部印发的其他系列管理会计应用指引(包含征求意见稿)及《PMBOK 指南》等相关资料，向读者简要介绍关于项目管理常见的知识。

一、项目与项目管理的主要概念

(一) 项目

对于项目的定义，不同的教材或材料给出了不同的界定，了解项目的内涵和特点有助于理解《项目管理指引》的各项具体要求，更便于在实务中开展相关的项目管理活动。下面列举几个具有代表性的概念。

《PMBOK 指南》明确给出了项目的定义，即“项目是为创造独特的产品、服务或成果而进行的临时性工作”。由该定义可知，项目具有以下特点：①独特性。独特性体现在尽管项目可能用到某些重复的生产要素，但项目工作本质上具有独特性，也即项目存在不确定性或差异性。②临时性。临时性指项目有明确的起点和终点，尽管有时候项目持续的时间较长。

国际项目管理协会(IPMA)ICB 3.0中对项目定义为：项目是受时间和成本约束的、用以实现一系列既定的可交付物(达到项目目标的范围)，同时满足质量标准和需求的一次性活动。

而白思俊主编的《现代项目管理》一书则认为，项目是一项特殊的将被完成的有限任务，它是一个组织为实现既定的目标，在一定的时间、人力和其他资源的约束条件下，所开展的满足一系列特定目标、有一定独特性的一次性活动。

《项目管理应用指引》以列举的形式认为项目活动包括一项工程、服务、研究课题、研发项目、赛事、会展或活动演出等，其特征主要是一次性。

综上可知，项目的定义虽然不同，但其中的共同点在于项目总是在受到资源约束的前提下一定期限内为了达到既定目标而进行的一系列活动。

(二) 项目管理

顾名思义，项目管理是基于项目的管理，它说明了项目管理是属于管理的范畴，同时指明项目管理的对象是项目。然而，项目管理兼具了管理活动和管理学科的特点，大家对其定义的认识又稍有不同，但从本质上而言这些概念却是趋同的。

《PMBOK 指南》认为项目管理是指将知识、技能、工具与技术应用于项目活动，以满足项目的要求。项目管理通过合理运用与整合特定项目所需的项目管理过程得以实现。项目管理使组织能够有效且高效地开展项目。

白思俊主编的《现代项目管理》一书则认为，项目管理就是以项目为对象的系统管理方法，通过一个临时性的专门的柔性组织，对项目进行高效率的计划、组织、指导和控制，以实现项目全过程的动态管理和项目目标的综合协调与优化。

《项目管理应用指引》定义的项目管理，是指通过项目各参与方的合作，运用专门的知识、工具和方法，对各项资源进行计划、组织、协调、控制，使项目能够在规定的时间、预算和质量范围内，实现或超过既定目标的管理活动。

二、项目的生命周期

项目生命周期指项目从启动到完成所经历的一系列阶段。它为项目管理提供了一个基本框架。不论项目涉及的具体工作是什么，这个基本框架都适用。这些阶段之间的关系可以顺序、迭代或交叠进行。所有项目都呈现出如图 4-1 所示的通用的生命周期。

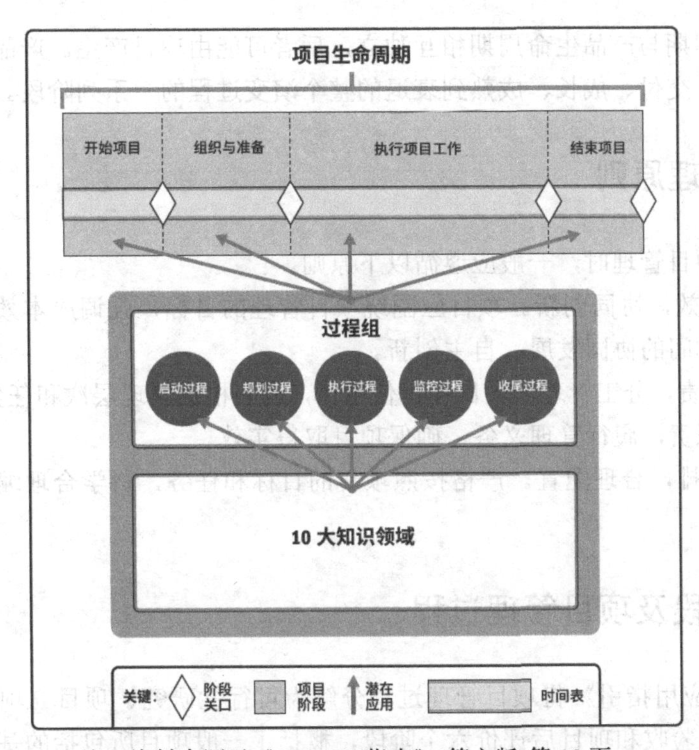

注：资料来源于《PMBOK 指南》(第六版)第 18 页。

图 4-1 项目生命周期、管理过程组与主要知识领域关系图

项目生命周期可以是预测型、迭代型、增量型、适应型或混合型的模式。

预测型生命周期，在生命周期的早期阶段确定项目范围、时间和成本。对任何范围的变更都要进行仔细管理。预测型生命周期也称为瀑布型生命周期。

迭代型生命周期，项目范围通常于项目生命周期的早期确定，但时间及成本估算将随着项目团队对产品理解的不断深入而定期修改。迭代方法是通过一系列重复的循环活动来开发产品，而增量方法是渐进地增加产品的功能。

增量型生命周期是通过在预定的时间区间内渐进增加产品功能的一系列迭代来产出可交付成果。只有在最后一次迭代之后，可交付成果具有了必要和足够的能力，才能被视为完整的。

适应型生命周期属于敏捷型、迭代型或增量型。详细范围在迭代开始之前就得到了定义和批准。适应型生命周期也称为敏捷或变更驱动型生命周期。

混合型生命周期是预测型生命周期和适应型生命周期的组合。充分了解或有确定需求的项目要素遵循预测型开发生命周期，而仍在发展中的要素遵循适应型开发生命周期。

由项目管理团队确定各个项目最适合的生命周期。项目生命周期需要足够灵活，能够应对项目包含的各种因素。可以通过以下方法实现生命周期的灵活性。

(1) 确定需要在各个阶段实施的一个或多个过程。

(2) 在合适的阶段实施确定的一个或多个过程。

(3) 调整阶段的各种属性(如名称、持续时间、退出标准和准入标准)。

项目生命周期与产品生命周期相互独立，后者可能由项目产生。产品生命周期指一个产品从概念、交付、成长、成熟到衰退的整个演变过程的一系列阶段。

三、项目管理原则

企业进行项目管理时，一般应遵循以下原则。

(1) 注重实效，协同创新。项目应围绕项目管理的目标，强调成本效益原则，实现项目各责任主体间的协同发展、自主创新。

(2) 按级负责，分工管理。项目各责任主体，应当根据管理层次和任务分工的不同，有效行使管理职责，履行管理义务，确保项目取得实效。

(3) 科学安排，合理配置。严格按照项目的目标和任务，科学合理编制预算，严格执行预算。

四、项目阶段及项目管理过程

《项目管理应用指引》将项目管理过程分解为可行性研究、项目立项、项目计划、项目实施、项目验收和项目后评价六个阶段，概括了一般项目所包括的基本程序。但对于每个阶段还应该做哪些具体工作，《项目管理应用指引》并未明确。而在《PMBOK 指南》中，项目管理可以通过合理运用和整合 47 个项目管理过程以实现项目的既定目标，而且，根据项目过程的逻辑关系，将其归类为启动、规划、执行、监控、收尾五大过程组。整个项目管理过程围绕着项目目标、利益相关者的诉求、项目的制约因素而开展，并进行适当“裁剪”，因为毕竟并非所有的项目都适用 47 个项目管理过程。简而言之，《PMBOK 指南》所指的项目管理五大过程组和《项目管理应用指引》大体上是一致的，但就具体应用而言，《PMBOK 指南》无疑更具可操作性。基于此，下面以《PMBOK 指南》为主并补充《项目管理应用指引》的项目后评价部分。

《PMBOK 指南》认为项目阶段是一组具有逻辑关系的项目活动的集合，通常以一个或多个可交付成果的完成为结束。生命周期的各个阶段可以通过各种不同的属性来描述。对于特定阶段，属性是可测量且独特的。属性可能包括(但不限于)：①名称；②阶段序号；③持续时间；④资源需求(如人力、建筑、设备等)；⑤项目进入某一阶段的准入标准(如已获得特定批准文件、已完成特定文件)；⑥项目完成某一阶段的退出标准(如已获得批准文件、已完成文件、已达成可交付成果等)。

项目可以分解为不同的阶段或子组件，这些阶段或子组件的名称通常说明了该阶段完成的工作类型。阶段名称的例子包括(但不限于)：①概念开发；②可行性研究；③客户要求；④解决方案开发；⑤设计；⑥原型法；⑦建造；⑧测试；⑨转换；⑩试运行；⑪里程碑审查；⑫经验教训。

项目阶段可基于各种因素而建立，其中包括(但不限于)：①管理需求；②项目性质；③组织、行业或技术的独特性；④项目的组成要素，包括但不限于技术、工程、业务、过程或法律；⑤决策点(如资金、继续/终止项目、里程碑审查)。

项目生命周期是通过一系列项目管理活动进行的，即项目管理过程。每个项目管理过程通过合适的项目管理工具和技术将一个或多个输入转化成一个或多个输出。输出可以是可交付成果或结果。结果是过程的最终成果。项目管理过程适用于全球各个行业。

项目管理过程组指对项目管理过程进行逻辑分组，以达成项目的特定目标。过程组不同于项目阶段。项目管理过程可分为以下5个项目管理过程组。

(1) 启动过程组。定义一个新项目或现有项目的一个新阶段，授权开始该项目或阶段的一组过程。一般需要进行可行性研究和项目立项。其中，可行性研究是指通过对项目在技术上是否可行、经济上是否合理、社会和环境影响是否积极等进行科学分析和论证，以最终确定项目投资建设是否进入启动程序的过程。

在项目可行性研究阶段，《项目管理应用指引》从可行性和必要性两个角度分析和论证项目是否可以进入启动阶段，这也延续了国内对项目可行性论证的常规做法。但是，如果仅仅从可行性和必要性角度入手，又不够全面。基于此，我们建议可引入SAF框架模型的理念予以补充。SAF即代表Suitability(适配性)、Acceptability(可接受性)、Feasibility(可行性)。三者的含义具体如下：适配性是指该项目是否符合企业的使命和目标、是否适合企业文化；可接受性是指项目能否被主要利益相关者接受，项目有什么风险；可行性则指企业是否有能力实施该项目，是否拥有相应的财务资源、管理技巧、熟练的工人等，如果没有，是否能够通过合适的渠道获取等。相对而言，SAF模型考虑得更为全面，也更具逻辑性。

项目立项则是指对项目可行性研究进行批复，并确认列入项目实施计划的过程。经批复的可行性研究报告是项目立项的依据，内容一般包括项目概况、市场预测、产品方案与生产规模、厂址选择、工艺与组织方案设计、财务评价、项目风险分析，以及项目可行性研究结论与建议等。项目立项一般应在批复的有效期内完成。

(2) 规划过程组。明确项目范围，优化目标，为实现目标制定行动方案的一组过程。项目立项后，在符合项目可行性报告批复相关要求的基础上，明确项目的实施内容、实施规模、实施标准、实施技术等计划实施方案，并据此编制项目执行预算的书面文件。

通常情况下，项目执行预算超过可行性研究报告项目预算的10%时，或者项目实施内容、实施规模、实施地点、实施技术方案等发生重大变更时，应重新组织编制和报批可行性报告。经批复的项目计划及项目执行预算应作为项目实施的依据。

(3) 执行过程组。完成项目管理计划中确定的工作，以满足项目要求的一组过程。其所包含的管理活动包括：组织协调人力资源及其他资源，组织协调各项任务与工作，实施质量保证，进行采购，激励项目团队完成既定的工作计划，生成项目产出物，等等。在项目执行过程中，应重点从质量、成本、进度等方面，有效控制项目的实施过程。

① 企业应遵循国家规定及行业标准，建立质量监督管理组织，健全质量管理制度、形成质量考核评价体系和反馈机制等，实现对项目实施过程的质量控制。

② 成本控制应贯穿于项目实施的全过程。企业可以通过加强项目实施阶段的投资控制，监督合同执行，有效控制设计变更，监督和控制合同价款的支付，实现项目实施

过程的成本控制。

③ 企业应通过建立进度控制管理制度，编制项目实施进度计划，制定项目实施节点；实行动态检测，完善动态控制手段，定期检查进度计划，收集实际进度数据；加强项目进度偏差原因分析，及时采取纠偏措施等，实现对项目实施过程的进度控制。

(4) 监控过程组。跟踪、审查和调整项目进展与绩效，识别必要的计划变更并启动相应变更的一组过程。其所包含的主要活动包括：制定标准、监督和测量项目工作的实际情况、分析差异和问题、采取纠偏措施、整体变更控制、范围核实与控制、进度控制、费用控制、质量控制、团队管理、利益相关者管理、风险监控及合同管理等。

(5) 收尾过程组。正式完成或结束项目、阶段或合同所执行的过程。该过程中重要的一个环节就是验收。项目验收一般应由可行性研究报告的批复部门组织开展，可以从项目内容的完成情况、目标的实现情况、经费的使用情况、问题的整改情况、项目成果的意义和应用情况等方面进行验收。

以上五个过程组的具体管理过程具有特定的关系。首先它们之间是一种前后衔接的关系。每个项目管理具体过程都有自己的输入和输出，这些输入和输出就是各个具体管理过程之间的相互关联要素。一个项目管理具体过程的输出(结果)是另一个项目管理具体过程的输入(条件或依据)，因此，各个项目管理具体过程之间都有相应的文件和信息传递，并且这些具体过程之间的输入和输出有的是单向的，有的双向循环的。其次，一个项目管理过程循环中各个具体过程之间的关系，在时间上也并不完全是一个过程完成后另一个过程才能够开始的关系，可能会有不同程度的交叉和重叠。

需要说明的是，项目结束后还需要进行项目后评价，项目后评价是指通过对项目实施过程、结果及其影响进行调查研究和全面系统回顾，与项目决策时确定的目标及技术、经济、环境、社会指标进行对比，找出差别和变化，据以分析原因、总结经验、提出对策建议，并通过信息反馈，改善项目管理决策，提高项目管理效益的过程。

五、项目管理知识领域

除了过程组，过程还可以按知识领域进行分类。知识领域指按所需知识内容来定义的项目管理领域，并用其所含过程、实践、输入、输出、工具和技术进行描述。

虽然知识领域相互联系，但从项目管理的角度来看，它们是分别定义的。《PMBOK指南》确定了大多数情况下大部分项目通常使用的十个知识领域，具体内容如下。

(1) 项目整合管理。其包括为识别、定义、组合、统一和协调各项目管理过程组的各个过程和活动而开展的过程与活动。

(2) 项目范围管理。其包括确保项目做且只做所需的全部工作以成功完成项目的各个过程。

(3) 项目进度管理。其包括为管理项目按时完成所需的各个过程。

(4) 项目成本管理。其包括为使项目在批准的预算内完成而对成本进行规划、估算、预算、融资、筹资、管理和控制的各个过程。

(5) 项目质量管理。其包括把组织的质量政策应用于规划、管理、控制项目和产品质量要求，以满足相关方的期望的各个过程。

(6) 项目资源管理。其包括识别、获取和管理所需资源以成功完成项目的各个过程。

(7) 项目沟通管理。其包括为确保项目信息及时且恰当地规划、收集、生成、发布、存储、检索、管理、控制、监督和最终处置所需的各个过程。

(8) 项目风险管理。其包括规划风险管理、识别风险、开展风险分析、规划风险应对、实施风险应对和监督风险的各个过程。

(9) 项目采购管理。其包括从项目团队外部采购或获取所需产品、服务或成果的各个过程。

(10) 项目相关方管理。其包括用于开展下列工作的各个过程：识别影响或受项目影响的人员、团队或组织，分析相关方对项目的期望和影响，制定合适的管理策略来有效调动相关方参与项目决策和执行。

某些项目可能需要一个或多个其他的知识领域，例如，建造项目可能需要财务管理或安全与健康管理。

第二节 项目管理案例：政府和社会资本合作模式

由于本章的很多案例采用了PPP的项目案例，故此，简要介绍政府和社会资本合作模式。

一、PPP基本概念

依据《国务院办公厅转发财政部 发展改革委 人民银行关于在公共服务领域推广政府和社会资本合作模式指导意见的通知》(国办发〔2015〕42号)文件精神，政府和社会资本合作(Public-Private Partnership，PPP)模式是公共服务供给机制的重大创新，即政府采取竞争性方式择优选择具有投资、运营管理能力的社会资本，双方按照平等协商原则订立合同，明确责、权、利关系，由社会资本提供公共服务，政府依据公共服务绩效评价结果向社会资本支付相应对价，保证社会资本获得合理收益。政府和社会资本合作模式有利于充分发挥市场机制作用，提高公共服务的供给质量和效率，实现公共利益最大化。

截止到2019年1月31日，根据财政部PPP项目库数据统计，项目管理库数量总计8788个，涉及总投资为13.29万亿元。PPP模式已经成为中国经济发展的重要方式。

二、PPP常见类型

1. 按照服务于社会经济发展的不同方面分类

PPP项目大致可分为经济、社会和政府三类。经济类包括交通运输、市政公用事业、园区开发、节能环保等领域；社会类包括保障性住房、教育、文化、卫生等领域；政府类主要服务于司法执法、行政、防务等领域。

2. 按照PPP项目运作方式分类

该分类主要包括委托运营(Operations & Maintenance，O&M)、管理合同(Management Contract，MC)、租赁—运营—移交(Lease-Operate-Transfer，LOT)、建设—运营—移交(Build-Operate-Transfer，BOT)、建设—拥有—运营(Build-Own-Operate，BOO)、购买—建设—运营(Buy-Build-Operate，BBO)、移交—运营—移交(Transfer-Operate-Transfer，TOT)、改建—运营—移交(Rehabilitate-Operate-Transfer，ROT)、区域特许经营(Concession)，以及这些方式的组合等。具体运作方式的选择主要由PPP项目类型、融资需求、改扩建需求、收费定价机制、投资收益水平、风险分配基本框架和期满处置等因素决定。

上述运作方式的命名以公共资产的所有权/使用权等的控制状态为基础，在我国国内实践中应用较多。国际上还存在另一种并行的命名法，即以政府转移给社会资本的职能多少为基础，例如，设计—建造—融资—运营—转让(Design-Build-Finance-Operate-Transfer，DBFOT)和设计—建造—融资—运营(Design-Build-Finance-Operate，DBFO)。虽然两种命名法能够相互衔接，如BOT、BOO可分别与DBFOT、DBFO对应，但是这些概念经常混在一起使用，容易引起迷惑，需注意区分。

3. 按照社会资本、特许经营者和项目公司获得收入的方式分类

PPP项目可分为使用者付费方式、政府付费方式和可行性缺口补助方式(Viability Gap Funding/Subsidy，VGF)。使用者付费方式通常用于可经营性系数较高、财务效益良好、直接向终端用户提供服务的基础设施项目，如市政供水、城市管道燃气和收费公路等。政府付费方式通常用于不直接向终端用户提供服务的终端型基础设施项目，如市政污水处理厂、垃圾焚烧发电厂等，或者不具备收益性的基础设施项目，如市政道路、河道治理等。VGF方式指用户付费不足部分由政府以财政补贴、股本投入、优惠贷款、融资担保和其他优惠政策，给予社会资本经济补助。VGF通常用于可经营性系数较低、财务效益欠佳、直接向终端用户提供服务但收费无法覆盖投资和运营回报的基础设施项目，如医院、学校、文化及体育场馆、保障房、价格调整之后或需求不足的网络型市政公用项目、交通流量不足的收费公路等。

三、案例背景

下面以Z公司作为社会资本方的湖北省来凤县互联网大数据中心PPP项目(即S项目)为例。该PPP项目采用BOT方式，建设总投资为112 081.14万元。项目合作期限为20年，回报机制为可行性缺口补助。项目采购方式为公开招投标，主要建设内容为互联网大数据中心和智慧来凤顶层设计及相关子模块。该项目从2017年5月启动，2017年10月当地政府和社会资本方签订PPP项目合同，2018年2月，该项目入选财政部第四

批 PPP 示范项目，标志着该项目取得了初步的成功。

该项目采用 PPP 模式，不但可以高效、合理地利用地方财政支出，发挥社会资本方的技术和管理优势，而且有利于提升项目所在地的智慧城市建设水平。在惠民服务、精准治理、生态宜居、智能设施、信息资源、网络安全、改革创新和市民体验等方面将会大为改善。通过项目建设，力争在来凤形成大数据全产业链、全治理链、全服务链的生态体系，促进当地产业转型升级，实现经济的快速健康发展。

四、项目实践

1. 建立项目全生命周期的内控体系

国家对于 PPP 模式，目前并没有统一的法律法规予以规范，在上位法缺失的背景下，客观上存在着财政部和国家发改委分业管理的现状，其中，财政部主管公共服务领域，而发改委则主管基础设施领域。然而在实践中，很多 PPP 项目涵盖了多个业务领域，存在着交叉的现象，导致大家开展实务时不知如何操作。为了有效开展工作，我们认真研读了财政部、发改委及国家相关部门发布的 PPP 系列文件，梳理出企业参与 PPP 项目的风险矩阵，包括 PPP 项目每个阶段要达到的目标、主要风险点、风险控制措施、依据的文件、预期产出成果、执行主体、可能花费的时间等。

在 PPP 项目风险矩阵的基础上，针对重点环节，编制了相应的操作指南，以指导项目的实施。例如，在项目识别与筛选阶段，结合当地政府的政治生态、自然条件、社会文化、财政状况、“十三五”规划和已落地 PPP 项目状况等，建立了量化评分机制，对于不符合国家相关文件精神的项目不予接洽，从源头上保证了 PPP 项目的质量。又如，对于项目绩效评价，结合绩效管理的管理会计应用指引，建立了一套基于平衡计分卡(BSC)的项目绩效评价体系，满足了政府方、社会资本方和项目公司的绩效评价需求。

S 项目的前期工作全部贯彻了上述内控理念，确保了项目的合法合规和运作高效。

2. 全程参与项目各阶段业务

依据财政部开展 PPP 项目时所需五个阶段十九个步骤的管理要求，从获悉 PPP 项目信息起，公司便筹建相应的 PPP 项目小组并且指定财务人员全程参与。从项目识别、项目准备、项目采购、项目执行和项目移交环节，财务人员均深度参与。在项目发起阶段，财务人员会同业务人员一起搜集整理分析项目所在地的经济和社会状况，参与 PPP 项目建议书的编写。在项目投标阶段，财务人员参与研判项目实施方案以及招标文件，针对招标要求，参与项目估算、融资方案的拟定并参与项目答辩直至合同的签署。在项目公司成立阶段，由于参与了前期的工作，相关财务人员可以快速融入项目公司，组织项目公司的会计核算及财务管理工作。在项目移交阶段，财务人员的参与，不但可以保持公司账目和实物的一致，还可以保证项目档案的完整性，从而规避因移交材料不全导致保函被政府方提取的风险。

3. 规范项目公司的治理结构

PPP 项目牵涉众多的利益相关方，主要是政府方、社会资本方和项目公司。为了项目的稳健推进，现行法规要求政府方不得干预 PPP 项目的日常运营，但对于项目公司可能妨碍公众利益的重大事项，政府方拥有一票否决权。项目公司作为联系政府方和社会资本方的资本媒介，为了保证其高效运行，需要从公司治理的高度着手。来凤项目按照现代公司治理的要求，建立了规范的股东会、董事会和监事会，并且明确了议事规则，既保证了政府方派出代表对重大事项的一票否决权，也保证了项目的整体顺利推进。

4. 研究 PPP 项目的会计核算

从会计核算角度而言，由于 PPP 模式多样，其相应的会计核算也显得较为烦琐。从现行企业会计准则看，只有《企业会计准则解释第 2 号》对 BOT 模式下的会计核算进行了阐述，而对于其他模式并未详细说明。同时，根据项目公司是否提供实际建造服务，需要分别按照《企业会计准则第 15 号——建造合同》和《企业会计准则第 22 号——金融工具确认和计量》确认相应的收入和成本。另外，对于项目公司获得的奖励和补助，还要遵守《企业会计准则第 16 号——政府补助》的要求。基于此，公司组织财务人员认真研究 PPP 业务的会计核算办法，结合来凤 PPP 项目实际，拟定具体的会计操作手册，以指导项目的日常工作。

其实，会计核算是管理会计的基础，只有做好项目会计的日常核算和财务报告，才能结合项目运行情况编制出高质量的管理会计报告，供项目公司和公司管理层决策参考。

5. 积极为 PPP 项目进行融资

PPP 项目成功的一个重要因素是项目融资的可得性。以往部分 PPP 项目失败的主要原因在于其融资出现困难且无法解决。尤其是随着《关于规范政府和社会资本合作(PPP)综合信息平台项目库管理的通知》(财办金〔2017〕92号)文件和《关于规范金融企业对地方政府和国有企业投融资行为有关问题的通知》(财金〔2018〕23 号)等系列文件的出台，PPP 项目融资的进度可能直接关系到项目的成败。其实，PPP 项目融资活动应该前移至项目采购阶段，除了政府方及时发布项目信息鼓励金融机构尽早知晓外，社会资本方在投标阶段便可以启动项目的融资工作，一旦签订正式的 PPP 项目合同(合同体系可能还包括特许经营协议)，便启动与相关金融机构洽谈融资事宜，以加快项目融资的进程。

6. 加强 PPP 项目信息化建设

PPP 项目的主要特点在于投资大、周期长、内容广。因此，有必要借助项目管理软件来提升项目的管理水平，从而对 PPP 项目全生命周期进行科学、规范、系统的管控。客观地讲，目前市场上针对 PPP 项目的管理软件并不多，项目公司需结合实际提出自己明确的需求，自行或委托外部项目管理软件开发机构进行必要的二次开发。来凤项目目前正在实施项目管理软件，在项目管理功能上，不但能够提供项目的规划、进度、成本、质量和安全管理等，而且包括财务、人力资源、合同管理等。这样既能够满足项目公司、设计单位、监理、施工单位、审计等单位使用，而且也可以向政府方、社会资本方甚至项目监管机构提供简洁实用的项目管理报告。

总之，项目管理具有很强的实践性，集合了法律、财务、税务、工程、计算机等多学科知识。因此，作为财会人员来说，唯有在企业组建跨专业的项目管理团队并采用合适的组织架构进行有效管理的前提下，借助信息化的手段，通过项目全生命周期的管理，才能助力企业达到项目的预期目标。

五、项目的内部控制建设①

相对而言，PPP 模式比较复杂，如果 PPP 模式能够熟悉和掌握，其他模式下的项目管理就显得相对容易了。

一般而言，PPP 业务涉及多方主体参与，主要包括政府及其指定的出资平台、社会资本方和项目公司，相较于单一主体而言，其各方主体的利益诉求不尽相同，业务控制目标和方式也呈现出不同的特点。但基于政府和社会资本合作的基础，三方主体的总体目标还是可以统一的，至少，项目的成功实施是其最为基本的目标。在此基础上，还可以通过社会资本的进入带动当地产业的升级发展，由此，可以归纳出 PPP 的三个主要目标，即项目合规、资本引入、产业升级。而要实现这些目标，从 PPP 项目的全流程角度来看，在协调三方主体利益的前提下，还需要整合内部控制五要素(内部环境、风险评估、控制活动、信息与沟通、内部监督)。基于此，笔者结合参与 PPP 项目的实践经验，构建了 PPP 业务的内部控制模型(见图 4-2)。

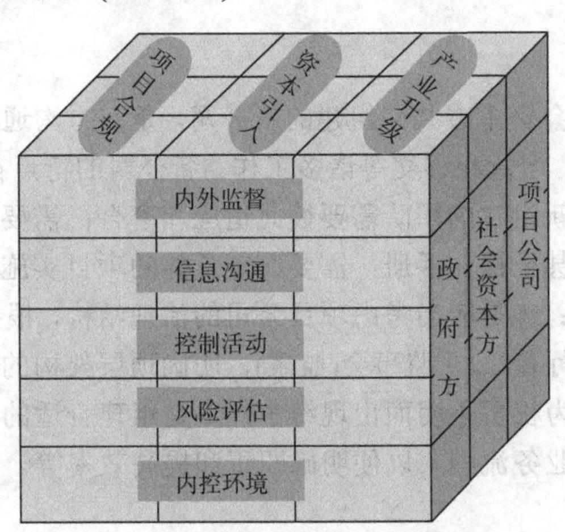

图 4-2 PPP 业务的内部控制模型

对该模型阐释如下。

(一) 三方主体

1. 政府方

政府及其出资平台(称为政府方)在 PPP 业务中是公众利益的代言人，通过制定“一城

① 赵团结，王子曦. 风险控制导向下 PPP 内部控制模型的构建[J]. 财务与会计，2017(14):51-53.

一策”式的 PPP 项目指南引导合适的社会资本方参与当地公共服务和基础设施的建设，主要追求项目的公平和效率。政府方除了希望 PPP 项目的成功之外，更希望通过社会资本方的进入，适度带动当地产业结构的升级和转型。

2. 社会资本方

社会资本方主要为筹集 PPP 项目所需的资金组织方，其资金来源渠道包括商业银行、政策性银行、信托机构、保险和资产管理公司等金融机构或者有产业背景的产业资本等，追求合理的资本回报是其主要目标。

3. 项目公司

项目公司负责 PPP 项目的顶层规划设计及具体组织项目的实施。作为 PPP 项目落实的关键实施者，担负着设计、实施(包括 PPP 各个子项目的招标)、运营和移交的具体工作，更为关注项目的高效实施和运营。

(二) 五个要素

由于 PPP 业务涉及主体较多(除涉及政府方、社会资本方、项目公司三方主体外，在实务中还会牵涉到招标代理机构、专业咨询机构、监理、施工方等)、周期长、业务广、金额大，内部控制的环节除了包括政府、社会资本方之外，还应重点围绕 SPV(Special Purpose Vehicle，政府所控制的出资平台与社会资本方共同组建的特殊目的公司)而设计，具体如下。

1. 内控环境

SPV 作为政府和社会资本方共同组建的新公司，是双方沟通的纽带，承担着 PPP 项目的组织、投资、建设、运营和移交等诸多工作。新公司的特点在于“从无到有”，面临着诸多现实问题，如：新组建的团队需要彼此适应和磨合；需要结合项目特点拟订一套切实可行的制度、流程甚至操作手册；需要制定具体的项目实施方案并着手实施等。笔者认为，在组建 SPV 时：一是应当考虑项目公司的治理结构，根据 PPP 项目的大小建立股东(大)会、董事会(执行董事)、监事会(监事)，明确顶层架构的设计，尤其是股权的分配，以防范股东之间因为权责不明而出现纷争；二是组建合适的项目管理团队，并着手制定具体的管理制度和业务流程，以便明确职责和提高效率等。

2. 风险评估

此处的风险评估贯穿于 PPP 项目的识别到项目的移交，是基于 PPP 全业务流程而进行风险管控的基础。随着项目所处内外环境的变化，风险评估的动态调整机制也显得非常重要。因此，建立项目生命全周期的风险矩阵就变得非常必要，这也是 PPP 项目内部控制的核心。风险矩阵的内容主要包括业务目标、主要风险点、关键控制点、关键的输入输出文件、主要政策依据及执行主体等。

(1) 项目识别阶段。项目识别阶段分为项目发起、项目筛选、物有所值评价、财政承受能力论证四个环节。其主要目标为寻找潜在的 PPP 项目，从定性和定量两个角度确定备选的项目，以达到既能降低项目成本又能提高效率并且能够确保 PPP 项目中政府付费部分在财政可支配能力范围内的目标。

主要风险点：①对 PPP 业务不熟悉，或者缺少必要的支持性文件，无法判断项目是否适合 PPP 模式；②所筛选项目可能不符合当地规划；③PPP 评审小组组建不当，无法对项目做出评价；④评价方法不科学，在物有所值论证或财政承受能力论证体系环节得出错误结论。

应对措施：①学习和培训 PPP 知识，了解 PPP 全流程；②编制简要的《项目建议书》，并结合现有规划(包括但不限于国家中长期规划、行业规划等)组成专业人员筛选项目；③财政部门与行业主管部门联合进行，必要时聘请外部专家参与；④按照评价指引结合项目实际设计相应的评价体系，并严格按照国家财政承受能力论证指引建立合理的评价体系。

(2) 项目准备阶段。项目准备阶段包括管理架构组建、实施方案编制和实施方案审核三个环节。本阶段主要目标是要组建高效、务实的项目协调机构和日常实施机构，编制切实可行的 PPP 项目实施方案，并通过市场测试及专家评审等程序保证实施方案的科学和合理。

主要风险点：①因组织原因导致项目无法开展，如 PPP 项目领导小组形同虚设及协调不力，项目实施机构设置不当或者专家评审环节失误等；②选择了不熟悉 PPP 业务的咨询机构，实施方案编制不科学；③未通过物有所值评价和财政承受能力论证；④未进行市场测试，导致后续采购得不到社会资本的响应。

应对措施：①政府指定专业机构参与组建项目公司，并通过适当授权明确其职责；②通过适当的采购方式选择专业的咨询顾问机构；③通过项目尽职调查及可行性研究，采用科学的方法编制实施方案；④进行市场测试，完善实施方案；⑤聘请业内专家并遵照独立性原则进行评审；⑥通过物有所值评价和财政承受能力论证，验证实施方案是否可行；⑦PPP 领导小组建立评审机制，审批后方可进行后续的相关工作。

(3) 项目采购阶段。项目采购阶段包括资格预审、采购文件编制、相应文件评审、谈判与合同签署四个环节。本阶段主要目标是编制规范有效的采购文件，通过谈判的方式选择合适的社会合作方。

主要风险点：①资格预审文件编制不恰当；②招标文件出现漏洞导致采购失败；③评审规则不科学、不统一可能导致采购失败；④谈判小组组成不合理，合同出现失误，从而导致项目在实施过程中出现问题。

应对措施：①编制合格的资格预审公告，结合相应的采购方式要求编制相应的招标文件及资格预审文件；②根据采购文件要求评审并引入监督机制；③组成专业的谈判小组，双方就合同主要条款达成一致意见；④根据合同法及相关法律法规，签订合同并经过律师审核，然后按既定程序报批。

(4) 项目执行阶段。项目执行阶段包括项目公司设立、融资管理、绩效监测与支付、中期评估四个环节。本阶段主要目标是及时成立治理结构完善的项目公司，拟定合理的融资方案，按照绩效监测指标对社会资本方和项目公司进行项目全生命周期的监测，并科学评估项目的进展。

主要风险点：①项目实施风险，即因项目公司未及时设立或者股权结构争议导致PPP实施不畅；②融资风险，即融资方式不当导致项目成本加大或者项目公司违约可能导致融资失败；③项目监控风险，即因绩效监测指标不科学，或监测过程中出现舞弊现象及评估方案编制不科学可能导致评估报告失真；④评估方案编制不科学或者评估报告失真。

应对措施：①按照股东协议及时成立项目公司，明确资金来源、股权安排及治理架构；②明确融资方案并选择合适的融资担保机构，制定合理的融资方案；③制定科学、切实可行的绩效监测指标体系；④引入审计机制，防范舞弊现象发生；⑤制定利益分享和与项目公司绩效密切挂钩的分配机制；⑥根据PPP项目特点编制恰当的评估方案，并如实出具评估报告。

(5) 项目移交阶段。项目移交阶段主要包括移交准备、性能测试、资产交割、绩效评价四个环节。本阶段主要目标为制定合理的移交方案，确认项目资产状况是否符合合同约定，顺利完成资产交割并办理必要的法律文书，同时还需要及时进行PPP项目完整生命周期的绩效评估，并总结经验教训。

主要风险点：①移交风险。例如：缺少资产评估，导致争议；未提供移交保函，导致政府移交后成本增加；未全部转移相关资产、知识产权、技术法律文件等；②项目评价指标体系不科学，导致结论出现偏差；③项目评价流于形式，或者评价不全面、不深入等导致对项目评判不准确。

应对措施：①组成专业的移交工作组，必要时聘请专业的技术人员、法律和财务人员；②聘请专业资产评估机构、专业测试人员进行项目评估和测试；③要求社会资本方提交移交保函；④针对项目情况共同拟订交接清单，并逐一核对，共同办理产权及管理权的过户手续；⑤制定科学合理的评价体系；⑥全面评价项目的运营、经济及社会效应。

3. 控制活动

控制活动是内部控制体系的常规内容，在此不做进一步展开。需要说明的是，控制活动的目标既然是为了防范风险，它的基础则应当是PPP风险矩阵及分级授权体系。风险矩阵明确了业务可能存在的风险，指明了控制活动的方向，但在实务中要落实并提高管理效率，还需要建立一套切实可行的分级授权体系。实际上，控制活动如果上升到公司治理层面，也是密切联系股东(大)会、董事会和管理层及员工的纽带。

4. 信息沟通

除了项目公司内部的沟通及股东(大)会、董事会之间的信息传递外，为了全面了解PPP项目全生命周期内的信息，可以借助物联网和数据中心，实时传递和监控PPP项目的信息。当然，对于涉及基础设施的PPP项目，也可以通过BIM(Building Information Modeling，建筑信息模型)技术将相关建筑物的各种信息通过数字仿真模拟的方式予以展现并实现信息的及时沟通和交流。

5. 内外监督

内外监督的目标是防范风险和达成PPP项目既定目标。其中，内部监督的主要目的在于PPP项目运营的合规及其高效，而外部监督除了合规之外，还在于项目的绩效考核需要。需要补充的是，在媒体多样化的时代，PPP 项目各主体可选择自主性披露，向社会公众及时通报 PPP 项目的进展状况，主动接受社会公众的监督。

(三) 三个目标

1. 项目合规

PPP 项目的成功实施是政府和社会资本方所追求的共同目标。不过，囿于 PPP 项目的诸多特点，项目的合规性是其首要目标，也是 PPP 项目成功开展的基础。在 PPP 项目实施的全生命周期内，涉及诸多利益相关方，如政府、社会资本方、金融机构、项目实施方、社会公众等。由于各方利益不尽一致，势必存在许多需要协调的地方。但合规性则是相关利益方恪守的底线，也是达成资本引入、产业升级的基础。

2. 资本引入

开展 PPP 业务，当地政府一般会首先选择社会资本方。社会资本方通过对当地政治、经济、人文和技术等的了解，以及随着 PPP 项目的实施，如果认可当地的投资环境，一般会带动一批投资者到当地投资，从而为当地经济的发展带去相关资本。

3. 产业升级

在当前国内经济发展面临结构调整及转型升级的背景下，地方政府通过 PPP 项目的开展，引入有实力的社会资本方及其产业链上下游企业，不但可以向当地输入资本，还可以为当地带去一批产业。通过资本和产业的发展，吸引更多的人才到当地就业，从而形成人才、资本和产业的集聚，带动当地经济的转型和升级。

第三节 项目绩效和项目风险管理

2017 年 9 月，财政部印发了《管理会计应用指引第 100 号——战略管理》等 22 项管理会计应用指引，在绩效管理相关应用指引部分详细介绍了企业有效应用 BSC 的方法。仍以 PPP 业务为例说明如何有效进行项目的绩效管理。就 PPP 模式而言，由于该模式涉及的利益相关方比一般企业更多，业务也更为复杂，因此，在对 PPP 项目进行绩效评价时，应结合其特点进行相应改进与完善。我们在此结合 S 项目的 PPP 案例简要阐述在实务中如何应用 BSC 进行项目绩效评价。

一、现行 PPP 项目绩效评价存在的主要问题及原因分析

(一) 存在的主要问题

1. 评价主体胜任能力不足

按照《中华人民共和国政府和社会资本合作法(征求意见稿)》的有关规定，PPP 项目绩效评价的主体主要是行业主管部门和财政部门，或者是其委托的第三方评估机

构。然而，现状却是不少行业主管部门只熟悉本领域的情况，对于 PPP 包含的其他领域却很少涉猎，导致胜任能力不足。同时，实务中外部第三方参与评价项目的案例也比较少。

2. 评价目标不够明确

绩效评价目标是绩效评价对象在一定期限内达到的产出和效果，是指引各项评价工作的终极导向，其明确与否直接关系到评价的成败。然而实务中却存在为评价而评价的现象，其根本原因在于没有明确 PPP 项目的目标。

3. 评价维度相对单一

实践中 PPP 项目评价体系设置相对比较简单。虽然关于建设工程进度、项目日常运营、融资、项目盈利、公众满意度等都有涉及，但重点不明确，视角不全面的缺点也比较明显。

4. 评价效果不达预期

PPP 项目周期一般在 10 年以上，目前在国内还看不到一个全生命周期的 PPP 项目绩效评价案例。但却常常出现关于 PPP 项目绩效评价的争议，这些争议主要来自于政府方、社会资本方及社会公众，反映出部分 PPP 项目实施成效达不到项目规划的预期。

(二) 主要原因分析

1. 法律法规还不够完善

目前，虽然有关部门出台了部分 PPP 指导性的规章制度，但就项目绩效评价而言，操作性还不够强，部门规章的规定也不统一。

2. PPP 项目内容较为繁杂

PPP 项目一般涵盖了众多子项目。作为一个浩大的系统工程，对参与项目绩效评价的人员提出了更多的要求。此外，PPP 项目的绩效评价体系也并非是一成不变的，根据项目的进展状况及各方对 PPP 理解的深入，其项目绩效评价体系也会做适当的调整和完善，这也需要评价参与者及时更新对项目的认识。

3. 评价主体力量薄弱

评价主体对于 PPP 项目理解的深度和广度直接决定了项目评价的效果。对于评价方而言，如果没有适度参与项目的立项及其评审或者认真消化相关材料，便很难全面了解项目情况，更不用说直接参与项目的评价了。

二、基于 BSC 的 PPP 项目绩效评价整体模型

为解决现行 PPP 项目绩效评价存在的问题，笔者结合实践经验，参考 BSC 及 PPP 相关理论研究，构建了 BSC 模式下 PPP 项目的绩效评价模型(见图 4-3)。

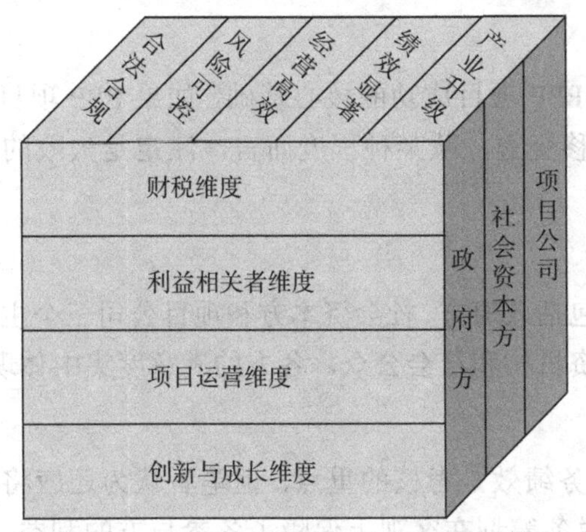

图 4-3 BSC 模式下 PPP 项目绩效评价模型

(一) 三个关键利益相关方

PPP 模式相对于传统的工程总承包(EPC)模式而言，参与主体更多，一般包括政府方、社会资本方、项目公司、咨询公司、施工方、监理单位、融资机构、社会公众等。然而，贯穿整个 PPP 项目的则主要是政府方、社会资本方和项目公司，三者有着不同的定位与诉求。

1. 政府方

政府方作为地方公众利益的代言人，主要期望通过 PPP 项目的实施，借助外部专业公司力量改善城市管理、提供更为经济的公共产品和服务，提高民众的满意度。

2. 社会资本方

社会资本方之所以选择 PPP 项目，主要是出于财务投资的考虑。因此，项目的财务回报率及地方政府的财政支付能力是其考虑的重点因素。

3. 项目公司

项目公司一般由政府方和社会资本方共同组建，其职责主要是具体组织 PPP 项目的实施和运营及其移交。同时，项目公司还承担着环境保护、项目安全、员工健康和缴纳税款等社会职责。

(二) 四个维度

为综合平衡 PPP 项目各利益相关方，可从以下四个维度进行项目的绩效评价。

1. 创新与成长维度

PPP 作为一种较新的经济业务模式，需要在借鉴国际经验的基础上大胆创新，不断总结典型案例的经验和教训，以供后续的 PPP 项目借鉴。同时，社会资本方通过项目公司的实施和运营，将先进的管理经验传递给项目所在地，也为当地的后续发展提供了人才和资源保障。

2. 项目运营维度

项目的高效运营是PPP项目成功的核心基础，如果PPP项目偏重于某一个环节，如投融资、建设、运营和移交等，从某种程度而言，注定是失败的。因此，需要从项目的全生命周期予以考虑。

3. 利益相关者维度

利益相关者不但要包括政府方、社会资本方和项目公司三个主体，还应包括咨询公司、施工方、监理单位、融资机构和社会公众，各方的满意度集中体现了项目的整体成效。

4. 财税维度

一个PPP项目的财务绩效是考核的重点，但笔者认为还应将税务的观念引入。在现阶段，对PPP项目进行税务筹划在客观上保障了各参与方的利益，同时也有利于推动PPP相关税务法律法规的完善。

当然，在PPP项目绩效评价中，也可以根据项目的实际情况增添不同的维度，如污水处理和垃圾焚烧项目，考虑到其对环境的影响，可将项目对环境的影响单独作为考核对象。

(三) 五个目标

对于PPP项目的目标，笔者认为至少应包括以下五个方面。

1. 合法合规

虽然现行PPP法律法规还不够健全，但是合法合规仍是各方应当遵守的底线。否则，可能加大地方政府的财政负担，或者因项目无法继续实施而给社会资本方带来损失。

2. 风险可控

PPP项目周期长，变动因素多，这些都可能导致PPP项目风险的加大。为此，风险分配机制的设计关乎各方的利益，应遵守“谁能控，谁承担；谁受益，谁承担”的原则。对于不可抗力因素引发的风险，一般由政府方和社会资本方共同承担。

3. 经营高效

经营高效体现在运营的效率方面，在互联网普及、物联网等新技术层出不穷的背景下，运营效率相较传统的工业时代不可同日而语，但从单个PPP项目角度来看，仍需找出行业的标杆去对标，以不断提升运营效率。

4. 绩效显著

对于企业个体而言，绩效显著一般体现在财务的成效。但对于PPP项目而言，除了财务结果外，还应更多地考虑当地公共产品和公共服务的增加，以及社会公众满意度的提升。

5. 产业升级

PPP项目为地方带去的不仅仅是产品和服务，更多的则是社会资本方的行业管理经验及相关产业，通过项目的运行培养一批地方人才，为当地的产业升级和经济转型做出实质性贡献。而这也正是地方政府所追求的长期目标。

综上所述，基于 BSC 的 PPP 项目绩效评价模型实现了以下几个方面的平衡：一是主要参与方利益的平衡。也即主要考虑了政府方、社会资本方、项目公司和社会公众的利益。二是项目绩效和动因的平衡。财税目标和公众利益的保证作为 PPP 项目重要的目标源于项目运作平台的建设及其高效运营。三是短期与长期目标的平衡。相对而言，PPP 项目的成功是短期目标，但通过 PPP 项目可以为地方政府培养人才、引入资本、带去产业，从而为地方经济的长期发展奠定良好基础。四是财务与非财务指标的平衡。在 PPP 项目中，财务指标只是其绩效评价的维度之一，财务绩效的达成更多地依赖非财务指标的实现，该模型突出体现了财务和非财务指标的平衡。

三、构建基于 BSC 的 PPP 项目绩效评价指标体系

笔者以 S 项目这一智慧城市 PPP 项目为例，构建了基于 BSC 的 PPP 项目整体绩效评价指标体系(见表 4-1)。需要注意的是，实务中，政府方及其相关单位(实施机构或 PPP 中心等)、社会资本方或中介机构需要根据 PPP 项目的不同量身定制不同的绩效评价指标体系。此外，针对 PPP 项目的复杂性，该案例增加了调整项一栏，并给出了几个参考指标，调整项并非每个 PPP 项目绩效评价所必需。

表 4-1 某智慧城市 PPP 项目整体绩效评价指标体系

评价维度及权重	评价指标	具体权重(分)	简要解释
财务指标(15 分)	项目的融资方案	5	根据融资方案的落实与项目建设计划的契合度予以评分
	项目的盈利能力	3	以合同约定的合理利润率为基准进行评价
	合理的价格调整机制	2	结合国内生产总值、居民消费价格指数、最低人工工资等指标进行评价
	合理的税务筹划	3	通过合理的税务筹划降低税负的额度或者比例
	项目财务报告	2	定期提交财务分析报告
利益相关者满意度(50 分)	社会公众满意度	10	市民体验的满意度调查
			社会组织体验满意度调查
			使用者满意度调查
	地方政府满意度	15	对合作运营的高效性的满意度调查
			对项目是否在一定程度上带动当地产业发展的满意度调查
	社会资本方满意度	15	对回报机制的设计和实际回报的满意度调查
			对政府配合及支持程度的满意度调查
	项目公司满意度	10	对项目审批流程的效率满意度调查
			对政府提供保障体系的满意度调查
			对社会资本方支持的满意度调查

(续表)

评价维度及权重	评价指标	具体权重(分)	简要解释
项目运营(25分)	项目整体运营方案的科学性	7	董事会及外部专家从利益相关方对方案的可接受性进行评审
			董事会及外部专家对方案的可行性进行评审
	项目的进度	3	对实际完工进度与预算计划进度的偏差进行评审
	项目的质量	5	符合国家及行业的质量标准体系等规范要求
	项目的安全与文明施工	2	按照重大安全事故、一般安全事故区分并考核，同时对安全文明施工奖项予以认可
	项目的成本管控	4	项目实际发生的成本与预算对比
			运营期按项目分项的实际情况考核成本控制
	项目的监督	4	政府发布的对项目的管理性规章制度及监督评价
			监理对项目的监督评价
			跟踪审计对项目的监督评价
创新与成长(10分)	技术创新	2	结合知识产权、科研项目、论文数量等进行评价
	技术转移	2	与运营和维护有关的技术及书面的技术规范的交接达标度
	项目信息化水平	2	对项目公司使用信息化手段进行项目管理、经营进行评价
	董事会及股东会的组成	2	董事会及股东会的组成及运行机制
	日常管理架构	2	运营团队的组织及人才的稳定性
调整项(20分)	稳定的政治环境	5	法律的稳定性及延续性
	稳定的经济环境	5	财政收入、支出的稳定性
	合理的风险分配体系	10	风险分配框架执行效果的考核
			风险控制措施落实的考核
合计		120	

需要注意的是，对于PPP的各子项目，还需要根据SMART原则(Specific、Measurable、Attainable、Relevant、Time-bound)进行针对性设计，具体考核指标及其权重可根据实际情况做适当调整。

而如何确定各项指标的权重一直是困扰实务界的大问题。从理论角度而言，绩效评价指标权重的确定在一定程度上依赖于所使用的方法，这些方法主要包括德尔菲法(又称专家规定程序调查法)、相对比较法、连环比率法、判断矩阵法、层次分析法等。就表4-1而言，由于该PPP项目属于智慧城市类别，根据国家发展改革委、中央网信办和国家标准委于2016年12月联合发布的《新型智慧城市评价指标(2016)》的有关规定，其中惠民服务、精准治理、生态宜居、智能设施、信息资源、网络安全、改革创新、市民体验作为一级指标占比分别为37%、9%、8%、7%、7%、8%、4%、20%，基于此，对利益相关者满意度的权重设置比较高。

四、项目绩效管理的应用建议

上述绩效评价指标体系还需要根据项目的动态变化进行适时调整，其效果也有待实践的进一步检验。在此，笔者针对 PPP 项目的绩效评价提出以下几点建议。

(一) 尽快出台国家级的 PPP 法律法规，明确指导性意见

目前，关于 PPP 的法律法规相对滞后，缺乏上位法的支持。PPP 在我国作为新生事物，急需国家统筹考虑各方利益诉求，出台相应的法律法规。这样，PPP 项目的绩效考核才能做到有法可依、有据可查。

(二) 项目绩效考核需要量身定制并进行动态调整

PPP 项目不可能也不宜用一套标准去考核所有的子项目，建议根据 PPP 项目的总体目标设置一级和二级指标体系，具体的三级指标可以根据子项目的不同做适当调整。同时还应针对项目实施过程中内外环境的变化，适时做出必要的、科学的调整。

(三) 委托第三方中介机构进行绩效评价，增强项目评价的独立性和客观性

如何对 PPP 项目进行科学的绩效评价，实践中可以多尝试、多总结。其中，引入第三方中介机构进行项目评价有助于保持项目评价的独立性、客观性、公正性和科学性。实际上，这也属于政府方购买专业服务的范畴，也有利于发挥中介机构的专业优势。

(四) 项目绩效评价与项目激励相结合

项目绩效评价客观上是项目激励与奖惩的依据，但其主要目的在于引导各方实现项目的既定目标。因此，PPP 项目绩效评价结果出来之后，需要和政府可行性缺口补助以及款项支付等挂钩，用经济手段引导各方全面实现 PPP 项目的目标。

五、项目风险管理

仍以 PPP 项目为例，通过构建 PPP 项目风险计分卡体系，以有效实施风险分析及其管理。在此基础上，结合实际案例，展示了实务中如何设计 PPP 项目的风险计分卡，同时提出了在实际运用时应关注的重点：与公司战略有效整合；建立日常风险管理机构；通过信息化建设加强风险管理；与绩效管理相关联。这对其他项目管理的风险管理一样有重要的参考意义。

(一) PPP 项目风险计分卡的设计

在讨论 PPP 项目风险之前，有必要澄清几个关于风险及风险管理的基本概念。

1. 风险

美国反虚假财务报告委员会下属的发起人委员会(The Committee of Sponsoring Organizations of the Treadway Commission，COSO)关于风险的定义是：企业或项目运行的

全生命周期是由持续不断的事项组成，这些事项是源于主体内部或外部的能影响目标实现的事件，事项可以带来负面影响也能带来正面影响，或者两者兼而有之，风险则是事项发生并影响战略和商业目标实现的可能性。

项目管理协会(Project Management Institute，PMI)认为：风险是一种不确定的事件或条件，一旦发生，将会对一个或者多个项目目标造成积极或消极的影响。风险可能由一种或多种原因引起，这些原因可以是已知或潜在的事件，也可以是外部或内部的需求及制约因素、前提条件等。

财政部于 2018 年 2 月发布的《管理会计应用指引第 700 号——风险管理》(征求意见稿)中对企业风险的界定是：不确定事项对企业实现战略及经营目标产生的影响。

由以上观点可见，“不确定性”是风险的本质，风险是某一特定主体在特定时间内、特定情况下，由于不确定性带来的预期结果与实际结果的偏差，此偏差给主体带来的可能是收益也可能是损失。带来不确定性的原因可能是主观的局限(如管理者在知识体系、预测能力、管理能力等方面的差异)，也可能是客观的制约(如主体所处的政治经济环境、法制环境、自然环境等方面的变化)，当预期结果好于实际结果时是风险收益，当预期结果差于实际结果时是风险损失。

2. 风险管理

在企业或项目运行的全生命周期内，时时刻刻都在面临不确定性。任何一个组织的存在都是为它的利益相关者创造价值并使其价值最大化，管理层面临的挑战便是在增加利益相关者价值的同时，要确定经济主体能够承受多大的不确定性和将要承受多大的不确定性，这就是体现了管理的价值。

根据 2017 年 COSO 修订的《企业风险管理框架》对风险管理的定义是：风险管理是组织在创造、保持和实现价值的过程中，结合战略制定和执行，形成的管理风险的文化、能力和实践。本次修订将风险管理工作从“一个流程或程序”提升到“一种文化、能力和实践”，这种提升可见风险管理工作是一个贯穿组织全生命周期的过程，它与主体的战略、绩效和价值提升融合为一个有机的、密不可分的整体。

2018 年 2 月财政部发布的《管理会计应用指引第 700 号——风险管理》(征求意见稿)认为，企业风险管理是指企业对风险进行有效评估、预警、应对，为企业风险管理目标的实现提供合理保证的过程和方法。企业风险管理并不能替代内部控制，企业应当建立健全内部控制制度，并作为风险管理的工作基础。

另外，与风险管理相关的概念还包括风险偏好和风险容忍度。其中，风险偏好是指企业愿意承担的风险及相应的风险水平；风险容忍度是指企业在风险偏好的基础上，设定的风险管理目标值的可容忍波动范围。

3. 风险管理的原则

企业进行风险管理，一般应遵循以下原则。

(1) 合规性原则。企业风险管理应符合相关政策的要求和监管制度的规定。

(2) 融合性原则。企业风险管理应与企业的战略设定、经营管理和业务流程相结合。

(3) 全面性原则。企业风险管理应覆盖企业的所有的风险类型、业务流程、操作环节和管理层级与环节。

(4) 重要性原则。企业应对风险进行评价，确定需要进行重点管理的风险，并有针对性地实施重点风险监测，及时识别、应对。

(5) 平衡性原则。企业应权衡风险与业绩和风险管理成本与风险管理收益之间的关系。

4. 风险管理的应用程序

风险管理目标是在确定企业风险偏好的基础上，将企业的总体风险和主要类型的风险控制在风险容忍度范围之内。

企业应用风险管理工具方法，一般按照风险管理目标的设立、风险识别、风险分析、风险监测与预警、风险应对、风险管理沟通、风险管理考核、风险管理有效性评价等程序进行。

企业应根据风险形成机制，从企业的内部和外部识别可能影响风险管理目标实现的风险因素和风险事项。企业应在风险识别的基础上，对风险成因和特征、风险之间的相互关系，以及风险发生的可能性、对目标影响的严重程度和可能持续的时间进行分析。

企业应在风险评价的基础上，针对需重点关注的风险，设置风险预警指标体系，对风险的状况进行监测，并通过将指标值与预警临界值的比较，识别预警信号，进行预警分级。企业应针对已发生的风险或已超过监测预警临界值的风险，采取风险承担、风险规避、风险转移、风险分担、风险转换、风险对冲、风险补偿、风险降低等策略，把风险控制在风险偏好及容忍度之内。

企业应在企业内部各管理级次、责任单位、业务环节之间，以及企业与外部投资者、债权人、客户、供应商、中介机构和监管部门等有关方面之间，将风险管理各环节的相关信息进行传递和反馈。

企业应建立风险管理报告制度，明确报告的内容、对象、频率和路径。同时，企业应根据风险管理职责设置风险管理相关机构和人员的风险管理考核指标，并纳入企业绩效管理，建立明确的、权责利相结合的奖惩制度，以保证风险管理活动的持续性和有效性。风险管理部门应定期对各职能部门和业务部门的风险管理实施情况和有效性进行考核，形成考核结论并出具考核报告，及时报送企业经营管理层和绩效管理部门。

企业应对风险管理制度和工具方法设计的健全性、实施后的有效性，以及风险管理目标的达成情况进行评价，识别是否存在重大风险管理缺陷，形成评价结论并出具评价报告。

(二) PPP 项目风险计分卡的设计

1. PPP 项目常见的潜在风险识别

风险管理始于规划和识别风险。PPP 项目主要是基于政府和社会资本方的合作(一般通过共同成立项目公司而实现)提供公共产品和服务，项目周期一般不少于 10 年。由于 PPP 项目投资大、范围广、周期长、参与方较多，导致项目潜在风险多而杂。借助风险分解结构(Risk Breakdown Structure，RBS)，可识别出 PPP 项目主要的潜在风险，具体如下。

(1) 政策法律风险。政府方作为 PPP 项目合同的重要一方，是否遵循契约精神履行合同关系到 PPP 项目的成败。PPP 项目面临的政策法律风险主要包括项目所在地是否稳定、政府治理是否透明公正、政府决策产生失误的可能性及决策冗长、政府换届的波动、政府接管的风险及当地法律的变化等方面。

(2) 建设风险。在 PPP 项目建设过程中，会面临项目融资失败、技术设计失误、工期延误、材料及设备不合格或损坏、工程质量不合格、施工现场出现重大安全事故、项目成本超支及项目中止等风险。

(3) 运营和移交风险。在 PPP 项目运营和移交过程中，会面临政府支付不及时、重大安全事故、运行与维护质量不达标、合同提前终止、移交资产出现质量问题、文档缺失等风险。

(4) 其他风险。除上述风险外，PPP 项目还可能会面临环境或天气发生重大变化、汇率或利率出现重大变化、竞争加剧导致项目失败、其他不可抗力因素出现等方面的风险。

2. PPP 项目风险分析及应对

利用 RBS 识别出 PPP 项目常见风险后，还需要分析相关风险发生的可能性及其对 PPP 项目绩效的影响。实务中，可以利用风险地图来展示。风险地图是一个或多个风险的可能性和影响的图形化表示，一般采用热度图或流程图的形式定量或定性估计风险的可能性和影响。需要注意的是，实务中风险热度图中的风险一般为“剩余风险”，这种方法考虑了通过内部控制或其他风险应对战略可以缓和或减少风险的程度。

在评估相关的风险后，管理当局需要确定如何来应对。通常而言，风险应对的策略主要是回避、降低、分担、承受。实际工作中，一般采用组合的形式来确定主体的剩余风险总和与其目标相关的总体风险容量是否相称。而对于 PPP 项目而言，一般会在政府方、社会资本方进行风险分配，其原则为：承担风险的一方对该风险具有控制力；对于控制风险具有更大的经济利益或动机；能够将相关风险合理转移。而对于不可抗力产生的风险，一般则由双方共同承担。在 PPP 项目合同中，一般会以风险分配表的形式体现双方的风险管理责任，同时在合同条款中拟定针对风险的相关对策。

3. PPP 项目风险计分卡

风险计分卡是风险监控的有效工具。为了及时监控项目风险及其对项目绩效的影响，需要从项目绩效的角度及时监控。以某智慧城市 PPP 项目为例(见表 4-2)，针对该 PPP 项目的具体绩效指标，通过设定目标值，比较不同期间的实际达成情况，再根据其对项目整体绩效的影响程度，将其分别划分为“安全区”“预警区”和“危险区”等不同风险区间。除了对单项指标进行评估外，还需汇总相关实际得分，以从总体上判别 PPP 项目面临的风险程度。

表 4-2 某智慧城市 PPP 项目风险计分卡表样

维度	具体指标	权重	目标值	实际值	得分	安全区	预警区	危险区
财务指标(15%)	项目的融资方案	5%						
	项目的盈利能力	5%						
	项目财务报告	5%						
利益相关者满意度(50%)	社会公众满意度	10%						
	地方政府满意度	15%						
	社会资本方满意度	15%						
	项目公司满意度	10%						
项目运营(25%)	项目整体运营方案的科学性	7%						
	项目的进度	5%						
	项目的质量与安全	5%						
	项目的成本管控	4%						
	项目的监督	4%						
创新与成长(10%)	技术创新	2%						
	技术转移	2%						
	项目信息化水平	2%						
	项目公司治理结构	4%						
合计		100%						

注：上表中的具体指标采用了平衡计分卡的模式，具体指标和风险因素之间具有内在的联系，在此并未做深入分析。

需要说明的是，在定期评估项目绩效后，需要采用因果分析法(也称鱼骨图或石川图)等相关工具分析影响绩效的主要风险因素，并据其选择相应的对策以持续改善风险管理。实际上，随着项目的进行，PPP 项目所处的内外环境也在逐步发生变化，企业应及时完善 PPP 项目管理。

(三) 实际运用时的关注点

风险管理发端于公司业务，服务于公司目标。因此，风险管理应坚持融合性的原则，也即应与战略设定、经营管理和业务流程甚至业绩管理相结合。然而由于风险管理的复杂性和多变性，在构建 PPP 项目风险计分卡的过程中，尤其需要关注以下几个方面。

1. 与公司战略有效整合

战略是公司未来发展的方向，决定了公司的业务定位及管理重点，风险管理作为公司管理的重点内容之一，自然也受到公司战略的影响。反过来，风险管理策略也会影响公司战略的制定及执行。风险管理和公司战略之间的联系主要是通过风险偏好和风险容忍度来建立。总之，风险管理的目标在于提高正面风险的概率和影响，降低负面风险的概率和影响，从而提高公司目标成功的可能性。

2. 建立日常风险管理机构

既然风险无处不在，那么就需要一个主体来进行管理。风险管理组织对于公司而言，区分为治理结构和日常管理机构两个层面。就治理结构而言，应在董事会设立企业风险管理委员会，以从公司战略高度拟定风险管理策略，其成员主要是董事会成员及外部专家。而日常管理机构则可以根据企业的规模及特点灵活设置，原则上应当向公司董事会所属的风险管理委员会汇报，以保持其独立性，避免受到管理层及具体业务部门的影响。日常管理机构可以是承担相应管理职能的独立部门，如审计部或监察部，也可以是跨部门的风险管理小组，小组成员来自于公司内外不同的单位，负责公司日常的风险管理。

3. 通过信息化建设加强风险管理

在企业信息化日益普及的背景下，如何将信息化与企业管理有效结合是管理者应当关注的重点。对于风险管理而言，通过借助信息化手段及时收集风险管理方面的行业资讯及企业内部信息，不但有助于适时分析和评估风险，更便于风险管理者及时应对风险。实务中，需要注意的是，信息化固然能给风险管理带来诸多便利，但仍需要人工的甄别和判断，不能盲从信息化提供的信息及其预警。只有通过人工和信息化的及时交互学习，才能不断促进企业信息化水平的提高，并将风险管理的专业知识保留在公司，而这也是企业借助信息化管理风险的主要目的之一。

4. 与绩效管理相关联

毋庸置疑，企业风险管理水平的高低直接影响公司的绩效。因此，为了提升企业的整体绩效，企业有必要建立公司、部门甚至重要员工层面的风险管理职责，并将其纳入绩效考核体系中。在拟定绩效考核目标时，需要遵从“横向平衡，纵向一致”的原则，也即在公司设定整体的风险管理目标后，不同部门的风险管理职责需要符合公司的整体要求，并保持相对平衡，不得相互冲突。同时，从公司、部门到个人，目标需要上下一致。唯有如此，风险管理与公司绩效才能互为促进。

第四节　项目管理信息系统的建设

一、项目信息管理的内容

项目信息是指报告、数据、计划、安排、技术文件和会议等与项目具有联系的各种信息。信息的质量和及时性可能会影响项目的决策。项目信息具有信息量大、系统性强、传递渠道长等特点。项目信息的形式多样，包括但不限于谈话或会议等口头形式，以及技术资料和工作记录等书面形式。

通常而言，项目信息管理是对项目信息的收集、整理、处理、储存、传递与应用等一系列工作的总称，也就是把项目信息作为管理对象进行管理。项目信息管理的目的是根据项目信息的特点，有计划地组织信息沟通，以保证决策者能够及时、准确地获取所需的信息。在企业信息化普遍推行的背景下，项目信息管理一般借助于专业的项目管理信息系统来实现。

(一) 项目信息的收集、传递、加工与处理

1. 项目信息收集

项目信息收集是信息获取的源头，因此及时、有效地收集项目信息就变得至关重要。一般来讲，信息收集的主要方法有两个：一是直接到信息产生的活动现场调查研究；二是收集并整理已有的信息情报资料，间接地获取信息。

2. 项目信息传递

信息获取后要分门别类地通过正常的渠道有效地送达相关使用者。实际工作中，我们可以委派专人负责相关信息的传递，也可以通过电话、传真、会议等形式传递，在互联网普及的背景下，我们还可以借助办公自动化系统实现项目信息的及时传递。

3. 项目信息加工处理

信息的加工处理是指将收到的信息根据管理者不同需要，运用设备、技术、工具和方法对其进行科学的分析处理，并获得可利用、可复制的信息资料。对初始的原始信息的加工主要包括判断、分类整理、分析和计算、编辑和归档等几个方面的工作。

(二) 项目信息的分发

项目信息分发就是把所需要的信息及时地分发给项目的利益相关者，以供其及时做出决策。

1. 项目信息分发的依据

项目信息分发时，主要依据项目规划、岗位职责及公司内部控制体系，将相关的信息分发给合适的人。

2. 项目信息分发的渠道

除了前述可以采用自动化办公系统分发项目信息外，还可以采用常规的书面报告或者邮件系统。对于紧急情况或者非重要的信息，有时可能需要采用电话或者口头汇报的形式予以传递。当然，召开会议或者研讨等也是有效的信息传递方式。

3. 项目信息分发的过程及结果

对于项目信息分发的过程及结果，都应当遵循质量管理体系的要求采用适当的方式记录传递的过程。

(三) 项目报告

项目报告不但是项目管理过程中重要的一环，而且也是项目完成后的评价的主要材料之一。对于参与项目管理的财会人员而言，这也包含了管理会计报告的部分内容。实务中，如何将管理会计报告做到既实用又耐读？这需要技术与艺术的结合。财政部发布的《管理会计应用指引第 801 号——企业管理会计报告》融合了管理理论和企业最佳业务实践，对企业具有很强的指导意义。该指引确定了三个应用主体：战略层、管理层、运营层；然而并没有明确报告的维度。我们认为应当围绕公司战略、企业内部控制和风险管理、公司运营、财务和税务、社会责任等进行报告。当然，报告的目标可以界定为：战略明晰、内控完善、经营高效、绩效显著、口碑良好。具体的报告思路可以参考本书其他章节的相关内容。

(四) 项目信息归档

对于收集整理的相关项目信息，应当根据《档案法》并结合企业实际情况予以归档，保证项目信息档案的完整、及时和安全。同时，可以借助科技手段，将相关文档及时形成电子文档，这样，可以实现项目信息文档的高效存储、适用和安全。

二、项目信息管理的案例分析①

在 PPP 模式下，项目呈现出如下特点：投资额较大，实施周期长(不少于 10 年)，范围广，涉及的利益主体多。因此如何有效管理好 PPP 项目，满足项目规范运行，达到既定目标成为大家重点关注的问题。从管理学角度而言，“管理制度化，制度流程化，流程表单化，表单信息化”。这就是说，我们可以借助项目管理软件实现项目全生命周期的管理。那么在实务中，如何实施项目管理软件呢？笔者基于业务实践，探讨传统的项目管理软件如何适应 PPP 模式进行完善，以适应 PPP 管理的需要。

(一) PPP 项目急需合适的项目管理软件

目前，国内市场上虽然存在几款 PPP 项目管理软件，但是，经过了解和比较，发现主流项目管理软件很难全面适应 PPP 项目管理需求，还需要结合项目实际进行一定程度的二次开发，主要原因如下。

1. 适用主体不尽匹配

现有的 PPP 项目管理软件一般是从传统的项目管理软件转型而来，其应用主体原来主要是施工方或者建设单位。在 PPP 模式下，由于其利益相关方还包含了社会资本方、设计单位、监理、政府方甚至监管机构，客观上要求 PPP 项目管理适用的主体多元化。因此，需要兼顾不同使用者的诉求，在项目全生命周期内提升用户的满意度。另外，从 PPP 操作流程角度而言，也需要遵循财政部关于 PPP 开展时要求的 5 个阶段 19 个步骤，

① 赵团结，李振. 项目管理软件在 PPP 项目中的应用探索[J].中国管理信息化，2018(12)：38-40.

显然，传统的项目管理软件并不胜任。

2. 不能有效整合各方数据

从项目管理角度而言，由于国家存在多头管理的现状，例如，国家发展和改革委员会主管重大建设项目的审批，财政部主管地方政府的预算，其他部门可能因为管理需要还会介入项目的审批等。在上位法尚未出台的背景下，项目管理遵循的政策和规则是割裂的。此外，由于项目管理涉及多个环节，从政府立项、设计、施工、监理、验收等环节来看，存在着大量的数据，不同单位可能使用不同的管理平台，数据标准也不统一，导致项目管理出现“信息孤岛”现象，这在很大程度上导致了项目管理的重复投入和浪费，也制约了项目管理效率的提升。

3. 不能满足项目全生命周期的管理

一般而言，项目分为启动、规划、实施、移交和监控 5 个环节，每个环节还包括各项具体的工作。项目管理作为系统而复杂的管理工具，融合了经济、管理、工程、法律、财务、税务、金融等专业学科知识，需要项目开发团队具备综合的业务素质。现行的项目管理软件固然有其优点，但是从项目全生命周期来看，也存在明显的不足之处，尤其体现在项目的前期论证和项目的后评价环节。

4. 项目绩效评价体系不健全

PPP 项目的绩效评价是多维度的，既需要兼顾政府方、社会资本方和项目公司等主要利益相关者的满意度，还需要从 PPP 项目的创新、项目的运营、风险管理、财税管理等维度加以考虑。另外，绩效评价可以使用的工具包括成本效益法、挣值法、价值工程法等。PPP 的本质在于通过政府和社会资本的合作，以改变原来政府建设基础设施和提供公共产品(或服务)的方式，在提升项目效率的同时，从根本上满足社会民众的需求。因此，PPP 项目的绩效评价是多主体、多维度、多方法的，显然，传统的项目管理软件存在诸多不完善之处，急需改进。

(二) 某 PPP 的项目管理应用案例

项目管理软件的实施是一项非常复杂的过程，需要在了解各方需求的基础上，选择合适的软件产品，组建项目实施团队，进行二次开发，上线并持续完善等。

1. S 项目管理软件需求背景

沿用 S 项目公司的案例背景资料，为实现项目的科学、规范管理，有效提升项目公司效益，改善项目所在地智慧城市管理水平，提升项目参与方各方的满意度，将项目打造为国家级精品工程，公司决定在其中标的 S 项目实施项目管理系统。需要补充说明的是，合同内容涵盖了平安城市、智慧政务、智慧旅游、智慧电商、智能交通、大数据中心等业务。

2018 年年初，S 项目公司(以下简称 S 公司)经过认真调查和分析，决定采用与浪潮软件公司合作的方式，共同开发 PPP 项目管理软件。一方面，可以提升项目团队的水平，实现项目管理知识的转移。另一方面，可以开发出适合 PPP 项目管理的软件，以此增强项目管理的能力。

2. 项目管理系统的指导思想、规划原则、整体架构及主要功能

(1) 指导思想。

为实现上述管理目标，S 公司在项目管理系统实施中有以下三个指导思想：①满足 PPP 项目全生命周期管理。该项目管理系统不但能满足具体的子项目的实施过程管理，还需要将项目识别、项目执行阶段的过程文档予以导入，结合后期工程项目的设计、采购、施工、进度、质量、安全等一体化管理，实现整个 PPP 项目管理的集成。②实现项目业主和各分包商的协同管理。针对项目参与方众多的情况，通过建立科学的报告统计系统或者通过二次开发接口，能够统筹管理各项目参与方，减少项目重复投入，提升项目管理效率。③贯彻业财融合的理念。在实施项目管理软件的同时，有效整合公司财务、人力资源等系统，实现项目公司人力资源管理、资金投资、会计核算、税务筹划、绩效考核等的有机结合，打破传统的业务壁垒，真正实现业财一体化。

(2) 规划原则。

① 适用性。浪潮系统借鉴了国外软件的先进管理思想，并融合了 PPP 项目管理的要求，同时沉淀了浪潮多年来在企业信息化建设方面积累的经验，能够满足企业项目全过程管理的需要。

② 先进性。按国际上管理软件发展的趋势，浪潮系统以项目管理为主线，重在合同结算与项目成本的控制，辅助领导科学决策。采用一体化设计思路，从而实现最佳的业务流程，达到最大程度的数据综合利用，确保系统应用模型的先进性。同时，浪潮系统的技术平台基于浏览器/服务器体系结构，采用网络计算技术和分布式处理模式，支持大型关系型数据库，面向 Internet/Intranet，保证了技术上的先进性和前瞻性。

③ 集成性。浪潮系统中项目管理、合同管理、物资管理、预算管理、财务管理是在统一的 GSP 平台上开发的，各系统间无缝集成。同时浪潮系统拥有开放的接口，通过浪潮系统数据交换平台可以实现与第三方厂家的系统进行集成，保证数据共享。

④ 可扩充性。系统采用组件化的设计，易于扩充，可动态设置业务流和数据流，适应企业今后由于管理制度、机构设置、业务流程和管理要求发生变化而导致的业务重组，与客户未来的发展需要同步。

⑤ 安全性。采用大型关系数据库，有严格的安全控制和数据备份机制，可以确保数据安全可靠。首先，在运行环境方面，采用双机容错设置，可以不间断运行；其次，在网络配置上，对于未授权的入侵者，从企业网外部只可访问对外信息发布系统，保证内部各业务子系统的数据不被非法用户所获取；再次，在数据传输方面，采用先进的数据传输安全方案，保证网络数据传输安全；最后，在应用软件的设计上，强化职责和权限管理功能，具有多级安全机制。通过职责和权限控制，所有人员只能进入自己有权限的核算单位和系统、操作有权限的功能、查看自己有权限的数据，并建立完善的日志管理，做到所有操作都有据可查。

⑥ 易用性、可维护性。提供友好的用户界面，为各种不同职责人员提供不同的界面，提供常用、易用的操作风格，便于系统使用、维护和管理。采用集中式系统建设，

所有的数据和软件都可以实现集中维护、集中管理，同时也包括硬件系统的维护和管理。

(3) 整体架构。

项目管理系统应当是以项目进度计划为主线，以投资控制为核心，以合同管理为载体，以质量和安全管理控制为保障，与财务管理、合同管理高度融合的信息化管理平台。通过与企业各信息化集成应用实现项目全周期管理，实现企业各管理层及业务职能单元的全方位监控及运作。从而建立基于项目组织为维度的项目管理信息化平台，准确、高效的管理企业经济活动，合理控制企业风险。

基于此，项目管理软件包括了人力资源管理系统、合同管理、成本控制、进度管理、分包管理、质量管理、安全管理、文档管理、综合事务管理等。同时，该项目管理软件与会计软件可以实现数据共享。最后，为了培养 PPP 项目人才，开发知识学习模块，将项目所涉及的规章制度、行业最佳实践、相关理论等收集整理，供大家日常参考。项目管理系统的整体架构如图 4-4 所示。

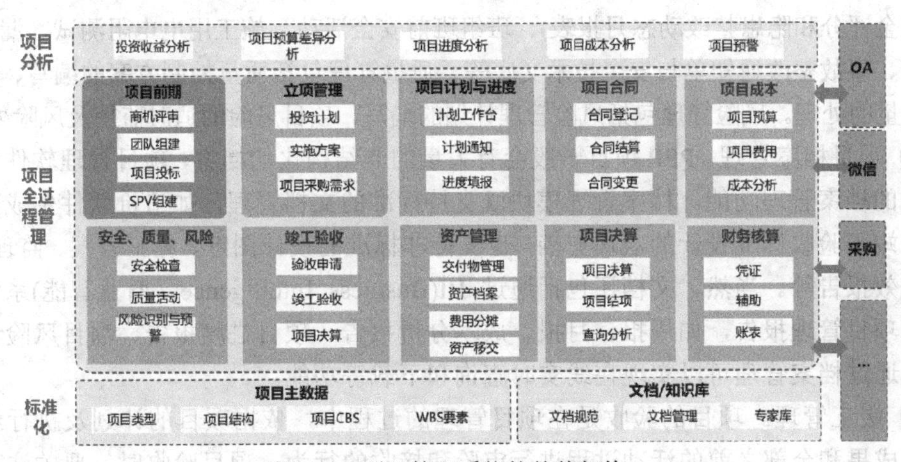

图 4-4 项目管理系统的整体架构

(4) 主要功能。

该系统的主要功能简要介绍如下。

① 项目前期管理。该功能包括项目商机评审、团队建设、招投标以及其他立项准备活动。支持前期流程的可配置。

② 项目立项管理。该功能具体包括年度投资计划的管理，立项单的管理(即年度投资计划批复后，通过项目立项单，正式创建项目，管理项目的基本信息，包括项目编号、名称、项目实施单位、项目经理、项目计划日期、项目计划截止日期、项目主要交付物、项目团队等信息。可以将实施方案做文档附件进行管理)，项目团队成员的调整，项目预算的编制，项目采购需求(按照项目的实施计划，如果计划任务是采购任务，可以发起采购需求，审批通过后，传送至采购管理)等。

③ 合同管理体系。合同是各方业务开展的起点，也是风险管理的基础。基于此，结合财政部、发改委等相关部门对 PPP 管理的要求，融合了世界银行、亚洲基础设施投资银行、FIDIC 条款(指国际咨询工程师联合会制定的工程施工相关合同)等国际项目管

理经验，从而合同既符合国家现行规定，又体现了国际视野。

④ 项目进度管理。支持多级别的主体计划，通过 WBS(Work Breakdown Structure，工作分解结构)，将项目目标逐级进行分解，可以制定项目实施节点，通过动态的检查进度计划及时收集实际进度数据。同时，针对出现的项目进度偏差，能够利用鱼骨图等工具分析差异产生的原因并采取相应的纠偏措施，从而实现对项目实施过程的进度控制。

⑤ 项目分包管理。针对具体的子项目，通过 CBS(Cost Breakdown Structure，成本分解结构)，编制不同子项目的预算并定期结合内外环境的变化及时修订，用于指导项目的分包。项目分包时，在保证质量和安全及工期的前提下，通过公开的招投标、邀请招标、竞争性谈判、竞争性磋商、单一来源采购等采购方式选择合适的分包商。实际执行中，该模块可以实现动态的过程控制，包括分包工程的形象进度、成本进度、质量和安全状况等。

⑥ 安全、质量和风险管理。安全管理包含定期安全检查(包括施工评分表及评分汇总表、安全评分和隐患整改动态月报表)、班组班前安全活动、施工用电电阻测试、漏电保护器检测、事故整改通知单与安全技术交底等。质量管理包括质量控制方案的编写、质量记录、质量的处理。风险管理包括风险管理计划的编写、项目风险的适时监控及风险处理等。

⑦ 项目档案管理。PPP 项目一般会有大量的非结构化的档案，项目管理软件需要具备良好的档案管理功能。档案管理模块既支持标准的文档管理，如造价软件生成的文档和根据竣工验收标准设计的监理文档，也支持非标准的设计图纸、施工方案、监理方案、项目绩效报告等。当然，文档还包括通过 BI(Business Intelligence，商业智能)系统生成的各种项目管理报告，如周报、月报、成本分析报告、项目进度报告、项目风险预警报告等，通过档案管理可以实现在线实时查询和下载等功能。

⑧ 竣工管理。项目的验收是在项目管理的过程中，依据项目的计划及执行结果，对项目成果和全部之前的活动过程进行审验和接收的行为。项目验收时，要关注项目的起点和终点、项目的成果及相关标志等。

⑨ 资产管理。对项目建设过程中或验收后交付的设备、设施等交付物进行登记，并对符合条件的交付物进行交割处理。

⑩ 运营管理。对项目进入运营状态后的全程管理，包括与财务系统的整合。

(5) 业务流程。

围绕项目的业务价值链，对项目管理业务流程整体规划如图 4-5 所示。

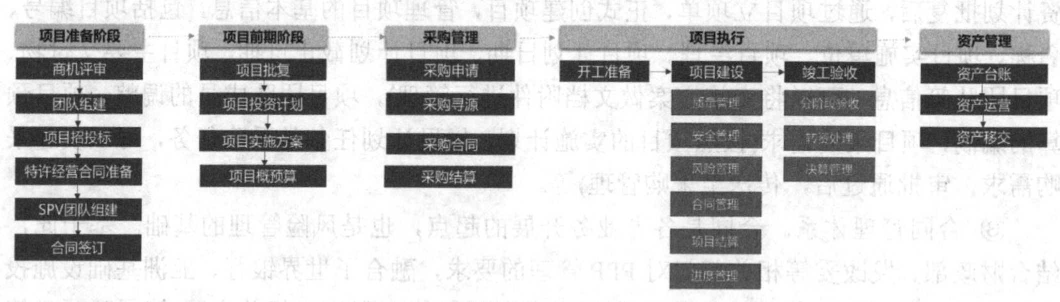

图 4-5　项目业务流程整体规划

(6) 数据流程。

系统总体设计时不仅要规划好项目管理系统各子系统内、各子系统之间的业务流程，还需要规划好数据流程，基于业务规划及管控需求，浪潮初步为来凤大智物云设计的数据流程整体框架如图 4-6 所示。

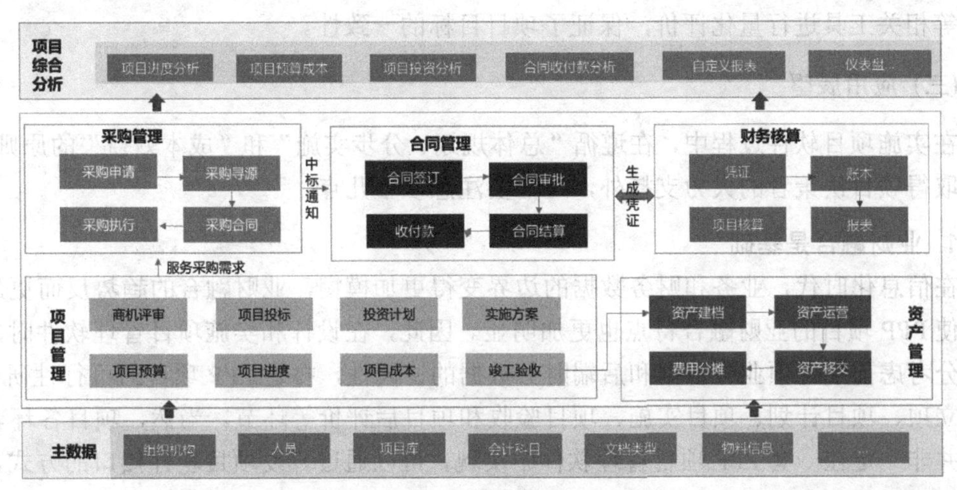

图 4-6　项目数据流程整体规划

建立集中统一基础数据管理标准，包括组织、人员、会计科目、项目等主数据，对人员、服务商、资产、物料等基础数据设置统一的编码管理，实现基础数据的标准化，为财务管控、项目管控系统提供基础数据服务。

项目过程中的采购服务需求传递采购系统，进行采购寻源，中标通知数据传递合同管理系统，形成服务采购合同。同时，服务采购合同依据项目进度，进行合同收付款，收付款数据形成财务凭证。

项目竣工验收后，进行转资处理，形成固定资产卡片，移交后，费用摊销数据形成财务凭证。

基础数据管理及各业务系统为项目分析提供进度、预算、成本分析等所涉及的维度数据和业务指标。

3. 主要特色

在项目设计时，项目团队充分运用了企业内部控制和风险管理的理念，具有鲜明的 PPP 项目特色。

(1) 建立项目风险管理矩阵和主要业务流程。根据财政部相关文件，建立了 5 个阶段 19 个步骤的风险矩阵，包括每个步骤的目标、主要风险点、主要控制点、执行主体、制度依据、产出文件等。从总体上明确了 PPP 项目管理的重点。同时，结合主要的项目业务，拟定了业务流程图，用以指导日常业务的开展。

(2) 建立项目风险预警机制。PPP 模式下，最大的风险主要来自于风险的分配及其日常管理。除了根据“谁能控，谁承担；不可控，共同担”的原则在政府方、社会资本方和项目公司之间分配风险外，还建立了风险计分卡管理体系，通过风险的量化实时监控和管理。

(3) 建立项目管理绩效体系。为完善项目绩效管理，运用平衡计分卡的理念，在项目合同签订阶段就制定了项目公司整体的绩效管理体系。在项目实施的不同阶段，在整体绩效体系下，再拟定具体的绩效考核目标，通过挣值法、满意度调查或者第三方独立评估等相关工具进行量化评价，保证了项目目标的一致性。

(三) 应用展望

在实施项目软件过程中，在遵循“总体规划、分步实施”和“成本效益”的原则下，除了取得项目决策者的大力支持外，还需要注意以下几点。

1. 业财融合是基础

在信息化时代，业务和财务数据的边界变得更加模糊，业财融合的趋势反而更加明显，使 PPP 项目的业财融合特点也更加明显。因此，在设计和实施项目管理软件时，需要充分考虑前端各项业务数据和后端财务数据的协同性，打通 PPP 项目的可行性研究、项目立项、项目计划、项目实施、项目验收和项目后评价等环节。当然，项目各环节的功能并非一定在一套 PPP 项目管理软件中实现，可以通过开发项目软件接口的方式，实现各管理平台数据的访问和交流。

2. 绩效考核是导向

从管理学角度而言，“你想得到什么就需要考核什么”，这对于 PPP 项目也是适用的。为了达到既定的项目管理目标，也需要做好绩效考核工作。这需要从不同的角度入手。首先，从考核的主体讲，PPP 项目核心的主体有政府方、社会资本方和项目公司，各方关注点不同。因此，需要从政府方和社会资本方在签订 PPP 项目合同时就需要明确项目公司运行中的考核体系。其次，从项目生命周期讲，每个阶段所关注的考核要点是不同的。需要结合项目每个阶段的特点予以分解并保持前后的一致性，做到纲举目张，不重不漏。最后，项目的后评价必不可少，这不单是算总账，而且通过单个项目的回顾，对于今后其他类似项目更具有可参考性。

3. 风险管理是重点

PPP 项目的风险管理成功与否直接关系到项目的成败，这主要是因为在长达 10 年以上的项目实施过程中，存在着诸多不确定性。对于项目风险，在风险识别阶段一般会制作风险矩阵图，描述每个项目阶段的目标、主要风险点及其发生的概率、相应的风险防范措施、风险管理的主体及管理的政策(或制度)依据等。在后续项目运行中，还需要通过风险预警的方式实时提供风险状态，以密切关注风险的变化。同时，对于一些突发的风险因素，也需要拟定应急措施，以将风险发生的影响降至项目公司可以容忍的程度。

4. 数据安全是关键

在大数据时代，数据的安全是不容忽视的一个问题。PPP 项目的数据量大而且可能发布到不同的运用主体中，因此建立数据分享的分级授权体系是保证数据安全的源头。在建立 PPP 项目数据库时，从技术手段把关保证数据的安全是最基本的要求，除了做好数据的异地备份之外，在项目日常运行时还需要做好数据交换的规则及其检验工作，从源头保证数据的真实性、有效性和完整性。项目档案的管理是PPP项目数据安全的重要一环，需要根据档案法的要求及时归档、上传、备份、移交等。总之，数据的安全关系到一个公司甚至国家的信息安全，需要高度重视，这也是促使PPP项目实施项目管理信息化的重要原因之一。

5. 持续完善是原则

项目管理重在过程管理，也是一个持续完善的过程。因此，在项目管理软件运行过程中，除了需要关注其日常运行的安全性和稳定性之外，还需要根据项目的管理需求不断优化并完善其功能。其实，迫使项目管理软件不断进步的因素还包括技术的进步和相关政策的要求。例如，从技术角度而言，数据云的运用在减少企业对服务器投入的同时，也加大了对其安全性的考核。在项目运行时，需要充分关注这些外部因素的变化，不断提升项目管理软件的功能，以最优化实现既定的项目管理目标。

本章小结

从管理视角来看，大家通常遵循“管理制度化，制度流程化，流程表单化，表单信息化”的思路，也即通过运用专门的知识工具和方法将复杂的事情简单化。就项目管理而言，即通过对项目管理过程的有效分解，将其标准化、流程化和模块化。本章的重点虽然在于项目管理信息化，但读者一应当对项目管理的一般知识有所了解和熟悉，这也是业财融合的一个体现。同时，“授人以鱼不如授人以渔”，在实施信息化时，我们分享了自己的经验和体会，初衷在于给读者一些启发和思考。而这些经验和教训也许比详细介绍项目管理软件本身更为重要。当然，读者如果需要，可以通过网络或书籍等渠道获得更多的项目信息化资讯。

关键名词

项目　项目管理　项目生命周期　项目管理知识领域　项目信息　PPP项目　风险　风险管理

思考题

1. 什么是项目？项目有什么特点？
2. 什么是项目管理？项目管理通常可以分为哪些管理过程组？
3. 项目管理知识领域有哪些具体内容？

4. 风险的含义是什么？风险管理的原则是什么？
5. 项目信息管理的内容有哪些？
6. 风险管理的一般程序是什么？
7. 常见的风险管理策略有哪几种？

案例分析

案例背景：

M公司是一家国资委所管辖的中央特大型企业的子公司，主要从事冶金行业的EPC(工程总承包)业务。从成立到2001年，已经成为业内领先的专业化公司，年营业额达到10亿元左右，从业人员也达到了500人。

但是，随着公司规模的扩张，公司的信息化也遇到了挑战。原来散见于公司各业务部门的信息不但不成体系，而且经常由于口径不一致导致部门间的工作重复。最为重要的是，由于“信息孤岛”现象的存在，导致管理层在决策中出现困惑。为此，M公司决定实施ERP项目，以规范和提升公司的信息化水平。

经过实施顾问的调研，确认M公司的核心价值链后，实施顾问建议公司实施包括ERP在内的三个产品。通过三者之间的接口，实现企业信息化的集成和提升。为了推进项目的顺利实施，实施顾问和M公司联合成立了ERP小组，M公司派出了信息部的主管领导全权负责实施及协调事宜，日常事务则由信息部具体负责，各业务部门也具体指派了经办人员。

由于M公司牵涉到的业务周期长、地域广，如何有效地解决单据和实物的流转成为公司重点解决的问题。否则，便不能实现公司业务的及时准确核算。为此，公司设立了虚拟仓库，重点关注纸质单据的及时处理。另外，为了及时审批，M公司还开通了VPN远程登录权限。

经过3个月的宣传和培训，M公司开始全面配合实施顾问进行需求调研及确认。此后，又历经3个月，M公司的三个产品基本上线。

然而，ERP对于M公司的业务核算并不理想。对此，公司内部分析有以下几个方面的原因：首先，该ERP产品来源于我国台湾地区，由于ERP产品中各项用语本地化不够，导致理解和操作困难。其次，业务单据流转不顺畅。由于业务经办人员常常出差，不能及时将单据传递给公司，导致核算很不及时。运行大概6个月后，由于工程项目所需物资及其业务单据流转不及时，导致试行的工程项目和实际状况出现较大差距，同时经对比原会计核算软件对现有工程项目的核算，也出现了较大差异。由此导致M公司对当时ERP产品的不信任，逐渐导致ERP项目的放任自流。至此，M公司不得不宣布实施ERP失败。

请思考：

M公司ERP项目实施失败的主要原因有哪些？如果您是M公司ERP的项目经理，应如何规避这些问题？

第五章

绩效管理

【学习目标】

了解绩效评价的常用工具，包括关键绩效指标法、经济增加值法、平衡计分卡、绩效棱柱等。熟悉每种方法的优缺点，明确实务工作中需要将其结合应用。无论使用何种方法，在建立绩效考核体系时，都需要综合考虑财务指标和非财务指标，遵循企业的战略导向。通过本章学习，重点掌握对绩效评价的需求分析，以表单的形式实现平衡计分卡的应用，并且借助信息化的手段将其有效地运用到企业实践中。

第一节　企业绩效评价的基本概念和主要模式

一、绩效评价的含义

绩效(Performance，也称为业绩)主要包括两层含义，一是企业的整体业绩，即经营业绩；二是经营者的努力程度的结果，即管理业绩。绩效评价中的“评价”则通常被认为是为达到一定的目的，运用特定的指标，比照特定的标准，采取特定的方法，对事物做出价值判断的一种认识活动。正如前面所述，业绩评价就是按照企业目标设计相应的评价指标体系，根据特定的评价标准，采用特定的评价方法，对企业一定经营期间的经营业绩做出客观、公正和准确的综合判断。

实际上，绩效评价是企业绩效管理的一部分。企业绩效管理(Corporate Performance Management)是 Gartner Group 提出的一个管理概念。企业绩效管理是用于监控和管理企业绩效的方法、准则、过程和系统的整体组合，是整个企业运营的单一视图。它涉及企业商务规划、运营管理、财务管理和绩效管理，由平衡计分卡、商务分析、财务预算和财务报告、竞争优势分析、企业内部流程等组成，以整体一致的形式表现出来。

2017 年 9 月财政部发布的《管理会计应用指引第 600 号——绩效管理》认为，绩效管理是指企业与所属单位(部门)、员工之间就绩效目标及如何实现绩效目标达成共识，并帮助和激励员工取得优异绩效，从而实现企业目标的管理过程。绩效管理的核心是绩效评价和激励管理。而绩效评价，是指企业运用系统的工具方法，对一定时期内企业营运效率与效果进行综合评判的管理活动。绩效评价是企业实施激励管理的重要依据。

二、业绩评价的发展历程

业绩评价伴随着现代公司制度的建立与发展已经有了较长的历史，最典型的是美国杜邦公司。杜邦公司的执行委员会在20世纪初就采用了投资报酬率(ROI)的方法来评价其分部业绩。为了解决 ROI 指标的缺陷，GE 公司发展并设计了剩余收益(RI)指标；到20世纪末，Stern Steward 公司在RI的基础上延伸出了EVA指标。但是，相对于业绩评价实务而言，业绩评价理论出现则较晚。在西方，直到20世纪40年代，责任会计的理论和方法才成熟起来，这标志着责任中心业绩评价理论体系的建立。我国业绩评价体系的研究，是从20世纪50年代开始的。当时，国家开始推行企业经济核算制，相应地，企业内部也开展了班组经济核算，这可以说是我国业绩评价的萌芽。此后，以统计和财政部门为主，全国性的经济效益考核指标体系得以建立并不断完善。1999年，财政部、国家经济贸易委员会、人事部、国家发展计划委员会联合颁布《国有资本金效绩评价规则》，使我国企业业绩评价理论体系更加科学。迄今为止，对于企业业绩评价的理论研究形成了多个视角，但始终没有形成一个系统的理论框架。

与业绩评价密切相关的理论从经济学角度讲主要有委托—代理理论、利益相关者理论；从管理学角度讲，主要有控制理论、组织行为理论、战略管理理论、目标管理理论等。这些理论对企业业绩评价具有直接或间接影响，从不同角度涉及企业业绩评价。但是，仅就企业评价而言，其核心理论应该包括业绩评价主体、业绩评价目标、业绩评价客体、业绩评价标准、业绩评价方法、业绩评价报告等。它们之间的关系可以用图 5-1 表示。

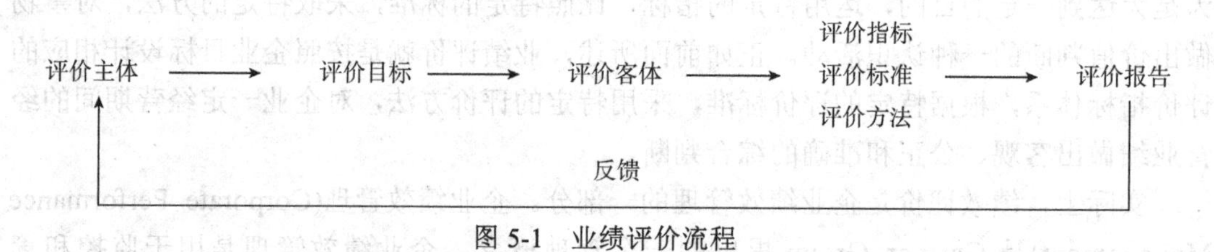

图 5-1　业绩评价流程

注：王化成，刘俊勇，孙薇. 企业业绩评价[M]. 北京：中国人民大学出版社，2004.

1. 评价主体

从业绩评价的产生及发展来看，它是为解决经济活动中因委托代理关系矛盾而建立的。这些矛盾主要存在于资产所有者(委托人)和经营管理者(代理人)之间，也存在于政府部门及其他利益相关者之间。因而，企业业绩评价的主体包括资产所有者、经营管理者、政府部门及其他利益相关者。

2. 评价目标

评价目标是根据主体的需求确定的，是整个业绩评价系统的设计指南。目标是变化的，它会随着社会经济环境、企业不同的发展阶段等而调整。

3. 评价客体

客体是由评价主体根据需要确定的，一般包括整个企业、部门、经营管理者和普通员工等。从责任会计的角度看，评价客体应该是责任中心，包括成本中心、利润中心和投资中心等。

4. 评价指标

它是业绩评价的依据，一般根据客体的特性并按照管理工程的要求去设计。业绩评价指标一般包括财务指标和非财务指标。

5. 评价标准

评价标准因评价目标、范围等不同而具有相对性、变化性。目前常见的评价标准有历史标准、预算标准、竞争对手标准、经验值等。

6. 评价方法

评价方法是企业业绩评价的具体手段。根据评价指标和评价标准的不同，可以选择相应的方法。

7. 评价报告

它是评价系统的总结，通过分析评价企业的业绩，可以发现企业现存的问题，提出防范措施和改进建议等。

总之，为了平衡主观性要求与客观实际的矛盾，在设计评价指标体系时，应注意使其与企业目标保持一致、财务指标与非财务指标相结合、定量指标与定性指标相结合、评价指标数量要适当。

三、绩效评价的一般原则

企业进行绩效管理，一般应遵循以下原则。

(1) 战略导向原则。绩效管理应为企业实现战略目标服务，支持价值创造能力提升。

(2) 客观公正原则。绩效管理应实事求是，评价过程应客观公正，激励实施应公平合理。

(3) 规范统一原则。绩效管理的政策和制度应统一明确，并严格执行规定的程序和流程。

(4) 科学有效原则。绩效管理应做到目标符合实际，方法科学有效，激励与约束并重，操作简便易行。

四、企业绩效评价的主要模式

模式是指“某种事物的标准形式或使人可以照着做的标准样式”[①]。本文以评价指标为划分标准，将业绩评价指标体系划分为：财务模式、价值模式和战略模式。

(一) 财务模式

虽然财务评价是传统的业绩评价模式，但事实上它仍是非常重要的方法，也是不少企业迫切需要的。从20世纪初的沃尔评分法到杜邦分析评价法，都确立了财务指标评价的核心地位。直到今天，这两种方法，尤其是后者仍然受到许多专业分析人士的青睐。

财务评价系统中所使用的业绩指标主要是从会计报表中提取，具有较强的可比性和客观性。但是由于其具有短期性、滞后性、单一性和可调控性，造成了它无法及时反映公司战略的执行情况，也无法反映出财务指标和其他非财务指标之间的因果关系。同时，单纯的财务指标评价核算体系也可能使外部报表使用者无法全面分析企业的财务状况、发展趋势及需要重点关注的经营风险，可能导致其决策失误。

(二) 价值模式

随着企业利益主体的多元化，企业管理的目标也随之折中为最大限度地实现企业长期稳定发展和企业总价值的不断增长。基于此，企业的经营成果和经营管理应以最大限度地实现各利益集团的目标为己任，各利益集团的目标最大化，就是企业绩效的最大化。实际上，价值模式的企业业绩评价正是基于利益相关理论而产生的。

价值模式的企业业绩评价指标主要反映为经济增加值(简称为EVA)，EVA指扣除了股东所投入的资本成本之后的企业的真实利润。其最主要的特征就是注重资本费用。由于考虑了包括权益资本在内的所有资本的成本，它能更好地体现企业在某个时期新创造的财富。但是，该指标的计算过程较为复杂，机会成本等指标又带有很强的主观色彩，所以使用起来有一定的局限性。

(三) 战略模式

业绩评价系统在制定战略、评价公司目标的实现及支付管理人员薪酬方面起极其关键的作用。无论从实践还是从理论方面来讲，均需用非财务指标来补充。因为非财务指标与公司的长期战略有着更密切的联系，还可以反映出公司财务报表之外的许多“无形资产”，有利于克服企业的短期行为，从而促进企业长期健康地发展。

非财务指标考核体系有六西格玛(6σ)方法，所谓6σ法，即是从顾客的角度出发，寻找决定品质的关键因素，采用科学的方法，实现100万个产品中只有3～4个次品的完美品质。可以看出，6σ法追求的是一种接近完美的品质。

另外，美国的鲍德里奇国家质量计划《卓越绩效准则》提出了包括领导、战略计划、

① 中国社会科学院语言研究所词典编辑室. 现代汉语词典[M]. 北京：外语教学与研究出版社，2002.

顾客与市场、测量分析与知识管理、人力资源、过程管理、经营成果 7 个类目(Categories)及 19 个条目(Items)和 33 个要点(Areas)组成的准则体系，以期成为组织评价自身管理水准和引导内部工作的依据。

但是，运用最为成功的则是平衡计算分卡(BSC)。BSC 从出现之初的业绩评价体系到后来发展为战略管理工具，为实务界所逐步认可并推广，本文后面将详细阐述 BSC。

上面三种模式的比较可以通过表 5-1 简要归纳。

表 5-1 业绩评价模式比较

项目	财务模式	价值模式	战略模式
评价目标	提高生产效率、提高产品质量	为股东创造价值	为利益相关者创造价值
评价指标	财务指标、会计基础、ROI、ROE	修正的财务指标、市场基础、EVA	多维业绩指标、利益相关者基础、财务与非财务指标
评价标准	预算标准、行业标准、历史标准	长期计划标准	竞争标准

通过上表我们可以发现，无论财务模式或是价值模式，都是以财务指标为核心的业绩评价体系。它们注重结果的反映，不能全面地反映经营过程中的问题并进行分析和管理，更不能与组织的战略目标实现有机地结合。这可能促使企业过分追求并维持短期的财务结果，导致企业过度投资于短期行为，而对创造长期价值的活动投入不足，尤其是对创造企业未来持续成长的无形资产和知识资产投资的不足。

相比而言，战略模式下的 BSC 体系涵盖了财务、客户、内部流程、学习与成长 4 个维度，它可以帮助企业高层管理者把公司的愿景及战略转变为日常管理中能够操作的一系列具体的指标。它能够使企业的长短期目标、结果和动因之间达到平衡，从而使企业更好地发挥其核心竞争力，为其利益相关者持续创造更多的价值。

第二节 企业绩效评价的主要方法

一、关键绩效指标

关键绩效指标法，是指基于企业战略目标，通过建立关键绩效指标(Key Performance Indicator，KPI)体系，将价值创造活动与战略规划目标有效联系，并据此进行绩效管理的方法。关键绩效指标，是对企业绩效产生关键影响力的指标，是通过对企业战略目标、关键成果领域的绩效特征分析，识别和提炼出的最能有效驱动企业价值创造的指标。

关键绩效指标法可单独使用，也可与经济增加值法、平衡计分卡等其他方法结合使用。关键绩效指标法的应用对象可为企业、所属单位(部门)和员工。

相对于传统的以财务指标为考核中心的绩效考核体系而言，KPI 体系不仅拓宽了考核对象，涵盖了财务指标和经营指标等。更为重要的是，对于执行企业战略的关键业绩指标予以量化。从而不但为员工考核提供了依据，而且也推动了公司战略的实施。

(一) 应用原理分析

KPI 的主要理论基础是帕累托原理，即“二八原理”。该原理认为，在特定的群体中，重要的因子通常只占少数，而不重要的因子则常占多数，只要控制住重要的少数，即能控制全局。故此，KPI 指标着重于影响企业的关键成功因素，并将其从上至下层层分解，从而保证了公司战略目标的实现。

(二) 评价重点分析

KPI 确定的前提是关键成功要素分析，而关键成功要素则根据公司的战略规划确定。同时，根据每年经营工作重点的不同来选择相应的 KPI 指标。由此可见，KPI 侧重于直接影响当年经营策略的因素。

(三) 操作方法分析

企业应用关键绩效指标法，一般按照制订以关键绩效指标为核心的绩效计划、制订激励计划、执行绩效计划与激励计划、实施绩效评价与激励、编制绩效评价与激励管理报告等程序进行。

企业通常按《管理会计应用指引第 600 号——绩效管理》第十条所规定的管理活动制订绩效计划，包括构建指标体系、分配指标权重、确定绩效目标值、选择计分方法和评价周期、拟定绩效责任书等。

(四) 指标体系分析

企业构建关键绩效指标体系，一般按照以下程序进行。

1. 制定企业级关键绩效指标

企业应根据战略目标，结合价值创造模式，综合考虑内外部环境等因素，设定企业级关键绩效指标。

2. 制定所属单位(部门)级关键绩效指标

根据企业级关键绩效指标，结合所属单位(部门)关键业务流程，按照上下结合、分级编制、逐级分解的程序，在沟通反馈的基础上，设定所属单位(部门)级关键绩效指标。

3. 制定岗位(员工)级关键绩效指标

根据所属单位(部门)级关键绩效指标，结合员工岗位职责和关键工作价值贡献，设定岗位(员工)级关键绩效指标。

企业的关键绩效指标一般可分为结果类和动因类两类指标。结果类指标是反映企业绩效的价值指标，主要包括投资回报率、净资产收益率、经济增加值、息税前利润、自由现金流等综合指标；动因类指标是反映企业价值关键驱动因素的指标，主要包括资本性支出、单位生产成本、产量、销量、客户满意度、员工满意度等。

(五) 评价用途分析

在企业实践中，KPI 主要运用于员工的薪酬发放和调整、员工的考核和晋升、员工个人素质和能力的提高、部门业绩的改善等。实际上，KPI 不但有助于企业绩效的改进，而且有助于形成良好的社会效应。

(六) 主要优缺点

关键绩效指标法的主要优点：一是使企业业绩评价与战略目标密切相关，有利于战略目标的实现；二是通过识别的价值创造模式把握关键价值驱动因素，能够更有效地实现企业价值增值目标；三是评价指标数量相对较少，易于理解和使用，实施成本相对较低，有利于推广实施。

关键绩效指标法的主要缺点：关键绩效指标的选取需要透彻理解企业价值创造模式和战略目标，有效识别核心业务流程和关键价值驱动因素，指标体系设计不当将导致错误的价值导向或管理缺失。

二、经济增加值

(一) 经济增加值的概念

经济增加值法，是指以经济增加值(Economic Value Added，EVA)为核心，建立绩效指标体系，引导企业注重价值创造，并据此进行绩效管理的方法。EVA 指税后净营业利润扣除全部投入资本的成本后的剩余收益。经济增加值及其改善值是全面评价经营者有效使用资本和为企业创造价值的重要指标。经济增加值为正，表明经营者在为企业创造价值；经济增加值为负，表明经营者在损毁企业价值。EVA 法较少单独应用，一般与关键绩效指标法(KPI)、平衡计分卡(BSC)等其他方法结合使用。

(二) EVA 的理论渊源

EVA 的理论渊源出自于诺贝尔奖经济学家默顿·米勒和弗兰科·莫迪利亚尼 1958 年至 1961 年关于公司价值的经济模型的一系列论文。从最基本的意义上讲，经济增加值是公司业绩度量指标，与大多数其他度量指标不同之处在于：EVA 考虑了带来企业利润的所有资金成本。EVA 传递了这样明确的思想：注重成本费用是 EVA 的明显特征。经济增加值是公司业绩的一个重要的综合性评价指标，它表明公司在稀缺资源的分配、管理和再分配以实现公司的净现值，进而使股东财富实现最大化方面已经取得了怎样的成功。同时，它也表明了管理层使市场相信公司的长期发展趋势，因为市值反映的是对公司未来盈亏状况的预期，好的公司管理者能够使公司的经济增加值持续增长。

《财富》杂志高级编辑 AI·诶巴著书说：EVA 是现代管理公司的一场革命，一场真正的革命。他指出：EVA 不仅仅是一个高质量业绩指标，还是一个全面财务管理的架构，也是一种经理人薪酬的奖励机制，它可以影响一个公司从董事会到基层的所有决策，EVA

可以改变企业文化。EVA 改善了组织内部每一个人的工作环境。EVA 可以帮助管理人为股东客户和自己带来更多的财富。

(三) EVA 指标体系的构建

经济增加值法指标体系通常包括经济增加值、经济增加值改善值、经济增加值回报率、资本周转率、产量、销量、单位生产成本等。

构建经济增加值指标体系，一般按照以下程序进行。

1. 制定企业级经济增加值指标体系

应结合行业竞争优势、组织结构、业务特点、会计政策等情况，确定企业级经济增加值指标的计算公式、调整项目、资本成本等，并围绕经济增加值的关键驱动因素，制定企业的经济增加值指标体系。

2. 制定所属单位(部门)级经济增加值指标体系

根据企业级经济增加值指标体系，结合所属单位(部门)所处行业、业务特点、资产规模等因素，在充分沟通的基础上，设定所属单位(部门)级经济增加值指标的计算公式、调整项目、资本成本等，并围绕所属单位(部门)经济增加值的关键驱动因素，细化制定所属单位(部门)的经济增加值指标体系。

3. 制定高级管理人员的经济增加值指标体系

根据企业级、所属单位(部门)级经济增加值指标体系，结合高级管理人员的岗位职责，制定高级管理人员的经济增加值指标体系。

(四) EVA 绩效评价的应用

经济增加值管理系统的核心是经济增加值与薪酬挂钩，它赋予管理者与股东一样的关于企业成功与失败的心态。由于像回报股东那样去回报管理人，经济增加值奖励计划使管理人具有同股东一样的思维与动力。经济增加值奖励计划的思维是：按照经济增加值的一个固定比例来计算管理人的货币奖金，即把增加值的一部分回报给管理人，而且奖金不封顶。如果办法固定不变，企业员工也能按经济增加值的比例获得一部分奖励。如此，经济增加值奖励计划把股东、管理者和员工三者利益在同一目标下很好地结合起来，使职工能够分享他们创造的财富，培养良好的团队精神和主人翁意识。

(五) EVA 的主要优缺点

与传统的业绩评价体系相比，EVA 经济增加值法主要优点是：考虑了所有资本的成本，更真实地反映了企业的价值创造能力；实现了企业利益、经营者利益和员工利益的统一，激励经营者和所有员工为企业创造更多价值；能有效遏制企业盲目扩张规模以追求利润总量和增长率的倾向，引导企业注重长期价值创造。具体如下。

1. 能真实反映企业经营业绩

考虑权益资本成本是 EVA 指标最具特点和最重要的方面。利润指标不考虑隐含的资金占用成本，它仅仅使用了公司经营的部分信息来评价公司，因而是片面的；EVA 则考虑了所使用的全部资本，充分利用公司提供的全部公开信息来评价公司，因而更加全面。

2. 能尽量剔除会计信息失真的影响

对 EVA 来说，尽管传统的财务报表仍然是进行计算的主要信息来源，但是它要求在计算之前对会计信息来源进行必要的调整，以尽量消除公认会计准则所造成的扭曲性影响。

3. 将权益成本与企业决策联系在一起

EVA 指标有助于管理者将两个基本财务原则融入企业经营决策中：①企业的主要财务目标是股东财富最大化；②企业的价值依赖于投资者预期的未来利润能否超过资本。

4. 注重企业的可持续性发展

EVA 不以鼓励牺牲企业长期发展的代价来夸大短期效果，而是着眼于企业的长远发展，鼓励企业的经营者进行能给企业带来长远利益的投资决策。

经济增加值法主要缺点：一是仅对企业当期或未来 1～3 年价值创造情况的衡量和预判，无法衡量企业长远发展战略的价值创造情况；二是计算主要基于财务指标，无法对企业的营运效率与效果进行综合评价；三是不同行业、不同发展阶段、不同规模等的企业，其会计调整项和加权平均资本成本各不相同，计算比较复杂，影响指标的可比性。

三、平衡计分卡

虽然业绩评价属于战略实施和控制环节，但是关键业绩指标的设计必须与企业的战略紧密结合。同时，业绩评价对战略规划也提出了相应的要求，即战略目标可以量化，否则，不管战略规划中涉及的指标是财务指标还是非财务指标，都不具有可操作性。简而言之，一套科学的业绩评价体系是企业成功执行企业战略的有效保证。它通过对企业关键成功因素的适时检测，向管理层及时反馈企业战略的执行情况。传统的业绩评价指标主要是财务指标，如利润总额和投资报酬率等。不可否认，在工业时代，这些财务指标可以用来评价企业使用资本为股东创造价值的效率和效果。但是，随着信息时代的到来，一些非财务指标对于企业持续、稳定的发展更为重要。例如，雇员的专业技术水平和满意度，高质量的产品和服务，高效率的生产工序和忠诚的客户等。很明显，这些指标通常是被排除在企业的财务决算报表之外的。在此背景下，平衡计分卡(Balanced Score Card，BSC)应运而生。

(一) 发展历程

1990 年，卡普兰和诺顿开始合作研究项目，该项目主要是为了开发有关跨国公司的组织业绩衡量的新方法。当时他们已经关注到仅仅用财务会计系统无法衡量企业的绩效，还应当引入无形资产相关的考核指标。这个项目的研究为 BSC 的提出奠定了良好的实践基础。

1992 年，卡普兰和诺顿在总结 1990 年在诺兰诺顿学院开发出的绩效测评模式的项目成果的基础上，在《哈佛商业评论》上发表了他们的第一篇 BSC 的论文：《平衡计分卡——绩效驱动指标》，这篇论文可谓是 BSC 运用于绩效管理中的开山之作，它系统阐述了 BSC 如何用于绩效管理，弥补了传统绩效管理只关注财务指标的不足，并构建了 BSC 基本理论框架。

1993 年，根据实践经验，卡普兰和诺顿在《哈佛商业评论》上发表了第二篇论文《在实践中运用平衡计分卡》。分析了 BSC 怎样能够把公司战略目标转化为一套环环相扣的绩效指标，丰富和发展了战略绩效管理理论。

1996 年，卡普兰和诺顿在《哈佛商业评论》上发表了第三篇论文《运用平衡计分卡作为战略管理系统》。这篇论文解释了高层管理者是如何运用 BSC 作为重要的管理流程框架的，从而将 BSC 全面引申到管理的各个层面。同年，他们推出了有关 BSC 的第一本书——《平衡计分卡：化战略为行动》①。

2000 年，卡普兰和诺顿合著的第二本书——《战略中心型组织：如何利用平衡计分卡使企业在新的商业环境中保持繁荣》②出版，该书从案例出发，详细阐述了建立战略中心型组织需要具备的五大法则，介绍了如何借助于 BSC 来实施战略。

2001 年，卡普兰和诺顿出版了《战略中心型组织：实施平衡计分卡的组织如何在新的竞争环境中立于不败》，将过去十几年中平衡计分卡在各类组织中的应用做了一个盘点。在该著作中，卡普栏和诺顿指出企业可以通过平衡记分卡，依据公司的战略来建立企业内部的组织管理模式，要让企业的核心流程聚焦于企业的战略实践。该著作的出版标志着平衡记分卡开始成为组织管理的重要工具。

2004 年，卡普兰和诺顿出版了关于 BSC 的专著《战略地图：化无形资产为有形成果》③，该书重点阐述了如何以战略地图的方式描绘企业的战略。从而弥补了战略制定和战略执行之间容易脱钩的现象。该书以 BSC 的四个层面为基础，通过绘制地图的方式，阐述了如果对学习与成长层面的人力资源、科技资本和组织资本予以适当投入，能够促使诸如经营、客户关系、创新及企业文化等内部流程的显著提高，而内部流程的改善又有利于企业创造出更符合客户价值主张的产品，从而提高企业生产率，并获得较好的财务成果。因此，战略地图是描述了平衡计分卡四个层面因果关系的流程图，为企业如何动态管理企业战略指明了方向。

2006 年，卡普兰和诺顿又出版了《组织协同：运用平衡计分卡创造企业合力》④，阐述了如何纠正组织中相关职能部门和业务单元之间失调的状况——不只在公司内部，而且还在公司与董事会、投资者、客户和供应商之间。

---

① 罗伯特·卡普兰，大卫·诺顿. 平衡计分卡：化战略为行动. 刘俊勇，孙薇，译. 广州：广东经济出版社，2004.

② 罗伯特·卡普兰，大卫·诺顿. 战略中心型组织：如何利用平衡计分卡使企业在新的商业环境中保持繁荣. 周大勇，等，译. 北京：人民邮电出版社，2004.

③ 罗伯特·卡普兰，大卫·诺顿. 战略地图：化无形资产为有形成果. 刘俊勇，孙薇，译. 广州：广东经济出版社，2005.

④ 罗伯特·卡普兰，大卫·诺顿. 组织协同：运用平衡计分卡创造企业合力. 博意门咨询公司，译. 广州：广东经济出版社，2006.

2008年8月，卡普兰和诺顿出版了《卓越执行：将经营与战略相联系以获取竞争优势》[①]。本书站在战略本身的高度，提出企业应当利用战略地图、BSC和其他诸如SWOT分析等管理工具构建一个战略闭环式管理系统，将战略由制定到转化，到规划运营，再到监督学习和反馈，以至检验和调整战略等五步骤依次串联，形成一个圆环，周而复始，不断根据内外部要素变化适时调整战略，以实现战略目标。

其间，众多的海内外学者针对BSC进行了卓有成效的研究，在此，不一一赘述。

(二) 基本原理

BSC保留了传统的财务指标，也许单独的财务指标描述对于投资于长期生产能力和客户关系的公司来说是足够的，但这不是企业成功最为关键的指标。利用BSC，企业管理者可以计量自己的经营单位如何为现在和潜在的客户创造价值，如何建立和提高内部生产能力，以及如何为提高未来经营而对人员、信息系统进行投资。另外，BSC使财务指标和非财务指标成为企业各级员工信息系统的一部分。一线员工可以从自己的决策和行动中理解财务结果，高级管理者也可以理解长期财务成功的动因。BSC表现了把经营单位的任务和策略转化为有形的可计量的目标。总之，BSC实现了以下几个方面的平衡：长期和短期目标；外部和内部；结果和动因；主观和客观。图5-2形象地表达了各个指标之间以及与企业使命和战略之间密切联系。

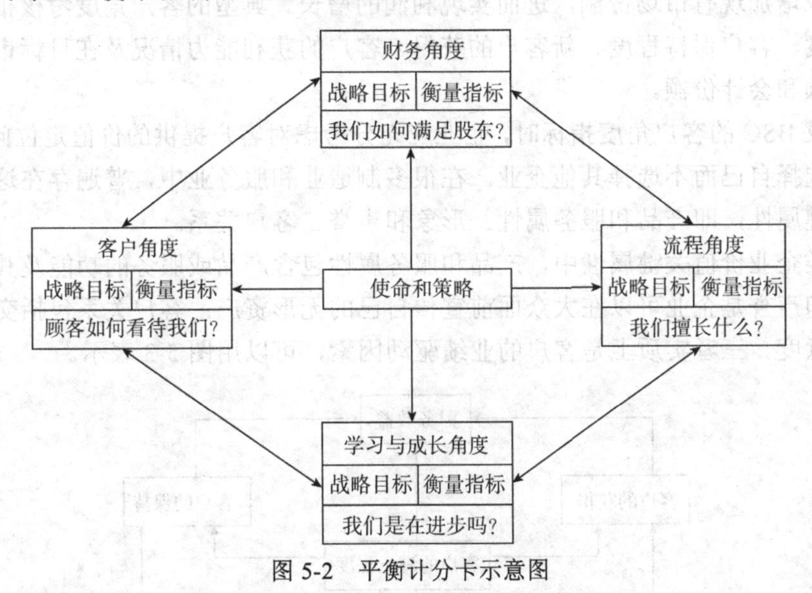

图5-2 平衡计分卡示意图

BSC一般包括如下基本要素：①角度，是观察组织和分析战略的视点，每个角度都包括战略目标、绩效指标、目标值、行动方案和任务几部分；②目标，由公司战略分解出的关键战略目标；③绩效指标，衡量公司战略目标实现结果的定量的尺度；④目标值，是对期望达到的绩效目标的具体定量(或定性)要求；⑤行动方案，由一系列相关的行动

① 该书于2008年8月由哈佛商学院出版社出版。

组成，目的是达到每个指标的期望目标值；⑥任务，是执行战略行动方案过程中的特定行为。

(三) 要素分析

1. 财务角度

传统的评价企业业绩的角度通常是财务绩效。财务性指标得到广泛使用有两个主要原因：①财务业绩指标，如利润，它直接反映公司一定期间的经营成果；②短期财务目标通常与经理人的薪酬挂钩，因而促使经理人将重点放在财务指标上。

总量的财务业绩指标，如公司或部门获利能力，是对公司战略和经营策略的概括性衡量。低于预期水平的利润，表明公司的战略没有实现预期的结果，因而有可能是不合适的。

从财务角度看公司的 BSC 可以包括如下指标：利润、营业额、现金流、净资产收益率、EVA，或者其他一些指标，它视公司的战略及责任中心的划分而定。

2. 客户角度

运用 BSC 从更广、更平衡的角度来考虑公司的战略目标和绩效考核时，一定要非常重视客户角度。因为只有较高的客户满意度，企业才能持续地保持老客户和开发新客户，从而巩固或增加现有市场份额，进而实现利润的增长。典型的客户角度考核指标包括客户满意程度、客户保持程度、新客户的获得、客户的获利能力情况及在目标市场范围内的市场份额和会计份额。

在开发 BSC 的客户角度指标时，企业应充分考虑对客户提供的价值定位问题，即客户为什么选择自己而不选择其他企业。在很多制造业和服务业中，普遍存在这样三种企业价值关键属性，即产品和服务属性、形象和声誉、客户关系。

在三类企业价值关键属性中，产品和服务属性包含产品或服务的功能及其价值和质量；形象和声誉是企业可以在大众面前宣传自己的无形资产；客户关系包括交货的及时程度及满意度。三者实质上是客户的业绩驱动因素，可以用图 5-3 表示。

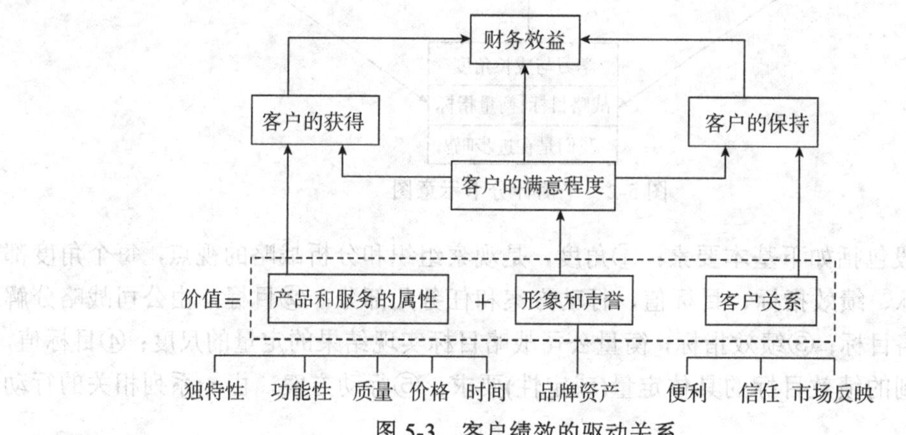

图 5-3　客户绩效的驱动关系

通过上图可知，客户角度可以使企业的管理者把重要客户和市场策略有效地结合起来，从而产生更好的未来财务效益。

3. 流程角度

有效地识别和优化组织内部关键业务流程对于提高工作效率、吸引客户和创造价值有着强大的功效。我们通过观察分析企业的价值链(见图 5-4)便可以发现，一个组织要想实现其客户和财务指标，就必须不断地优化甚至再造内部关键流程。

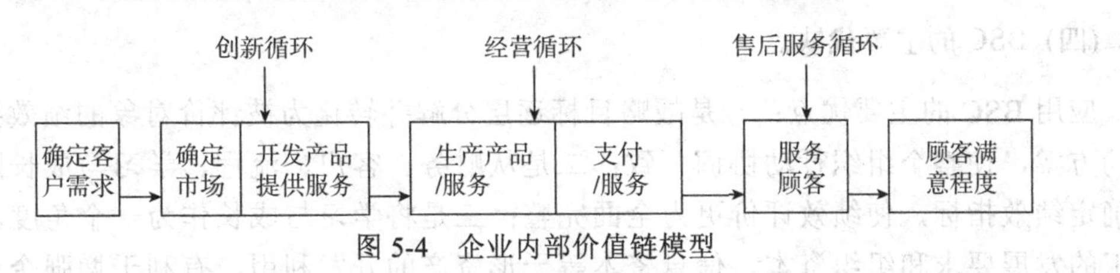

图 5-4 企业内部价值链模型

BSC 之所以把创新过程纳入企业的内部经营中，主要是考虑到企业的长远发展和客户的潜在需求，创新可以提供企业长期的价值增值。对于许多公司，尤其是科技型公司，创新过程比短期良好的经营循环对未来的财务绩效的形成是更有力的动因。同时，良好的经营和完美的售后服务有利于树立企业良好的市场声誉。这样，在保留现有客户群的同时，可以不断开拓出新的市场。

其实，每个企业都有自己独特的内部价值，关键在于如何认识和运用这些内部价值链上的各个环节。

4. 学习与成长角度

BSC 最大的优点之一在于，它把学习和成长作为四个角度中的一个。多年来，国内一直致力于建立一个学习型的社会，一些知识型领导也提倡把人力资源提升到企业的战略层面。卡普兰和诺顿则通过 BSC 确立了学习和成长的战略重要性。因为他们相信，员工学习和成长是组织获得长期持续进步的基石，人才已经成为当今世界竞争的焦点之一。

企业的学习和成长主要来自三方面的资源：人员、信息系统和企业的程序。雇员的成长会推动企业的持续进步；信息系统可以使整个企业分享内部经营的各种信息，为各种决策提供基础数据；企业程序可以检查员工激励与企业其他成功因素之间的结合情况。

在考核指标方面，雇员基础指标可以包括：雇员内部满意度、雇员保持率、雇员培训完成率、雇员技术水平等。信息系统则可以用公司内普及率、数据的决策及时、相关程度等指标来考核。

5. BSC 四个角度之间的因果关系

综上所述，BSC 四个角度不但体现了多维度的平衡，而且，上述 BSC 四个角度也表明了其内在的因果关系。举例而言，资本报酬率可以作为财务指标之一，它的动因之一是现有客户的重复采购，体现了客户的忠诚。因此，客户忠诚度应该包含在 BSC 中，因为它对资本报酬率有着重要的影响。那么，如何保持重要的客户呢？分析显示，及时交付对客户有很大的影响，这就要求企业在内部生产和经营过程中提高产品质量的同时，要加快生产的周转。这两方面也随之成为BSC的考核指标。那么，如何才能既改善质量又提高生产效率呢？无疑，加强员工的培训可以做到。所以，员工的培训也应成为BSC的重要内容之一。这就是BSC内部四个方面的因果关系链条。

一个好的BSC总是有综合的结果指标和业绩动因。没有业绩动因的结果指标不能表明如何才能得到结果。相反，单独的业绩动因，只能使企业实现短期的、片面的经营业绩。只有两者有效地结合，BSC的指标之间才能相互关联，最终实现公司战略的成功执行。

(四) BSC的主要优缺点

应用BSC的主要优点：一是战略目标逐层分解并转化为被评价对象的绩效指标和行动方案，使整个组织行动协调一致；二是从财务、客户、流程、学习与成长四个角度确定绩效指标，使绩效评价更为全面完整；三是将学习与成长作为一个角度，注重员工的发展要求和组织资本、信息资本等无形资产的开发利用，有利于增强企业可持续发展的动力。

应用BSC的主要缺点：一是专业技术要求高，工作量比较大，操作难度也较大，需要持续地沟通和反馈，实施比较复杂，实施成本高；二是各指标权重在不同层级及各层级不同指标之间的分配比较困难，且部分非财务指标的量化工作难以落实；三是系统性强、涉及面广，需要专业人员的指导、企业全员的参与和长期持续地修正与完善，对信息系统、管理能力有较高的要求。

四、绩效棱柱

2018年2月，财政部发布了《管理会计应用指引第604号——绩效棱柱模型》(征求意见稿)，对绩效棱柱进行了详细的介绍，简述如下。

(一) 绩效棱柱的基本概念

绩效棱柱模型，是指从企业利益相关者角度出发，以利益相关者满意为出发点，以利益相关者贡献为终点，以企业战略、业务流程、组织能力为手段，用棱柱的5个构面构建三维业绩评价体系，并据此进行绩效管理的方法。绩效棱柱模型适用于管理制度比较完善、业务流程比较规范、管理水平相对较高的大中型企业。绩效棱柱模型见图5-5。

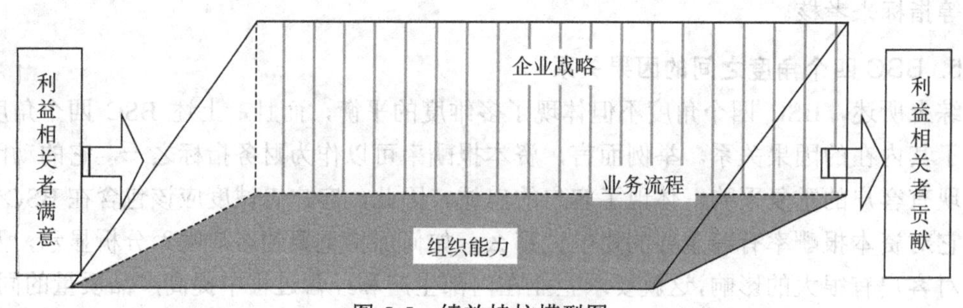

图5-5 绩效棱柱模型图

企业应用绩效棱柱模型工具方法，一般按照明确利益相关者、绘制利益相关者地图、制定行动方案、制订以绩效棱柱模型为核心的业绩计划、制订激励计划、执行业绩计划与激励计划、实施业绩评价与激励、编制业绩评价与激励管理报告等程序进行。

绘制利益相关者地图后，企业还应以绩效棱柱模型为核心编制业绩计划。业绩计划是企业开展业绩评价工作的行动方案，包括构建指标体系、分配指标权重、确定业绩目标值、选择计分方法和评价周期、签订绩效责任书等一系列管理活动。

(二) 绩效棱柱的指标体系

企业应围绕利益相关者地图，构建绩效棱柱模型指标体系。指标体系的构建应坚持系统性、可操作性、成本效益原则。各项指标应简单明了，易于理解和使用，主要内容如下：①制定企业级指标体系。根据企业层面的利益相关者地图，分别设计出各个构面的绩效评价指标。②制定所属单位(部门)级指标体系。根据企业级利益相关者地图和指标体系，绘制所属单位(部门)级利益相关者地图，制定相应的指标体系。

绩效棱柱模型指标体系通常包括以下内容。

1. 利益相关者满意评价指标

与投资者(包括股东和债权人，下同)相关的指标有总资产报酬率、净资产收益率、派息率、资产负债率、流动比率等；与员工相关的指标有员工满意度、工资收入增长率、人均工资等；与客户相关的指标有客户满意度、客户投诉率等；与供应商相关的指标有逾期付款次数等；与监管机构相关的指标有社会贡献率等。

2. 企业战略评价指标

与投资者相关的指标有可持续增长率、资本结构、研发投入比率等；与员工相关的指标有员工职业规划、员工福利计划等；与客户相关的指标有品牌意识、客户增长率等；与供应商相关的指标有供应商关系质量等；与监管机构相关的指标有政策法规认知度、企业的环保意识等。

3. 业务流程评价指标

与投资者相关的指标有标准化流程比率、内部控制有效性等；与员工相关的指标有员工培训有效性、培训费用支出率等；与客户相关的指标有产品合格率、准时交货率等；与供应商相关的指标有采购合同履约率、供应商的稳定性等；与监管机构相关的指标有环保投入率、罚款与销售之比等。

4. 组织能力评价指标

与投资者相关的指标有总资产周转率、管理水平评分等；与员工相关的指标有员工专业技术水平、人力资源管理水平等；与客户相关的指标有售后服务水平、市场管理水平等；与供应商相关的指标有采购折扣率水平、供应链管理水平等；与监管机构相关的指标有节能减排达标率等。

5. 利益相关者贡献评价指标

与投资者相关的指标有融资成本率等；与员工相关的指标有员工生产率、员工保持率等；与客户相关的指标有客户忠诚度、客户毛利水平等；与供应商相关的指标有供应商产品质量水平、按时交货率等；与监管机构相关的指标有当地政府支持度、税收优惠程度等。

(三) 绩效棱柱模型的优缺点

该模型的主要优点有：坚持利益相关者价值取向，使利益相关者与企业紧密联系，有利于实现企业与利益相关者的共赢，为企业可持续发展创造良好的内外部环境。

该模型的主要缺点有：涉及多个利益相关者，对每个利益相关者都要从五个构面建立指标体系，指标选取复杂，部分指标较难量化，对企业信息系统和管理水平有较高要求，实施难度大、门槛高。

第三节　平衡计分卡的案例分析

本节以 A 公司的案例进行说明。绩效管理软件的编制主要是基于企业管理的理念和绩效管理的方法及企业信息化的基础，本节主要遵循“管理制度化，制度流程化，流程表单化，表单信息化”的原则，重点介绍绩效评价的业务场景、业务流程，以表单的形式分析平衡计分卡的应用。实践中，读者可以结合企业的实际管理需要和信息化基础，以本节案例的表单为基础开发出适合需求的绩效管理系统。

一、平衡计分卡的实施流程

平衡计分卡的实施流程可以概括如下。

(1) 分析公司的业务现状。该流程包括企业生命周期、SWOT 分析和价值定位分析。

(2) 确定企业的价值定位。企业成功的关键之一是针对关键客户或目标市场建立一个制胜的价值定位。一般有 3 种价值定位：产品领先、高效运作和客户亲密度。价值定位能够帮助企业确立战略重点。

(3) 根据公司战略设定 BSC 的 4 个角度的战略绩效目标，即财务、客户、流程及学习和成长。公司的 BSC 使企业能够有效地跟踪财务目标，同时也关注开发新产品、创新和学习等关键能力的进展，并开发有利于未来成长的品牌等无形资产。这一步开发的 BSC 可以看成是公司层面的 BSC。部门及个人的 BSC 将依此而定。

(4) 在组织内部传达战略并把绩效目标逐级落实到组织内部各级单位，最终落实到个人。这样，可以避免战略执行时出现横向失横和纵向不一致的情况。

(5) 把 BSC、能力发展和浮动薪酬相挂钩。在这一步要确定员工的能力模型以发展员工的能力，同时要把能力发展的进展也计入员工的综合绩效评分中，用与薪酬直接挂钩的形式激励员工完善自己的能力。

(6) 使用BSC软件系统，定期汇报绩效结果，根据评估分析，对战略做出相应调整，并重复上述流程。由于BSC涉及大量的数据，使用信息技术能够减轻数据采集的工作量。

需要说明的是，流程(1)和(2)的目的是帮助企业确定竞争战略。如果企业已经有了自己的战略，则可以直接从流程(3)开始。

二、案例背景

A公司是某集团公司根据集团发展战略规划对集团内成员单位进行产业结构调整，优化资源配置，实施整合而发起设立的股份制公司，现由该集团公司所属二级子公司全资控股。公司主营业务为连铸、连铸连轧及相关钢铁冶金新技术开发；技术咨询、技术转让、技术服务；连铸、连铸连轧及相关钢铁冶金工程设计，相关材料生产、销售及成套供应；工业电气自动化控制系统设计及设备制造、安装、调试，海水淡化项目等。于2001年12月28日成立，成立时注册资本为5000.00万元人民币，公司于2011年年底将注册资本变更为12 100.00万元。该公司主要从事冶金工程方面的研究开发、工程设计、设备供货及施工安装“一条龙”的总承包服务(简称EPC总承包)。

2003年之前，作为设计院转型的股份制公司，尚未完全脱离传统国有企业的管理模式。公司的重点在于开拓市场，在一定程度上忽视了管理。2003年，随着公司规模的扩大，管理体制的弊端逐渐开始暴露出来。当年，钢铁行业随着我国基础设施的建设增长也呈现出异常火爆的局面，公司的合同额剧增。在此背景下，公司领导开始关注企业的长期发展，认为必须适时引进一种先进的管理工具。在考察比较之后，决定引入BSC项目。

2003年年初，在上海博意门咨询公司的指导下，公司建立了自己的绩效考核体系和战略管理体系。经过数年的运用，BSC在公司内已经成为一个深入人心的概念，企业也得到了快速的发展，取得了不错的业绩，已经成为国内最大的以连铸为特色的冶金专业化技术工程公司，从而也成为国内较早成功运用BSC的企业之一。但是，近几年来，由于宏观经济不景气，冶金行业的业绩全线下滑，公司的战略及经营遇到了前所未有的挑战。

三、公司战略

一般而言，造就优秀公司的因素有两个：①超群的战略制定能力和企业家精神；②既定战略的成功实施和执行。管理者的战略制定和战略实施工作的质量对组织的经营业绩有着重要的影响，谁也逃脱不了这个规律的控制。如果一家公司没有一个清晰的发展方向，目标体系模糊且不够严格，战略一片混乱，不能成功地执行制定的战略，那么这家公司的业绩毫无疑问将会大打折扣，其业务从长期来看也会处于危险之中。BSC的目的是描绘公司的战略及作为执行公司战略的工具。

(一) 战略管理基础架构

在制定公司的战略过程中，应全面分析公司所面临的内外部环境，以发现公司的核心竞争力。这些影响公司战略制定的要素都可以在战略管理基础架构中得以体现。为了更好地理解下面案例中的相关内容，我们有必要简要说明战略管理基础架构，如图 5-6 所示。

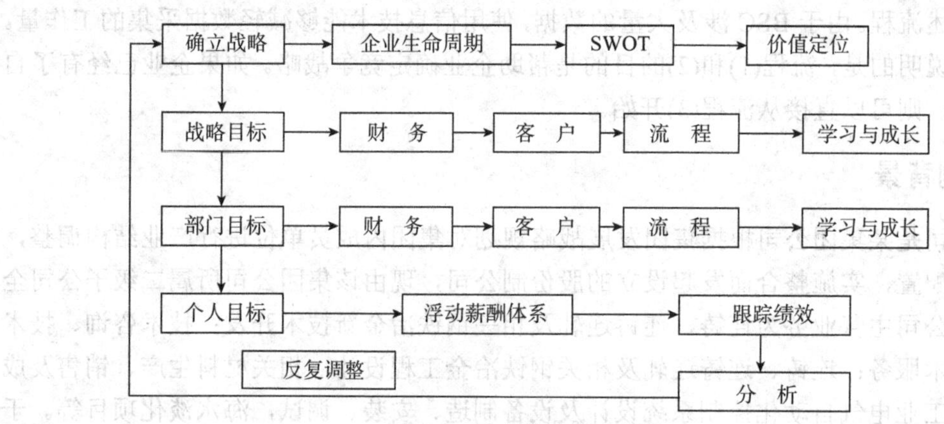

图 5-6　战略管理基础架构

根据上图，重点提示以下几点内容。

(1) SWOT 分析。进行 SWOT 分析有助于企业高级管理层制定、改变或者明晰公司的战略。也许，高级管理层对公司战略有不同的理解，但通过交流看法，可以达成共识。而这种同心协力可以转化为强大的领导力，来关注企业的关键问题。

(2) 价值定位。商业成功的条件之一是要形成企业的价值定位，使公司能够在众多的竞争对手中脱颖而出，赢得关键客户和目标市场。价值定位可以从三个主要领域转化为商业领先，即产品(或服务)设计和创新、运作优异、客户服务。

(3) 使命和愿景。公司的使命是对公司为什么存在的一个描述，它可以帮助组织的员工思考自己的工作是如何对公司的目标做出贡献的。企业的愿景用来定义企业目前的状态及将来的发展方向。

(4) 战略重点或主题。它可以在企业使命和愿景及战略目标之间搭建起一座桥梁。它分为组织层面的战略重点及随之分解的较低级别的战略重点。

(二) 公司使命和愿景

在咨询公司的协助下，A 公司确立了公司的使命、愿景和核心价值观，并通过各种方式在公司内宣传。

1. 公司使命

A 公司是一家用创造性的智力活动为客户、股东和员工增加价值，依靠人的发展来驱动事业成长，像“家”一样温馨的公司。

公司使命可以这样理解：①作为一家科技型股份公司，必须走科技领先之路，在连铸专业领域内，取得技术领先优势，并力争达到国际领先水平。同时密切关注相关领域的技术发展态势，积极做好产业转移以拓展盈利空间的技术准备。②企业的利益相关者重点关注客户、股东和员工。因为，客户是企业赖以存在的“土壤”，是企业利润的“源泉”。而股东和员工是要求相应的回报。股东主要关注资本的报酬，而员工则关注自己的成长。③公司提倡以人为本，高度重视人才。认为只有员工水平提高了，公司才会进步。

④作为中国公司，在管理上脱离不了深深植根于中国文化的管理理念，即人性化的管理。公司提倡一种“家”文化，同事之间互帮互助，领导和员工之间只有工作上的领导和被领导关系，而非身份上的等级差异。从而让员工在上班时间快乐地工作，工作之余也能充分享受生活的乐趣。

2. 公司愿景

愿景描绘的是企业的蓝图或能达到的宏大目标，它可以用来定义完成使命所进行的活动，如企业从事的行业和注重的产品与目标市场，也可以用来定义企业期望的市场地位、品牌知名度，以及股东、客户和员工对企业的看法。公司愿景指明了公司的发展方向。

公司曾于 2004 年确定了如下的愿景：经过 5～10 年的发展，公司将成为一个专业化的、具有国际竞争力的、以钢铁为主业的技术服务公司。

由此可见，公司在未来 5～10 年的目标仍然是以连铸技术为主业的国内外有一定竞争力的专业技术公司。站在一个使命的高度想象未来 5 年或 10 年的愿景，然后将这些愿景转化为每天的实际行动，对每个人而言都是一个巨大的挑战，而 BSC 就是愿景和现实之间的桥梁，它通过系统的战略架构实现了两者的逐步有效的统一。

3. 公司核心价值观

公司的核心价值观指明了公司范围内所提倡和反对的价值观念，它对于公司的健康成长起着无形的支持作用。经过员工参与，最后 A 公司确定了属于自己的核心价值观，主要有以下几个。

(1) 客户第一。

(2) 合适的员工是公司最宝贵的财富。

(3) 培养员工适应市场变化的能力，提高个人发展机会。

(4) 永远鼓励创新式的冒险，冒险式的创新。

(5) 团队的第二永远大于个人的第一。

(6) 实现价值(业绩)分配。

这些核心价值观也是企业行为准则和规范应遵循的原则和理念。公司还认为，这些观念应从招聘员工时就开始灌输。

(三) 公司战略及其战略图

实务中，在拟定公司战略之前，一般还要进行企业的 SWOT 分析，以便形成企业的价值定位。

作为一个成长型的公司，A 公司把业务收入的增长作为自己的战略，在 2009 年度的公司战略中，提出了这样的战略：国内市场份额第一，5 年内达到营业收入 30 亿元，海外收入占 30%。2008 年全球金融危机发生后，公司积极调整产业结构，逐步实现产业的转型，将营业收入目标确定为 5 年内达到 35 亿元，海外市场收入每年递增 20%。

BSC 小组在听取咨询公司的意见后，又以公司战略研讨会的方式征求了中高层领导的意见，以全面掌握他们对公司战略的了解情况。同时，通过同公司核心供应商和重点客户的商谈，了解他们对公司的期望。另外，在全公司范围内征求对公司的希望。这样，在总结各方面意见和建议后，最终形成了公司2009年度的战略图(参见图 5-7)。

通过图中图标可以发现四个层面的因果关系。其中，在学习和成长角度，除了常规的内部人才激励和开发外，A公司增加了ERP系统的实施。背景是随着公司规模的扩大，原来各部门自行开发的管理软件难以提供及时、一致的决策信息。通过实施ERP系统，则可以实现公司各种信息的共享，同时为企业绩效评估提供各种分析数据。

在内部流程角度，作为技术服务总承包性质的企业，很多工作是通过项目组的方式实现。这样，如果项目经理的责权利不够明确，项目管理过程不尽规范。那么，项目实施的质量将会受到一定的影响。质量是企业的生命，为了进一步加强管理，BSC小组期望通过在整个公司范围内开展质量年活动，来提高大家的质量意识，进而促进产品质量的进一步提高。因为，在钢铁市场，客户之间的口碑影响远比在平面广告中的效果要大得多。为了扩大市场份额，公司就必须加强质量管理，这就牵涉到供应商产品的质量问题。另外，作为一个上市公司的控股子公司，社会责任的履行也会提上日程，故此，强调了职业健康和环境安全问题。

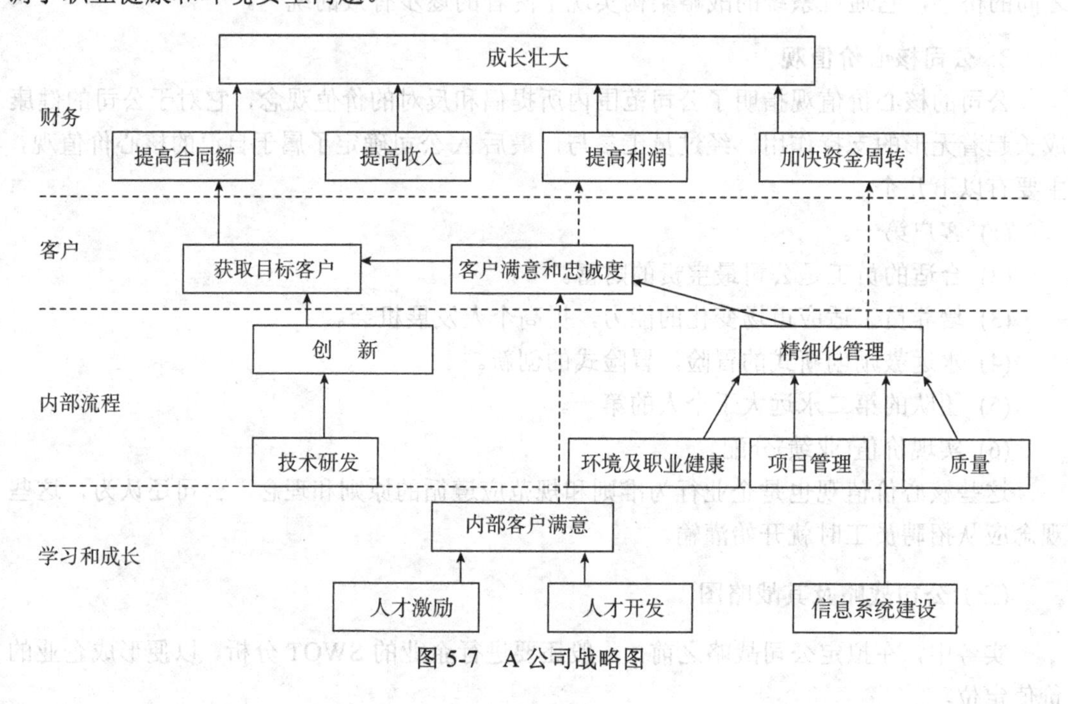

图 5-7　A公司战略图

四、公司BSC体系

公司层面的BSC体系是部门层面及个人层面BSC编制的基础，只有公司级、部门级和个人的保持使BSC做到“业务上纵向一致，部门间横向平衡”，才能保证公司战略的有效实施。

(一) 基于 BSC 架构的组织体系

截至 2008 年 12 月，A 公司有 7 个职能部门、3 个事业部、3 个控股子公司、1 个分公司。按照上市公司法人治理的要求，形成了比较完善的法人治理结构。公司总部设置的主要部门包括：综合管理部、财务部、科技管理部、党群工作部、监察审计部、质量安全部、客户联络部。3 个事业部具体为：连铸事业部、自动化事业部和海外事业部。所有单位采用直线式的扁平化管理模式。在事业部内部不设职能部门，以免造成资源浪费。而分公司由于经营需要，根据其自身情况设置应有的职能部门。

在此背景下，公司的绩效管理体系可以区分为公司层面、经营层面、部门层面和岗位层面。公司层面是指 A 公司集团层面，其绩效考核由公司董事会进行，目标是保证公司战略目标的实现。经营层面是指 A 公司的二级单位层面，如事业部、分公司和控股子公司。部门层面则指总部和各二级单位的职能部门系列，力争做到各部门间“横向平衡，纵向一致”。岗位层面是指各岗位具体员工的绩效考核，其目标是通过员工个人实现其岗位目标，支持部门及公司的既定目标。上述各层级绩效考核的总体设计原则是，上下结合、纵向一致、横向平衡。

(二) 公司层面的 BSC 及其分析

根据公司战略图设计的 2009 年企业业绩评价体系如表 5-2 所示，考虑到公司商业信息，该表仅为示例，但内在的逻辑并未改变。通过该表可知，该指标体系是在明确了公司战略的基础上，根据影响公司战略目标实现的关键成功因素来设计的，各指标的实现对公司战略的实现都有重要的驱动作用。另外，该指标体系加强了非财务指标的评价，使公司在追求财务效益的同时，也加强企业长期发展所需要的无形资产的进步。但是，我们也可以发现，在指标体系中，不可量化的指标占了较大的比重，操作性不够强，需要在执行 BSC 时补充完善相应的指标。

表 5-2 A 公司 2009 年 BSC 指标体系

序号	角度	战略目标	衡量指标	目标值	权重	行动方案	数据提供
1.1	财务(40%)	提高合同额	新签合同额	150 000.00 万元	5%	加大营销力度，依靠领先技术、产品质量和客户关系，争取更大市场	财务部
			其中：非工程类合同额	30 000.00 万元	5%		
1.2		提供收入	总收入	100 000.00 万元	5%	采用事业部制，通过自主管理权，加强内部的项目运作，扩大自有设备生产能力	财务部
			其中：制造板块收入	15 000.00 万元	5%	1. 科学安排、周密计划、精心组织生产； 2. 扩大合作伙伴的范围，培养管理好供应商	
1.3		提高利润	利润总额	8 000.00 万元	10%	控制项目成本及公司的各项期间费用，特别是管理费用	财务部

（续表）

序号	角度	战略目标	衡量指标	目标值	权重	行动方案	数据提供
1.4	财务(40%)	加快资金周转	应收账款余额	18 000.00 万元	10%	各事业部及子公司加强历史欠款的清收，防止大量产生新欠款，控制垫支项目	财务部
2.1	客户/市场(10%)	获取目标客户市场份额	目标客户合同额占总合同额的比例	≥85%	5%	根据营销策略确定的目标客户为大中型国企和大型私企的原则来指导营销工作	事业部
2.2		内部员工满意	员工满意度	≥93%	5%	1. 综合部、党群部一起，结合实际情况，多开展活动，营造积极氛围，将员工关怀做到实处； 2. 综合部 10 月开展员工满意度调查	综合部
3.1	内部流程(30%)	精细化内部管理	质量目标	重大质量问题≤2 次	10%	加强过程检验及最终检验，关注细节，杜绝重大质量事故，提高产品质量	质量部
				研发资金投入≥总收入 5%		建立研发资金预算和决算制度	财务部
				工程项目优良率≥90%		1. 年中、年底统计与计算； 2. 发布和提交全年项目优良率分析报告	事业部
3.2			环境、职业健康安全	重大环境污染事故为零	10%	加强环境管理，倡导资源节约与环境良好	综合部
				重大交通事故、伤亡事故、火灾事故为零		1. 落实各级安全责任制； 2. 做好岗前安全教育和安全培训	质量部、综合部
3.3			技术研发及研发管理	建立研发流程并实施	10%	建立研发管理流程，并按流程实施	科技管理部
4.1	学习和成长(20%)	信息系统建立	信息系统	按计划实施	10%	建立 IT 规划，并按计划实施	科技管理部
4.2		人才开发	人才开发与激励	按计划实施	10%	1. 3 月底，提交公司人才开发方案； 2. 协助各部门开展培训	综合部
合计					100%		

下面，我们就该指标体系分维度并结合公司实际情况来进行较为详细的分析。

1. 财务角度指标分析

(1) 新签合同额。合同是公司利润的“源泉”，也是公司客户战略实施成败的检验。在国内市场，A 公司已经确立了市场领先地位。2009 年，A 公司将通过协同营销的战略，争取国内经营合同额达到 15 亿元。

(2) 总收入。营销合同的签订，还要有能力去完成。在积累了几年的经验后，加之培养了自己的核心分包商和供应商，完成收入目标的难度并不大。2009 年，公司的收入目标为 10 亿元。

(3) 利润总额。收入的实现，并不意味着盈利。利润的增长来自开源节流，在扩大市场份额的同时，要通过各种手段降低成本。同时，通过技术领先和工艺优化来实现成本和费用的节约。另外，之所以将利润总额作为 BSC 的考核指标之一，也符合 A 公司的母公司的绩效考核要求。

(4) 应收账款余额。现金是企业的流动的“血液”。在企业成长阶段，投资的欲望扩张，市场份额的日益扩大也要求企业有大量的现金做支撑。公司认为，在扩大销售收入的同时，要及时回收项目款项。鉴于公司承接项目的施工周期较长，将应收账款周转率制定为大于等于 5 次，也就是账款回收周期为 72 天。同时，将应收账款余额控制在 1.8 亿元之内。

2. 客户角度指标分析

(1) 目标客户合同额占总合同的比例。2009 年的营销目标，集中在中高端市场，兼顾中低端市场，逐步放弃低端市场，目标客户角度集中在大中型钢铁公司。通过有效的市场分析，将目标客户的订单争取过来。在所有合同额中，来自目标客户的订单占 80%左右。

(2) 客户满意度。营销部将不定期地向客户调查对本公司的满意度，采用网上调查、电子邮件、客户访谈、寄送等方式。在收到客户(包括潜在客户)的调查问卷反馈后，及时进行分析，以便了解客户的需求和对本公司的意见和建议。A 公司坚持以“客户至上”的理念来开展各项工作，争取客户的满意度大于 90%。

3. 内部流程角度分析

(1) 工程项目优良率。2009 年的项目管理工作是管理工作的重中之重，公司希望通过实施项目的精细化管理，达到项目合格率 100%，项目优良率大于 90%的目标。

(2) 提高工程质量。除上述提到的项目管理外，公司打算通过开展质量年活动，狠抓产品质量。因为随着业务的扩大，产品的质量问题日渐凸显出来，客户对质量的要求也越来越高，质量问题制约了公司的高速发展。首先，在公司内部，以项目管理为主线，从设计、制造、施工各个环节，寻找可能出现质量问题的源头，采取针对性措施，减少质量问题出现的可能性。其次，从供应商角度，制定供应商质量保障体制，监督并协助供应商提高产品制造质量。公司认为只有和供应商建立上下游的战略联盟，才能实现双赢。为此，通过供应商的信用评级管理，逐步和一些往来业务量大、信誉有保证、产品质量可靠、认同 A 公司企业文化的供应商结成战略同盟。最后，从客户角度，积极收集有关产品质量问题的信息，将收集到的信息立即反馈到相关部门，并制定出解决措施。为进一步提高质量水平，公司建立质量奖惩制度，对质量问题进行及时奖罚。

(3) 环境和职业健康安全。EPC 施工企业的一个突出特点是项目分布广、安全隐患大、职工流动性强、对环境有一定的影响。针对此特点，公司强调在施工时做好环境的保护，同时保证职工的健康安全问题。企业的社会责任实现了，才能够得到社会的认可，反过来也会促进企业的长期健康持续发展。

(4) 新技术研发投入。从中国钢铁市场的发展来看，高端产品将会是市场的主角，谁拥有了高端产品和技术，谁将更有市场主动权。因此，某年的资源配置更加集中在中高端市场。

4. 学习和成长角度分析

(1) 实施ERP系统。为了实现信息共享，公司经过考察，决定在原来实施神州数码的易拓系统ERP系统的基础上，结合公司实际情况进行优化。其实施ERP的愿景目标是：①通过信息化促进A公司核心能力的增长，并使信息化的应用能力变成公司的核心竞争力；②通过1～2年的信息化建设，重新整合公司的信息化应用系统，使公司主要的业务流程都通过ERP系统运作；③在3年内，使公司的项目运作和物流做到以ERP为平台进行计划、控制和绩效考核的水平，决策信息来源于ERP系统；④通过信息化建设，使公司的办公软环境达到业界最佳水平；⑤通过信息化建设，使公司初步形成各类知识管理体系，发挥知识的集群效应，达到知识和业务有机融合，建立统一合理的安全机制，达到知识方便、充分、安全地应用到日常工作中。

(2) 跨部门合作满意度。每季度末，公司BSC小组会定期向各部门发放调查表，实施全方位考评。同时，采取抽查访谈的方式来直接了解各部门对其相关业务部门的满意度，并将考评结果作为BSC考核的指标之一。通过各部门之间的互评，发现前期部门合作中存在的问题，以保证公司战略在部门之间的无缝链接。

(3) 人才激励。公司于每年年初会举办一次人才开发大会，参会人员由各部门负责人及公司高层组成。在会上，由各部门提出本部门的人才需求、培养计划和激励计划。人力资源部门在汇集完毕后，负责分析整理，然后提交公司总经理办公会讨论，讨论通过后便立即实施。在公司范围内，人才激励手段主要包括提高薪酬、免费使用公车或发放私车用车补贴、最高长达5年的免息购房借款、带薪休假、公司股票等。

(4) 人才开发。人才培养计划通过后，人力资源部负责实施人才开发计划。在人才开发方面，主要包括以下几个方面：不定期在公司内举办各种专业知识的讲座；常年聘请高校和实务英语专家举办中高级商务英语的培训；派遣员工到外地参加专业知识的培训；鼓励员工到海内外高校或知名公司深造，员工考取研究生后，如果和公司签订继续服务5年的合同，便可以报销70%～100%的学费等。

(三) 公司层面的BSC编制

在公司层面BSC确定后，BSC小组会就此问题向各单位(部门)宣讲并提出要求，各控股子公司(分公司)和部门可以在此基础上进行细化和扩展，拟定后报BSC小组审核。BSC小组汇总后结合公司级的目标，审查汇总后的BSC是否被全部覆盖，各单位间是否矛盾。如有不妥的地方，提请修正，最后再予签订。以采购部为例，如表5-3所示。

采购部作为职能部门，其主要目标是及时采购价格合理、售后服务有保障的合格产品。故此，其主要指标设置主要围绕财务、客户和供应商管理及自我学习等方面。在内部运作指标方面，具体为：保证工程质量与进度、管理供应商、售后服务、创新型企业跟进等方面。这些指标的权重占了80%，突出了考核导向。

再以作为公司主营业务的连铸事业部为例，该事业部设置了新签合同额、营业收入、项目毛利额、历史清欠金额和当年项目收款率等具体的财务指标。比公司要求的更为细化和深入，具有切实操作的可行性。在客户与市场方面，原则上要求外部客户投诉次数小于1次，超过则每次扣款5万元；内部客户满意度以综合部独立进行的满意度调查为准。公司鼓励事业部积极开拓市场。对于签订有战略意义的项目，公司对该项目单独给予奖励。奖励标准为合同额的0.5%～0.8%。连铸事业部也拟定了员工学习与成长的方案，和公司的要求相匹配。但是，该事业部对于内部业务流程的改善并未涉及较多，这是该事业部设计BSC的不足之处。

总之，部门层面的BSC的购建程序基本与公司层面相似，在考虑公司层面BSC的前提下，结合部门职能和环境进行分析后，从财务、客户、内部流程、学习和成长四个角度搭建，并且考虑四个维度之间的内在因果联系。在财务维度，各职能部门均需完成相应的财务指标，主要是预算内的财务指标作为硬性指标是绩效考核的重要对象之一，预算中一般包括合同额、营业收入、回款额、坏账损失等。客户维度则包括外部客户和内部客户。外部客户除了常规的产品销售对象外，还包括投资者、银行、税务和财政等外联单位。内部客户则指本职能部门所服务的对象，即便是计财部或审计部等具备监督的职能部门，也是监督式服务单位。内部业务流程维度主要是围绕项目管理所开展的诸如技术和管理创新、质量管理、环境安全等。学习和成长维度则主要指ERP信息系统的建设和员工个人的职业技能发展。

表5-3 采购部2009年BSC指标体系

序号	角度	战略目标	衡量指标	目标值	权重	行动方案	数据提供	评分标准
1	财务	费用控制	部门费用	预算内	5%	按照公司规定执行	财务部	单项超出预算减3分，总额超预算减10分
2.1	内部流程	保证工程质量与进度	因采购原因产生的质量问题，造成的直接损失达5万元以上	0	20%	根据设计图纸进行采购，提高验货水平	质量部	年终考评时，目标值0次120分，发生一次按80分计算，依次类推
2.2			因采购原因造成拖期半个月以上引起重大投诉	0	20%	1. 向事业部及时报告关键设备的采购周期；2. 跟踪采购过程；3. 采购变化情况及时向项目经理汇报	事业部	因供应商的供货原因，影响工期，每次扣10分；因漏签或晚签采购合同，影响工期，每次扣20分
2.3		管理供应商	选择培养供应商	按计划实施	10%	1. 与各事业部、质量部沟通，共同制定出《供应商评估表》；2. 每个项目完工后，请项目经理填《供应商评估表》，给供应商打分	采购部	年终考评，汇总“供应商评估表”，对该指标进行评分

(续表)

序号	角度	战略目标	衡量指标	目标值	权重	行动方案	数据提供	评分标准
2.4	内部流程	售后服务	反应时间>12 小时的次数	0	25%	1. 针对设备制造出现的问题，及时向事业部反馈，并配合解决；2. 针对工程现场出现的问题，及时与供应商取得联系，协调处理	事业部	每发生一次，扣 10 分
2.5		创新型企业跟进	创新型企业指标	按计划实施	5%	沟通确认后，根据科技管理部目标要求实施	科技管理部	根据科技管理部提供评分，进行计分
3	客户/市场	内部满意	跨部门合作满意度	≥93%	5%	综合部定期进行员工满意度调查	综合部	根据综合部提供的评分，进行计分
4	学习和成长	人才开发	人员评估及人才培养计划	按计划实施	10%	1. 沟通确认后，3 月底前，向综合部提交采购部人才评估及人才培养工作计划；2. 综合部批准后，按计划实施；3. 报审计部备案	综合部	根据综合部提供的评分，进行计分

(四) 个人层面的 BSC 编制

在部门确定 BSC 之后，部门责任人会与员工分析公司的要求，同时鼓励大家探讨如何实现自我目标和部门目标。通过大家和个人建议、部门协调的方式确定每个岗位的 BSC 指标。

以财务部部长的 BSC 为例(详见表 5-4)，要求重点工作以财务为主，需要满足日常的会计核算、财务分析及集团整体上市的配合。此外，还要配合 ERP 实施过程中的内控业务流程的重新梳理。更为重要的是，作为部门负责人，需要以培养和指导财务人员为重要的工作内容之一。不过，该岗位 BSC 的不足之处有以下几点：①对资金管理的重要性体现不足。作为财务部负责人，对资金的管理应为重要的日常工作内容之一；②对企业风险监管的责任未予体现。财务部部长需要时时监控企业运行中的风险，及时向公司领导汇报，以便及时采取措施予以防范；③内控制度完善虽然提上日程，但没有确定具体的考核数量，而这是不可预估的；④兼任了下属公司的内部审计工作，导致审计的独立性不强。

表 5-4 财务部部长 2009 年 BSC 指标体系

角度	战略目标	衡量指标	权重	目标值	时间期限	行动方案	考核标准	检查人
日常工作	按时高质量完成例行工作	会计核算准确性	15%	差错率低于 2%	全年	及时审核凭证	每错 5 笔业务扣 1 分	总会计师
		新业务和新同事	5%	新业务准确率 95%	全年	出现新业务时，组织大家共同讨论和学习；有新同事时，帮助其熟悉公司概况和业务	每月检查一次	总会计师
		用友系统日常运行及维护	5%	安全运行	全年	日常财务专用服务器管理；软硬件的日常运行及维护，期末的结账、转账及数据备份等	无故障出现	总会计师

(续表)

角度	战略目标	衡量指标	权重	目标值	时间期限	行动方案	考核标准	检查人
日常工作	按时高质量完成例行工作	财务分析	10%	100%完成	全年	每季度结束后进行财务分析	书面提交分析报告	总会计师
		集团上市工作	10%	100%完成	全年	根据集团总体安排，随时完成集团下达的任务		总会计师
		完成岗位职责之外的工作	5%		全年	完成例行工作之外的工作	自我陈述及领导认定	总会计师
客户	提高客户满意度	内部客户满意度	5%	无投诉	全年	积极主动、热情服务、利用专业知识为同事服务	投诉 1 次，扣 0.5 分，直至扣完为止	总会计师
流程	提高效率	执行内部审计计划	5%	完成率 100%	全年	根据审计方案完成内部审计	书面提交相关审计文档	总会计师
学习和成长	促进成长	优化现有工作流程	15%		全年	优化现有流程	以书面形式提出改进流程	总会计师
		完成年度培训计划	10%	完成率 100%	全年	完成公司的学习，并组织部门的相关学习		总会计师
		特高个人专业技术水平			全年	在提高个人专业水平的同时，帮助同事提高		总会计师
		ERP 系统的学习与运用	15%	凭证处理差错率低于 1%	全年	参与公司 ERP 流程的拟定及日常实施	实务操作	总会计师

五、公司基于 BSC 的业绩评价

此前，我们简要地浏览公司的 BSC 制定及考评。为了有效推进 BSC，公司成立了由总经理带头的 BSC 小组，其主要成员有人力资源部、财务部、质量部、项目管理部等主要业务和职能部门负责人。BSC 小组负责整个公司的 BSC 的制定、考核和修正。公司对 BSC 的制定及考评可参见表 5-5。

表 5-5　公司 BSC 的制定及考评

层面	事业部分公司	部门	岗位
制定者	BSC 小组、分公司总经理	BSC 小组、分公司总经理或部门分管领导、部长	主管及岗位任职者
考评者	BSC 小组	BSC 小组、分公司总经理或部门分管领导	部长
考评时间	每年 4 月、7 月、10 月、次年 1 月初		
计分方式	百分制。分公司副总经理以上岗位、职能部门岗位、分公司的文秘岗位最高得分为 100 分。分公司内的部长、营销人员、技术人评分不封顶		

(一) 绩效考核结果的应用

绩效考评结果将主要用于与薪酬挂钩和人力资源调整。在考评中，对于普通员工和部门主管，按照2:7:1的比例对其进行排序，即20%优秀，70%合格，10%不合格。不到10人的部门由上一级的分管领导将两个部门合在一起排序，如果合在一起仍然不到10人，则由更上一级的领导将更多的部门合在一起排序。分公司内的不同部门因为计分方式有差异，不能合在一起排序。对于中层干部，则由公司管理高层按照2:7:1的比例进行排序。

根据考评结果，针对不同性质，将分别采取以下方式处理。

(1) 优秀员工。明确下一步发展方向并确定未来培养计划。

(2) 合格员工。肯定其成绩的同时要指出其不足，鼓励其争当优秀。

(3) 不合格员工。分析原因：一类原因是工作态度好，但能力达不到本岗位的要求，尚有培训的价值；二类原因是工作态度好，但是其特长与所任的岗位不适合；三类原因是工作态度不好，能力也较差。主管对员工，尤其是不合格员工的评价，都要与员工本人见面并经分管领导审核签字。

(二) 基于岗位价值的年薪

完整、细致的岗位描述是设计薪酬制度的基础。公司首先对每一个部门、每一个岗位的职责进行澄清，并以职责澄清的结果为依据，撰写岗位描述。然后采用美世咨询公司的国际职位评估体系对每一个岗位的价值进行评估，根据评估结果形成公司的职级体系表，详见表5-6。

表 5-6　A 公司职级体系表

职级	固定工资	绩效工资
47 级以下	85%	15%
48 级以上	60%	40%
返聘人员(原则)	85%	15%

(三) 收入的分配

A公司员工的收入根据不同岗位，设计了相应的收入模式。一般由月度工资、绩效工资和利润分享组成。收入在一个年度内相对稳定，当出现新的国家政策要求或者根据市场形势需要时，可以调整收入。以下列示其典型的收入分配模式。

对于分公司管理层而言，由月工资、绩效工资1、绩效工资2组成，具体参见表5-7。

表 5-7　分公司管理层收入分配模式

年收入构成	发放方式
月工资	标准固定工资，每月25日发放，每月按20.92天计算
绩效工资1	(1)标准绩效工资，原则上按季发放；(2)前三季度每季度绩效工资=0.7*标准季度绩效工资*(绩效评分/100)；(3)第四季度考评全年，分公司总经理、副总经理、总工程师将根据利润完成情况调整

(续表)

年收入构成	发放方式
绩效工资 2	(1)上年度实际收入超出标准年薪部分；(2)前三季度每季度绩效工资=0.7*(绩效工资 2 总额/管理层年薪标准和)*个人年薪标准*(绩效评分/100)，原则上按季发放；(3)第四季度考评全年，分公司总经理、副总经理、总工程师将根据利润完成情况调整

对于职能部门 48 级以上的员工，其收入则由月工资、绩效工资 1、绩效工资 2 和利润分享组成，详见表 5-8。

表 5-8 职能部门 48 级以上的员工收入分配模式

年收入构成	发放方式
月工资	标准固定工资，每月 25 日发放，每月按 20.92 天计算
绩效工资 1	(1)标准绩效工资，原则上按季发放；(2)前三季度每季度绩效工资=0.7*标准季度绩效工资*(绩效评分/100)；(3)第四季度考评全年，将根据实际情况调整
绩效工资 2	(1)上年度实际收入超出标准年薪部分；(2)前三季度每季度绩效工资=0.7*(绩效工资 2 总额/参与人员年薪标准和)*个人年薪标准*(绩效评分/100)，原则上按季发放；(3)第四季度考评全年，将根据情况调整
利润分享	当超额完成年度经营目标时，根据管理层和董事会签订的协议，将拿出一部分超额利润进行分配。工资级别在 48 级以上的员工有资格分享超额部分。分享的金额与其级别和绩效表现挂钩

对于职能部门 47 级以下及分公司文秘类等支持性岗位，收入一般由月工资和绩效工资组成，详见表 5-9。

表 5-9 职能部门 47 级以下及分公司文秘类等支持性岗位的员工收入分配模式

年收入构成	发放方式
月工资	标准固定工资，每月 25 日发放，每月按 20.92 天计算
绩效工资	(1)上年度实际收入超出标准固定工资部分；(2)前三季度每季度绩效工资=0.7*季度绩效工资*绩效评分/100，原则上按季发放；(3)第四季度考评全年，将根据前三季度实际情况调整

需要说明的是，对于个别工资明显不合理的员工，可以及时进行调整，分公司内的员工由分公司总经理在预算内进行调整；其他部门由部门经理申请，综合部审核，总经理在预算内审批。

六、关于案例的几点思考

(1) A 公司最初在博意门咨询公司的帮助下建立 BSC 项目起，BSC 的概念已经深入人心，成为整个公司范围内沟通的工具。通过 BSC，公司上下对战略有一致的认识，战略已经成为每位员工的事情。从这个角度看，A 公司的 BSC 是成功的。

(2) 在几年来 BSC 的实施过程中，公司根据内外环境及时调整了公司战略，并持续优化了内部工作流程。从 2003 年年初钢铁行业火爆，到 2004 年之后受国家宏观调控，以及 2008 年金融危机爆发后，公司都及时予以调整公司战略。例如，把客户重点由民营公司为主转变到大中型国有钢铁企业。同时，公司加大了对科研的投入及对服务的重视程度。另外，公司适时拓宽了业务范围，从 2009 年开始涉入海水淡化项目。这些，为公司的持续稳步发展奠定了良好的基础。

(3) 公司需要把战略目标和预算相挂钩，这样，才能最终实现财务绩效。但是，A 公司并没有建立一套科学完整的全面预算管理体系。在实际运作中，仅仅制定了期间费用的预算，而完整的项目成本预算并未建立起来。以至于出现了“抓小放大”的局面，导致企业大量的经济效益外流到供应商。

(4) 质量保障体系不够完善。尽管该公司建立了质量体系，也通过了质量体系认证，但是公司的实物产品质量仍然出现了一些问题，也影响了公司的业务扩张。如何提高产品质量，建立供应商质量约束机制，在这方面公司今后仍然需要做大量工作。

(5) 跨部门合作意识需要加强。投标—研发/设计—制造—采购—施工—售后是公司的一个最基本流程，但是在这些环节中，跨部门的团队合作、团队配合有些不尽如人意之处，这种状况导致了工作效率降低甚至出现一些错误，不过目前公司员工也逐渐意识到了这些问题，并开始逐步改进。

(6) 人力资源管理者要站在公司战略的高度去看待 BSC，认识到 BSC 是一个战略管理系统，而不仅仅是一个人力资源管理工具。在 A 公司的 BSC 实施中，人力资源管理部门主要将 BSC 作为了一种绩效考核工具，用于发放绩效工资等，缺乏一种战略的眼光。以至于让部分员工误认为 BSC 只是一种奖惩的工具，偏离了 BSC 的核心思想。

(7) 在 BSC 体系中，除了公司层面的 BSC 之外，还应制定切实有效的部门及个人层面的 BSC。通过 BSC 的横向平衡和上下一致，才能保证其实施效果。

(8) BSC 在设计时需要结合风险管理的理念。而且，风险区间的划分应以衡量指标对企业影响的重要性为依据进行，不应为了计算方便而简单设定。2017 年 9 月，COSO 发布了新版《企业风险管理——与战略和业绩的整合》，该框架强调了制定战略和提升绩效过程中的风险，也强调了企业内部控制无可替代的作用。

(9) 为了及时获取 BSC 的得分并分析其影响，企业需要建立一套有效的相关信息获取渠道，如企业内部的 ERP 系统建设，以及对行业及国家相关政策的分析等。A 公司明显由于 ERP 实施失败导致 BSC 日常考核受到一定影响。

本章小结

本章简要介绍了绩效管理的相关工具，并重点以平衡计分卡为例说明了如何运用这些工具。但是，在实务中，这些工具是可以有效结合使用的。读者需要具备整合性的思维，充分利用各种绩效管理工具的优缺点，结合读者所在的组织，认真思考组织所在的战略和发展阶段，选择合理的绩效管理工具。“纸上得来终觉浅，绝知此事要躬行”，实践出真知，相信本章能给大家一些关于绩效管理整体的概念和认识。

另外，本章并没有采用管理软件说明绩效管理的运用。但是，并非这些理念在实施管理软件时不可行。只要公司的战略明晰，内控体系完善，表单设计合理和完善，相信读者有能力将这些管理表单信息化，从而实现高效的信息化管理。

关键名词

绩效　绩效评价　绩效管理　关键绩效指标　平衡计分卡　绩效棱柱　公司战略　企业价值链　企业内部控制　企业风险管理

思考题

1. 绩效管理的含义是什么？
2. 绩效评价的一般原则有哪些？
3. 关键绩效指标的概念是什么？有什么优缺点？
4. 经济增加值的含义是什么？有什么优缺点？
5. 平衡计分卡的概念是什么？一般包括几个角度？有什么优缺点？
6. 绩效棱柱的含义是什么？有什么优缺点？

案例分析

案例背景：

N公司作为一家科技型中小企业，具备高新技术企业资格，主要从事软件的研发及销售。N公司有数款软件产品在行业内具有较高的知名度，为了满足客户需要，N公司还提供定制化的开发服务。2018年年初，N公司决定依托公司的产品优势，切入到全新的教育行业。

为此，总经理组织了一次专题研讨会，会上销售部门提出在制定部门绩效考核指标时，应当实行销售收入提成的模式加大对销售人员的奖励，以快速扩大教育行业的市场份额。财务部门则提出为了实现公司战略，可以对销售人员进行奖励，但是要对软件产品的销售定价、回款等制定明确的规则，否则可能出现公司销售规模扩大但是公司利润及回款得不到保证的结果。同时，财务部门提醒软件产品开发部门要做好研究与开发的规划，明确费用化与资本化支出的条件，不然可能会给财务部门的会计核算带来困扰，还可能引发税务问题(如研发费用加计扣除及高新技术资格复审)。软件产品开发部门回应财务部门：软件产品的开发应当以提升客户满意度为准，内部的争议是否可以暂时搁置。总经理听着大家的讨论，不禁陷入了沉思……

请思考：

如果你是公司的负责人，如何协调销售部门和财务部门之间的矛盾？公司如何拟定软件开发部的绩效考核指标？如何制定公司的研究与开发的战略？

第六章 财务共享服务

【学习目标】

通过本章的学习，了解财务共享服务发展的历程；理解在财务共享服务模式下，企业财务管理面临的挑战与变革；掌握财务共享服务中心建设的内容，包括财务共享服务中心的规划、运营管理和信息化建设等。

2014年10月27日，财政部发布的《关于全面推进管理会计体系建设的指导意见》指出，“鼓励大型企业和企业集团充分利用专业化分工和信息技术优势，建立财务共享服务中心，加快会计职能从重核算到重管理决策的拓展，促进管理会计工作的有效开展”。在政府倡导、学术研究推进、IT技术快速发展等外部因素，以及企业自身管理变革需求的综合作用下，财务共享服务在中国开始普及。基于财务共享模式，企业管理领域的标准化、流程化得到了大幅提升，同时实现了数据的集中；随着业财融合的深化和企业内部信息化向互联网的延伸，逐步实现了业务和数据全流程、端到端的管理，为管理会计的落实打下良好的基础。

第一节　财务共享服务概述

随着企业规模日益扩大和分(子)公司数量的增加，财务机构也在不断扩张，财务人员与管理费用快速膨胀，统一协调财务越来越困难，这些现实严重侵蚀了企业的经营管控能力，损失了企业利润。企业实践和学术研究表明：建立财务共享服务中心，成为应对这些挑战的有效途径之一。

财务共享服务(Financial Shared Service Center，FSSC)，是通过将企业分散在各个区域、运营单元中易于标准化和规范化的财务业务进行流程再造与标准化，并集中到相对独立的财务共享服务中心进行处理。财务共享服务中心能够降低人工成本，发挥标准化和专业化优势，又使各业务单元腾出更多精力用于核心业务，因此被许多大型集团企业广泛采用。20世纪80年代，福特成立了全球第一家财务共享服务中心，成为财务共享服务走进实践的重要标志。

一、财务共享服务发展历程

(一) 财务共享服务的发展阶段

财务共享服务大致经历了三个发展阶段：初步运用阶段、逐渐成熟阶段、成熟和持续发展阶段。这三个阶段既是财务共享服务理念逐渐成熟、配套支持体系不断完善的过程，也是财务共享与企业管理不断融合、目标定位逐步演进的过程。

20世纪80至90年代初期，是财务共享服务发展的初期。在这个时期，共享服务被大型企业集团广泛应用在IT、财务和采购领域。节约成本成为这个阶段企业实施财务共享服务的主要动力，实现方式是把企业原本分散在各业务单元的日常性、重复性、程式化、通用性的财务工作放在人力成本较低的地区进行集中处理。

20世纪90年代后期到21世纪初，是财务共享服务逐渐走向成熟的时期。财务共享服务中心成立之初，由于将标准化、规范化、重复率高的业务集中到一起处理，因此产生了很好的规模效应。但是规模效应通常是在一定的区间范围内有效，当规模突破一定临界值后，效益将不再递增，甚至会出现下降。在财务共享服务中心建设的过程中也出现了类似的问题，当规模发展到一定阶段后，再一味扩大业务量已经不再能明显地降低成本；与此同时，管理人员的增多及业务人员水平的参差不齐，出现了服务质量无法控制、公司内部权力争斗等一系列问题。这使企业意识到，以成本控制为导向的共享服务模式所带来的问题可能会超过其产生的利益，于是以提高工作效率和中心服务质量为导向的流程优化则成为这个时期财务共享服务发展的重点。

2010年之后，财务共享服务进入成熟及持续发展的新阶段，财务共享服务中心走向普及，尤其是在中国掀起了建设财务共享服务中心的热潮，财务共享服务的理论体系、配套支撑工具、实践经验等都发展到非常高的水平。这一时期的财务共享服务有几个典型的特征：与IT技术深度融合，云计算、大数据和人工智能等得到了充分应用；财务共享成为推动业财融合，管理会计落实的重要途径；财务共享与战略管理和企业运营深度融合，在提供服务的同时强调管控等。财务共享服务焕发了又一次生机，进入一个新的、快速发展的轨道中。据统计，年收入30亿美金以上的企业中，超过70%都建立了财务共享服务中心。世界500强中80%的企业已经部署财务共享服务中心，全球财务共享领域的从业者多达750 000人。

(二) 中国财务共享服务的发展现状

中国第一批财务共享服务中心主要是由欧美跨国集团企业设立的，随后，中国企业开始了自己的财务共享中心建设历程。在财务共享服务领域，中国企业同样经历了引进与模仿、吸收与改进、创新与提高的过程(见图6-1)。

1999年，摩托罗拉在天津成立了亚洲结算中心，成为其财务共享服务中心的前身；随后，GE、埃森哲、惠普、中英人寿、辉瑞、安永等一批跨国企业纷纷在中国设立财务共享服务中心。

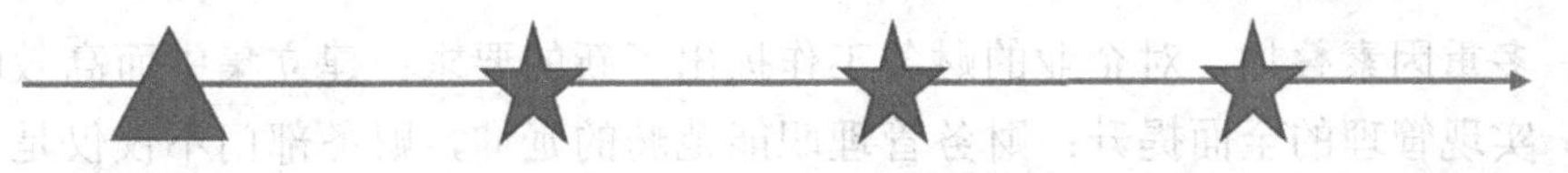

80年代，诞生	80～90年代，引进	2005—2008，探索	2012至今，热潮
福特建立全球第一家财务共享服务中心	摩托罗拉、辉瑞、埃森哲学跨国集团在中国建立财务共享服务中心	中兴、海尔等国内企业陆续建立财务共享服务中心	国内大中型企业纷纷建立财务共享服务中心，推进财务变革

图 6-1　中国财务共享服务发展历程

2005 年，中兴通讯成为第一家建立财务共享服务中心的中国企业；2007 年，海尔在青岛成立财务共享服务中心，中国企业建设财务共享服务中心的大幕从此拉开。

经过近几十年的发展，中国诞生了一大批分(子)公司众多、地域分布广、业态复杂的大中型企业，如果每个分(子)公司都要建立财务系统及业务系统，就需要投入大量资金，因此共享服务模式便成为集团企业财务信息化的首选。借助财务共享，一方面通过财务管理和财务服务资源的共享，降低了财务管理成本，另一方面，实现了标准化、规范化，强化了集团管控。

中国政府也在全国范围内加大推行财务共享服务。2013 年 12 月底，财政部下发的《企业会计信息化工作规范》明确提出分公司和子公司数量多、分布广的大型企业、企业集团应当探索利用新 IT 促进会计工作的集中，逐步建立财务共享服务中心。国务院国有资产监督管理委员会在《关于加强中央企业财务信息化工作的通知》中强调“对于财务信息化水平较高的企业，应当与国际先进企业对标，结合企业实施‘走出去’战略，持续优化财务信息系统功能，推进全球业务信息化、财务服务集中化”。2014 年 11 月，财政部〔2014〕27 号文《关于全面推进管理会计体系建设指导意见》中指出“鼓励企业充分利用专业化分工和信息技术优势，建立财务共享服务中心，加快会计职能从核算到管理决策的转变和管理会计工作的有效开展”。

2015 年 12 月，国税总局发布《关于推行通过增值税电子发票系统开局的增值税电子普通发票有关问题的公告》，规定自 2015 年 12 月 1 日起全国推行增值税电子普通发票，明确电子发票打印与纸质发票具有同等效力。这里面虽然没有提及财务共享服务中心，但是这则公告对财务共享服务中心的推广和普及具有里程碑的意义，它解决了长期以来财务共享服务中心与业务单位物理位置不一致带来的大量原始票据、单证传送和保管的难题。

二、财务共享服务促进企业财务管理变革

(一) 财务管理面临的挑战与机遇

中国社会经济处在发展和改革的重要阶段：一方面是新旧动能转换、供给侧改革及从高速发展向高质量发展带来的转型升级压力；另一方面是数字经济和新 IT 带来的冲击

和挑战。多重因素叠加，对企业的财务工作提出了新的要求：建立集中而高效的财务管理体系，实现管理的全面提升；财务管理职能范畴的延伸，财务部门不仅仅是会计处理和信息的报告者，而且是风险的控制者，更是业务的支持者。

通过转型与变革，企业财务管理重点要完成三个方面的工作：一是财务要支撑企业战略，为企业发展和投资做好决策支持；二是财务要成为业务的伙伴，做好经营管理的帮手；三是高质高效地完成基本核算工作，提供有效的服务支撑。在这个过程中，管理会计也被推上企业管理创新与变革的舞台上。管理会计能够帮助企业实现精细化管理、风险管控，能够更好地推动企业技术创新、管理创新、资源优化配置等，最终助力企业实现战略转型。

信息化的发展使得业务和财务之间的界限逐渐消失，人工智能的兴起，在较大程度上替代了标准化、重复性高的基础会计工作，财务部门的职能在不断地调整和转化，逐渐演变成为数据处理部门——财务大数据中心，IT 技术的发展，最终导致基层财务人员减少，更高端、更专业化的财务人员产生(见图 6-2)。

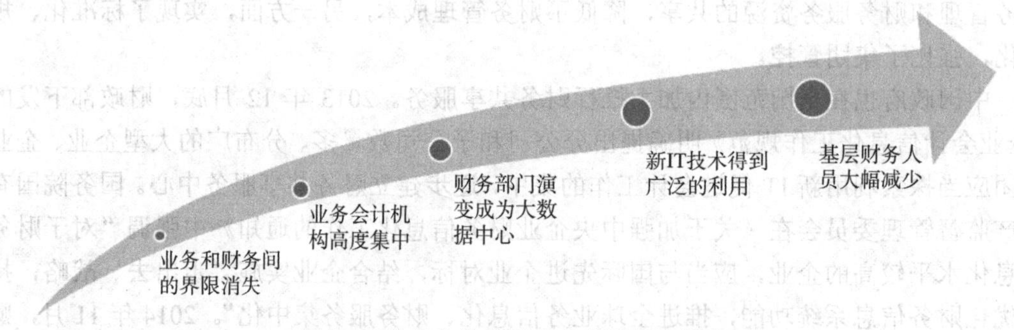

图 6-2　信息化的发展对企业财务的影响

财务职能的转型势必推动财务人员的转型。管理内需和信息化背景下，财务人员的知识不能仅仅停留在财务专业知识、基本办公软件等基础知识上，需要向更高级、深入、全面的知识体系转型。财务人员需要具备全局视角、组织策划能力、学习和推广能力、专业判断和综合决策能力、协作能力和适应环境能力等。特别需要强调的是，未来的财务人员必须具备较强的 IT 能力，能够熟练掌握和运用数据分析、商业分析的基本工具。

未来，财务管理人员职责从简单的记账员、评论员升级为企业的管理顾问与业务伙伴，财务人员需要识别并控制业务和运营中的潜在风险，并向管理层提供前瞻性的决策支持，如图 6-3 所示。

总而言之，企业管理在管控风险、精细化要求、优化产业结构等方面的内部需求是财务转型的核心动因，整体经济政策的大背景和现代信息技术的支撑共同促进了企业财务管理在财务职能和财务人员要求等方面的转型过程。

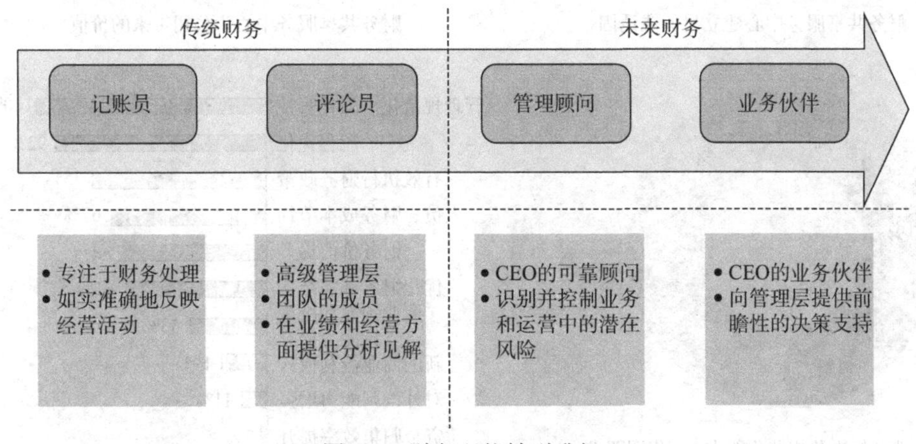

图 6-3 财务职能转型升级

(二) 财务共享服务引领财务变革

共享是数字经济时代的重要特征，也是企业集约化管理、建立新生态的主要模式。在数字经济时代，企业面临着提质增效、风险内控、国际化与转型、颠覆式创新等挑战。企业应对挑战的策略通常包括通过优化总部功能实现集约化管控、推动组织扁平化从而压缩管理层级、实施供应链协同与网络化协作、利用新的 IT 技术推动数字化转型。在这种背景下，共享便成为一种趋势，能集中都可以共享，如财务共享、人力资源共享、采购共享、市场管理共享、信息技术共享等(见图 6-4)。在所有的共享实践中，财务共享通常是企业应该优先考虑的，财务共享为共享体系和理念的发展做出了重要贡献。

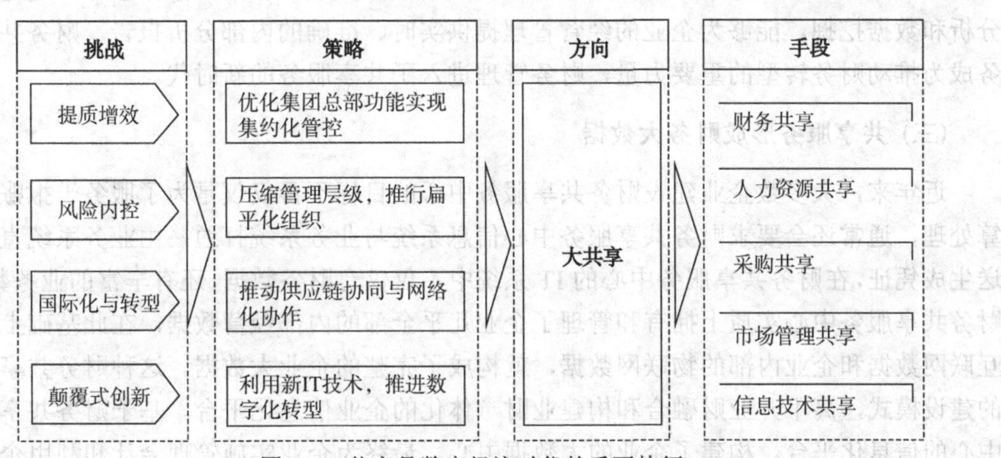

图 6-4 共享是数字经济时代的重要特征

财务共享的诞生和发展，给财务管理带来了很大的冲击，财务职能也发生了重大的变化，具体表现为：财务职能从记录经营结果到更加关注企业经营的过程；财务成为业务的重要“伙伴”，为业务单元的经营提供服务支撑；财务从出具三大格式报告到为企业管理运营提供内部报告；财务还能够在战略规划、投资决策、业务决策中提供必要的指引作用(见图 6-5)。

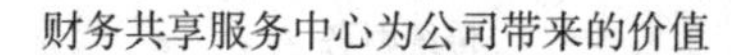

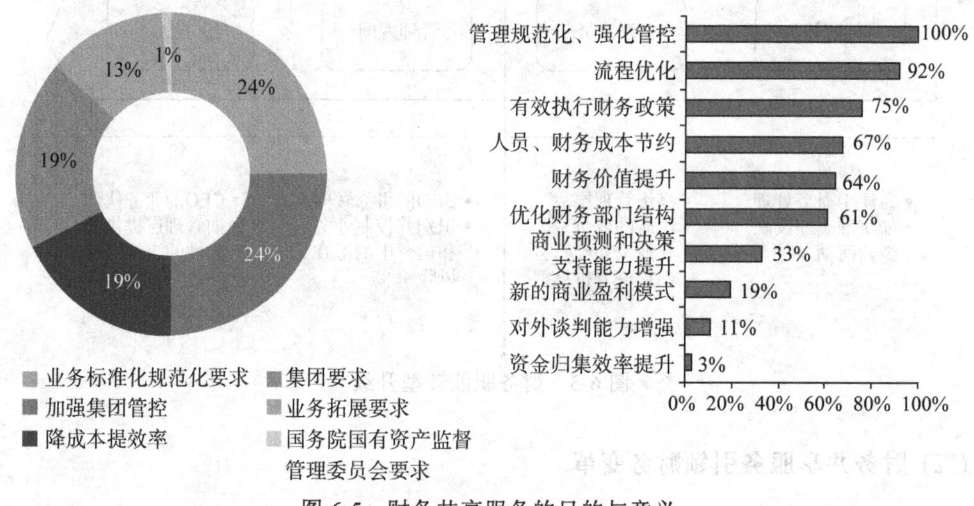

图 6-5　财务共享服务的目的与意义

财务共享服务从管理、组织和数据三个方面为企业财务转型奠定基础。首先，财务共享服务要求流程制度高度标准化，为财务转型提供了管理基础，主要体现在统一的业务流程和作业标准、统一的财务管理与核算制度、统一的资金管控和调度、统一的信息系统；其次，财务共享服务要求财务职能要重新进行专业化分工，为财务转型奠定了组织基础；再次，财务共享服务是企业经营管理数据最集中的所在，为财务转型提供了数据基础，数据是企业最重要的资产，基于统一的数据标准沉淀形成数据仓库，通过深入分析和数据挖掘，能够为企业的经营管理提供实时、准确的内部分析报告。财务共享服务成为推动财务转型的重要力量，财务管理进入了共享服务的新时代。

(三) 共享服务形成财务大数据

近年来，大多数企业建设财务共享服务中心的目标不再仅仅是为了服务于报账和核算处理，通常还会要求财务共享服务中心信息系统与业务系统打通，由业务系统直接推送生成凭证，在财务共享服务中心的 IT 系统中不仅仅有财务数据，还有丰富的业务数据，财务共享服务中心实质上拥有和管理了企业几乎全部的内部经营数据，在此基础上辅以互联网数据和企业内部的物联网数据，就构成了完整的企业大数据。这种财务共享服务的建设模式，离不开业财融合和构建业财一体化的企业信息化平台。基于财务共享服务中心的信息化平台，构建了企业的大数据中心，最终为企业实施管理会计和利用企业大数据奠定了扎实的基础，如图 6-6 所示。

依托数据提供决策支持是企业财务部门长期以来努力的目标，财务共享服务和大数据的结合，推动了这一进程。财务共享服务中心自身运营管理的专业化弥补了传统财务部门在数据处理专业化能力上的不足，为财务承担数据管理职能提供可能性，推动财务会计向业财融合和管理会计的转变。

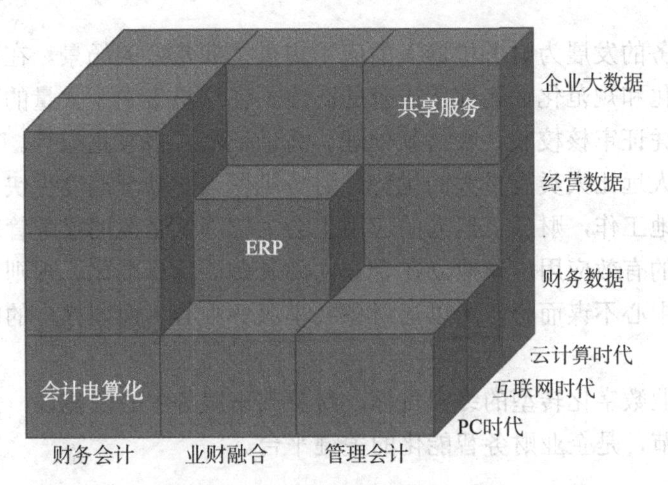

图 6-6　财务共享形成企业大数据

(四) 共享服务让财务更智能

进入 21 世纪，人工智能得到了快速发展，并在很多领域内得到了广泛的应用。众所周知，财务的工作要面对企业众多的流程及庞大而复杂的数据，在给财务职能部门提出挑战的同时，也提供了分析业务的重要机会。具备更强大预测功能的分析工具正在不断地推陈出新。为了提高财务业务处理效率，提高财务工作的质量，同时为企业的经营管理提供财务视角的深度分析，人工智能被引入财务领域。近两年，以德勤为代表的咨询公司和以浪潮为代表的国内 ERP 厂商纷纷推出“财务机器人”。

根据重复性和复杂度的不同，可以将财务工作大致分为四类，最先被人工智能取代的将是高重复性、低复杂性工作，如图 6-7 所示，如会计入账、报表生成、出纳和报税等，这一阶段主要利用的是机器人流程自动化技术(Robotic Process Automation，RPA)。当然，财务机器人的能力绝对不仅仅限于处理简单重复性的工作，在数据深度挖掘、风险能控等领域中，财务机器人具备人类无法企及的能力。

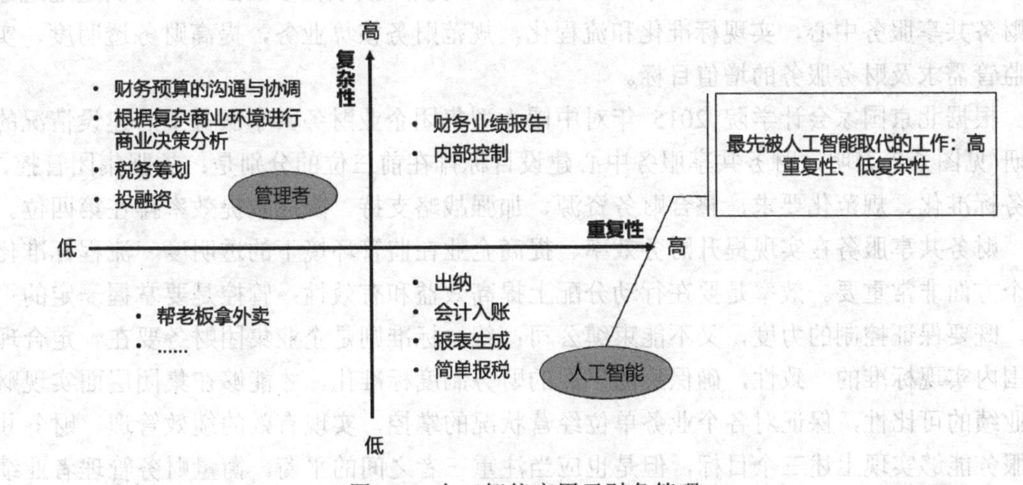

图 6-7　人工智能应用于财务管理

财务共享服务的发展为财务机器人的应用提供了非常好的场景。在财务共享服务中心模式下，标准化和规范化达到前所未有的高度，在这里集中了大量的高重复性、低复杂度的工作，如凭证审核校验、收付款处理、凭证记账、报表生成等。在这些工作的处理上，财务机器人远比人类有更大的优势，财务机器人的处理速度更快、更加准确，而且可以全天无休地工作，财务机器人的应用也会大幅降低企业的财务管理费用。

财务机器人的有效应用应该建立在企业内部具备一定标准化、规则化的前提下，这与财务共享服务中心不谋而合，所以当财务共享服务中心大面积推广的时候，财务机器人应运而生。

智能化是企业数字化转型的终极目标，财务共享服务中心的建设，是实现企业数字化转型的重要环节，是企业财务智能化的关键平台。

第二节　财务共享服务中心建设规划

建设财务共享服务中心是企业财务管理方面的一次重大变革，对现有的流程、组织、人事、管理规范、绩效评价等都会产生重大的影响，这种影响不仅仅体现在财务体系内部，还会延伸到整个公司的方方面面，包括业务管控、IT 服务等。因此，企业建设财务共享服务中心必须规划先行，需要明确财务共享服务中心的建设目标、职能范围、建设模式、运营模式和选址五个方面的内容。

一、财务共享服务中心的建设目标

财务共享服务中心的建设目标并不唯一，不同企业建立财务共享服务中心的目标存在差别，不同时期和不同发展阶段的目标也存在差异。企业建立财务共享服务中心的首要目标是提高效益，降低管理成本，达到以较少的投入换取更多的回报；其次是通过建设财务共享服务中心，实现标准化和流程化，规范财务核算业务，提高财务透明度，实现监管需求及财务服务的增值目标。

根据北京国家会计学院 2015 年对中国大型集团企业财务共享服务中心建设情况的调研(见图 6-8)表明，财务共享服务中心建设目标排在前三位的分别是：加强集团管控，业务标准化、规范化要求，整合财务资源、加强战略支持。降成本提效率排在第四位。

财务共享服务在实现提升财务效率、提高企业在监管环境下的透明度、流程标准化三个方面非常重要。效率是要在行动分配上提高效益和有效性；管控是要掌握一定的平衡，既要保证控制的力度，又不能束缚公司；统一标准则是企业集团财务要在一定合理范围内实现标准的一致性，确保集团层面的财务制度标准化，才能够在集团层面实现财务业绩的可比性，保证对各个业务单位经营状况的掌控，实现有效的绩效管理。财务共享服务能够实现上述三个目标，但是也应当注重三者之间的平衡。衡量财务管理者业绩的是财务部门提供的整体服务质量，而不仅仅是共享服务的质量。

财务共享服务中心建设的主要目标

目标	比例
加强集团管控	82.35%
业务标准化、规范化要求	70.59%
整合财务资源、加强战略支持	68.24%
降成本提效率	60.00%
集团要求	27.06%
提高客户满意度	9.41%
业务拓展需要	8.24%
国务院国有资产监督管理委员会要求	8.24%

0.00% 20.00% 40.00% 60.00% 80.00% 100.00%

图 6-8 财务共享服务中心建设的主要目标

二、财务共享服务中心的职能范围

为了更好地实施财务共享服务，完成财务共享服务中心建设目标，企业的财务职能需要进行变革和调整，这项工作关乎财务共享服务建设规划的成败。

在共享服务模式下，集团财务部门、财务共享服务中心和分子公司财务部在未来做具体工作时的职能范围的偏重都不一样(见图 6-9)。在集团层面通常会保留战略财务，主要负责制定全集团财务管理和财务核算的规范、标准及制度，同时还要做一些管理会计、运营分析，给管理决策层提供集团层面上的一些财务管理控制和高附加值的决策支撑，并且要负责指导监督下属单位财务制度的建立和执行。财务共享服务中心负责报账业务的稽核、结算和核算，进行记账、登记明细账、总账、月结、年结、出具财务报表，负责形成电子档案，进行存档管理，提供完整、准确的会计信息及财务制度执行情况，是集团内部为企业提供服务。业务财务则主要负责组织本业务单元的财务管理工作，并

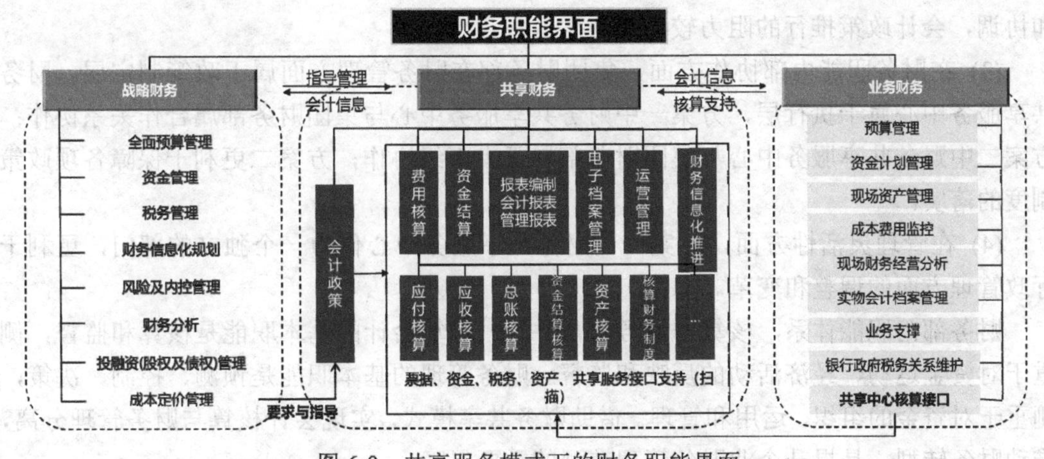

图 6-9 共享服务模式下的财务职能界面

接受上级单位的监督和指导，审核本单位经济事项、原始凭证的真实性、合规性、合法性，负责对口当地外部监管部门，负责本单位的报账支撑职能，指导、协助业务部门在财务共享服务中心系统中填写财务核算信息和其他业务信息。业务财务人员还应该具备财务决策分析的专业知识，对业务方面的决策提供会计相关数据支撑。例如，当业务单位需要购进新设备、新生产线时，业务财务能够提供筹资购买、融资租赁、经营租赁多种方式下的成本收益分析，为业务决策提供支持。

财务职能的界面梳理完成之后，就要考虑财务共享服务中心的组织建设，财务共享服务中心组织设置需要综合考虑以下五个方面的因素：一是组织职能及组织独立性；二是领导层管理需求及汇报层级；三是政策推行力度；四是与成员单位的协作关系；五是管理灵活性。

根据财务部门的职能体系规划，财务共享服务中心的组织建设主要有两种方案，如表 6-1 所示。一种是行政层级上与集团财务部管理层相同；另一种是设在财务部门之下，行政层级上隶属于财务部，此方案在财务共享服务中心建设初期选择较多。

两种方案的共同点是：财务共享服务中心承担会计核算职能，集团总部和分(子)公司财务部承担财务管理职能，顺应管理会计与财务会计分离的发展趋势。

表 6-1　财务共享服务中心组织定位对比分析

	汇报层级	政策推行力度	财务职能内部协作	管理灵活性
方案一	少	弱	弱	好
方案二	多	强	强	差

两种方案的不同点主要有以下四个方面。

(1) 在汇报层级方面，方案一中财务共享服务中心向总会计师汇报；方案二中财务共享服务中心隶属集团财务部管理，其工作向集团财务部财务经理汇报。汇报层级增多。

(2) 在政策推行力度方面，方案一中两部门属平级关系，财务共享服务中心在负责会计落实时，需跨部门协调，政策推行的难度和复杂度较高；方案二中财务共享服务中心和分子公司财务部同属集团总部财务部指导，在会计政策向下推行时，有总体的管理和协调，会计政策推行的阻力较小。

(3) 在财务职能内部协作方面，集团财务部在财务管理方面属于政策制定层，财务共享服务中心属于执行层，方案一中财务共享服务中心与集团财务部属合作关系协作；方案二中财务共享服务中心与集团财务部属于上下级协作，方案二更利于保障各项政策制度的落实。

(4) 在管理灵活性方面，方案一的财务共享服务中心作为一个独立的部门，更利于行政管理方面的调整和变革。

财务部门职能体系，核算与财务管理并行。核算会计的基本职能是核算和监督，侧重于对资金运动、经济活动的反映和监督。财务管理的基本职能是预测、控制、决策，侧重于对资金的组织、运用和管理。借助财务共享模式，实现会计核算与财务管理分离，推动财务转型，是提升企业财务管理转型的重要保障。

三、财务共享服务中心的建设模式

财务共享服务中心的建设可采用不同的模式，不同的模式支撑了不同的管理需求，企业应当根据自身发展需要和不同发展阶段选择合适的建设模式。

结合国内大多数企业集团的经验，无论选择何种建设模式都需要满足以下几个原则。

1. 独立核算主体不变原则

集团所属各法人主体对本单位的资产所有权和使用权不变，对资产、负债和权益的管理和使用仍由本单位负责，对收入、成本、费用的管理和审批仍由本单位负责。各法人单位会计主体不变，各法人单位对本单位会计信息的真实性、完整性、合法性负责。

2. 标准集中与数据集中原则

保证财务共享服务中心成为全集团唯一的财务信息入口，实现固化业务内控点，是提高会计信息质量的基础。财务共享服务中心集中归集财务基础信息，实现全集团数据共享，更及时、更准确地为管理部门决策提供数据支持。

3. 核算与管理分离原则

在财务共享服务建设的过程中，推动财务管理与核算会计平行管理，集团所属各法人主体及下属各单位保留财务管理机构和财务管理职能，撤销会计核算及出纳岗位，在业务上由财务共享服务中心统一管理，完成核算支撑工作。

4. 循序渐进原则

财务共享服务中心建设时应遵循先易后难、试点先行、稳步推进、全面实施推广等原则。

5. 成本收益原则

财务共享服务中心建设的收益性主要体现在成本、效率、质量、服务、财务转型、企业扩张等方面，具体表现为：降低成本是建设共享中心最原始的诉求；借助流程再造和信息技术手段，共享中心在提升财务运作效率和快速支持经营需求方面成效显著；通过完整的绩效控制手段和统一规范的内控，财务核算的及时性、准确性显著提高；通过完整的绩效控制手段和统一规范的内控，财务共享服务中心的服务质量可得到明显提高；财务共享服务中心建成后，财务的职责角色将逐渐向业务伙伴方向转型；基于财务共享服务形成的规范化的流程、标准化的服务、信息化的支撑，为企业的迅速扩张提供了保障。

6. 安全性增强原则

通过全公司统一的作业标准和流程、统一的制度与信息系统、统一的资金管控与调度，降低风险，加强管控。

当前，财务共享服务中心的建设模式分为四种：集中模式、产业模式、区域模式和项目模式。各公司实际采用的建设模式与这四种模式可能会有些区别，需要视各个公司的具体情况而定。无论采用哪种模式，关键是要寻求各种利弊因素之间的平衡点。对于企业来说，最重要的是制定与自身情况相符的顶层规划。各模式之间的优缺点分析，见表6-2。

表6-2 管控服务型财务共享服务中心建设模式的比较

建设模式	建设方案	主要优点
集中模式	在集团层面建设完全集中的财务共享服务中心，面向整个集团提供服务	• 统一运营管理体系和标准规范 • 利于加强管控，降低财务运营风险
产业模式	按照集团产业业态不同，建设为每个业态服务的多个财务共享服务中心	• 体现垂直行业特色 • 根据行业特色进行精细化管理
区域模式	按照所在区域建设为区域运营单元提供服务的财务共享服务中心	• 距离服务对象较近，业务响应快，便于沟通交流
项目模式	参与特大型项目建设的多个法人单位为实现资金封闭管理、项目税务统筹而成立财务共享服务中心	• 项目内多家法人单位的财务数据标准统一 • 项目内资金运作和税务统一统筹

四、财务共享服务中心的运营模式

按照财务共享服务中心的运营形式划分，财务共享服务中心主要包括四种运营模式：基本模式、市场模式、充分市场模式与独立经营模式。依据财务共享服务中心的发展趋势，四种模式呈现出递进关系(见图6-10)。

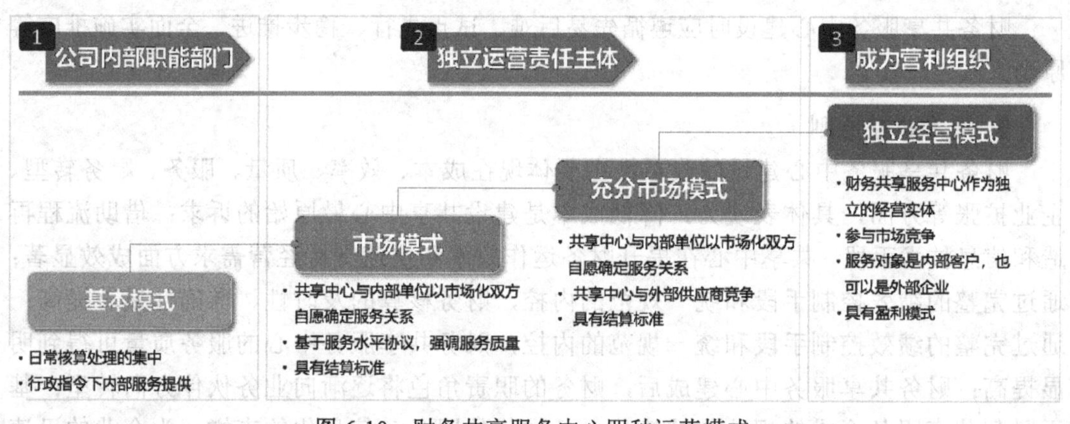

图6-10 财务共享服务中心四种运营模式

1. 基本模式

财务共享服务中心定位为企业内部的一个职能中心，主要为成员单位提供跨组织、跨地区的专业支持服务，如基础会计核算、提供财务报表、进行财务信息的数据加工等。此时财务共享服务中心的建立，主要通过合并和整合日常事务性会计核算处理和资金经营活动，实现规模经济并消除冗余，最终以降低成本和流程规范化、标准化为目标。这种模式下的财务共享服务中心主要强调标准化的流程、灵活化的组织、专业化的分工和核心化的能力。

2. 市场模式

市场模式是在基本模式基础上进一步发展起来的，它摆脱了内部职能部门的定位，强调财务共享服务中心独立运营责任主体的定位。作为虚拟的经营单位，该模式下的服务不再是托管，决策权由接受服务的客户全面掌握。财务共享需要不断提升自身服务质量、优化流程、加强沟通，根据确定的服务流程与标准提供服务，并提升自身服务的专业化。此外，财务共享服务中心还应该努力提供更为专业的顾问和决策咨询服务。

3. 充分市场模式

外向型特征更加明显，它使得财务共享服务中心面临更多的外部竞争，服务的客户存在更大的自主权，他们可以在现存的两个以上的共享服务机构中进行选择。如果他们认为内部共享服务机构的服务数量或质量难以满足需求，则可以自由更换，甚至从外部购买自己所需要的服务。充分市场模式的目的是引入竞争，向客户提供、推荐最有效率的供应商，供客户进行决策选择，最终有利于提升内部财务共享服务中心的服务。

4. 独立经营模式

此模式下的财务共享服务中心是作为独立经营实体来运作的，其定位是外部服务提供商。它不仅向企业内部提供产品和服务，而且还服务于外部客户。该模式下，财务共享服务中心凭借其专业技能、技术及知识与第三方外部服务机构、外部咨询机构等展开完全竞争，服务收费也完全随市场而变化。该模式下的财务共享服务中心已经从过去的成本中心转型为利润中心。随着近些年互联网、云计算等新技术的应用，财务共享服务中心非核心业务“众包”模式也逐渐被一些企业认可并采用。

在 2015 年安永财务共享服务调查报告中：关于定位模式的调查结果显示，64%的财务共享服务中心将自身定位为服务部门，25%定位为管理部门，50%认为自身是成本中心，22%认为是利润中心；对于共享中心成本的分摊，约 66%的共享中心并未进行成本费用分摊，而是由总公司承担。由此可见，中国境内企业财务共享服务中心仍然以成本中心模式为主导，并更侧重于服务定位，并且大部分共享中心对内没有实施商业化。

五、财务共享服务中心的选址

财务共享服务中心的选址在战略定位设计中也是比较重要的一环。选址前，先要明确选址的需求，如共享服务中心是一个还是多个，是按地域划分还是按流程划分，是建立在总部还是其他城市，不同的选择各有利弊。

设计选址策略要综合考虑四大因素：成本、环境、人力资源和基础设施。成本因素主要包含人力成本、电信成本、基础设施使用成本等；环境因素主要包含政策优惠、政策环境、发展能力、城市竞争力、是否与总部或分支机构所在地一致等；人力资源因素主要包含人力专业技能、当地教育水平、服务水平、人员流动性、教育与培训有效性等；基础设施要素主要包含电信质量、自然环境、交通便利、房产价格等。如果决策不当，则会给后续的运营带来各种问题，如招聘困难、运营成本高等。在实际操作过程中，可以利用财务共享服务中心选址指标评价体系对候选城市进行排序，最终确定具体城市，如表 6-3 所示。

表 6-3 财务共享服务中心选址指标评价体系

指标	权重	主要因素
成本	25%	人工成本：各备选城市职工人均工资
		房屋租赁成本：各备选城市平均房价
		税赋成本：财务共享服务中心以独立法人形式经营可能承担的税赋
环境	40%	产业密集程度、城市综合竞争力增长预期、行政机构工作质量、行政机构工作效率、城市全球联系、城市环境优美度、社会保障水平
人力资源	25%	人口基础文化素质、从业人员受教育程度、人才健康水平、所在地高等院校在校大学生数、教育持续发展水平、小语种人员储备
基础设施	10%	通信设施状况、网络设施状况、路网设施状况、出行设施综合状况

在人员招聘之前，选址就要确定下来，因为往往会有一部分人由于办公地点的变化而选择离开，这就给后续的开业和运营带来巨大压力。

国内财务共享服务中心大多分布在以下三类区域：一是以珠三角、长三角、京津经济区为首的经济发达区，这里有先进的管理理念和跨国公司成功实施的先例；二是服务行业成熟的区域，如通过 IT 行业服务外包驱动城市经济转型的大连、济南等；三是共享服务潜力区，拥有良好基础建设和丰富资源的地区，如成都和西安。

在实际情况中，各个城市在成本、环境、人力资源及基础设施方面都会有各自的优势和不足。因此，在选址时需要综合考虑各种因素，根据企业实际情况最终确定共享中心的选址。另外，“是否与总部所在地一致”也是财务共享服务中心选址的一项重要参考依据。如果财务共享服务中心的职能中管控比较重要，则共享中心地址多与总部所在地一致，以便更好地沟通及管理。

第三节 财务共享服务中心运营管理

为了确保财务共享服务中心目标的实现，必须建立完备的制度和规范体系，加强财务共享服务中心的运营管理。财务共享服务中心运营管理体系建立的过程也是共享服务中心丰富自身管理工具和管理手段的过程；建立管理体系，能够实现管理手段的多元化，使管理更加有序规范，从而带来管理效率和管理效果的提升。

一、财务共享服务中心人才管理

人才管理是成功建立财务共享服务中心的关键，也是大多数中国企业面临的重要挑战之一。优秀的财务共享人才能够从烦琐、重复的工作中总结规律，用创新方法优化流程，甚至能够给业务部门提供有效发展意见。共享服务中心人员管理的目标是：建立完善的“选→育→用→留→输送”人才体系，最大限度地开发与管理财务共享服务中心的人力资源，促进财务共享服务中心的持续发展。

1. 选人

财务共享服务中心是基于财务业务从事共享服务的组织，作为集团内部的重要服务部门，人才选拔要格外重视。财务共享服务中心的人员既可以从社会招聘，也可以内部转岗。对于大多数企业筹建财务共享服务中心时，已经有大量的内部财务会计工作人员，财务共享服务中心成立后，其中的很多人要面临工作内容调整或者岗位调换。所以，财务共享服务中心选择人员时可以优先考虑内部人员。财务共享中心人员选拔要考虑以下几个因素：要具备财务共享服务中心岗位的基本技能和职业规范；还要能够适应共享服务中心的工作环境和工作方式；另外，由于共享中心集中提供服务，存在跨地域选人和人员调度的情况，所以在选人的时候还要考虑地域特征。

2. 育人

知识一方面通过员工的自我积累形成，另一方面则通过组织培训获得。员工培训是员工管理核心范畴，是提高员工自身素质的重要方法，目的是启发员工自我学习、加快知识资产循环周转、快速发挥效益。财务共享服务中心应针对不同群体确定不同学习目标，采用差异化培训方式。为了确保培训效果，首先明确员工已有知识和财务共享服务中心知识需求之间的差异，然后基于员工能力提供财务共享类知识培训和实操培训。根据培训方式又可以将培训分为职前培训和在职培训两种。根据培训对象不同又分为管理者培训和一般性培训。管理者培训对象通常是财务共享服务中心主任；一般性培训是对共享服务中心主任以下级别的员工进行培训。

3. 用人

“为治以知人为取”，财务共享服务中心的高效运营同样需要做到知人善任，确保上岗之前能力达标，并且将合适的人放在合适的岗位上。为了帮助员工个人成长，同时培养和储备复合型人才，可以实施轮岗机制。轮岗机制的原则是能上能下，优胜劣汰。财务共享服务中心特点是标准化流程作业，工作强度大，并且枯燥乏味，实行轮岗制度可以有效降低员工因为工作内容重复带来的烦躁感，增强员工工作满意度。

4. 留人

人才流动是常态，共享服务中心人才流失率高也是普遍存在的现象，这就需要建立起合理的留人机制，尽可能地避免人员流失带来的服务水平下降。企业留人通常有三招：发展留人、薪酬留人、文化留人。财务共享服务中心运营管理者需要为财务共享服务中心及相关人员做好发展规划，让财务共享服务中心的参与者感受到公司发展的潜力及个人上升的空间，使财务共享服务中心成为实现员工个人价值和发展自我的重要平台。薪酬也是一个非常重要的因素，公司要为财务共享服务中心的员工提供合理且有竞争力的薪酬。文化也是企业能够留住人才的重要因素，企业要推动在财务共享服务中心制定人性化的管理制度，营造和谐的工作氛围，建立融洽的上下级关系。

5. 输送人

留住人才并不是人力资源管理的最高目标，更重要的是让所有从事财务共享服务工作的人员能够获得能力的提升和职位的晋升，将员工输送到更重要的工作岗位。为此，公司应就人才管理设立选拔输出机制。规范员工选拔晋升流程，鼓励员工积极上进，不断提升个人素质和能力，有效改进工作绩效，同时给员工提供良好的晋升及自我发展平台和空间，营造公平、公正、公开竞争机制。

二、财务共享服务中心质量管理

实施财务共享后，随着业务规模的不断扩大，如何有效控制财务共享业务质量风险，不断提升财务共享服务效率，是财务共享得以持续发展的关键。依托 PDCA 循环，即“计划(Plan)→实施(Do)→检查(Check)→执行(Action)”建立和实施全面质量管理体系被认为是一项有效的措施。

1. 建立标准

财务共享服务中心为各部门和分支机构提供财务服务，首先明确所提供服务应该达到的标准。服务质量标准包括如下几项。

(1) 及时性。即明确达到共享中心单据审核、支付时限，根据业务量在全年不同时间段分布情况，制定具有弹性工作时限要求。例如，年初单据业务量比较少的时候，单据处理时限适度缩短；年末、季末业务量集中爆发时，单据处理时性可以适当放宽。

(2) 正确性。财务共享服务中心应时刻谨记风险控制要求，所提供的服务是根据国家财税法规和行内财务管理制度，确保全行内部财务事项管理合规、合法。为了确保正确性，要求工作人员掌握行内规章制度，对外部财税法规有相当了解，并时刻关注制度规章和政策环境更新和变化。

(3) 灵活性。财务工作必须遵从制度，但实际中因为业务活动多样性和经营管理活动特殊性，财务共享服务中心提供服务时，不能刻板地理解准确性要求，应该综合考虑重要性和整体方向基础上灵活处理，否则财务共享服务中心服务工作很可能面临投诉和用户抵制。

除了明确对客户服务标准外，财务共享服务中心内部团队和岗位还担负监督、检查职责，这一职责具体工作内容主要是开展账务核对、合规性检查工作，目的在于对日常单据审核作业会计核算结果、财税法规及其他内外部法规的遵从性，可以看作财务共享服务中心内部自行发起对外部服务质量自查，对促进服务质量管理，尤其是加强全行财务内控起着重要作用。因此，财务共享服务中心还需要对工作完成时限、对账检查结果标准及汇报路径等做出明确规定，指导员工履行监督检查职责。

2. 过程控制

制订服务质量和管理计划、明确服务和管理质量标准后，需要采取科学具体的实施方法来完成计划，达到管理标准。财务共享服务中心工作内容包括面向客户单据审核服务及面向管理者监督检查工作，共同目标都是为了促进质量达标、服务提升、规避风险。对于工作计划执行层面，应该考虑两种工作类别特点，具体制定明确的计划实施方案，实施方案主要对计划进行分解、明确责任界限和人员分工，同时采用科学高效工作方法确保计划实施。

财务共享服务中心作业池可以实现与所有业务系统集成，发挥财务共享服务中心规模效应，提升工作效率，对财务共享服务中心接收的工作任务进行统一分配、统一调度，通过派工规则将进入财务共享服务中心作业池中的任务，分配到不同作业岗位，并由作业人员进行处理。

财务共享服务中心内可以按照业务组管理共享中心人员任务。业务组负责人通过运营管理平台进行任务查看、分配、调整、取回等操作，同时可以设置提单规则。提单规则可以按照不同业务进行设置，每种规则中都包含适用此种规则的共享中心业务组，一个业务组只能存在于一个规则中。

业务数据进入作业池后，先是作业池内部任务流转，任务池中单据通过派工规则分配到各岗位可提取范围中，各岗位组长在任务组中提取单据，然后在各小组中进行派单或者抢单(见图 6-11)。

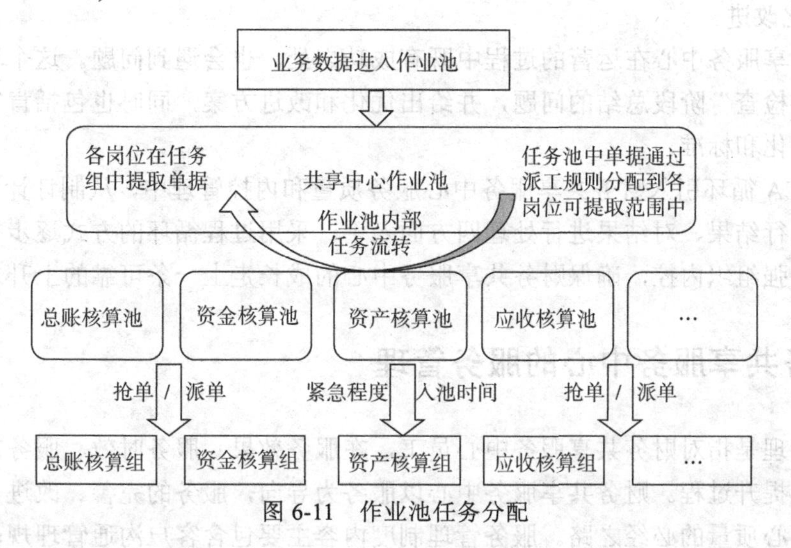

图 6-11　作业池任务分配

3. 执行检查

根据财务共享服务中心岗位工作性质，按会计核算层面和公司管控层面进行分类管控。会计核算层面，由会计复核主管、账套主管、业务组长、中心质量主管和部门主任构成。以财务共享服务中心内部日常检查为主，不定期专项检查为辅，配合财务部或其他业务部门到各经营单位进行各类实地专项业务检查，防范在财务共享服务中心实施后，各经营单位经营及财务信息失真风险。管控层面则主要通过建立多维度风险监控、预警报表体系来实施。通过对预算均衡、收支配比、关键费用入账均衡性、重点和热点业务动态跟踪、管理制度执行风险、税务风险等方面进行分析，深度挖掘业务数据与财务数据信息，动态识别、分析隐藏在业财数据下的风险，进一步夯实系统基础信息真实准确(见

图 6-12)。财务共享服务中心有专门质检人对相关作业人员进行质量抽检，并形成质检日志，用于对员工绩效考核。

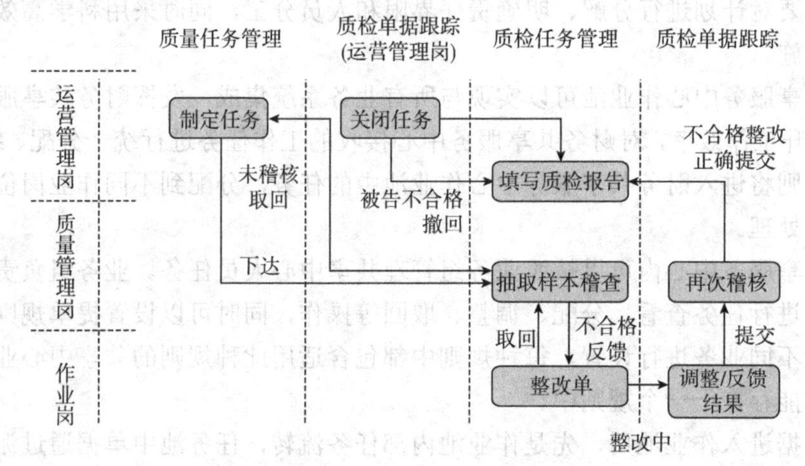

图 6-12　财务共享服务中心质量检查流程

4. 优化改进

财务共享服务中心在运营的过程中既有成功之处，也会遇到问题。这个环节主要工作是处理“检查”阶段总结的问题，并给出优化和改进方案，同时也包括肯定成功的经验，加以固化和标准。

将 PDCA 循环引入财务共享服务中心服务质量和内控管理中，从制订计划、实施计划、检查执行结果、对结果进行处理四方面入手，采用过程循环的方式逐步提高共享服务质量，加强组织内控，确保财务共享服务中心的成长走上一条可靠的上升之路。

三、财务共享服务中心的服务管理

服务管理是指对财务共享服务中心员工，在服务效果、服务时效、服务态度等工作方面管控与提升过程。财务共享服务中心以服务为导向，服务的完善、改进是提升财务共享服务中心质量的必经之路。服务管理制度内容主要包含客户沟通管理规范、首问责任规范、投诉处理规范、客户满意度调查。

1. 客户沟通管理规范

财务共享服务中心与业务部门存在着服务与被服务的关系，从这个意义上来讲，业务部门是财务共享服务中心的客户。在日常沟通中应当遵循以下规范。

(1) 时效要求。财务共享服务中心服务支撑岗应重点关注时效要求，及时答复、反馈员工咨询问题。当员工通过公共邮箱进行业务咨询时，财务共享服务中心服务支撑岗应在 24 小时内处理、回复邮件。当员工通过电话进行业务咨询时，首问责任人(包括财务业务人员和服务支撑岗)在正常情况下应实时回复，对于超出解答能力需转交其他相关人员回复的问题，答复时间应不超过 24 小时。

(2) 质量要求。基本要求为答复准确、内容详细、依据充分。要做到标准统一，不能出现“同一问题不同解释”的情况。

(3) 密性要求。服务人员对于沟通过程中获取的可能涉密内容，需要遵循保密性原则，不得随意泄露。

2. 首问责任规范

首问责任制是指财务共享服务中心处理相关业务过程中，首先收到来访、咨询或接待办事的业务处理人员对该项事项负责的机制。员工发邮件到公共邮箱询问，公共邮箱处理人为首问责任人；员工发邮件向多个财务人员询问，邮件第一个收件人为首问责任人。

首问责任人主要职责包括：要以认真负责态度和文明礼貌用语来接待客户咨询；尽量在自己能力范围内答复员工询问，如首问责任人不能自行答复，应积极咨询或者转由各支持接口人答复；首问责任人应跟踪员工的询问在 24 小时内得到反馈，并应一直跟踪直至问题关闭，问题关闭是指员工认可其提出问题已经得到准确答复。

相关财务人员主要职责包括：接到首问责任人转交的问题后，应及时进行处理，保证在规定时限内反馈答复结果，不能自行答复重大问题，请上报领导后再答复；若出现新业务，形成新流程，或者原有流程发生了变更、优化，应对财务共享服务中心相关人员及时培训，进行知识传输；将问题答复结果通过邮箱发送给首问责任人，由首问责任人负责发送给问题咨询人。

3. 投诉处理规范

当业务部门或者业务部门的人员对财务共享服务中心的服务产生不满时，就可能会出现投诉。虽然财务共享服务中心大部分都是服务于内部客户，也应当慎重、积极地应对投诉现象。

当财务共享服务中心接到投诉，可以按照如下过程进行处理。

(1) 员工通过公共邮箱或热线电话等方式进行投诉。

(2) 财务共享服务中心服务支撑岗收到投诉后进行分析，并组织相关人员进行调查，判断是否有效投诉及投诉等级。

(3) 核查完毕后，财务共享服务中心服务支撑岗与被投诉人所在科室科长共同出具调查结果和处理方案。属于被投诉人责任，应出具对其处理方案；属于流程问题，应反馈给相关人员，并由其出具流程优化方案。

(4) 财务共享服务中心将调查结果和被投诉人处理方案提交财务共享服务中心主任审批。

(5) 财务共享服务中心主任审批后，服务支撑岗依据审批结果对相关责任人进行考核处理。

(6) 财务共享服务中心主任审批后，服务支撑岗将投诉结果反馈给投诉人，并与之进行沟通以取得投诉人认可与理解。

(7) 处理完毕后，服务支撑岗将相关文档进行归档管理。

4. 客户满意度调查

财务共享服务中心服务满意度评价可采用客户满意度调查及投诉分析等方法，对共享服务中心除运营管理科以外所有作业人员服务水平进行评价。财务共享服务中心的服务满意度调查主要包括五个方面：服务效果、服务时限、服务态度、沟通技巧和服务协作性，具体的评判标准及内容如表 6-4 所示。

表 6-4 服务满意度评价内容

项目	目标	内容	责任人	评价人	考核人	评价工具
服务效果(45 分)	业务处理专业性(15 分)	业务处理、咨询答复的处理内容详细完整、依据充分	业务处理人	员工	服务支撑岗	客户满意度调查表
	业务处理正确性(15 分)	业务处理、咨询答复准确、无差错	业务处理人	员工	服务支撑岗	客户满意度调查表
	无有效投诉(15 分)	调查结果中是否存在有效投诉	业务处理人	员工	服务支撑岗	投诉处理结果
服务时限(15 分)	业务处理及时性	业务处理是否及时，是否在24小时内答复员工的咨询	业务处理人	员工	服务支撑岗	客户满意度调查表
服务态度(15 分)	服务过程中,在言行举止方面所表现出来的态度	沟通时热情主动、使用礼貌用语	业务处理人	员工	服务支撑岗	客户满意度调查表
沟通技巧(15 分)	有效与明确地向他人表达自己想法、感受与态度的技巧	具备一定的沟通技巧，能有效控制沟通氛围	业务处理人	员工	服务支撑岗	客户满意度调查表
服务协作性(10 分)	业务处理协作性	财务共享服务中心团队成员具有合作意识，能够互相配合，一致协作	业务处理人	共享服务中心人员	服务支撑岗	内部相互评价表

财务共享服务中心应依据服务满意度调查，以及投诉结果分析，诊断目前存在的主要问题，针对薄弱环节提出具体整改与提升措施。

四、财务共享服务中心绩效管理

财务共享服务中心绩效管理的目的是以经营战略和年度经营目标为指导，通过对员工工作绩效评价，达到奖优惩劣，提升员工绩效水平，保障财务共享服务中心规模化、高效率运营，对财务共享服务平台各类运营指标进行统计和分析。

绩效管理通过设定科学合理的组织目标、部门目标和个人目标，为集团企业员工指明努力方向。管理者则可以通过绩效辅导沟通及时发现下属工作中存在的问题，给下属提供必要性工作指导和资源整合，下属通过工作态度及工作方法的改进，保证绩效目标得以实现。

1. 财务共享服务中心组织绩效

组织绩效是指财务共享服务中心整体运营业绩和效率，主要体现在标准时效、标准工作量、业务处理质量等方面，通过绩效报表体现。建立财务共享服务中心组织绩效主要目的是规范财务共享服务中心组织绩效管理方式，保证财务共享服务中心运营效率。

评价财务共享服务中心组织绩效指标包括：标准时效、标准工作量、业务质量、服务满意度。各指标具体项目如下。

(1) 标准时效：扫描时效、入账时效、付款时效、复核时效、归档时效。

(2) 标准工作量：单据扫描标准工作量、核算标准工作量、出纳付款标准工作量、复核标准工作量、归档标准工作量。

(3) 业务质量：扫描失误率、核算失误率、出纳付款失误率、归档失误率、咨询答复错误次数、培训考试不及格率、被投诉次数、流程管理水平、文档管理水平。

(4) 服务满意度：服务满意度调查。

根据财务共享服务中心组织绩效指标内容，设置绩效评分表，按照规定评价频率，定期通过绩效报表进行统计、分析与考核。财务共享服务中心组织绩效评价标准与考核结果如表6-5所示。

表6-5 财务共享服务中心组织绩效评价标准与考核结果

分数段	组织绩效考核结果	建议
0～60分	组织绩效较差	无法正常实现财务共享服务中心职能，不能满足业务处理和会计核算要求，亟待改进
61～80分	组织绩效一般	仅能满足最基本业务需求，组织运行不畅，需要逐项分析，并提出可行的整改方案
81～95分	组织绩效良好	基本可以满足业务需求，运营较为顺畅，但在承接新业务或者新公司时需审慎评估
96～100分	组织绩效优秀	组织绩效非常理想，财务共享服务中心流程顺畅，各岗位业务纯熟，具备承接新业务或者新公司的能力

组织绩效报告从编制到归档遵循如下流程(见图6-13)。

(1) 通过系统自动生成或者手工统计好时效、标准工作量和业务质量评估结果。

(2) 相应评价人根据评价体系得出绩效评价结果。

(3) 运营支撑岗位负责整理、汇总，形成绩效报告。

(4) 报给运营管理组组长(通常是财务共享服务中心副主任)审核。

(5) 报财务共享服务中心主任审批。

(6) 审批通过后，运营支撑岗发布组织绩效报告。

(7) 运营支撑岗将已发布的报表存档备查。

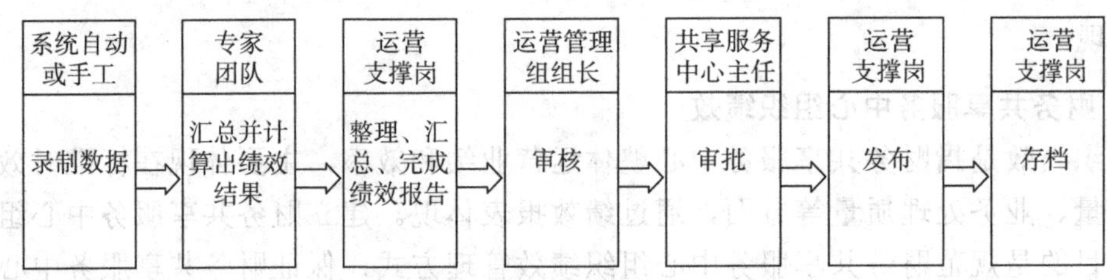

图 6-13　组织绩效报告发布流程

2. 财务共享服务中心人员绩效

财务共享服务中心根据服务水平协议从四个方面来对员工进行绩效考核。

(1) 满意度考核：包括票据接受扫描满意度、单据审核满意度、服务咨询满意度、系统易用性满意度。这四部分所对应的考核对象分别为：扫描岗、各会计岗、服务支持岗和信息管理岗。调查指标均为满意人数/调查总样本×100%。

(2) 工作效率考核：包括处理速度、响应速度、反馈速度。但是在财务处理工作中，同样一份财务票据，处理流程难易程度不同，造成了差异，如果按照同样基准去比较速度，显然有失公平。这种情况下，一个可行办法是不同工作量任务设定相应标准时间，计算处理速度率，即员工超过或小于标准时间的数值所占标准时间百分比(超过为负，小于为正)。

(3) 工作能力考核：包括沟通与协调能力、内控与合规意识、业务分析能力、客户意识与能力、财务软件应用能力。工作能力项目考核成绩获取途径为领导评价。

(4) 工作质量考核：包括影像扫描退单率、票据匹配准确率、审核准确率、付款准确率、报表准确率。财务共享服务中心每天需要处理的任务量非常庞大，对于员工的每一项工作都进行质量检查是不可能的。所以，除了影像扫描退单率可以由系统取数计算外，其余指标均是由人工抽检。

第四节　财务共享服务中心的信息化建设

财务共享服务中心的日常运营，需要一套强大的信息系统为其提供支撑和保障。据埃森哲的一项调查显示，在财务共享服务中应用最为广泛的技术包括工作流技术、ERP、文档影像、数据分析和报告工具、数据仓库、员工自助报销、电子报销、电子支付、客户关系管理系统、电子账单系统等。进入21世纪，以云计算、大数据、物联网、人工智能为代表的新一代IT技术得到了迅速发展，在财务共享服务信息化建设过程中，新技术的能量得到了充分的发挥。

一、企业信息化全景图

在具体实践过程中，不同类型的企业信息化内容和重点各不相同，以最为复杂的制造业信息化为例，可以看到企业信息化总体分为五层(见图 6-14)。最基础的是“设备与

IoT”层，这一层主要解决工厂车间中的物理设备的连接和取数问题。设备与 IoT 层之上是“运营与管理”层，这一层包括制造数据集成与分析、制造执行和工厂连接器等，这一层的主要作用是将企业的经营管理系统与底层的生产操作执行过程联系到一起。“业务与管理”层处于中间，这一层是企业经营管理的核心，包括研发、采购、生产、营销、财务、资金管理、人力资源管理等业务的信息化支撑平台。在“业务与管理层”之上的是“分析”层，分析层主要包括数据抓取和分析展现的功能，随着信息技术的发展，分析层抓取的数据不仅仅包括企业内部经营管理系统数据，还包括物联网设备的数据及互联网上的数据。企业信息化框架最顶层的是“协同”层，包括企业门户、协同办公、企业社交等。

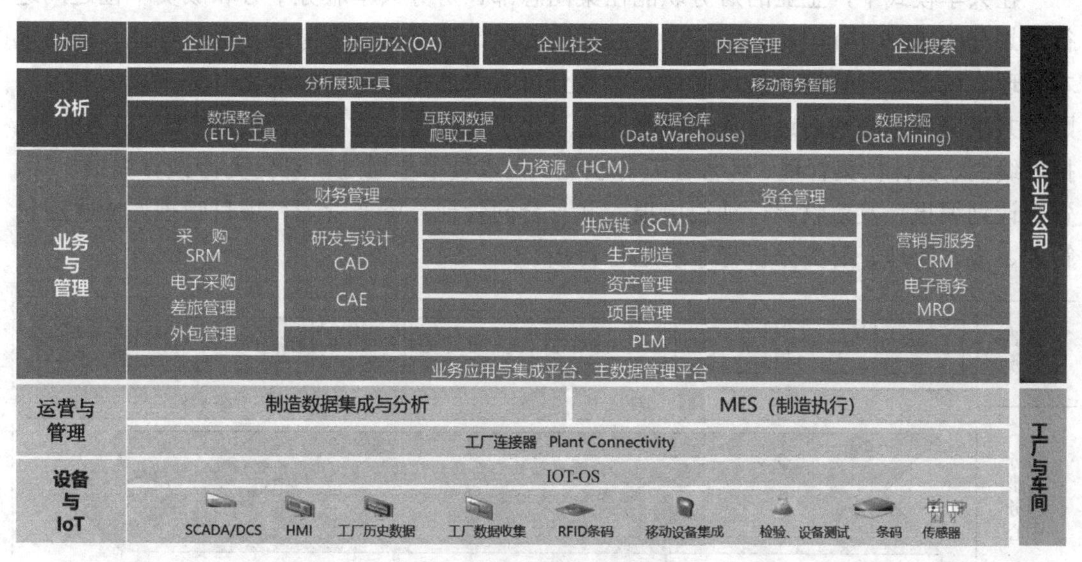

图 6-14 企业信息化全景图

二、财务共享服务信息化

财务共享服务信息化是建立在 ERP 系统基础之上的业务、财务数据存储及信息处理的信息服务平台。企业通过 ERP 等内部经营管理系统，将其分布在各个单元的零散的财务及业务数据搜集整合在共享中心，进行标准化和规范化处理，从而达到提高业务处理效率，降低流程重复率的效果，并且实现了业财一体化。业务处理环节，业务部门审批、控制在业务系统中完成；财务审批、支付、收款等在财务共享服务中心中完成。这样做可以减少重复的信息录入，保证工作留痕，增加系统的控制点。通过业务流程和权限管理，每种业务数据被推送到对应业务组处理，并统一形成总账凭证、收支结果、对外披露报表等(见图 6-15)。

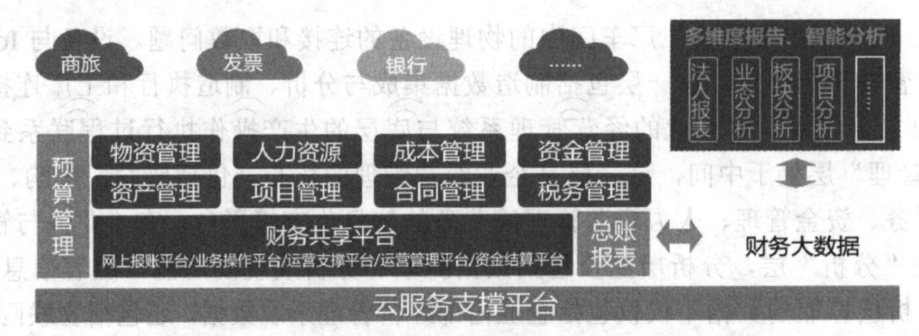

图 6-15　财务共享服务信息化平台与业务系统的关系

在共享模式下，企业的财务职能在集团总部、财务共享服务中心和成员单位之间进行了划分(见图 6-16)。集团总部财务主要包括预算管理、资金管理、资产管理、战略成本管理、税务风险管理、债权债务、财务分析、内部报告、非标准化财务报表编制等。财务共享服务中心则通过财务共享服务信息化平台实现会计核算、资金结算、税务业务、报表编制、会计档案管理、运营管理等职能。在成员单位通过信息化支持预算编报执行、资金计划编报、发票收集、纳税申报，并与合同管理、资产管理、项目管理、应收应付管理、成本管理、财务分析等系统进行对接。

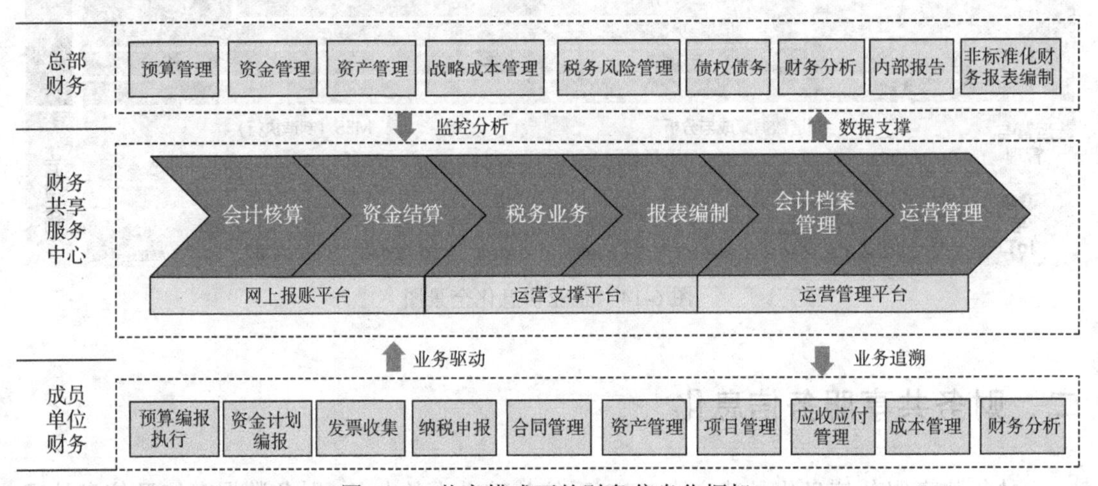

图 6-16　共享模式下的财务信息化框架

财务共享服务信息化通常由五大平台构成：网上报账平台、业务操作平台、资金结算平台、运营支撑平台、运营管理平台。五大平台与企业内部 ERP 系统有机地集成在一起，形成业财一体化的管控平台(见图 6-17)。运营管理平台包括作业管理、质量管理、绩效管理，实现按业务类别自动分配任务，支持对作业任务的质量管理、绩效管理及对员工和组织运营 KPI 指标实时分析的绩效看板等；资金结算平台通过参数配置满足不同企业由于共享中心和资金中心的组织定位及分工差异形成的多种共享模式下的结算场景，实现报账、结算、线上支付的一体化管理。利用网上报账平台、业务操作平台及资金结算三大平台系统，实现完整的从费用申请到生成凭证，再到结算的全过程管理。

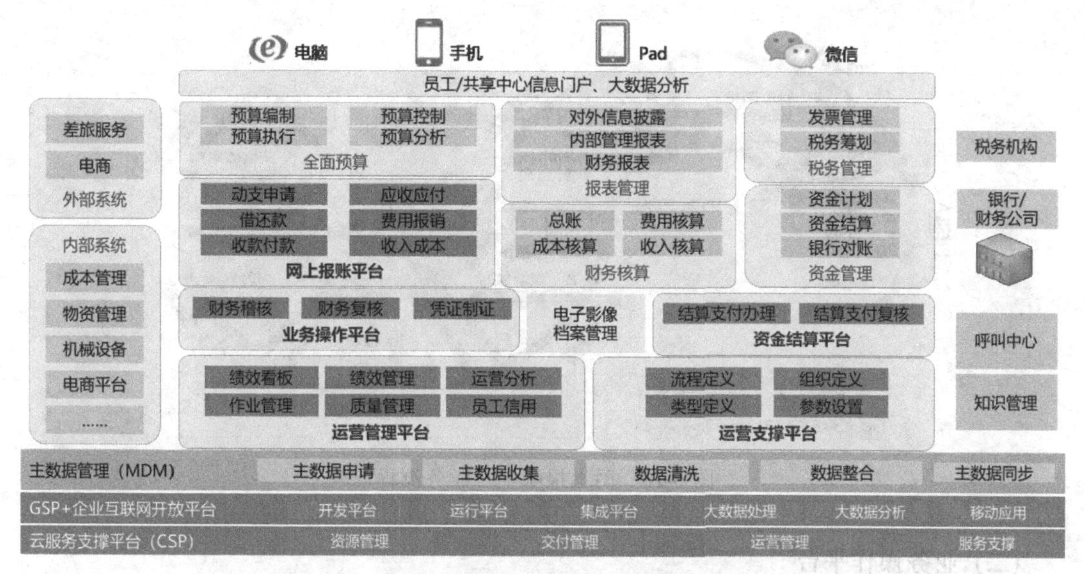

图 6-17　共享服务模式下的企业财务信息化平台

(一) 网上报账平台

网上报账平台主要实现了业务单据信息收集、流程执行、影像结合、单据派工、自动生成凭证等功能，是财务共享服务系统中的重要一环，也是企业内部应用最广泛的系统之一。

网上报账平台作为企业财务数据的采集入口，有效克服手工采集数据的弊端，将企业的费用支付全过程电子化，利用信息技术再现原始业务活动，为每笔支出建立了单独的审计线索。在业财一体化的财务共享服务信息化中，要求共享服务平台与业务系统能够直接对接，将会计系统的业务处理从编制记账凭证提前到了业务流程环节，将会计信息系统的关注点从记账凭证转移到了原始凭证，大大降低了财务基础工作量，使得财务共享服务得以大幅提升效率并实现费用的有效管控。

在财务共享服务中心模式下，业务发生地通常与财务共享中心不在一起，物理票据的传递通常会出现延迟，而仅仅依赖于报账中心的单据，不能让异地的财务人员全面了解该项业务所有的信息，因此网上报账平台需要与影像系统紧密结合起来。影像系统的建设，将票据影像与实务流程统一管理，依托电子影像支撑整个审批流程，实现全电子化的财务共享服务中心业务流程。通过将原始发票扫描传入影像系统，进行集中、分类管理，随着报账系统的运作将单据流转到每一个节点，支持相关人员随时调阅、存档影像信息(见图 6-18)。电子档案管理为财务共享服务提供了强有力的支撑，解决了票据实物流转的问题、原始凭证调阅的问题、业务处理的分工和效率问题。网上报账平台与影像管理系统相结合的模式便捷地实现了集中化的财务处理，解决了跨地域业务处理的问题。

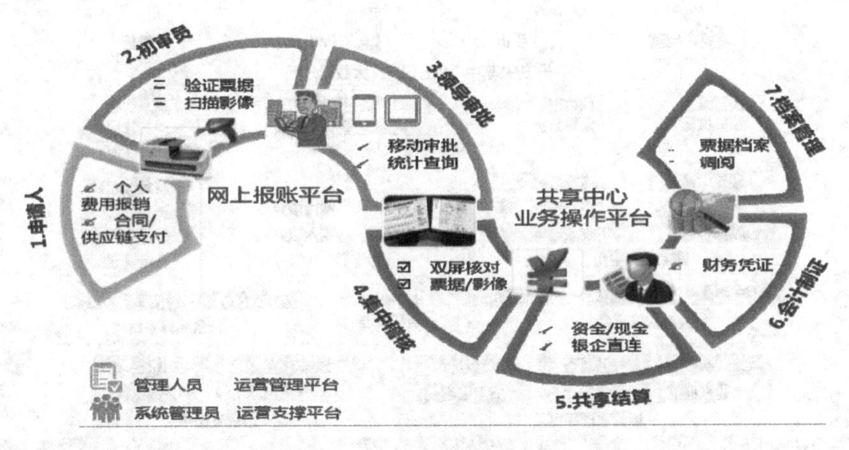

图 6-18　网上报账平台业务流程

(二) 业务操作平台

业务操作平台实现工作池分配任务，业务单据及凭证的审核审批，资金支付及实物、电子档案管理等，这部分功能主要集中在财务共享服务中心使用。

在财务共享服务模式下，业务操作平台实现了全集团范围内核算业务的集中处理，能够做到集团综合查询和报表实时计算，随时掌握企业运营状况，缩短报表编报周期和财务决算时间，加快财务信息披露。

(三) 资金结算平台

资金结算平台为企业资金结算业务提供统一的办理平台，实现报账、结算、线上支付的一体化管理。资金结算平台集成自动电子结算、资金计划管理、资金整体管控、平衡有序调动、内部调剂、外部借款等，能够承载和处理所有涉及现金收付的资金业务，不仅为财务共享服务中心的效率提供了保证，也成为财务管理的重要手段。

通过结算平台能够帮助企业构建统一的标准，规范资金支付及结算流程，实现对资金收支的全过程、精细化、动态化管理，提高资金整体服务水平，提升工作效率。资金结算平台有利于企业管理者把握资金头寸、控制现金流，有利于总部管理层了解下层成员单位的资金状况，从而使资金应用达到最佳状态。

(四) 运营支撑平台

运营支撑平台主要包括共享服务中心的组织定义、业务定义、作业规则管理及共享服务中心参数定义、共享中心用户和岗位，以及权限的管理等功能。这些功能和配置用于支撑财务共享服务平台和业务的运转。组织定义，要根据企业的共享服务中心建设方案，依次设置共享中心服务定义、业务组定义和用户管理。业务定义中，要定义支付方式与具体的业务单据类型，设置每一种业务单据的格式及借款核销控制。维护员工报销账户管理、委托管理，依次设置业务申请类型定义、报销类型定义、支付方式、借款核销控制、报销账户管理，系统运行过程中，根据需要设置委托管理。

(五) 运营管理平台

运营管理平台主要提供了作业管理、质量管理、员工信用、绩效管理、运营分析等功能。

作业管理负责将系统中各种待处理的业务以任务的形式放在作业池中，由作业人员以抢单模式或单据提取模式从作业池中提取待处理单据，通过各类规则将系统内各类单据在各组织与用户间进行分工，单据的处理结果可用于绩效考核。

质量管理是指通过预置单据与凭证的检查项，定期抽检原始票据及会计凭证，对每笔不合规的报账单做详细记录和整改、稽核追踪，并可形成日常质量报告和专项质量报告。

员工信用模块基于报账人的历史保障情况进行信用评级，如果在过往的报账中出现不良记录，则系统会提醒稽核人员重点关注，员工信用模块中也可以自动设定一些规则实现有针对性的预警提示。

绩效管理主要面向共享服务平台运营过程中组织和共享中心人员进行业绩考评，目的是以经营战略和年度经营目标为指导，通过对员工工作绩效的评价，达到奖优惩劣，提高员工绩效水平的目的。

通过运营分析能够查询共享中心日常运营所需的数据，如单据流转时间、单据分类汇总、个人工作量汇总、单据处理日报、每日个人工作排名、每日业务处理排名、每日工作情况汇总、单据入池趋势分析、单据处理完成趋势分析、单据库存量趋势分析、单据处理时常对比分析等，方便管理人员掌握共享中心的任务情况，协助共享中心管理者进行资源调配等。

引入共享服务模式意味着会带来比较多的变革，很多企业容易在实施阶段结束后，就疏于管理。财务共享服务中心运营管理平台的建立过程也是共享中心不断完善自身管理工具和管理手段的过程，使得共享中心的管理更加有序规范，从而带来管理效率和管理效果的提升，实现对“供应商—客户”关系有效而持续的管理。

第五节 G公司财务共享服务中心建设案例

一、案例背景

G 公司成立于 20 世纪 60 年代，注册资本近百亿元，经营范围涵盖工程施工、工程设计、工程咨询、工程监理、工程投资等交通基础设施建设领域，工程遍布 18 个国家和地区。

G 公司作为特大型施工单位，随着企业规模的扩张，建筑施工企业“地域分布广、生产环节众多、生产周期长”等行业特点与企业“精细核算、高效管理”之间的矛盾日益突出。具体表现如下。

(1) 会计信息质量参差不齐，制度执行逐级减弱。由于施工项目数量大、类型多，基层财务机构分散，随着管理层级的增加，制度执行力逐级减弱，各基层项目执行制度标准及流程不统一、不规范，会计信息质量参差不齐。

(2) 财务监督管控能力滞后，经营风险不断增加。子公司独立法人治理结构的模式和分散型财务机构的设置，基层财务工作自主灵活性大，使得总公司的财务监督弱化和滞后，经营风险不断增加。

(3) 业务财务融合程度不高，协同能力急需提升。业务系统和财务系统独立实施且融合程度不高的现状，使得财务人员的精力被重复性的事务分散，无法经常性深入业务流程进行经营效能分析，无法通过分析预测为业务单位提供常态化的专业决策支持，协同推进企业战略的能力急需提升。

为进一步优化财务职能、提升财务管控水平和会计工作效率，G 公司将财务共享中心的建设作为 2015 年重点工作，成立了共享中心建设领导和工作小组，推进共享中心的建设。

二、总体设计

1. 组织设置

G 公司规划在总部设置一个财务共享中心以负责全公司的财务共享服务。财务共享中心作为总部职能部门之一，平行于总部财务部，由总会计师直接领导，兼具管理和服务职能。

G 公司财务共享中心内部设置五个部门，分别为费用资产核算部、成本物资核算部、总账报表档案部、资金结算部、运营管理部，五个部门下细分为 12 个业务组。费用资产核算部，下设“员工费用组”“对公费用组”和“资产组”，负责纳入共享的单位员工费用报销、资产核算等各类单据的稽核、制单。成本物资核算部，下设“物资组”和“成本组”，负责对外合同结算支付、物资收发存、工资薪酬等各类单据的稽核、制单。总账报表档案部，下设“合并报表组”和“总账报表组”，主要负责内部往来、资金调拨、财务收入、成本结转、计提等各类单据的审核、核算；此外，负责编制纳入共享的各单位单体编报、合并报表。资金结算部，下设“资金审核组”，负责各共享核算单位的收/付款操作、银行账户 U 盾及支付密码器管理等与资金有关的工作。运营管理部，下设“质量管理组”“绩效培训组”“服务管理组”和“财务信息系统组”，负责共享中心内部运行体系监控、财务核算质量、绩效、培训、服务、信息系统维护等工作。

G 公司对财务共享服务中心的职责规划如下。

(1) 管理职责。财务共享中心负责优化财务组织结构，促进财务转型；负责编制和修订会计制度；负责制定和优化会计工作业务流程及工作标准；负责审核和监督各单位经济业务合法性、合规性、内控制度执行、合同履行、管理制度执行等；负责推动业务与财务融合，不断完善和深化“业务财务一体化”建设工作。

(2) 服务职能。财务共享中心向各核算单位提供会计核算、财务报告、资金结算、基础会计信息数据输出、内控制度完善建议、经营活动专项管理建议、共享系统信息数据维护等财务共享服务。

2. 业务设计

G 公司建设财务共享服务中心，一方面是为了将标准的财务服务工作进行集中和共享，在降低财务管理成本的同时提供高效服务；另一方面，则是为了强化管控，具体方法是财务数据和信息集中、财务和业务系统打通等。基于对价值链形成过程管控的需要，G公司确定了以实现业务财务一体化、财务管理专业化、财务核算集中化为目标的共享中心建设基本思路(见图 6-19)。

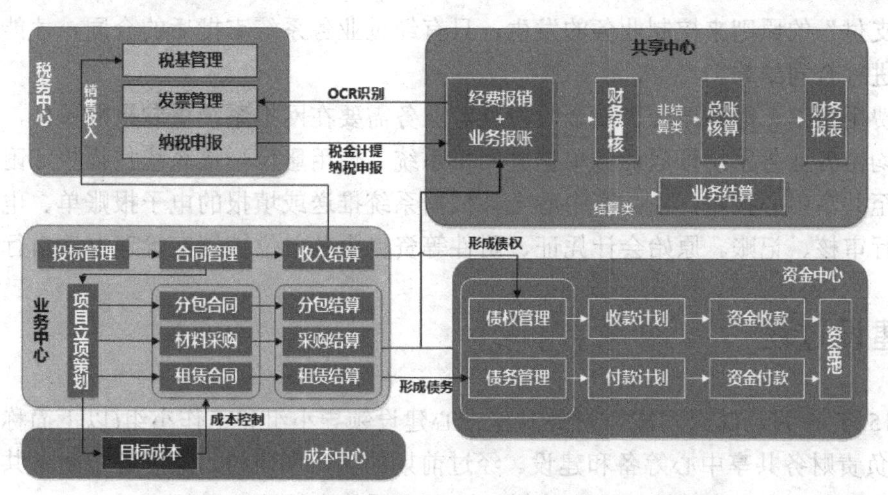

图 6-19　G 公司财务共享服务中心建设整体框架

财务共享服务中心在职责范围之内，通过标准化作业对业务单位提交报账单据进行稽核，监督其经营行为的合法、合规性和制度执行的有效性，充分发挥财务监督职能；通过规范的会计核算和结算支付，形成标准统一的会计基础数据，并进行专业化、模板化的数字加工，满足报表编制和信息披露要求，保证会计核算信息质量的一致可比，客观公正、准确可靠、及时全面。

财务共享中心网报系统基本的报账流程为：业务事项审批(业务系统)→(提交/推送)报账单据→影像采集→业务审批→财务稽核→复核→资金结算(完结)(见图 6-20)。

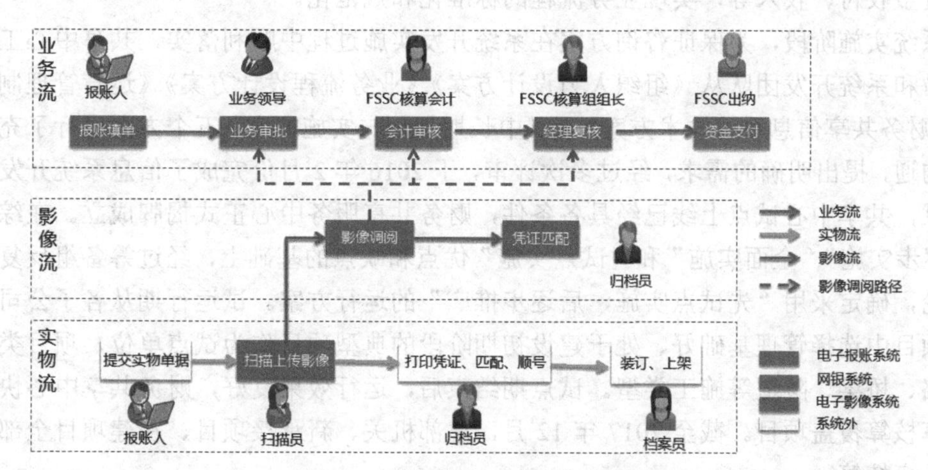

图 6-20　财务共享中心报账流程图

随着业务系统与财务系统逐步对接完成，对于物资采购、劳务分包、机械租赁、其他合同签订等，均需在项目管理系统、物资系统中进行资源预算，公司审批通过后才能发起合同评审。预算或评审必须由公司机关各主管部门进行审批，评审完毕后才能签订合同，然后将合同上传至主数据系统，以便发起报账时调用。

所有业务系统必须严格按照“无预算不评审、无评审不签合同、无合同不结算、无结算不支付”的原则来控制业务的发生，只有经过业务系统审批后的合同，才能通过业务系统进行合同结算。

除费用报销、财务结转、资金收付款等业务需要在网报系统填制报账单外，其他业务报账均由各业务系统推送业务单据到网报系统。使用影像扫描系统扫描报账附件，然后提交至共享中心报账，由共享中心会计依据系统推送或填报的电子报账单、电子扫描影像进行审核、记账。原始会计凭证、附件等资料由各单位按档案管理办法自行保管。

三、建设过程

2015 年 5 月，G 公司成立财务共享中心建设领导小组和工作小组(以下简称“筹备组”)，负责财务共享中心筹备和建设。经过前期的调研和研讨，最终确定财务共享中心的建设总体上分为两大部分，即咨询设计阶段和系统实施阶段。

咨询设计阶段，通过在对各单位财务状况进行广泛调研的基础上，对财务组织结构、业务范围、人员配备、项目背景、财务业务量、银行账户及各业务模块的软件配置和使用情况等进行了详细的总结分析，完成了共享中心的《组织人力设计方案》《业务流程设计方案》《财务信息系统功能诊断及设计方案》《运营管理制度方案》《中长期规划与实施方案》等方案，为系统开发和后期运营管理奠定了良好基础。在《业务流程设计方案》中，共梳理出 16 个主业务流程和 146 个子业务流程，在流程的标准化梳理中，对多个关键的管控点从公司层面进行了统一决策，内容涉及劳务机械、物资、资产、备用金及费用、资金收付、收入等，实现业务流程的标准化和规范化。

系统实施阶段，为保证咨询方案在系统开发实施过程中顺利落实，共享中心工作小组成员和系统开发团队从《组织人力设计方案》《业务流程设计方案》《运营管理制度方案》《财务共享信息系统技术方案》及《中长期规划与实施方案》五个方面进行了充分细致的沟通，提出明确的需求，经过多次评审，于 2016 年 2 月份完成了信息系统开发和综合测试，共享中心试点上线已经具备条件，财务共享服务中心正式揭牌成立。在综合考虑“逐步实施”“全面实施”和“试点实施”优点和缺点的基础上，经过筹备组反复研究和讨论，确定采用“先试点实施，后逐步推广”的运行方案。试运行期从各子公司现有在建项目中选择管理基础好、处于建设初期阶段的典型项目作为试点单位，项目类型包括公路、桥梁、隧道等施工类型。试点期结束后，运行效果良好，财务共享中心快速推进共享核算覆盖项目。截至 2017 年 12 月，总部机关、新承接项目、在建项目全部实现财务共享核算。

四、信息系统

G 公司经过多方考察、慎重考虑，选择在财务共享服务领域和 ERP 领域的服务能力与知名度都比较高的浪潮集团作为信息化供应商，采用浪潮 GS 财务共享服务平台作为企业财务共享服务中心的支撑平台(见图 6-21)。

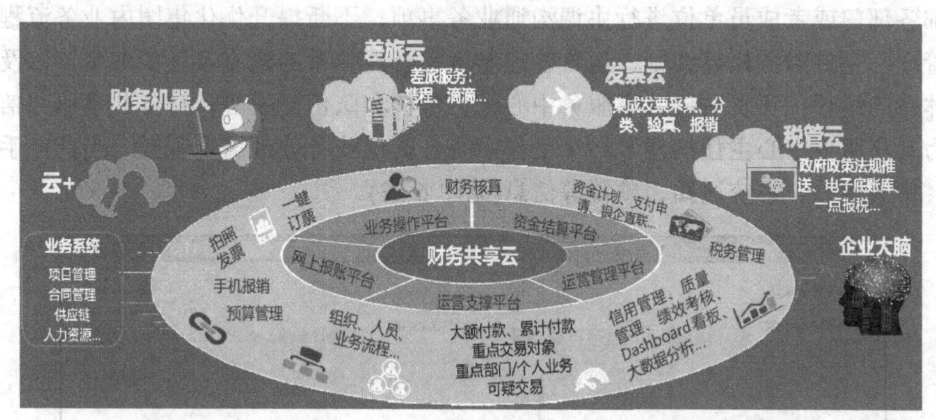

图 6-21　浪潮 GS 财务共享服务平台

在 G 公司的信息化中，财务共享系统与业务系统、资金管理系统、成本管理系统、税务管理系统全面打通，业务系统生成单据直接推送到共享服务中心，确保业务财务的一致性、连贯性，减少数据重复录入的同时提高了业务数据的可追溯性。接下来，G 公司强化了日常经费的管理，主要是差旅费和住宿费，G 公司在浪潮集团的支持下，与差旅供应商合作，实现了 G 公司财务共享服务系统与差旅供应商系统的对接(见图 6-22)，实现了数据端到端流程。

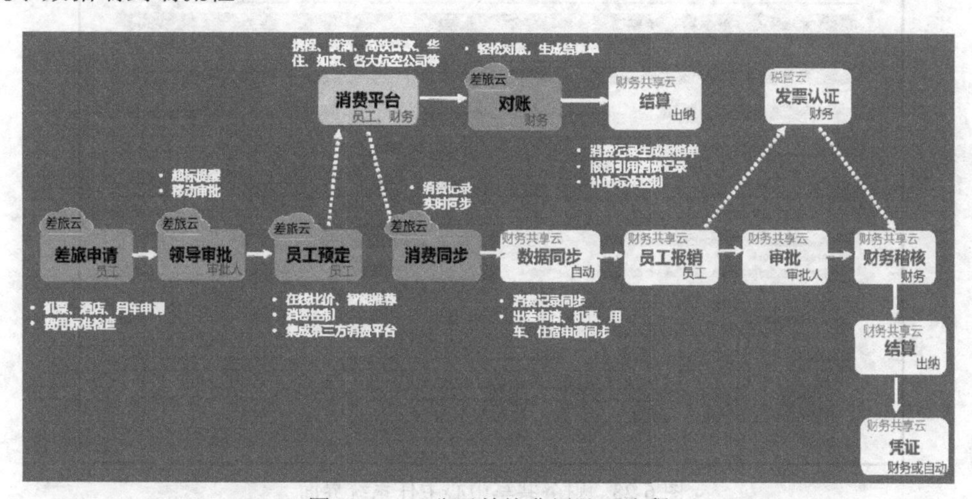

图 6-22　G 公司差旅费用处理流程

为了更好地支撑财务共享服务中心日常运营管理，提高财务共享服务中心的工作效率，G 公司将财务共享服务平台的使用人员划分为 4 个角色：财务共享服务中心主任、财务共享服务中心业务组长、财务共享服务中心组员、报账人。综合考虑每个角色的工作内容、关注重点和操作便利性等因素，在浪潮 GS 财务共享服务平台中为每个角色定制了专门的工作中心。

1. 财务共享服务中心主任

财务共享服务中心主任全面主持财务共享服务中心各项工作，包括：负责牵头与成员内部各部门或者成员单位进行协调沟通业务事项，不断提升优化集团内业务流程和标准化管理；主持财务核算细则、运营管理制度等管理体系的建立及逐步健全，以及监督管理体系的运行；负责财务共享服务中心人员考核和队伍建设等。财务共享服务信息化平台为共享服务中心主任构建了一个工作中心，提供业务处理情况看板、当前在手任务跟踪、待审待办、系统通知、预警等信息(见图 6-23)。

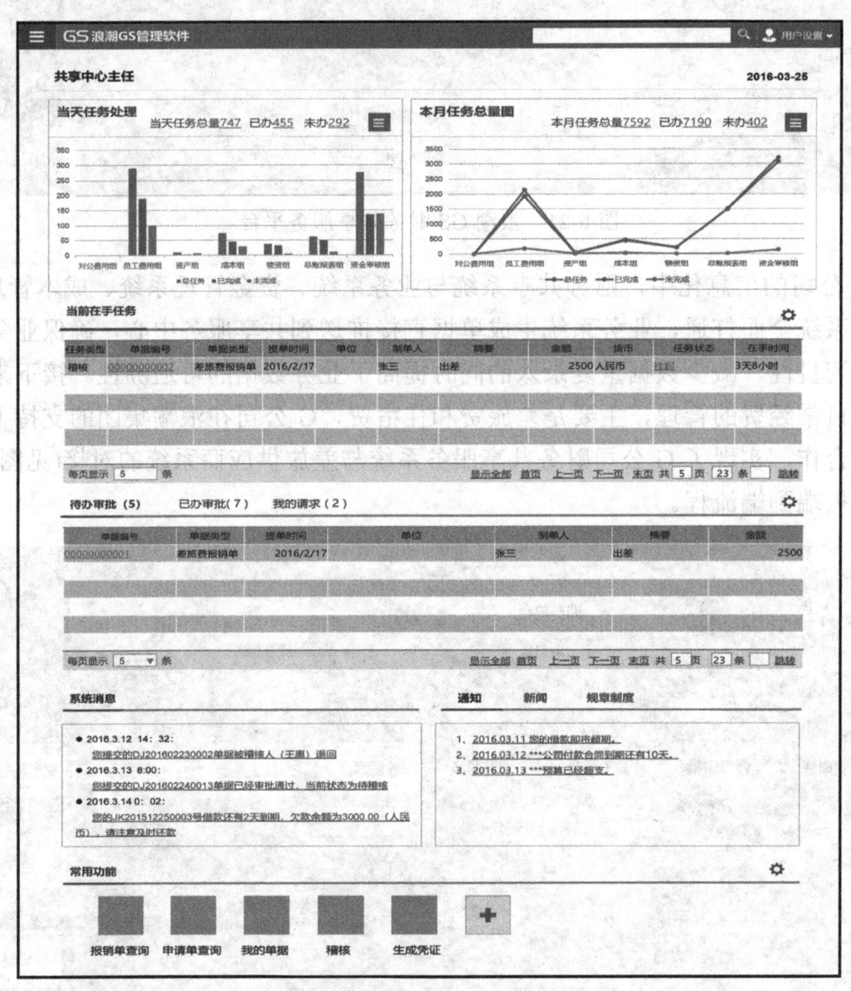

图 6-23 财务共享中心主任系统界面

2. 财务共享服务中心业务组长

财务共享服务中心根据业务类型会设置多个组长，如费用稽核组长、应付核算组长、资金管理组长等。每个组长带领一组组员开展相应的工作。财务共享服务信息化平台为共享服务中心业务组长搭建了一个工作中心，提供共享中心绩效日看板、员工绩效看板、当前在手任务跟踪、待审待办、系统通知、预警等信息(见图 6-24)。

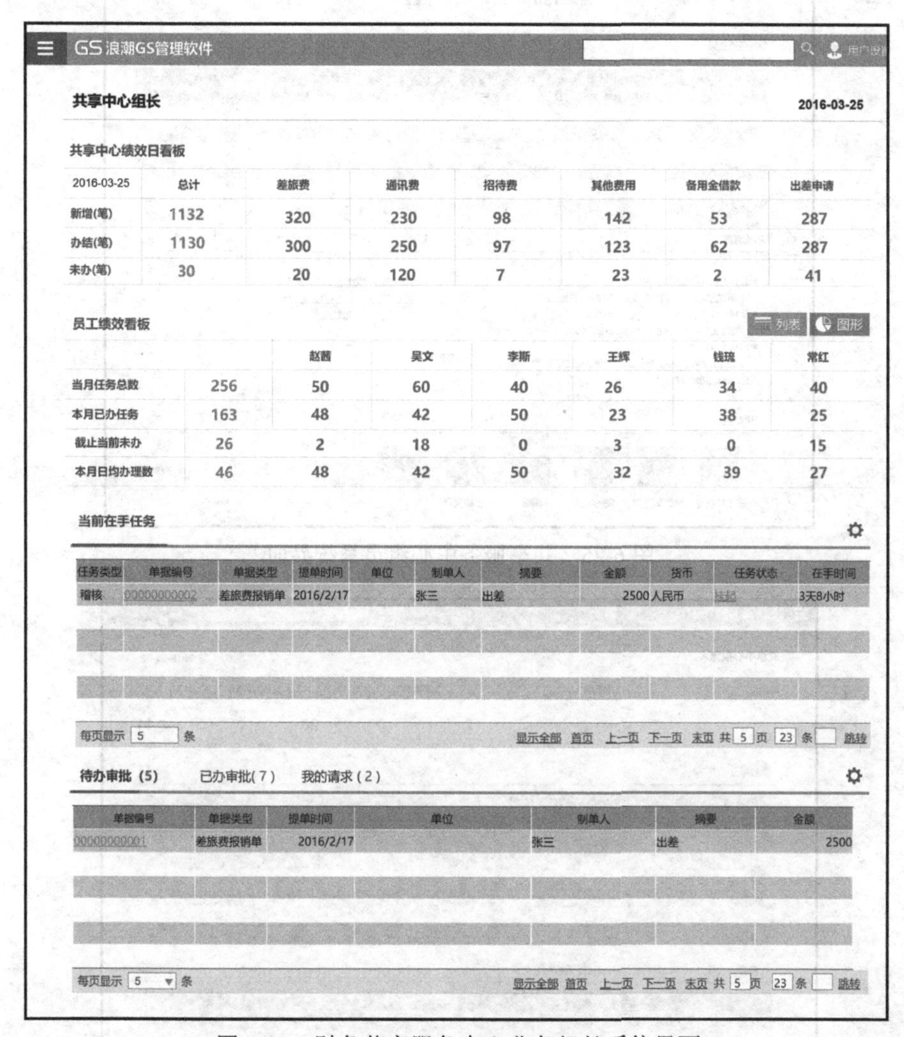

图 6-24　财务共享服务中心业务组长系统界面

3. 财务共享服务中心组员

财务共享服务中心组员是共享服务中心业务的具体办理人员。财务共享服务信息化平台为共享服务中心组员构建了一个工作中心，提供本月分配任务及完成情况、本日分配任务及完成情况、当前在手任务等信息(见图 6-25)，便于组员快速高效地开展工作。

4. 报账人

报账人通常是指发起报销业务的内部员工，财务共享服务信息化平台为报账人构建了一个工作中心，能够方便地填写报账单据，并实时跟踪和汇总报账业务的处理进度(见图 6-26)。

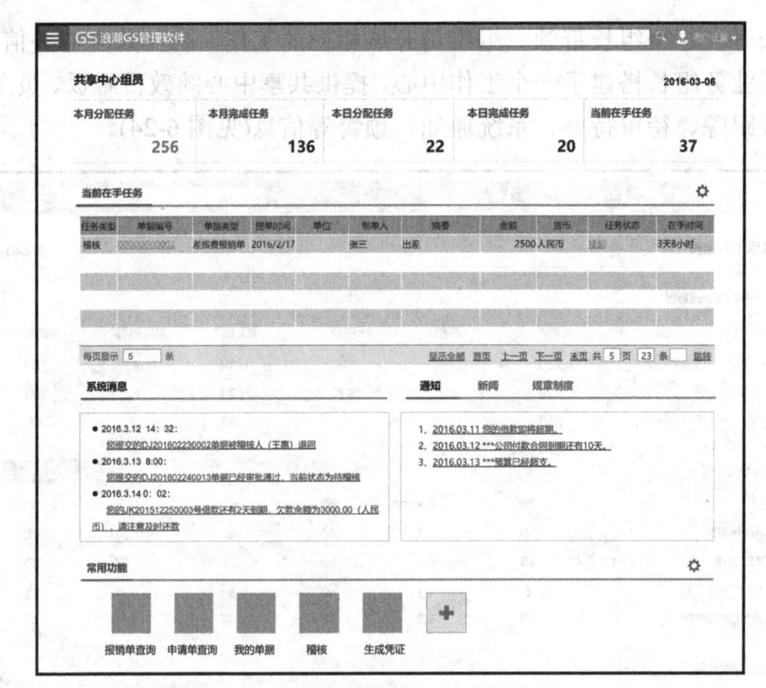

图 6-25　共享服务中心组员系统界面

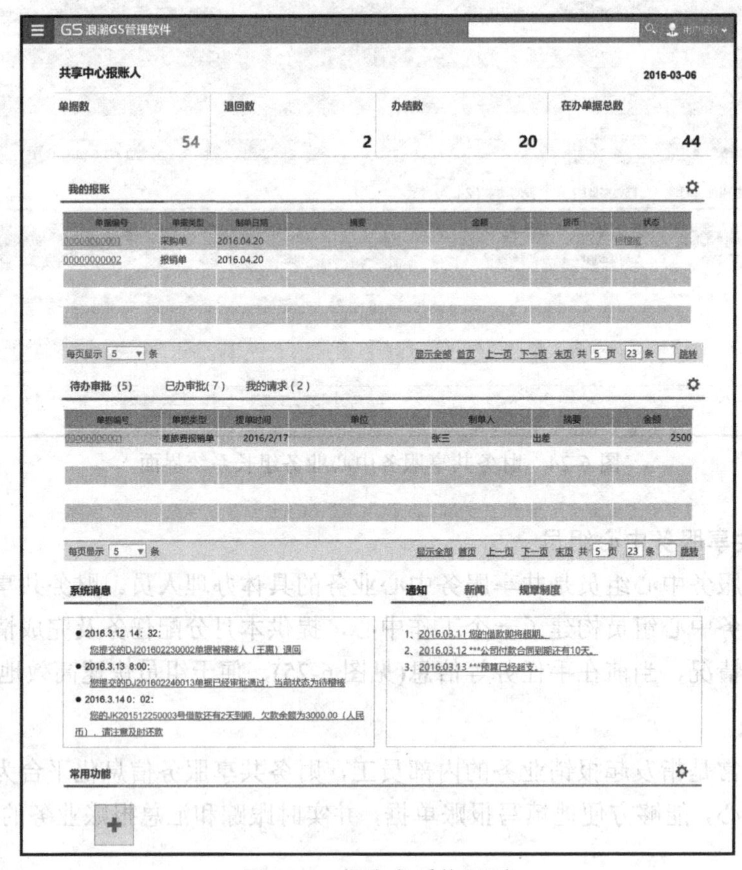

图 6-26　报账人系统界面

五、运营管理

G 公司建立了一套完善的运营管理体系，通过对“人员管理”“质量管理”“服务管理”等开展管理活动，逐步提升财务共享服务中心的管理成熟度和先进性。

G 公司财务共享中心各业务岗位，采用内部公开竞聘的方式进行招聘，通过岗前资格审查和能力测试，保证各岗位入职人员的职业素养和业务能力。围绕人员管理，G 公司财务共享中心先后制定了《员工管理办法》《员工行为规范》《质量管理办法》《共享服务中心人员操作手册》等制度规范共享中心员工操作行为；通过建立《绩效管理》管理体系，形成“比、学、赶、超”的良好工作氛围；并出台了《轮岗管理办法》，为共享服务中心的人员成长和发展提供了有效支撑。

为保证经济业务处理的规范化、标准化在共享核算流程中得以落实，保证共享体系运转顺畅且符合内控要求，共享服务中心建立了内部质量监督机制。由运营管理部质量管理组定期对共享内部体系运转及会计核算质量进行稽查，出具质量检查报告，并监督落实，促进财务共享中心产品质量不断提升，运行体系不断完善。

为了加强服务管理，G 公司财务共享中心制定了《培训管理办法》《服务管理办法》《内控细则》等制度，在规范共享中心员工操作和服务行为的基础上，通过撰写《现场人员操作手册》组织专题岗前培训、设置专线服务电话和服务专员等方式，向前端业务单位提供财务共享保障服务。

本章小结

财务共享的应用改变了企业的财务管理流程和组织架构，释放了财务核算人员，打破了财务业务的边界，让财务管理的重心转向业务支撑。基于财务共享服务平台，一方面实现了财务数据的集中，另一方面财务共享中心信息化平台通常还会与业务系统、外部差旅服务云等进行联结，成为融合企业财务数据、业务数据和外部互联网数据的大数据中心。基于财务共享平台推动了业财融合，为管理会计的实践提供了有效支撑，同时为企业大数据的落实和全面数字化转型提供了参考模式。

财务共享服务中心的建设不是一蹴而就的，由于涉及流程和组织的变革，通常需要专业的咨询规划人员参与，在严谨的调研评价基础上科学地规划具体实施方案。财务共享服务中心的运营需要专门的信息化平台来支撑，成熟的信息化管理平台是企业数字化转型升级的有效保障。

财务共享服务中心的建设也不是一劳永逸的，在具体的运行过程中，企业应该根据不同阶段的发展目标和管理需要不断优化提升。

关 键 名 词

财务共享服务　运营管理　质量管理　 服务管理　绩效管理　数字化转型大数据人工智能

思 考 题

1. 财务共享服务中心发展经历了哪些阶段？每个阶段的目标有何不同？

2. 为什么近年来财务共享服务发展得如此迅速？

3. 财务共享服务中心建设需要哪些 IT 技术支持？

4. 财务共享服务中心信息化系统主要包括哪些功能？各系统之间的关系如何？

5. 财务共享服务中心主要包括哪几种角色？每个角色关注的内容有何不同？

案 例 分 析

案例背景：

I 集团是国内领先的云计算、大数据服务商，拥有多家上市公司，业务涵盖云数据中心、云服务、大数据、智慧城市、智慧企业等，为全球 100 多个国家和地区提供 IT 产品和服务。

早期的 I 集团，是按照产品线的维度进行运营和发展的，各级公司都形成了完备的职能、研发、市场体系。在这种治理结构下，财务由各单位自行管理，科目设定、核算标准等各不相同，信息化水平参差不齐；财务人员队伍越来越庞大、财务管理费用越来越高，财务工作效率却在下降。

随着企业规模的逐渐扩大，I 集团开始逐渐向经营管控转型。首先在整个集团层面对市场进行整合，在国内成立了区域分公司和垂直行业部，在海外也设立了分公司。接下来，对产品研发、营销推广及交付和服务也进行了一系列的调整。一系列的变革和调整，对财务管理提出了新的要求和挑战。I 集团财务转型和变革被提上了日程，具体推进工作由集团的 CFO 负责。

请思考：

1. 早期 I 集团的财务管理模式的好处及问题分别是什么？

2. 经过考察和分析后，I 集团的 CFO 认为应该建立财务共享服务中心，如果你是 I 集团 CFO，你将如何说服董事会采纳这个建议？

3. 如果 I 集团最终采取了建立财务共享服务中心的建议，对现有的财务人员会有什么影响？如何应对？

第七章

管理会计报告系统

【学习目标】

通过本章的学习，掌握管理会计报告的定义、分类，明确管理会计报告的编报流程，理解管理会计报告的作用，并能结合实际工作需要设计适用的管理会计报告，选取财务和非财务信息综合反映企业经营、管理及财务情况。结合实际业务，应用管理会计报告可以有效推进企业内部沟通、决策、控制、评价等相关工作，促进企业资源的有效配置，实现企业价值创造。

第一节　管理会计报告概述

一、管理会计报告的概念、目标和使用对象

根据《管理会计应用指引第801号——企业管理会计报告》，企业管理会计报告是指企业运用管理会计方法，根据财务和业务的基础信息加工整理形成，满足企业价值管理和决策支持需要的内部报告。管理会计报告要解决的首要问题是信息边界界定，即何种信息可以纳入管理会计报告当中，为了实现管理会计报告目标，管理会计报告应反映价值信息与业务信息的整合。企业管理会计报告应反映企业的价值信息与业务信息。一方面，企业价值信息是企业业务信息的结果；另一方面，企业业务信息又是对企业价值信息的有效诠释与支撑。各个层次价值信息可以逐级汇总，各层级业务信息可以作为本层级价值信息的原因解释及辅助说明。

企业管理会计报告的目标是为企业各层级进行规划、决策、控制和评价等管理活动提供有用信息。企业管理会计报告的对象是对管理会计信息有需求的各个层级、各个环节的管理者。例如，管理活动过程中的规划，决策阶段形成预计资产负债表、预计利润表及预计现金流量表等，与其对应的是企业预算管理活动过程中的控制阶段形成执行差异报表，相应的管理会计报告将反映预算与实际之间的差异并进行分析。管理活动过程中的评价阶段形成目标实现程度的报表，其对应的是业绩考核，相应的管理会计报告将

反映业绩完成情况并对差异进行分析评价。结果报告形成于管理活动的全过程，在提供结果报告的基础上同时提供每一种结果产生的具体原因报告。

二、管理会计报告的分类

企业管理会计报告体系可按照多种标准进行分类，包括但不限于以下几类。

(1) 按照企业管理会计报告使用者所处的管理层级可分为战略层管理会计报告、经营层管理会计报告和业务层管理会计报告。这也是本章所采用的分类方式。

(2) 按照企业管理会计报告内容可分为综合企业管理会计报告和专项企业管理会计报告。

(3) 按照管理会计功能可分为管理规划报告、管理决策报告、管理控制报告和管理评价报告。应包括报告组织体系、报告目标、报告内容、报告流程、报告呈现、报告使用、质量控制及报告改进等内容。

(4) 按照责任中心可分为投资中心报告、利润中心报告和成本中心报告。

(5) 按照报告主体整体性程度可分为整体报告和分部报告。

三、管理会计报告的流程

企业管理会计报告流程包括报告的编制、审批、报送、使用、评价等环节，企业管理会计报告由管理会计信息归集、处理并报送的责任部门编制。

企业应根据报告的内容、重要性和报告对象等，确定不同的审批流程，各类管理会计报告经过审批后方可报出。报告的报送路径以确保企业管理会计报告及时、有效地送达报告对象为设计前提，可以根据报告性质、管理需要进行逐级报送或直接报送。企业管理会计报告属内部报告，应在允许的范围内传递和使用，相关人员应遵守保密规定，应建立管理会计报告使用的授权制度，在权限范围内合理使用。

为有效促进管理会计报告工作的全面推进，应对管理会计报告的质量、传递的及时性、保密情况等进行评价，并将评价结果与绩效考核挂钩。充分利用信息技术，强化管理会计报告及相关信息集成和共享，将管理会计报告的编制、审批、报送和使用等纳入企业统一信息平台。定期根据管理会计报告使用效果，以及内外部环境变化对管理会计报告体系、内容及编制、审批、报送、使用等进行优化。

四、管理会计报告与财务报告的关系

管理会计报告与财务报告具有高度相关性。财务报告是基础，管理会计报告建立在财务报告之上，是对财务报告信息的深度加工，需要对相关会计账户数据进行细化和调整。

管理会计报告与财务报告又有明显的区别。首先，财务报告有严格的法定格式和固定格式要求，而管理会计报告的形式则灵活多样，满足企业内部管理需求即可，形式可以不固定。其次，管理会计报告是面向未来的对内报告，主要为企业内部利益相关者，即管理层提供相关决策信息；财务报告是面向过去的对外报告，主要为企业外部利益相关者也就是投资者等提供决策信息。最后，财务报告具有一定局限性，不能直接向企业管理者提供决策相关信息，且提供的信息为事后信息。管理会计报告更注重企业内部管理，它强调事前和事中的控制，强调业绩，注重评价，形式开放，注重未来经营。

管理会计报告以关注企业内部信息为主，并逐步开始关注外部信息。随着全面预算管理等管理工具的应用，企业逐渐认识到事前和事中的信息的价值，逐渐认识到企业应关注企业的整体运营数据，部分企业开始编制如预算分析报告、运营情况报告等管理会计报告。随着战略管理的重视，一些公司在管理会计报告中关注市场环境、竞争对手情况、宏观经济形势、企业战略、全产业链等，编制出战略管理会计报告。

第二节 战略层管理会计报告

战略是企业发展的“灯塔”，指明企业的发展方向。战略管理会计报告，更是将管理会计报告和企业的战略紧密结合，使管理会计报告成为服务于企业战略的重要管理工具。基于 SWOT、波特五力模型、钻石模型、PEST 分析模型、利益相关方矩阵等管理工具，客观、全面分析企业所处的环境，结合企业实际情况拟定企业使命、战略及愿景，并借助平衡计分卡将战略落实到年度计划，通过预算管理落实计划目标。应用上述管理会计工具，以管理会计报告的形式向企业利益相关者报告与企业战略相关的事项。

一、战略层管理会计报告的概念和内容

战略层管理会计报告是为战略层开展战略规划、决策、控制和评价，以及其他方面的管理活动提供相关信息的对内报告。战略层管理会计报告的报告对象是企业的战略层，包括股东(大)会、董事会和监事会等。

战略管理报告的内容一般包括内外部环境分析、战略选择与目标设定、战略执行及其结果，以及战略评价等。战略层管理会计报告包括战略管理报告、综合业绩报告、价值创造报告、经营分析报告、风险分析报告、重大事项报告、例外事项报告等。这些报告可独立提交，也可根据不同需要整合后提交。

二、战略层管理会计报告的编报要求

战略管理会计报告不仅要提供企业内部经营的信息，还需要提供竞争对手的信息；不仅要反映企业的利益，还要关注客户的利益。战略管理会计报告将企业的长期战略目标与短期行为有机结合起来，使公司各个单位的战略与整体战略吻合。战略层管理会计报告应精炼、简洁、易于理解，报告主要结果、原因，并提出具体的建议。

三、战略层管理会计报告案例

(一) 综合业绩报告

1. 综合业绩报告内容

综合业绩报告的内容包括关键绩效指标预算及其执行结果、差异分析及其他重大绩效事项等，业绩形成是多个利益主体共同作用和相互妥协的结果。在企业经营管理实践中，利益相关者在公司治理者地位日益显著，业绩评价呈现出财务信息与非财务信息相结合，经济、社会和环境三方面业绩相结合的发展趋势。

2. 综合业绩报告案例——巴斯夫集团 2015 年综合报告

巴斯夫大中华区报告每年出版一次，简要介绍巴斯夫大中华区在可持续性的三个领域——经济、环境、社会所采取的行动及其表现。下面主要介绍巴斯夫集团 2015 年度的综合业绩报告。

巴斯夫主要的投资项目位于上海、南京和重庆，其中巴斯夫亚太创新园(上海)是亚太地区的研发枢纽中心。2015 年年底，员工人数约 8400 名。2015 年的全球经济环境充满了高度不确定性，主要客户行业增速放缓，市场竞争日趋白热化。尽管如此，2015 年巴斯夫仍然实现了销售额小幅增长至 57.00 亿欧元，通过优异的产品和解决方案，继续为中国经济发展做出贡献，综合业绩报告主要内容如下。

(1) 生产增加，但环境影响减少。

巴斯夫继续扩大在大中华区的产能。2015 年，一系列新生产设施相继在各地落实，包括广东省茂名的异壬醇(INA)生产装置、新疆库尔勒的丁二醇(BDO)生产装置，以及巴斯夫在大中华区主要投资项目重庆 MDI 综合生产设施。

尽管巴斯夫新建了众多生产设施，在环境、健康与安全的关键指标评估中仍取得了优良业绩，包括损失工时工伤降低、排放和固体废物显著减少。承包商损失工时事故率为每百万工时 0.3，与上一年(0.6)相比有所降低。空气污染物排放总量为 339 吨，较去年同比减少 38.1%。得益于正在进行中的流程优化项目，2015 年温室气体排放量为 911 297 吨，与去年(910 355)相仿。固体废物减少至 68 119 吨(2014 年为 69 757 吨)，废物回收利用率仍保持在 75%的高水平。

(2) 研发实力增强，专注于客户业务。

2015 年 11 月，位于巴斯夫上海浦东基地大中华区总部、耗资 9 000 万欧元的巴斯夫亚太创新园(上海)二期扩建项目落成启用。这一扩建项目将进一步提升巴斯夫在本地区的创新实力，并新增配方、化学工艺及工程等领域的研究。2016 年 1 月，巴斯夫全球三大研究平台之一的先进材料及系统研究平台总部也落户亚太创新园。巴斯夫 150 年的发展史展现了化学创新对经济、环境和社会发展的巨大推动作用。亚太创新园扩建后研发实力增强，将进一步提升客户合作紧密度，加强对本地客户的关注，以更好地服务客户需求，并助力客户实现可持续发展目标。

(3) 致力于行业和社区更好的未来。

为确保整个价值链的可持续性，巴斯夫在选择承运商、服务商和供应商时，不仅考虑价格因素，更看重他们在环境和社会责任方面的表现。作为“携手可持续发展(TfS)”倡议的联合创立者，巴斯夫大力支持这一倡议，与价值链的客户、合作伙伴和供应商分享其专业知识，以提升他们的可持续性发展。2015 年，TfS 与中国石油和化学工业联合会在上海共同举办可持续发展会议，增进共识，以共同应对可持续发展带来的挑战。在其生产基地所在的社区，巴斯夫在当地开展对话，并为有需要的人提供帮助。通过各种社区参与的倡议，如在位于上海、南京和重庆大型生产基地建立的社区咨询委员会，巴斯夫致力于成为邻近社区所有成员的负责的企业公民。①

(二) 价值创造报告

1. 价值创造报告内容

价值创造报告的内容一般包括价值创造目标、价值驱动的财务因素与非财务因素、内部各业务单元的资源占用与价值贡献，以及提升公司价值的措施等。

传统意义上的价值含义与预期未来现金流量的现值相联系，与组织所拥有的财务资本相关，而价值创造则因组织的财务绩效而引起的价值计量变化。价值不仅仅取决于与财务资本相关的因素，还取决于更广泛的资本，如制造资本、智力资本、人力资本、社会与关系资本及自然资本等。

价值创造在国际综合报告框架中被定义为是一个过程，是说明组织在外部环境中，如何引导、组织、利用各类资本通过一系列的商业活动而引发资本的增加、减少或转化的过程。体现了组织的战略、管治、商业模式、机遇与风险、战略和资源配置、绩效和前景展望等。

2. 价值创造报告案例——江苏苏美达价值创造型财务管理

江苏苏美达集团公司是中国机械工业集团公司的主要成员企业，公司财务资产部在实践过程中利用自身的管理优势，将财务资产部建成有效的价值创造中心和价值管理中心。

(1) 构建价值管理机构。

苏美达财务共识：管理是最好的服务，服务是推行管理的工具。要求委派的财务总监为子公司的价值创造活动服务，解决疑难问题，成为称职的决策参谋。财务部自主研发并建立的管理信息化平台，将信息贯穿业务全过程，变被动管理为主动管理。遵守适用性、实用性原则制定管理制度，制定一个制度就必须实打实地实施这个制度，暂时无法实施的制度就暂不制定。把子公司财务经理定位为业务活动价值创造的直接管理人和公司财务管理的执行官双重角色，既精简了人员，又提高了管理效率。财务部定位于价值创造中心和价值创造支持中心，强调服务、高效利用资金，通过自由现金流的短期投资为公司创造价值，在经营管理、投资决策和风险管控等方面创造价值。

① 案例改编自：巴斯夫集团官网 2015 年综合业绩报告www.basf.com/cn。

(2) 支持价值创造活动。

财务部全面融入业务流程中，通过事前计划、决策、事中监督到事后稽核等财务管理手段，全程参与企业的运营活动，为企业创造价值服务。秉承主动管理的理念，对各子公司进行库存资产盘点，逐月进行滞销存货清查。对滞销存货采取激进处理措施，督促子公司处理存货，有效消除潜在亏损。做好合同签订前的盈亏分析并依据盈亏分析进行日后的经营管理和考核，承担子公司原材料采购控制和资金投放后的跟踪管理。

(3) 创造性管理投资活动。

财务部通过测算和评估新投资项目、编制项目利润测算表，为决策提供有效信息。项目实施后，依照项目实施前的利润测算表，严格执行收支管控，实现投资项目的事前控制与事中控制。实施两种管理措施：一是对投资项目安排财务负责人，直接获取投资项目信息；二是规划资金使用，保障项目资金需求，针对投资项目潜在亏损，实行定期考核和限期清理。

(4) 价值毁损风险管控。

重视价值毁损风险管控。利用计算机信息系统对即将到期的应收账款进行自动预警和多层次的实时提醒，以督促相关人员及时处理。对出口应收账款或坏账进行信用保险，降低信用风险。

(5) 促进价值创造。

财务部联合相关部门建立了一系列严格而科学的绩效考评制度，并严肃考核纪律。考核不但关注当年利润，而且关注利润的质量和持续性，以及公司价值链上下游企业价值创造能力和持续性。

(6) 完善的激励体系。

会同相关部门完善服务于公司价值创造的激励体系，严格遵照“能者上，庸者下”的原则，奖励和晋升能力强、积极性高、业绩好的价值创造人员，对考核较差的人员进行惩罚、降职，淘汰不符合价值创造型财务管理要求的人员，保持人才的流动性。此外，辅以人文关怀、凝聚力工程实施、内部文化建设，形成了有效服务于价值创造的激励体系。

综上，苏美达公司价值创造型财务管理就是以企业价值目标的实现为出发点，价值管理为基础，价值创造“过程”导向为核心，通过主动参与价值创造，在投资活动、经营活动和融资活动运用价值管理、通过价值评价与奖惩促进企业价值创造活动落到实处，实现企业价值持续增长的一种财务管理模式。这一财务管理模式的推广有利于转型期企业财务管理更好地为公司战略目标的实现提供有力支持。①

(三) 经营分析报告

1. 经营分析报告内容

经营分析报告的内容一般包括过去经营决策执行情况回顾、本期经营目标执行的差异及其原因、影响未来经营状况的内外部环境与主要风险分析、下一期的经营目标及管

---

① 张格领，陈志红. 苏美达公司价值创造型财务管理案例研究[J]. 会计研究，2010(10).

理措施等。

经营分析可使用各类管理工具开展分析，如以通过产品(或服务)盈利能力分析为例，将分析的结果以波士顿矩阵(BCG)的形式予以表达，明确各产品(或服务)对公司价值的贡献。利用安索夫矩阵(Ansoff Matrix)将企业的产品(或服务)与市场进行有效的组合。重点关注供应商的可替代性、采购方式、付款周期、质量管理等。技术层面上，分析企业的研究与开发。创新是“源泉”，新产品和新技术的研发是企业核心竞争力的保障。

2. 经营分析报告案例——中商百货 2017 年经营分析

(1) 公司的主要业务。

武汉中商集团股份有限公司(以下简称：中商百货，证券代码：000785)是以商业零售为主业的大型连锁企业，涉足的商业零售业态主要包括超市和百货。

截至 2017 年年末，公司连锁网点达 1130 家，其中，中百仓储 174 家(武汉市内 73 家、市外湖北省内 71 家，重庆市 30 家)；中百便民超市 929 家(含中百罗森便利店 195 家、邻里生鲜绿标店 67 家)；中百百货店 10 家；中百电器门店 17 家。根据全国连锁经营排序，公司连续十多年进入全国连锁经营 30 强，连锁网点数量和经济效益连续多年位居湖北商业上市公司前列，跻身武汉企业 10 强，蝉联中国企业 500 强。

(2) 报告期国内宏观经济情况。

2017 年，我国国民经济稳中向好，经济活力、动力和潜力不断释放，稳定性、协调性和可持续性明显增强，实现了平稳健康发展。国家统计局公布的 2017 年全国国民经济运行数据显示，国内生产总值超 82.00 万亿元人民币，经济增长超过预期目标，表明中国经济已经步入企稳向好轨道，经济结构调整，尤其是供给侧结构性改革的效果已经显现。

(3) 报告期公司所属处行业发展情况。

国家统计局发布的数据显示，2017 年全年社会消费品零售总额达到 36.60 万亿元，比 2016 年净增 3.40 万亿元，同比增长 10.20%，连续第 14 年实现两位数增长。消费对经济增长的贡献率为 58.80%，连续第四年成为拉动经济增长的第一驱动力，继续发挥着对经济增长的基础性作用。随着我国经济逐步进入高质量发展阶段，我国消费也进入了需求多元发展、规模持续扩大、结构优化升级的发展新阶段。中华全国商业信息中心的统计数据显示，2017 年全国百家重点大型零售企业零售额同比增长 2.8%，增速相比同期提升了 3.3 个百分点，表明 2017 年大型零售企业销售情况好于上年。

(4) 报告期公司经营情况。

报告期内，公司实现营业收入 152.06 亿元，同比下降 1.04%，利润总额 1.47 亿元，同比增长 128.78%，归属于母公司的净利润 6 764.62 万元，同比增长 946.18%。

从区域分布看，湖北省市场实现营业收入 149.16 亿元，同比下降 0.71%，占公司总营业收入的 98.09%；重庆市场实现营业收入 2.90 亿元，同比下降 15.76%，占公司总营业收入的 1.91%。从业态划分看，超市实现营业收入 139.95 亿元，占公司总营业收入的 92.04%；百货实现营业收入 10.81 亿元，占公司总营业收入的 7.11%。

中百超市推进超市公司绿标店覆盖及红标店升级调整，调整扩大生鲜经营面积，形成“红标店+简配生鲜”经营模式。整合生鲜供应链采购资源，创新基地代办采购模式，降低了5%～10%的采购成本。完善生鲜配送流程，推进蔬果、干货精细包装项目，重塑肉品经营管理体系，邻里生鲜超市肉类经营销售较同期增长166.12%。打造江夏和钟祥两家购物中心旗舰店。加大推行“时薪制”，积极探索“合伙人”制度，报告期，公司人均劳效较同期提高11.2%。盘活钟祥置业资产收回投资2.00亿元。中百大厨房围绕超市经营和外部市场需求，积极开发新品种，挖掘大宗客户，承接公交集团13个运营公司近2万名员工的配餐业务，涵盖配送站点194个，日供餐量达到1万份。[①]

(四) 风险分析报告

1. 风险分析报告内容

风险分析报告的内容一般包括企业全面风险管理工作回顾、内外部风险因素分析、主要风险识别与评估、风险管理工作计划等。

风险分析并不是现有财务分析框架中简单的经营风险与财务风险的分析，而是对企业面临的外部环境、所采取的战略、企业运行各环节上可能存在的不确定的综合分析，因而风险的分析自然地延伸至对目前业绩的未来持续能力及未来成长能力的分析。

2. 风险分析报告案例——成都工业投资集团债务风险分析

成都工业投资集团有限公司(以下简称“成都工投集团”)经成都市人民政府批准，于2001年8月注册成立，注册资本为50.00亿元，是成都市国有资产监督管理委员会管理的国有独资公司。作为成都市最重要的投融资平台，截止到2013年年末，成都工投集团总资产420.00亿元，净资产130.00亿元，经营业务包括投资、融资担保、资产经营、管理和资本运营、工业地产、招商、咨询服务和物业管理。运用成都市地方政府投融资平台债务风险评价体系对成都工投集团2012年和2013年债务风险开展分析、评估工作。

(1) 债务风险评估标准。

地方政府投融资平台债务风险包括地方政府因素和平台公司因素两个方面，在考虑宏观和微观两个层面因素的基础上，地方政府投融资平台债务风险评价体系包括地方政府偿债能力和平台公司偿债能力两个部分的综合评价体系。

地方政府偿债能力评价利用风险预警指标对地方政府面临的偿债能力进行判断是国际通用的做法。如表7-1所示，评价指标选取了地方政府赤字率、本级政府一般预算收入、地方政府GDP增长率和第三产业占比四个指标。在指标评价标准方面，采用等级评价方法，确立{很差，较差，一般，较好，很好}的评价集，并对应{20分，40分，60分，80分，100分}的评价分值。

① 依据中百控股集团股份有限公司2017年年度报告摘要整理得到。

表 7-1 地方政府偿债能力指标评价表

评价指标	很差 (20 分)	较差 (40 分)	一般 (60 分)	较好 (80 分)	很好 (100 分)	基准值
赤字率/%	15 以上	11～15	7～11	3～7	3 以上	15
本级政府一般预算收入/万元	50 以下	50～100	100～200	200～250	250 以上	—
GDP 增长率/%	5 以下	5～7	7～10	10～12	12 以上	7.7
第三产业占比/%	30 以下	30～40	40～50	50～60	60 以上	46

采用层次分析法来确定风险指标的权重，按照选取的指标，由 yaahp 软件运算出结果：赤字率权重为 0.465，本级政府一般预算收入权重为 0.177，GDP 增长率权重为 0.195，第三产业占比权重为 0.163。由此，可以得出地方政府偿债能力评价公式：地方政府偿债能力得分＝赤字率得分×0.465＋本级政府一般预算收入得分×0.177＋GDP 增长率得分×0.195＋第三产业占比得分×0.163。

微观评价——平台公司偿债能力评价。利用多元变量判定模型——Z分数模型设定其判别式为：Z＝0.717*X1＋0.847*X2＋3.11*X3＋0.42*X4＋0.998*X5。其中：X1＝营运资本/资产总额，X2＝留存收益/资产总额，X3＝息税前利润/资产总额，X4＝所有者权益市价/负债总额，X5＝总销售额/资产总额。

考虑地方政府投融资平台在经营业务、盈利模式等方面均有别于普通企业，调整后取值见表 7-2。综合评价债务出现风险时需承担兑付责任，债务风险评价体系中赋予平台公司和地方政府各占 50%的评价权重，风险综合评价公式：地方政府投融资平台债务风险评价得分＝地方政府偿债能力评价×50%＋平台公司偿债能力评价×50%。根据地方政府投融资平台债务风险评价得分，将对应设置四个警戒区间，具体设置标准见表 7-3。

表 7-2 融资平台 Z 值评价指标表

评价指标	很差(20 分)	较差(40 分)	一般(60 分)	较好(80 分)	很好(100 分)
Z 值	0.6 以下	0.6～1.2	1.2～2.3	2.3～2.9	2.9 以上

表 7-3 地方政府融资平台警戒区间表

警戒区间表	重警	中警	轻警	无警
评价得分	0～40 分	41～60 分	61～80 分	81～100 分

(2) 债务风险评估。

根据《成都工业投资集团有限责任公司 2013 年年度报告》，整理得出其主要财务指标，见表 7-4。根据偿债能力评价公式(见表 7-5)可知两年得分如下。

2012 年成都市地方政府偿债能力得分＝100×0.465＋60×0.177＋100×0.195＋40×0.163＝83.14 分。

2013 年成都市地方政府偿债能力得分＝100×0.465＋100×0.177＋80×0.195＋80×0.163＝92.84 分。

根据偿债能力评价标准计算 Z 分数模型的指标值(见表 7-6)，得出成都工投集团 2012

年和 2013 年偿债能力得分均为 40 分。

2012 年成都工投集团综合债务风险评价得分＝83.14×50%＋40×50%＝61.57 分。

2013 年成都工投集团综合债务风险评价得分＝92.84×50%＋40×50%＝66.42 分。

综上所述，成都工投集团在 2012 年和 2013 年的债务风险评价得分均处于轻警区间，其债务风险处于相对安全的状态。一些具体指标的分析反映平台公司存在盈利能力低下、对政府财政依赖性较高等问题，其债务风险仍存在安全隐患，需要注意防范。

表 7-4　成都工投集团 2012 年、2013 年主要财务数据表

指标	2012 年(亿元)	2013 年(亿元)
流动资产	246.81	255.61
流动负债	95.78	112.78
负债	288.95	283.88
未分配利润	9.64	10.78
净资产	124.75	136.63
总资产	413.71	420.50
营业收入	21.19	15.11
利息费用	7.53	8.12
所得税费用	2.42	2.14
利润总额	6.31	7

表 7-5　成都市地方政府 2012 年、2013 年偿债能力指标评价得分表

评价指标	2012 年		2013 年	
	指标数据	评价得分	指标数据	评价得分
赤字率	2.50%	100	2.9%	100
本级政府一般预算收入	194.50 亿元	60	296.80 亿元	100
GDP 增长率	17.1%	100	10.2%	80
第三产业占比	38.4%	40	50.2%	

表 7-6　成都工投集团 2012 年、2013 年 Z 分数模型 Z 指标

指标	2012 年	2013 年
X1	0.37	0.34
X2	0.02	0.03
X3	0.04	0.04
X4	0.43	0.48
X5	0.05	0.04
Z 值	0.64	0.63

(3) 结论与政策建议。

成都工投集团作为成都市净资产规模最大的投融资平台，在债务风险评价体系中处于轻警区间，说明地方融资平台整体债务风险仍然存在，需要从地方政府和平台公司两个方面进行风险防范，具体建议如下。

地方政府政策建议。①控制地方政府负债总规模和融资成本。为防止地方政府投融资平台过度融资的行为，各级地方政府应该通过有关法规对本级政府的融资总量、各投融资平台的融资成本进行约束。②成立地方政府投融资平台风险监管机构，以强化地方政府对投融资平台的风险管理。③建立健全投融资平台债务的偿还保障机制。地方政府应当统筹安排本地区综合财力，结合投融资平台实际情况制定完备的还本付息计划，并在日常工作中进行监测检查。④建立地方政府对平台公司融资行为的问责制。融资过程出现的坏账，给金融机构造成损失应该问责。

平台公司政策建议。①建立多元化的融资方式，逐步扩大直接融资。采取不同的融资主体或项目管理主体，有效划分资产边界，实行多元化的融资主体，拓宽融资方式。区分公益性项目、有收费权的准公益性项目、完全商业项目分别设计融资方案。②推动投融资平台融资行为的市场化。鼓励并支持投融资平台采用发行债券、资产证券化的融资方式进行融资，推进融资行为市场化。③完善投融资平台债务风险的内控机制，完善治理结构和风险内控机制，建立风险跟踪监督机制和预警体系及绩效考核制度。[①]

(五) 重大事项报告

1. 重大事项报告基本内容

重大事项报告是针对企业的重大投资项目、重大资本运作、重大融资、重大担保事项、关联交易等事项进行的报告。

我国《证券法》中对上市公司重大事项的界定包括以下内容：①公司的经营方针和经营范围的重大变化；②公司的重大投资行为和重大的购置财产的决定；③公司订立重要合同，可能对公司的资产、负债、权益和经营成果产生重要影响；④公司发生重大债务和未能清偿到期重大债务的违约情况；⑤公司发生重大亏损或者重大损失；⑥公司生产经营的外部条件发生的重大变化；⑦公司的董事、三分之一以上监事或者经理发生变动；⑧持有公司百分之五以上股份的股东或者实际控制人，其持有股份或者控制公司的情况发生较大变化；⑨公司减资、合并、分立、解散及申请破产的决定；⑩涉及公司的重大诉讼，股东大会、董事会决议被依法撤销或者宣告无效；⑪公司涉嫌犯罪被司法机关立案调查，公司董事、监事、高级管理人员涉嫌犯罪被司法机关采取强制措施；⑫国务院证券监督管理机构规定的其他事项。

2. 重大事项报告案例——乐视网 2018 年重大事项披露信息

乐视网(300104)2018 年 4 月 25 日发布关于诉讼、仲裁案件基本情况的重大事项公告，具体内容为：根据《深圳证券交易所创业板股票上市规则》的有关规定，对本公司连续十二个月期限内，且自 2017 年 8 月 25 日披露《关于累计诉讼、仲裁案件基本情况的公告》后至今的诉讼、仲裁事项进行了统计，具体情况如下。

(1) 累计诉讼、仲裁案件基本情况。

---

① 刘娅，干胜道，邓同钰. 地方政府投融资平台债务风险评价体系研究——基于成都工业投资集团的案例研究[J]. 财政研究，2014(11).

经统计，公司作为原告涉及的诉讼、仲裁合计涉案金额人民币 243 806 970.36 元(含原告诉求赔偿金额、违约金、律师费等其他费用)；公司被起诉类案件合计涉案金额人民币 3 305 338 135.48 元(含原告诉求赔偿金额、违约金、律师费等其他费用)、美元 53 762 370.01 美元(具体明细略)。

(2) 本次公告的诉讼、仲裁对公司本期利润或期后利润等的影响。

公司被起诉类案件中，因较大部分案件尚未审理裁决，公司尚无法准确判断本次公告涉及的诉讼、仲裁事项是否会对公司本期利润或期后利润产生影响。公司将严格按照《深圳证券交易所创业板股票上市规则》的有关要求，及时披露诉讼事项及其进展情况。

乐视网 2017 年 11 月 21 日发布其对外提供担保公告，内容如下：为满足公司运营及业务发展需要，乐视网控股子公司乐视致新电子科技(天津)有限公司(以下简称“乐视致新”)拟向天津嘉睿汇鑫企业管理有限公司(以下简称“天津嘉睿”)借入人民币 500 000 000.00 元整，用于补充乐视致新日常流动资金。

为保障天津嘉睿在《借款合同 1》项下权利的实现，乐视致新将其持有的乐视投资管理(北京)有限公司(以下简称“乐视投资”)100%股权及其派生权益质押给天津嘉睿，乐视致新担保的主债权为《借款合同 1》中天津嘉睿享有的全部债权人民币 500 000 000.00 元。此外，公司以持有的霍尔果斯乐视新生代文化传媒有限公司(以下简称“乐视新生代”)100%股权、重庆乐视小额贷款有限公司(以下简称“重庆小贷”)100%股权、乐视体育文化产业发展(北京)有限公司(以下简称“乐视体育”)6.47%股权质押给天津嘉睿，公司担保的主债权为《借款合同 1》中天津嘉睿享有的部分债权人民币 200 000 000.00 元，同时乐视致新自愿以所有权人的身份并且以股权质押形式将持有的乐视致新电子科技(北京)有限公司(以下简称“乐视致新电子科技北京”)100%股权及其派生权益、乐视致新电子科技(重庆)有限公司(以下简称“乐视致新电子科技重庆”)100%股权及其派生权益、乐视致新电子商务(北京)有限公司(以下简称“乐视致新电子商务”)100%股权及其派生权益向乐视网提供反担保，担保主债权金额人民币 200 000 000.00 元。[①]

(六) 例外事项报告

1. 例外事项报告的内容

例外事项报告是针对企业发生的管理层变更、股权变更、安全事故、自然灾害等偶发性事项进行的报告。管理会计中例外管理的情形主要有：核算中出现会计信息和实际情况不符且差异巨大的情况；出现欺骗、隐瞒和舞弊的行为；管理会计系统；内部控制系统出现重大问题；市场环境发生重大变化；各种意外灾害发生；等等。例如，运用标准成本时会对成本差异进行分析，由于产生差异原因众多，为提高工作效率，实行例外原则以把主要精力放在成本差异金额较大，且差异较长、影响重大的业务中以有效提升成本管控效率。

① 案例依据乐视网 2018 年上市相关公告信息整理而成。

2. 例外事项报告案例——A 公司 2017 年利润差异分析报告

A 公司 2017 年预算利润为 30 600.00 万元，实际利润为 24 100.00 万元，完成率为 78.75%，未完成当年利润目标。公司仅生产一种产品，由于该产品设计新颖，深受消费者喜爱，近 5 年公司利润指标平均完成率为 102.5%，每年均超额完成预算利润。2017 年未能完成利润指标成为该公司的例外事项，引起了管理层高度关注，具体差异分析如表7-7 所示。

表 7-7 A 公司差异分析报告

2018 年 1 月 20 日　　单位：万元

项目	金额		
预算利润			30 600.00
销售价格差异		1 400.00(u)	
销售数量差异		1 500.00(u)	
实际销售收入减标准销售成本			2 900.00(u)
成本差异	F	U	27 700.00
直接材料价格		5 200.00	
直接材料数量	500.00		
直接人工工资率		800.00	
直接人工效率	3 400.00		
变动制造费用耗用		2 000.00	
变动制造费用效率	510.00		
固定制造费用耗用			
固定制造费用能力		10.00	
小计	4 410.00	8 010.00	
总成本差异			3 600.00(u)
实际利润			24 100.00

注：F 为有利差异，U 为不利差异

(1) 销售差异分析。

由 A 公司差异分析报告可知，A 公司销售差异结果为不利差异 2 900.00 万元，其中，销售价格不利差异 1 400.00 万元，销售数量不利差异 1 500.00 万元。产生该差异的主要原因是，公司主打产品已畅销多年，未进行新产品研发投入。2017 年，竞争对手企业在市场上投放新产品，价格低且产品质量优秀，导致 A 公司主打产品份额大幅度下滑。市场部门为挽留客户，进行促销活动，希望通过降价留住客户，但最终未能完成预算目标。

(2) 成本差异分析。

由表 7-7 可知，A 公司共产生成本不利差异 8 010.00 万元、有利差异 4 410.00 万元，最终成本不利差异为 3 600.00 万元。在直接材料、直接人工、变动制造费用、固定制造费用等方面均存在差异。

① 直接材料方面。直接材料价格不利差异 5 200.00 万元，由于原材料价格上涨导

致；直接材料数量有利差异 500.00 万元，由于新设备、新工艺投产后有效提升生产效率进而节约原材料。

② 直接人工方面。直接人工工资率不利差异 800.00 万元，受工资基数普调影响而产生；直接人工效率有利差异 3 400.00 万元，是加大员工培训投入后，员工技能迅速提升，产品合格率大幅提高。

③ 变动制造费用方面。变动制造费用耗费不利差异 2 000.00 万元，由于 2017 年起能源费用上涨所致；变动制造费用效率有利差异 510.00 万元，由于新工艺投产导致生产机器效率提升进而产生有利差异。

④ 固定制造费用方面。固定制造费用能力产生不利差异 10.00 万元，由于固定资产产能未能完全实现而产生不利差异。

(3) 建议。

综上，利润预算未能完成预算目标由多种原因引起。无论有利差异或不利差异都应进行客观分析，尤其应关注各类差异产生的真实原因。应加大新产品研发力度，结合市场情况及竞争对手状况制定相应的研发政策，以稳固市场地位，保证稳定的市场份额。此外，应加大产品研发投入，进一步优化生产工艺，发掘替代材料、应用新工艺降低单位生产能耗，进而提升运营效率。

第三节　经营层管理会计报告

一、经营层管理会计报告的概念和内容

经营层管理会计报告是为经营管理层开展与经营管理目标相关的管理活动提供相关信息的对内报告。经营层管理会计报告的报告对象是经营管理层。经营层管理会计报告主要包括全面预算管理报告、投资分析报告、项目可行性报告、融资分析报告、盈利分析报告、资金管理报告、成本管理报告、绩效评价报告等。

二、经营层管理会计报告的编报要求

企业的经营管理层在现代企业组织架构中处于中端位置，起着上传下达的作用，担负着协调的职责。经营层在遵从战略层所制定的总体战略目标下，对供应商及客户管理、公司的盈利状况、各部门的业绩评价考核等进行具体规划。经营层管理会计报告的编报应简洁明了，从不同角度反映与企业经营目标相关的各类管理活动进展状况，并提出合理建议。

三、经营层管理会计报告的案例

(一) 全面预算管理报告

1. 全面预算管理报告内容

全面预算管理报告的内容一般包括预算目标制定与分解、预算执行差异分析及预算考评等。

2. 全面预算管理报告案例——B 有限公司 2016 年度全面预算管理报告

2016 年，B 公司强化预算管理，秉承开源节流的管理理念，努力增收节支。受宏观政策影响，2016 年公司销售呈现下滑态势，各类经营刚性成本居高，最终全年预算未能达成。现将公司 2016 年整体预算情况报告如下。

(1) 全面预算目标的制定与分解。

2016 年，B 公司全面预算工作的开展采取由上到下的编报方式，公司预算目标由公司董事会参照历史经营数据直接下达执行，各职能部门未参与预算目标的制定工作。公司全年目标销售收入 1 500.00 万元、营业总成本 1 100.00 万元，全年无营业外收支项目，全年利润总额为 400.00 万元。

董事会下达预算目标后，财务部组织相关部门进行了年度预算的编制工作。公司总经理办公会对预算目标进行了分解，例如，销售部门对销售收入指标负责、生产部门对产值及产品质量负责、采购部门对组织相关生产采购及质量负责、人力资源部门对招聘及相关培训负责、财务部门对资金保障负责。

(2) 2016 年预算整体执行情况及差异分析。

2016 年公司实际完成主营业务收入 1 000.00 万元，较上年减少 265.00 万元，负增长 26.5%，完成预算收入目标 1 500.00 万元的 66.67%。主营业务收入大幅下降的主要原因是竞争对手企业享有政府研发补贴，在 2016 年大举投放升级新替代产品，导致公司产品市场满意度及市场份额下降，进而收入下滑严重。营销部门针对市场变化，进行大力促销，由于产品老旧市场反应平淡，导致营销费用持续上升而销售收入未能有效提高。

2016 年，公司营业总成本实际发生额为 1 300.00 万元，同比增加 300.00 万元，超过预算 200.00 万元。营业总成本大幅上升的主要原因包括以下三个方面：①为稳定市场份额，销售部门大举投入营销活动，全年增加各类促销 50 场次，提升批发商销售返点，导致当年销售费用超出预算 50.00 万元。②人工成本刚性上涨导致成本激增。2016 年，公司所在城市调整了最低工资标准，导致公司各类依最低工资标准核算的员工福利上涨，据统计由此而增加全年人工成本 50.00 万元。此外，外出务工人员增大，人员招聘困难极大，出现用工难现象。为稳定生产员工，依照员工工龄长短对员工工资进行了不同程度的涨薪，此次薪酬调整导致全年人工成本增加 50.00 万元。上述两项因素导致人工成本超出预算 100.00 万元。③由于销售下滑，回笼资金不足，导致营运资金紧张。为有效缓解资金压力，公司在 2016 年下半年由合作银行提取银行贷款 1 000.00 万元，利率为

10%，年度财务费用产生50.00万元。预算中，未预见到市场竞争对手新产品投入，全年资金平衡，无须贷款，故未对财务费用进行预算。

2016年预算利润总额为400.00万元，实际利润总额为-300.00万元，未完成2016年既定利润总额预算目标。由于收入下滑，各类刚性费用上涨，不断挤压利润空间，最终导致2016年预算发生重大偏差。

(3) 预算评价及相关建议。

2016年，公司整体预算未能有效执行。在生产、销售、人力资源管理、资金管理等方面都出现了较大偏差。公司未能有效预见市场变化产生的影响，进而产生了一系列影响，2016年整体经营陷入被动。

公司对全面预算管理工作的重视度不够，预算执行过程也反映了公司在经营管理方面的诸多问题，市场竞争激烈残酷，结合预算管控中的问题提出相关管理建议。①强化成本意识，培养全员开源节流的工作习惯。通过开展各类培训提升全员劳动效率，提高思想意识，全面提升资源使用效率。②加大日常经营管理控制力度，重视月度经营分析工作会，将预算管理落实到日常工作中。强化刚性预算管理理念，对没有纳入预算的开销进行严格管控。③加大产品研发投入，重视市场变化，注重市场调研结果，不断创新提升产品质量。建议成立研发部门，对于研发予以专项资金支持，为企业长期发展奠定基础。④加强供应商、经销商管控，筛选有实力的合作伙伴，培养稳固长久的合作关系。⑤设计科学的业绩考核体系，将预算指标与考核挂钩，真正发挥全面预算管理的作用。

(二) 投资分析报告

1. 投资分析报告内容

投资分析报告是针对某一特定的，以谋取商业利益、竞争优势为目的的投资行为，就其产品方案、技术方案、管理及市场等，投入产出预期进行分析和选择的内部报告。投资分析报告的内容一般包括投资对象、投资额度、投资结构、投资进度、投资效益、投资风险和投资管理建议等。

2. 投资分析报告案例——有机硅技术改造升级项目投资分析报告

1) 项目概况

项目名称：有机硅技术改造升级项目。

建设内容：通过技术改造升级将有机硅单体产能扩大至36万吨/年。

实施单位：湖北兴瑞硅材料有限公司。

实施地点：宜昌新材料产业园有机硅厂区内预留地。

投资概算：68 800.00万元。

建设周期：24个月。

2) 项目建设背景及必要性

(1) 随着有机硅下游需求的持续增长，有机硅产业面临良好的市场发展机遇。

近年来，随着有机硅产品在新能源、电子电器、航空等领域的需求不断增长，叠加国家供给侧结构性改革深入推进，安全环保监管呈现高压态势，行业供需明显改善，有机硅产品市场价格持续攀升，DMC 价格从最低 1.25 万元/吨上涨到当前超过 3.00 万元/吨，产品盈利能力大幅增强，2017 年行业开工率已接近 90%。同时因道康宁、迈图等国际有机硅生产企业减少单体产能，国内有机硅产品出口增长明显，2017 年同比增长 53%，2018 年有望继续保持强劲增长态势。未来几年，预计全球有机硅市场年均增长率约为 6%，其中国内市场增长率超过 9%，有机硅产业具有良好的发展前景。

(2) 加快建设有机硅技术改造升级项目是公司做大做强有机硅新材料产业的客观需要。有机硅新材料是国家鼓励发展的战略性新兴产业，也是公司未来重点发展的产业之一。

经过多年建设和发展，公司现已具备有机硅单体产能 20 万吨/年，并通过自建、并购和招商引资方式形成了 3 万吨/年 110 胶、3 万吨/年 107 胶、3 万吨/年密封胶、1 万吨/年混炼胶、1 万吨/年特种硅油、0.8 万吨/年白炭黑等有机硅下游配套产品规模，公司有机硅上下游一体化产业链建设初见成效。随着有机硅产业盈利能力不断增强，国内有机硅行业逐步进入新一轮的产能扩张和并购重组周期。目前行业内部分有机硅生产企业正在积极实施或准备产能扩张。为增强公司在有机硅行业内的单体规模优势，提高市场影响力和话语权，同时为夯实公司有机硅上下游一体化产业链发展基础，推动公司实现高质量发展，公司有必要加快启动本项目建设。

(3) 实施有机硅技术改造升级项目有利于降低有机硅单体生产成本，提高产品市场竞争力。

近年来，公司对有机硅单体生产装备实施了多次技术改造，有机硅单体生产成本控制能力已跻身国内先进水平，但距离国际领先水平仍有一定差距。本次技术改造升级项目充分采用国内外先进生产工艺和节能降耗技术，着力提高自动化控制水平，可进一步降低公司有机硅单体生产成本。

3) 项目主要建设内容与工期安排

(1) 项目主要建设内容。依托已掌握的先进有机硅单体生产工艺和节能降耗技术，对现有的有机硅单体生产装备进行技术改造升级，并配套建设辅助环保设施等，最终形成 36 万吨/年有机硅单体产能。

(2) 项目建设工期。项目建设工期预计 24 个月。

4) 项目投资及效益分析

(1) 投资情况。本项目投资估算 68 800.00 万元，其中设备采买费用 33 450.00 万元，主要材料费用 11 230.00 万元，安装费用 9 170.00 万元，建筑工程费用 13 200.00 万元，其他费用 1 750.00 万元。资金来源为银行贷款和企业自筹。

(2) 效益分析。

① 净利润与现金流分析。

项目建成达到 36 万吨/年产能后，按照公司 2015—2017 年 DMC 平均销售价格 16 351.00 元/吨(含税)测算，将新增销售收入 133 123.00 万元/年，税后利润 11 522.00 万元/年，现金流 15 535.00 万元/年，静态投资回收期 6 年。

② 盈亏平衡点分析。

本项目产销量的盈亏平衡点为5.7万吨/年粗单体(占设计新增产能的35.6%)，以DMC销价测算的盈亏平衡点为14 363.00元/吨(含税)。

③ 安全环保效益分析。

一是有机硅装备自动化水平将显著提高，可大幅降低员工劳动强度，提高本质安全水平；二是有机硅副产物废渣浆的综合利用率将大幅提升，尾气处理能力明显增强，园区清洁生产水平进一步提高。

5) 对上市公司的影响及风险分析

实施本项目有利于进一步降低公司有机硅单体生产成本，增强公司在有机硅行业内的单体规模优势和产品市场竞争力，提高市场影响力和话语权，同时夯实公司有机硅上下游一体化产业链发展基础，为公司做大做强有机硅新材料产业，增强公司未来持续盈利能力创造积极条件。本项目建设周期相对较长，建成投产后可能存在因行业供给大幅增加导致市场价格剧烈波动，进而导致项目经济效益不达预期的风险；项目安评、环评等合规性手续尚处于报批过程中。公司将积极推进项目合规性手续报批工作，同时高标准制定项目实施方案，高质量开展项目建设，力争早日实现项目达产达效。项目建成运营后，公司将积极优化生产组织方式，提高装备开工率，不断提升项目效益。①

(三) 融资分析报告

1. 融资分析报告的内容

融资分析报告的内容包括融资需求测算、融资渠道与融资方式分析及选择、资本成本、融资程序、融资风险及其应对措施和融资管理建议等。

2. 融资分析报告案例——某电力设计院2015年融资分析报告

电力设计行业整体融资状况如下：目前电力设计行业内企业约90%的融资来源于金融机构借款，融资渠道单一。由于电力设计企业资产规模小，各商业银行出于安全性考虑，一般要求提供担保或上浮贷款利息。融资成本包括基本利息和浮动部分，浮动幅度一般在20%以上；抵押物登记评估费用占融资成本的20%；担保费用一般年费率在3%；风险保证金利息，绝大多数金融机构在放款时，以预留利息名义扣除部分贷款本金，企业实际得到的贷款只有本金的80%。以1年期贷款为例，企业实际支付的利息在9%左右，融资成本高。

某电力设计院2015年年度预算显示该公司当年融资预算总额为6 000.00万元，担保预算为流动贷款及承兑汇票担保6 000.00万元及保函与信贷证明担保2 000.00万元，合计8 000.00万元。

1) 融资方案比选及确定

设计融资方案时，应首先考虑的是融资存在风险，必须在前期项目评估中充分对项目的收益和风险进行评价，以及业务无法履约付款带来的违约垫资风险等。其次，准确计量前期项目评估中的资金需求量，项目部要根据预计工程施工、设备、材料的进度提

① 根据湖北兴瑞硅材料有限公司2018年披露投资报告整理得到。

供资金需求金额及施工时间进度表。财务部根据企业自有资金情况、本身生产经营资金需求情况、企业年度融资额度及项目资金需求估算计划综合评估后作融资方案。最后，科学选择融资方式。比较电力设计院现有融资方式：①银行借款的融资成本较高，一年期的银行利率一般为基准利率上浮 5%～15%；②银行承兑汇票业务的融资成本较低，质押保证金为 0～50%，出票手续费为票面的万分之五，另收取票面千分之一的手续费等，承兑汇票财务费用总支出比贷款利息少很多。该电力设计院充分利用母公司的转授权形式，已切分其母公司在银行的授信额度，母公司为其提供间接全额担保，已办理保函及银行承兑汇票业务，均无质押保证金，融资成本较低，审批手续便捷。

设计院承揽的新能源总承包工程工期一般在 3～6 个月，综上情况，应采取半年期的银行承兑汇票业务的融资方式，既能够满足工程的正常运转施工，业主也能够有足够的时间做资金筹划及支付。

2) 融资建议及措施

一是建立风险防范机制。电力设计企业要立足市场，建立完善的风险预防机制和信息化建设工作，及时进行风险预测和防范。二是保持合理的负债比率。为了在获取财务杠杆利益的同时避免筹资风险，做到适度负债经营。三是滚动编制融资计划。合理安排融资进度，加速资金周转，降低资金占用额。①

(四) 盈利分析报告

1. 盈利分析报告内容

盈利分析报告的内容一般包括盈利目标及其实现程度、利润的构成及其变动趋势、影响利润的主要因素及其变化情况，以及提高盈利能力的具体措施等。企业还应对收入和成本进行深入分析。盈利分析报告可基于企业集团、单个企业，也可基于责任中心、产品、区域、客户等进行。

2. 盈利分析报告案例——贵州茅台酒股份有限公司盈利分析报告

贵州茅台酒股份有限公司(简称：贵州茅台，股票代码 600519)成立于 1999 年 11 月，是著名的白酒生产企业，现就该企业 2010 年到 2017 年主要财务数据进行盈利能力分析。

1) 产品盈利能力相关指标分析

由表 7-8 可见，2010 年到 2017 年，贵州茅台营业收入、营业收入营业利润率和营业收入净利润率波动较大。营业收入营业利润率是营业利润与营业收入的比值，营业收入净利润率是净利润和营业收入的比值，由于贵州茅台营业利润和净利润都高达数十亿元，营业外收入、营业外支出与所得税费用对其数额影响较小，因此营业收入净利润率与营业收入营业利润率似乎重合。

核心营业利润＝营业收入－营业成本－营业税金及附加，2010 年、2013 年到 2016 年贵州茅台母公司核心营业利润率为负值，说明上述 5 年完全依赖投资收益实现盈利，仅 2011 年、2012 年、2017 年三年核心营业项目盈利。从营业收入净利润比指标看，自

① 马雪，程浩，等. 电力设计企业融资实践调研报告[J]. 电力勘测设计，2015(6):12-16.

2013 年起持续下滑，由 2013 年 1.7905 下滑至 2017 年 0.4926，说明贵州茅台公司的净利润结构发生了巨大变化，投资收益占净利润的比重逐年提高。

表 7-8 贵州茅台(母公司)历年产品盈利能力财务指标

项目	2017 年	2016 年	2015 年	2014 年	2013 年	2012 年	2011 年	2010 年
营业收入毛利率	0.3976	0.2276	0.3385	0.3430	0.3356	0.3453	0.3312	0.2893
营业收入营业利润率	0.5519	0.7221	1.0914	1.5083	1.7911	0.6446	0.7849	1.6209
核心营业利润率	0.2278	−0.0250	−0.0116	−0.0536	−0.0183	0.0493	0.0781	−0.0432
营业收入净利润比	0.4926	0.7173	1.0868	1.4955	1.7905	0.6322	0.7644	1.6239

2) 三项费用率分析

如表 7-9 贵州茅台主要成本费用率统计表所示，贵州茅台母公司管理费用率自 2014 年以来呈现明显下降趋势。2014 年是管理费用率最高点为 0.4217，2017 年管理费率下降到 0.1771，成为 8 年间管理费用最低点，说明该公司自 2014 年以来的系列管控举措有效，管理费用得到有效管控。

贵州茅台母公司销售费用率自 2014 年以来呈现明显下降趋势。2017 年销售费用率为 0.0114 接近 2010 年最低水平。贵州茅台销售职能由贵州茅台酒销售有限公司为代表的相关子公司承担，此外，茅台品牌效应突出，茅台及系列酒销售中不需要做过多宣传。

贵州茅台母公司财务费用率持续为负，说明该公司现金流情况极好，货币资金充裕且无贷款压力，利息收入大于支出。由 2010 年到 2017 年的数据可以看出，2014 年公司资金最为充裕，2014 年到 2017 年呈现下降趋势，且 2017 年呈现明显急速下降趋势。整体而言，茅台公司货币资金充裕，利息收入受市场利率影响较大。

表 7-9 贵州茅台(母公司)主要成本费用率统计表

项目	2017 年	2016 年	2015 年	2014 年	2013 年	2012 年	2011 年	2010 年
管理费用率	0.1771	0.2663	0.3708	0.4217	0.3537	0.2918	0.2386	0.3251
销售费用率	0.0114	0.0178	0.0191	0.0229	0.0126	0.0103	0.0170	0.0113
财务费用率	−0.0186	−0.0314	−0.0397	−0.0480	−0.0123	−0.0060	−0.0025	−0.0040

3) 总资产盈利能力分析

总资产盈利能力分析主要分析各项资产在营运过程中实现的盈利水平和能力，包括总资产报酬率、总资产利润率、总资产现金流量回报率等。如表 7-10 所示，由于贵州茅台利润总额较大，财务费用和所得税所占比重较小，因此息税前利润和净利润差额不大，总资产报酬率和总资产净利润率总体呈现同样的变动趋势。从外部因素来看，2010—2012 年受酒驾入罪等的影响，特别是 2012 年中央“八项规定”的出台，政府公款消费高档酒数量减少，2012 年总资产报酬率和总资产净利润率降到低点，2013 年由于宏观环境改善，公司总资产报酬率和总资产净利润率开始呈现回升势态。从内部因素来看，进行总资产周转率分析需要了解资产结构，每一类盈利能力不同，其所占比例大小会给总资产报酬率和总资产净利润率带来一定影响。通过计算贵州茅台主要资产所占比例可知，存货和固定资产占有较大比重，一般而言，存货和固定资产营运能力越强，其盈利能力也相对越强，对存货和固定资产进行营运能力分析如下。

从 2010 年到 2017 年总资产盈利能力指标中可以看出(表 7-10)，8 年间贵州茅台公司总资产报酬率、总资产净利润率、总资产现金流量回报率在不断波动。2010 年公司的总资产报酬率及总资产净利润率为比较期内最好业绩，但现金流量回报率为-0.0710，说明 2010 年为公司盈利能力最强的一年，但是应收账款回收不利、公司经营性现金净流量为负值。2013 年，公司总资产盈利能力指标表现良好，成为分析期内盈利能力最好的年份。由贵州茅台公司的资产负债表可知，公司资产总额由 2010 年的 1 260 556.02 万元增加到 2017 年的 6 507 374.54 万元，8 年间企业的资产总额增加了 5.16 倍，比较 8 年间的总资产盈利能力指标可知，新增资产的盈利能力并不稳定。2014 年到 2016 年公司总资产报酬率、总资产净利润率指标呈现明显下降趋势，2017 年起略有提升，但总体盈利水平较 2013 年明显下降。由历年总资产现金流量回报率指标值可知，贵州茅台公司非常重视现金流管控，对销售政策进行了改革，2015 年到 2017 年经营性净现金流均为正数。但是，从回报率绝对数上来看，公司的总资产现金流回报率明显低于 2013 年最好水平。

表 7-10　贵州茅台(母公司)2010—2017 年总资产盈利能力指标

项目	2017 年	2016 年	2015 年	2014 年	2013 年	2012 年	2011 年	2010 年
总资产报酬率	0.1929	0.1595	0.1890	0.2363	0.3641	0.1789	0.2496	0.3895
总资产净利润率	0.1732	0.1612	0.1889	0.2363	0.3641	0.1755	0.2434	0.3903
总资产现金流量回报率	0.0251	0.0125	0.0388	−0.0623	0.2908	0.1411	−0.0668	−0.0710

从营运能力分析中可以看出(表7-11)，占贵州茅台公司的存货周转率、固定资产周转率都不高。主要原因是酒制品需长期发酵，因此贵州茅台存货平均周转天数需要 4 年左右。由数据可知，2014 年为营运能力最弱的一年，当年存货周转天数为 5.78 年(2110 天)。2014 年到 2017 年，公司的运营管理能力显著提升，到 2017 年存货周转天数为 3.65 年(1334 天)。较 2014 年提高 36.85%，但是较 2011 年的 1196 天(3.28 年)还有差距。从固定资产周转天数来看，2017 年贵州茅台公司的周转天数显著减少，成为 2010 年到 2017 年最好的水平，年度周转天数为 239 天。营运能力分析说明，自 2014 年以后茅台公司不断加强管理，企业运营能力显著提升。2017 年企业营运能力达到近 8 年间最好水平，该公司在 2014 年到 2017 年间公司收入呈现爆发式增长状态。

4) 总体评价及建议

通过对贵州茅台 2010—2017 年的财务数据进行分析和查阅白酒行业资料，贵州茅台母公司营业收入和净利润处于相关行业领先地位，资产盈利能力也处于行业前列，其品牌影响力是公司发展不可忽视的重要因素。

表 7-11　贵州茅台(母公司)2010—2017 年存货和固定资产营运能力分析

项目	2017 年	2016 年	2015 年	2014 年	2013 年	2012 年	2011 年	2010 年
存货周转率(次)	0.2736	0.2168	0.1821	0.1730	0.2044	0.2483	0.3052	0.2469
存货周转天数(天)	1334	1684	2005	2110	1786	1470	1196	1478
固定资产周转率(次)	1.5303	1.0391	0.8514	0.7615	0.8903	1.0357	1.2662	0.9918
固定资产周转天数(天)	239	351	429	479	410	352	288	368

贵州茅台是中国白酒的代表，但纵观 8 年财务报表，母公司还是体现出对子公司的投资收益依赖较高、管理费用支出相对较大等问题。2009 年到 2011 年、2014 年公司经营活动产生的现金净流量为负值，其他年份均为正数，公司自 2014 年起推行了一系列管控措施，着重加强经营性现金流量管控，取得了良好的效果。

随着市场变化，茅台公司在 2014 年以后的盈利能力大幅下滑。2014 年到 2017 年，公司销售收入提升迅猛，到 2017 年营业总收入达到 2 192 228.7 万元，较 2014 年增加 1 504 412.22 万元，增幅为 68.62%。净利润的增长缓慢，2017 年净利润为 1 079 945.55 万元，较 2014 年净利润增加 51 342.24 万元，增幅 4.99%。2014 年到 2017 年公司的资产规模增加 1 844 885.82 万元，新投入资产未能保持良好的盈利能力，受累于传统行业竞争日益激烈，企业的实际盈利能力在不断减弱，应引起投资者重视。

不足及建议：①在收入增长的同时，公司应加强成本管理，增强盈利能力。贵州茅台的成本费用利润率在同行业中虽然较高，但管理费用的支出较大，2011 年至 2013 年一直保持上涨趋势，其支出远远大于销售费用和财务费用。随着公司市场越来越成熟和品牌知名度的进一步提高，公司管理费用应该进行合理的控制，以更好地提高公司的自身竞争能力。②近几年由于制造白酒所需的粮食等原辅材料涨价，客观上增加了企业的成本。虽然从报表附注中可以看出贵州茅台母公司在控制营业成本方面做得还是不错的，主营业务成本的增长速度慢于主营业务收入的增长速度，但面对原材料价格提高的现状，贵州茅台可以加大粮食的生产基地，以免居高不下的粮食价格给公司的成本控制带来困难。粮食生产基地的建立，不仅能提供给公司高质量的原材料，还有效保障贵州茅台产品质量和食品安全，同时还能为公司未来扩大规模解决原料需求紧张的问题。③母公司利润总额和净利润对子公司尤其是贵州茅台酒销售有限公司投资收益依赖过大，一些年度投资收益甚至远远大于母公司营业收入(如 2013 年)。因此母公司在符合自身发展条件的情况下可以适当转变发展方式，以期获得更多收益。①

① 陈成. 贵州茅台酒股份有限公司盈利能力分析报告[J]. 全国流通经济，2014 (10) :54-56.

(五) 资金管理报告

1. 资金管理报告内容

资金管理报告的内容一般包括资金管理目标、主要流动资金项目(如现金)、应收票据、应收账款、存货的管理状况、资金管理存在的问题及解决措施等。企业集团资金管理报告的内容一般还包括资金管理模式(集中管理还是分散管理)、资金集中方式、资金集中程度、内部资金往来等情况的介绍。

2. 资金管理报告案例——苏宁云商资金管理报告

苏宁云商是我国成立较早、品牌认知度高的传统连锁零售企业。近年来，随着互联网的不断发展，苏宁云商积极向互联网零售业探索。2013 年，苏宁云商建立了线上线下、O2O 模式下零售企业平台两大平台。建设新的平台要求苏宁云商能够更加有效地管理营运资金，使资金得到充分利用，以下分析以 2008 年到 2017 年数据为依据。

1) 存货管理绩效分析

存货的数量在逐渐上升，存货的挤压滞销管理问题突出，只是 2013 年上半年比 2012 年略有下降，存货的增加是因为配合赊销增大的目标。2012 年到 2017 年间，公司的存货周转率指标逐年上升(见表 7-12)，说明存货变现速度加快，现金周转能力增强，企业营运能力提升。2017 年，公司存货周转率上升到 9.80，成为比较期十年间最高水平，意味着苏宁云商公司运营能力稳步提升。

表 7-12 苏宁存货周转情况

单位：万元

年份	存货	营业成本	存货周转率	存货周转天数(365)	存货周转天数(360)
2017	1 855 149.00	16 143 179.10	9.80	37.24	36.73
2016	1 439 229.70	12 724 754.10	8.96	40.73	40.17
2015	1 400 479.70	11 598 118.20	7.72	47.27	46.63
2014	1 603 852.20	9 228 457.20	5.38	67.82	66.90
2013	1 825 835.50	8 927 906.10	5.03	72.53	71.53
2012	1 722 248.40	8 088 464.60	5.28	69.15	68.21
2011	1 342 674.10	7 610 465.60	6.65	54.92	54.17
2010	947 444.90	6 204 071.20	7.85	46.48	45.85
2009	632 699.50	4 818 578.90	8.58	42.55	41.97
2008	490 821.10	4 133 475.60	8.74	41.77	41.20

2) 应收账款管理绩效分析

从表 7-13 可以看出，近十年来，公司应收账款的数额逐年增加，赊销导致坏账风险增高。自 2015 年起应收账款的周转天数一直在增加，由 2015 年 1.67 天上升到 2017 年的 3.39 天，说明近三年间公司的应收账款回收变现期限增长。十年间，苏宁云商公司周转率最好指标发生在 2008 年，周转天数为 0.80 天，对应应收账款规模较小为 1.1 亿元；

2012 年为周转率指标最差时点，周转天数为 5.77 天，对应应收账款规模为 12.70 亿元。企业通过赊销的增大使得销售额扩大，这样做可以为企业带来更为良好的销售收入，减少企业存货；但赊销导致应收账款周转天数增加、应收账款周转率下降，企业的经营风险加大，企业应科学进行应收账款账期管理。

表 7-13　苏宁应收账款周转情况

单位：万元

年份	应收账款	营业收入	应收账款周转率	应收账款周转天数(365)	应收账款周转天数(360)
2017	238 918.00	18 792 776.40	107.61	3.39	3.35
2016	110 353.10	14 858 533.10	164.26	2.22	2.19
2015	70 561.70	13 554 763.30	218.41	1.67	1.65
2014	53 557.90	10 892 529.60	180.54	2.02	1.99
2013	67 107.50	10 529 222.90	108.46	3.37	3.32
2012	127 050.20	9 835 716.10	63.21	5.77	5.70
2011	184 177.80	9 388 858.00	63.73	5.73	5.65
2010	110 461.10	7 550 473.90	104.03	3.51	3.46
2009	34 702.40	5 830 014.90	255.06	1.43	1.41
2008	11 012.70	4 989 670.90	457.83	0.80	0.79

3) 应付账款绩效分析

如表 7-14 所示，2009 年到 2017 年间应付账款周转率一直在不断波动。纵观十年间数据，应付账款周转率最高在 2015 年，周转率为 13.27；应付账款周转率最低在 2013 年，周转率为 8.51。应付账款的金额逐年增多是由于销售增加导致原材料采买不断增大。

应付账款账期越长，金额越大，可以带来企业占用其他企业的资金越多。应付账款账期管理实际是利用其他企业资金对自身企业进行运营，不仅降低自身筹资的成本，还给自身营运带来便利，不用付出相应的筹资代价就可以运用其他供应商的资金。

表 7-14　苏宁应付账款周转情况

单位：万元

年份	应付账款	营业成本	应付账款周转率	应付账款周转天数(365)	应付账款周转天数(360)
2017	1 309 518.20	16 143 179.10	12.62	28.93	28.54
2016	1 249 798.90	12 724 754.10	11.81	30.92	30.49
2015	905 885.30	11 598 118.20	13.27	27.52	27.14
2014	842 739.70	9 228 457.20	9.74	37.49	36.98
2013	1 053 149.30	8 927 906.10	8.51	42.91	42.32
2012	1 045 773.30	8 088 464.60	8.52	42.83	42.25

(续表)

年份	应付账款	营业成本	应付账款周转率	应付账款周转天数(365)	应付账款周转天数(360)
2011	852 585.70	7 610 465.60	9.91	36.85	36.34
2010	683 902.40	6 204 071.20	10.48	34.84	34.36
2009	500 311.70	4 818 578.90	11.16	32.71	32.26
2008	363 332.70	4 133 475.60	12.19	29.93	29.52

综上，改进苏宁云商营运资金管理建议如下：①提高存货管理水平。通过生产出更为个性化的产品来刺激消费者需求，加快存货周转速度，减少存货占用营运资金的比例，及时处理已经无法迎合时代潮流的滞销品，采取低价出售或折让手段，从而把亏损的数额降到最低。②加强应收账款管理，进行风险规避。充分发挥赊销作用、降低应收账款风险和成本，寻找赊销收益和风险的最佳组合对加强应收账款管理至关重要。企业要根据成本与效益原则，制定合理的信用政策，对购买方的信用进行评级从而了解他们的偿债能力，确定合理的付款期限，放弃一味追求销售而扩大应收账款的错误观念。对于长账龄的应收账款做好监控，根据账龄情况采取不同的应收账款策略，如果企业流动资金发生困难，财务报表账面存在过多应收账款，应收账款占用流动资金过多，并且企业收回应收账款的成本过大，可以对应收账款进行保付代理，从而有效地缓解企业流动资金紧张的局面。③加强应付账款管理。与生产商进行必要的沟通，利用其销售网络优势增强与家电制造厂商的议价能力，延长付款期限，降低采购价格，通过把占用于存货和应收账款的资金成本转嫁给供应商，从而降低自身的资金成本。①

(六) 业绩评价报告

1. 业绩评价报告的内容

业绩评价报告是各单位依照预先确定的标准和一定的评价程序，运用科学的评价方法，按照评价的内容和标准，对评价对象的工作能力、工作业绩进行定期和不定期的考核和评价。

业绩评价报告的内容一般包括绩效目标、关键绩效指标、实际执行结果、差异分析、考评结果，以及相关建议等。

2. 业绩评价报告案例——A 公司 2015 年业绩评价报告

甲集团是一个国有性质的旅游集团公司，经营范围包括酒店、旅行社、景区、演艺等相关业务。为加大业绩考核力度，更好地发挥考核指挥棒作用，甲集团对下属各企业制定了相关考核办法，应用平衡记分卡由四个维度对下属企业的运营进行考核。考核目标值取值由批准后的全面预算报告中取得，完成值依据经审计后的审计报告取数并计算相应得分。

考核的评价对象为集团下属二级全资及控股企业，二级以下企业的考核由其上级公

① 刘亚蒙，刘柯倩. 营运资金管理案例分析——以苏宁云商为例[J]. 商，2014(50):4-4.

司负责。业绩考核工作的评价时间一般在年度审计工作结束后10个工作日内完成，为增进考核工作的科学合理性，集团公司委托会计师事务所在进行年报审计后，对考核指标完成情况进行审计并计分。甲集团结合下属子公司所在行业特点，设计考核指标，施行行业统一的考核指标，结合各单位的发展状况设计个性化考核指标，并赋予权重计算考核分值。甲集团企业每年都与所有二级公司签订业绩责任书，明确各企业的年度经营目标及具体的考核办法、考核责任。

为落实刚性考核原则，集团公司规定，除不可抗力因素或集体公司要求的经营调整情况以外，各单位已签订的考核指标不允许做任何调整。对于不可抗力因素或集体要求的经营调整事项对被考核单位造成业绩影响的，经集团公司批准后，可以作为调整事项进行调整，不计入考核得分。集团公司按照业绩考核得分对二级单位进行经营业绩排序，奖励优秀企业、惩戒落后企业，通过业绩评价真正做到客观、公正、有奖有罚。

A公司为甲集团下属酒店板块企业，2015年按集团公司要求签订了业绩考核责任书，当年年末年报审计完成后，会计师事务所受集团公司委托对A企业的业绩完成情况及相应的调整事项及依据进行了审计，A公司在考核中最终得分75.51分。具体得分情况如表7-15所示，以下是A公司2015年年度经营业绩考核咨询报告。

表7-15　A公司2015年业绩考核指标完成情况报告

经营目标		指标名称	计量单位	指标值	调整后值	指标权重	执行数	差异额	完成率	实际得分
财务指标	财务报表指标	收入总额	万元	1 000.00	1 000.00	10%	1 100.00	100.00	110%	10
		经营性现金净流入	万元	1 100.00	1 100.00	10%	900.00	-200.00	81.82%	8.18
	管理会计指标	EBIT(不含非经常性损益)	万元	180.00	180.00	10%	180.00	0.00	100%	10
		EVA	万元	1 000.00	1 000.00	10%	1 000.00	0.00	90%	10
		总资产回报率(绝对值)	%	5.5%	5.5%	5%	5.6%	0.6%	101.82%	5
		总资产回报率(相对值)	%	5%	5%	5%	5.2%	0.2%	104%	5
	预算指标	费用类指标预算控制率	%	≤100%	≤100%	10%	95%	—	100%	10
业务指标	景区经营指标	游客接待量	万人	8	8	3%	7.5	-0.5	93.75%	2.81
		消费额/人次	元/人	100.00	100.00	3%	95.00	-5.00	95%	2.85
	客房经营指标	客房入住率	%	50%	50%	5%	40%	-10%	80%	4
	餐饮经营收入	餐饮上座率	%	50%	50%	2%	35%	-15%	70%	1.4
		餐饮销售增长率	%	45%	45%	2%	40%	-5%	88.89%	1.78
		餐饮毛利率	%	67%	67%	2%	50%	-17%	74.62%	1.49
	其他经营目标	应收账款周转率	%	150%	150%	3%	200%	50%	133.33%	3
合计						80%				75.51

甲集团：

我们接受贵司的委托，根据甲集团印发《2015 年年度业绩考核责任书》等文件的要求，依据 A 公司提供的相关基础资料，本着“独立、客观、公正和科学”的原则，对 A 公司 2015 年年度考核指标中财务指标和业务指标的完成情况进行了综合分析，形成了本考核咨询报告。

根据《2015 年年度业绩考核责任书》和 A 公司提供的其他资料，结合本次考核的实际情况，确定本次考核工作的范围。考核工作的内容为《经营目标责任书》所约定的财务指标、业务指标的完成情况。考核工作基准期间：2015 年度。考核工作实施的起止日期：2016 年 3 月 1 日至 2016 年 3 月 30 日。

考核实施的具体过程：①根据甲集团公司对出资企业经营业绩考核的相关要求，制订业绩考核工作计划；②到纳入本次考核范围的企业调查收集基础数据和基础资料；③根据所收集到的基础数据和资料，分析计算被考核企业的两项定量指标，即财务指标和业务指标；④在上述计算分析的基础上，形成综合考核结论，并出具经营业绩考核报告。提供与企业经营业绩考核相关的全部审计报告、业务资料及其他有关基础资料。A 公司的责任是保证其真实性和完整性。

A 公司在 2015 年业绩考核责任书中的考核指标主要有财务指标、业务指标、工作目标、调整项指标，但本次受托仅对财务指标和业务指标进行考核评分。经考核，两项指标总得分为 75.51 分，具体如表 7-15 所示。

1) 财务指标得分计算过程

(1) 财务指标基础数据来源情况的说明。A 公司财务指标计算的基础数据均取自 2015 年度的审计报告。

(2) 调整因素的说明。无调整事项。

(3) A 公司各项定量指标得分情况的说明。依据甲集团公司下发的《2015 年年度业绩考核责任书》中关于考核指标计分办法的规定，各项定量指标的得分情况计算如下。

① A 公司的收入总额得分情况说明。

A 公司的收入总额完成值为 1 100.00 万元，指标完成率＝1 100÷1 000×100%＝110%，根据甲集团公司下发的考核指标计分办法规定计算其收入总额指标得分＝基本分 10×100%＝10 分。

② A 公司经营性现金净流入的得分情况说明。

A 公司的经营性现金净流量完成值为 900.00 万元，指标完成率＝900÷1 100×100%＝81.82%，根据甲集团公司下发的考核指标计分办法规定计算其经营性现金净流入指标得分＝基本分 10×81.82%＝8.18 分。

③ A 公司 EBIT(不含非经常性损益)的得分情况说明。

A 公司的 EBIT(不含非经常性损益)完成值为 180.00 万元，指标完成率=180÷180×100%＝100%，根据甲集团公司下发的考核指标计分办法规定，超额完成指标按满分计算，其 EBIT(不含非经常性损益)指标得分＝基本分 10×100%＝10 分。

④ EVA 指标得分情况说明。

A 公司的 EVA 完成值为 1 000.00 万元，指标完成率＝1 000÷1 000×100%＝100%。根据甲公司下发的考核指标计分办法规定，超额完成指标按满分计算，其 EVA 指标得分＝基本分 10×100%＝10 分。

⑤ 总资产回报率(绝对值)指标得分情况说明。

A 公司的总资产回报率(绝对值)完成值为 5.6%，指标完成率＝5.6%÷5.5%×100%＝101.82%，根据甲集团公司下发的考核指标计分办法规定，超额完成指标按满分计算，其总资产回报率(绝对值)指标得分＝基本分 5×100%＝5 分。

⑥ 总资产回报率(相对值)指标得分情况说明。

A 公司的总资产回报率(相对值)完成值为 5.2%，指标完成率＝5.2%÷5%×100%＝104%，根据甲集团公司下发的考核指标计分办法规定，超额完成指标按满分计算，其总资产回报率(相对值)指标得分＝基本分 5×100%＝5 分。

⑦ 费用类指标预算控制率指标得分情况说明。

A 公司的费用类指标预算控制率完成值为 95%≤100%，指标完成率＝100%，根据甲集团公司下发的考核指标计分办法规定，计算其费用类指标预算控制率指标得分＝基本分 10×100%＝10 分。

(4) 业务指标数据来源情况说明。A 公司业务指标计算的基础数据均来自于企业提供的审计报告和其他相关资料。

① A 公司游客接待量的得分情况说明。

A 公司游客接待量完成值为 7.5 万人，指标完成率＝7.5÷8×100%＝93.75%，根据甲集团公司下发的考核指标计分办法规定，计算其游客接待量指标得分＝基本分 3× 93.75%＝2.81 分。

② A 公司消费额/人次的得分情况说明。

A 公司消费额/人次完成值为 95.00 元/人，指标完成率＝95÷100×100%＝95%，根据甲集团公司下发的考核指标计分办法规定，超额完成指标按满分计算，其消费额/人次指标得分＝基本分 3×95%＝2.85 分。

③ A 公司客房入住率的得分情况说明。

A 公司客房入住率完成值为 40%，指标完成率＝40%÷50%×100%＝80%，根据甲集团公司下发的考核指标计分办法规定，超额完成指标按满分计算，其客房入住率指标得分＝基本分 5×80%＝4 分。

④ A 公司餐饮上座率的得分情况说明。

A 公司餐饮上座率完成值为 35%，指标完成率＝35%÷50%×100%＝70%，根据甲集团公司下发的考核指标计分办法规定，计算其餐饮上座率指标得分＝基本分 2×70%＝1.4 分。

⑤ A 公司餐饮销售增长率的得分情况说明。

A 公司餐饮销售增长率完成值为 40%，指标完成率＝40%÷45%×100%＝88.89%，根据甲集团公司下发的考核指标计分办法规定，计算其餐饮销售增长率指标得分＝基本分 2×88.89%＝1.78 分。

⑥ A公司餐饮毛利率的得分情况说明。

A公司餐饮毛利率完成值为50%，指标完成率＝50%÷67%×100%＝74.62%，根据甲集团公司下发的考核指标计分办法规定，计算其餐饮毛利率指标得分＝基本分2×74.62%＝1.49分。

⑦ A公司应收账款周转率的得分情况说明。

A公司应收账款周转率完成值为200%，指标完成率＝200%÷150%×100%＝133.33%，根据甲集团公司下发的考核指标计分办法规定，计算其应收账款周转率指标得分＝基本分3×100%＝3分。

2) 两项考核指标综合得分

根据甲集团公司考核计分办法的规定，A公司的财务指标和业务指标综合得分为75.51分。

ABC会计师事务所(特殊普通合伙)湖北分所
2016年4月30日

(七) 项目可行性报告

1. 项目可行性报告内容

项目可行性报告是一种格式比较固定的、用于向相关审核部门进行项目立项申报的商务文书。其主要用来阐述项目在各个层面上的可行性与必要性，对于项目审核通过、获取资金支持、理清项目方向、规划抗风险策略都有着相当重要的作用。

项目可行性报告一般包括项目概况、市场预测、产品方案与生产规模、厂址选择、工艺与组织方案设计、财务评价、项目风险分析，以及项目可行性研究结论与建议等。可行性研究工作对于整个项目建设意义重大，为了保证可行性研究工作的科学性、客观性和公正性，有效地防止错误和遗漏，在可行性研究中必须站在客观公正的立场进行调查研究，做好基础资料的收集工作。对于收集的基础资料，要按照客观实际情况进行论证评价，如实地反映客观经济规律，从客观数据出发，通过科学分析，得出项目是否可行的结论。

2. 项目可行性报告案例——某洗车场运营项目可行性研究报告

随着汽车数量的激增，市场急需水平高、服务好、具有先进设备与技术水平的新型服务商适应汽车洗车美容市场的发展。国内汽车养护美容业快速发展，前景十分乐观，以洗车场运营为例进行项目可行性报告分析。

1) 经营策略

以中高端汽车清洗汽车美容连锁品牌为经营理念，满足的三大条件：产品优良、技术至上、服务到位。洗车场定位于中高端客户，价格与会员卡分类相关，具体收费价格与消费档次相关，精洗的程度可以根据消费者接受程度来规划。洗车场主要服务项目包括轿车清洗、室内装饰、轿车漆面美容、汽车维修保养等。洗车场筹建工作包括场地建设、设备购置、人员招聘培训等，筹建预计需要3到6个月。

2) 经营分析

(1) 收入。按洗车业务以日均洗车量 110 台为标准测算(含普通洗车 100 台、精洗或者其他服务 10 台)，洗车定价 15.00 元/台、其他维修与精洗定价 300.00 元/台，毛利润为 80%。

预计月度收入＝45 000.00(15.00 元/台×100 台/天×30 天)＋90 000.00(300.00 元/台×10台/天×30 天)＝135 000.00 元。

(2) 成本。项目预计配置工作人员 12 人，预计员工月度底薪工资为 18 500.00 元；提成收入为普通清洗洗车费的 40%，预计月度提成为 18 000.00 元(15.00 元/台×100 台/天×30 天×40%＝18 000.00 元)。洗车物业为投资者自有，项目投资不考虑房租支出；根据行业经验预计洗车场的运行日均水电费为 83.00 元；精洗类业务成本除水电费外，耗用材料成本为该类业务收入的 20%；预计场地建设投入约 220 600.00 元，洗车用固定资产投入 318 000.00 元，开业后各类广告宣传投资 13 600.00 元，为保障项目运作需投入 8 000.00 元备用金。

每月投资费用＝18 500.00(月度工资)＋18 000.00(月度提成)＋2 490.00(水电费 83.00 元/天×30天)＋18 000.00(精洗业务成本 300.00 元/台×10 台/天×30 天×20%)＝56 990.00 元。

(3) 现金流量。本项目有两个月的建设期包含基础设施建设及设备购置、安装，预计开业后 6 个月进入稳定经营期。预计洗车项目 24 个月现金流量表如表 7-16 所示。

由现金流量预测表可见，预计第 12 月累计净现金流量为正，不考虑折现的前提下预计项目在一年内收回全部投资。洗车场总投资 552 200.00 元，预计正式运营后，每月预计支出 56 990.00 元，预计收入 135 000.00 元，毛利率为 57.8%。12 个月可收回投资具有较高可行性。[①]

(八) 成本管理报告

1. 成本管理报告内容

成本管理报告一般包括成本预算、实际成本及其差异分析，成本差异形成的原因及改进措施等。

2. 成本管理报告案例——陕西玻璃纤维厂 2015 年第一车间成本管理报告

陕西玻璃纤维厂(以下简称“陕玻”公司)创立于 1964 年，是国内最大的特种玻璃纤维生产企业，产品主要是高硅氧玻璃纤维、玻璃钢复合材料和耐碱产品等。一车间是陕玻公司主要产品之一的湿法毡生产车间，其主要品种为玻纤毡、隔板毡。

1) 目标成本与实际成本

2015 年陕玻一车间实际产量低于目标产量，因而生产所耗实际直接材料总费用低于目标材料总费用，但是实际平均单位耗纱量却高于目标单位耗纱量；直接人工费用总费用低于目标人工费用，但单位直接人工费用高于目标单位人工费用；制造费用实际消耗高于目标消耗，实际单位消耗高于目标单位消耗。一车间 2015 年实际成本大于目标成本，需通过成本分析对成本进行控制，以降低 2016 年成本增加利润。

① 马艺光. 洗车美容店投资经营分析报告[J]. 科技资讯，2017(24).

表 7-16 项目资金测算表

时间		1	2	3	4	5	6	7	8	9	10	11	12
市场容量		0	0	20%	30%	50%	50%	50%	100%	100%	100%	100%	100%
现金流出	基础建设	220 600											
	购买工具		318 000										
	宣传广告	6800	6800										
	开业期间总成本			11 398	17 097	28 495	28 495	45 592	56 990	56 990	56 990	56 990	56 990
	现金流出总量	227 400	324 800	11 398	17 097	28 495	28 495	45 592	56 990	56 990	56 990	56 990	56 990
现金流入	普通电动洗车收入			9000	13 500	22 500	22 500	36 000	45 000	45 000	45 000	45 000	45 000
	清洗与维修收入			18 000	27 000	45 000	45 000	72 000	90 000	90 000	90 000	90 000	90 000
	现金收入总量	0	0	27 000	40 500	67 500	67 500	108 000	135 000	135 000	135 000	135 000	135 000
净现金流量		−227 400	−324 800	15 602	23 403	39 005	39 005	62 408	78 010	78 010	78 010	78 010	78 010
累积净现金流量		−227 400	−552200	−536 598	−513 195	−474 190	−435 185	−372 777	−294 767	−21 6757	−138 747	−60 737	17 273
时间		13	14	15	16	17	18	19	20	21	22	23	24
市场容量		100%	100%	100%	100%	100%	100%	100%	100%	100%	100%	100%	100%
现金流出	基础建设												
	购买工具												
	宣传广告												
	开业期间总成本	56 990	56 990	56 990	56 990	56 990	56 990	56 990	56 990	56 990	56 990	56 990	56 990
	现金流出总量	56 990	56 990	56 990	56 990	56 990	56 990	56 990	56 990	56 990	56 990	56 990	56 990
现金流入	普通电动洗车收入	45 000	45 000	45 000	45 000	45 000	45 000	45 000	45 000	45 000	45 000	45 000	45 000
	清洗与维修收入	90 000	90 000	90 000	90 000	90 000	90 000	90 000	90 000	90 000	90 000	90 000	90 000
	现金收入总量	135 000	135 000	135 000	135 000	135 000	135 000	135 000	135 000	135 000	135 000	135 000	135 000
净现金流量		78 010	78 010	78 010	78 010	78 010	78 010	78 010	78 010	78 010	78 010	78 010	78 010
累积净现金流量		95 283	173 293	251 303	329 313	407 323	485 333	563 343	641 353	719 363	797 373	875 383	953 393

2015年陕玻公司一车间目标产量3300万平方米，实际产量2800万平方米，实际比目标产量减少了500万平方米。目标总成本6 026.00万元，实际总成本5 546.00万元，实际比目标成本减少了480.00万元(如表7-17所示的产量、总成本差异对比表)。2015年实际人工成本共计592.00万元，平均0.21元/平方米，目标成本共计617.00万元，平均0.19元/平方米，同比增加0.02元/平方米，成本增加56.00万元。2015年实际发生制造费用共计1 250.00万元，平均0.45元/平方米，目标成本为1 155.00万元，平均0.35元/平方米，同比增加0.10元/平方米，成本增加280.00万元。2015年实际发生其他费用共计30.00万元，平均0.011元/平方米，目标成本为27.00万元，平均0.008元/平方米，同比增加0.003元/平方米，成本增加8.40万元(如表7-18所示的职工薪酬、制造费用、其他费用对比表)。

表7-17　产量、总成本差异对比表

品种	产量(万平方米)		总成本(万元)		增减	
类别	目标	实际	目标	实际	总产量(万平方米)	总成本(万元)
玻纤毡	1900	1430	3 570.00	3 094.00	−370	−478.00
隔板毡	1500	1370	2 456.00	2 452.00	−130	−4.00
合计	3400	2800	6 026.00	5 546.00	−500	−480.00

表7-18　职工薪酬、制造费用、其他费用对比表

品种	总成本		单位成本		增减		增加成本
类别	目标	实际	目标	实际	总成本	单位成本	
单位	万元	万元	元/平方米	元/平方米	元/平方米	元/平方米	万元
人工费用	617.00	592.00	0.19	0.21	−25.00	0.02	56.00
制造费用	1 155.00	1 250.00	0.35	0.45	95.00	0.10	280.00
其他费用	27.00	30.00	0.008	0.011	3.00	0.003	8.40

2) 成本差异分析

导致一车间湿法毡生产量下降的主要因素有三个：一是设备缺乏维修保养，使机器未达到生产的最佳状态，所以导致出毡量的降低。二是生产工艺即固化炉的温度，未达到适合生产的最佳状态，导致生产效率的降低。三是市场需求导致的问题。2015年玻纤市场趋于饱和，导致玻纤市场出现通货膨胀的现象，市场对于湿法毡的需求量降低。

直接材料成本的增加的原因主要有两个方面：一是机器设备缺乏保养与维护，在生产过程中导致了直接材料的浪费。二是主要原材料价格上涨。车间生产量的下降导致实际单位人工成本提升，进而高于标准人工成本。实际人工总成本低于目标人工总成本的原因是由于工资中包含计件工资，与车间生产量相关；生产量减少，导致计件工资的降低，进而直接人工总成本低于标准人工总成本。制造费用增加的原因主要有三个方面：一是制造费用包含生产过程中所消耗的有机物料消耗费用产生浪费，使得制造费用增加。二是水电价格及天然气价格的增加。公司生产所使用的是非民用天然气，故而成本较高。三是化工材料费用和包装物费用的增加，生产工艺未达到生产时的最佳状态导致化工材料的浪费进而成本增加。

3) 成本改进措施

从生产成本分析可以看出实际成本高于目标成本的主要原因，公司应进行针对性整改。具体措施如下：一是生产机器的老旧问题，公司应进行整体检修、维护保养，将机器造成的各项浪费因素彻底排除。二是生产工人技术不熟练的问题，公司应当对工人的生产分配进行调整，使新工人尽快适应工作，返聘已退休的管理人员作为顾问或讲师，对现有管理人员进行培训。对于水电气及化工燃料费用上涨的问题，通过技术研发提高机器效率，完善产品生产工艺，减少水电气及材料的浪费。三是建立全车间的成本控制意识，将节约成本或目标成本贯彻到车间各个部门、每一名员工，并根据目标成本建立相关的奖惩制度。①

第四节 业务层管理会计报告

一、业务层管理会计报告的概念和内容

业务层管理会计报告是为企业开展日常业务或作业活动提供相关信息的对内报告。其报告对象是企业的业务部门、职能部门及车间、班组等。业务层管理会计报告应根据企业内部各部门、车间或班组的核心职能或经营目标进行设计，主要包括采购业务报告、生产业务报告、配送业务报告、销售业务报告、售后服务业务报告、人力资源报告、研究开发报告等。研究开发报告的内容一般包括研发背景、主要研发内容、技术方案、研发进度、项目预算等。

二、业务层管理会计报告的编报要求

业务层即企业的基层管理者，一般具体负责企业的各个业务部门和职能部门，按照上级的规划决策方案，逐步展开执行，而执行结果的好坏直接影响企业整体战略目标的实现与否。业务层管理会计报告是为企业日常业务活动提供相关信息。从企业业务流程看，业务层管理会计报告实际是围绕购产销业务展开，主要提供采购、生产、销售预算情况、预算执行结果及差异分析等信息，重点反映生产成本和销售利润情况，并针对具体问题给出相关建议。业务层管理会计报告的编报要求应做到内容具体，数据充分。

三、业务层管理会计报告的案例

(一) 采购业务报告

1. 采购业务报告内容

采购业务报告的内容一般包括采购业务预算、采购业务执行结果、差异分析及改善

① 杨婉亭，杨汝君. 陕西玻璃纤维厂第一车间成本控制分析[J]. 现代营销，2017(4).

建议等。采购业务报告要重点反映采购质量、数量及时间、价格等方面的内容。采购业务分为两类，一类是供应型采购，就是以保证供应为主；另一类是成本型采购，即可以议价的物料，这类产品有降成本的空间。采购部门的职责是准时、高效地提供各种生产、经营所需物资，不断优化采购成本，全力保障年初采购预算的实现。

一般而言，直接材料价格差异责任归属于采购部门，但有时也不尽然，需要进行具体的调查分析才能分清责任。决定价格的因素很多，如采购批量、供应商议价能力、交货方式、运输方式、材料质量、市场供求关系、是否为紧急订单等。如果采购部门按既定的价格标准进行控制，一般不会出现价格差异。实际业务中，由于采购部无法控制原因导致的价格差异则不由采购部门负责。例如，由于市场供需关系变化造成价格猛涨、由于临时紧急订单投产临时备料导致的材料价格差异、由于运输方式改变而产生的价格差异等情况属于此类范围。由于采购部门工作疏忽导致的紧急订货产生的增量成本及舍近求远所增加的运输成本和损耗应由采购部门负责。实际业务中，生产一种产品往往需要多种原材料，由于企业的成本核算方式、生产工艺、投料方式、存货计价方式不同而使得原材料成本的核算差异较大。但是，每种材料成本差异的计算方式相同，只需在编制业绩报告时将各种材料的成本差异汇总即可。

2. 采购业务报告案例——A 企业 2017 年采购报告

A 企业生产甲产品，耗用 B 原材料，预计全年生产能力标准总工时为 1000 小时，计划生产 500 件甲产品，与生产相关的标准成本卡如表 7-19 所示。A 企业当年实际生产甲产品 575 件，实际发生的成本数据如表 7-20 所示，经计算原材料的价格差异和数量差异如表 7-21 所示。

表 7-19　甲产品标准成本卡

项目	价格标准	单位数量标准	标准单位成本(元)
直接材料	2.00 元/千克	4 千克	8.00
直接人工	5.00 元/小时	2 小时	10.00
变动制造费用	3.00 元/小时	2 小时	6.00
合计	—	—	24.00

表 7-20　甲产品实际成本卡

成本项目	实际价格	实际总数量	实际总成本(元)
直接材料			
购入	2.20 元/千克	2100 千克	4 620.00
耗用		2000 千克	
直接人工	5.50 元/小时	1200 小时	6 600.00
变动制造费用	2.50 元/小时	1200 小时	3 000.00

表 7-21　采购部门业绩报告

材料名称	实际采购数量	实际价格	标准价格	价格差	材料价格差
B 材料	2100 千克	2.20 元/千克	2.00 元/千克	0.20 元/千克(U)	420.00(U)

注：U 为价格差单位。

A 企业 2017 年采购业务报告如下。

采购部门 2017 年及时、高效地完成了当年预订采购任务，全年未发生由于采购部门原因造成的紧急订购情况。严格履行供应商管理制度，对各类供应商进行管控、评估，全年未发生重大供应商供货事故。

总体采购任务完成情况如下：采购部门在 2017 年共采购 B 材料 2100 千克，采购价格为 2.20 元/千克，全年共发生采购成本 4 620.00 元。B 材料的预算采购价格为 2.00 元/千克，2100 千克 B 材料对应的预算采购成本为 4 200.00 元。实际采购成本高于预算采购成本 420.00 元，产生的不利差异 420.00 元，不利价差占预算采购成本的 10%。材料成本价格差异产生的主要原因是 B 材料的实际购买单价高于预算单价，两者的价格差为 0.20 元/千克。

采购部门对采购价差负责，经分析本年度 B 材料采买价格差异的主要原因是 B 材料生产厂家进行工艺升级，对 B 材料生产过程进行改革。改革后的 B 材料耐用度大幅度提升，甲产品使用寿命得以延长一倍，由于工艺改革 B 材料生产厂商投入大量生产设备，影响 B 材料生产成本，自 2018 年起 B 材料售价提升 10%，由 2.00 元/千克上涨到 2.20 元/千克。B 材料在年初调价时，采购部门与 B 材料供应商开展了多轮商务谈判，鉴于 B 材料在市面的特殊性，替代性原材料虽然略有价格优势但在产品质量上无法保证。经反复权衡利弊，采购部请示分管领导后决定按新价格继续采购 B 材料。B 材料供应商明确，若公司在 2019 年全年采购量达到 3000 千克，并与 B 材料供应商签订大批量订单，采购价格可下降至 2.10 元/千克。B 材料涨价事宜事前已报批，故 B 材料价格差异责任非采购部门原因。以上报告提请公司审议。

(二) 生产业务报告

1. 生产业务报告内容

生产业务报告的内容一般包括生产业务预算、生产业务执行结果、差异分析及改善建议等。生产业务报告要重点反映生产成本、生产数量及产品质量、生产时间等方面的内容。

生产业务报告主要用于反映生产中实际耗用的材料数量与标准计算的应耗用数量不同而产生的差异。影响生产业务差异因素有两个：一是直接材料的数量差异，二是直接人工效率差异。一般来说，直接材料的数量差异大多数情况是由于操作不当或原材料质量原因导致产生废品及废料。由于生产工人粗心大意而造成的材料浪费责任应由生产部门负责；由于原材料质量低劣导致的废品、废料增加应由采购部门负责；由于工艺变更等原因导致废料、废品产生，则由设备工艺部门承担责任。直接人工的效率差异则是受工人的熟练程度和工作责任心、加工设备的完好程度和使用状态、材料质量水平、工作任务的饱满程度，以及生产计划安排合理性等因素的影响。直接人工效率差异应当由生产部门负责，但是由于采购部门购入质量低下的原材料导致效率问题或由于工艺变革导致加工时间变化，则应进行具体分析后由相关责任部门承担责任。

实际业务中，生产一种产品往往需要多种原材料，由于企业的成本核算方式、生产工艺、投料方式、存货计价方式不同而使得原材料成本的核算差异较大。但是，每种材料成本差异，以及直接人工效率差异的计算方式相同，只需在编制业绩报告时将各类成本差异分别汇总即可。

2. 生产业务报告案例——A 企业 2017 年生产业务报告

A 企业生产甲产品，耗用 B 原材料。预计全年标准生产总工时为 1150 小时，实际工时为 1200 小时；计划生产 500 件甲产品、耗用 2000 千克 B 材料，当月实际生产甲产品 575 件、耗用 B 材料 2000 千克。A 企业的直接材料数量差异如表 7-22 所示；由直接人工效率产生的差异如表 7-23 所示。

表 7-22　生产部门直接材料数量差异表

材料名称	标准价格	实际耗用数量	标准耗用数量	数量差	数量差异(元)
B 材料	2.00 元/千克	2000 千克	2300 千克	-300 千克(F)	−600.00(F)

注：F 为有利差异。

表 7-23　生产部门直接人工效率差异表

工资等级	标准工资率	实际工时	标准工时	工时差异	人工效率差异
一级	5.00 元/小时	1200 小时	1150 小时	50 小时(U)	250(U)

注：U 为不利差异。

A 企业 2017 年生产业务报告如下。

生产部门 2017 年超额完成了年度生产任务，全年无安全生产事故。加强生产管理，视产品质量为己任，将残次品率与生产一线人员薪酬挂钩，明确责任，有效提升了产品合格率。加强学习培训，全年累计进行生产线员工培训 1000 小时，对生产工艺、企业文化、生产技能进行全面宣贯，为生产工作的开展提供了有效保障。

生产部门 2017 年完成甲产品生产任务 575 件，年度计划生产量 500 件，完成年度生产计划的 115%。甲产品全年实际生产成本为 10 000.00 元，预算标准生产成本为 10 350.00 元，全年生产实现节约差异 350.00 元。经分析该差异受两个因素影响：一是原材料耗用数量产生节约差异影响 600.00 元，二是直接人工效率产生超支差异影响 250 元，最终实现成本节约差异 350.00 元。具体分析如下。

1) 原材料耗用数量差异

生产甲产品实际耗用 B 材料 2000 千克，预算标准耗用材料 2300 千克，节省耗用材料 300 千克。实际材料耗用成本 4 000.00 元，标准材料耗用成本 4 600.00 元，节省原材料成本 600.00 元。生产部门年度内产生的原材料耗用量差异为有利差异，全年共节省 B 原材料 300 千克，节约成本 600.00 元。材料节省的主要原因是 B 原材料供应商对其生产工艺进行改造，改造升级后的原材料质量明显提升、单位产品材料耗用率下降，甲产品耐用度较升级前有显著提高。

2) 直接人工效率差异

生产部门 2017 年生产甲产品实际耗用直接人工 1200 小时，标准直接人工工时为 1150

小时。实际直接人工成本 6 000.00 元、标准直接人工成本 5 750.00 元，直接人工成本超出预算 250.00 元。生产部门年度内产生的直接人工成本差异为不利差异，全年生产产品多耗用直接人工 50 小时，增加成本 250.00 元。人工成本超支的主要原因是 B 原材料供应商对其生产工艺进行改造，改造升级后的原材料质量明显提升，相应甲产品的生产工艺也进行了调整，升级后 B 材料生产工艺增加一个工序，该工序的增加导致直接人工工时耗用增加。标准直接人工工时为 B 原材料升级前设定，材料更新后直接人工工时标准未进行调整，直接人工效率差异主要由工序变更所致，建议结合实际业务更新标准直接人工效率值。

综上，生产部门圆满完成 2017 年生产任务，由于原材料升级原因最终生产成本节省 350.00 元，占当期成本总额的 3.5%。生产成本差异原因客观合理。以上报告提请公司审议。

(三) 配送业务报告

1. 配送业务报告内容

配送业务报告的内容一般包括配送业务预算、配送业务执行结果、差异分析及改善建议等。配送业务报告要重点反映配送的及时性、准确性及配送损耗等方面的内容。通过配送差异分析查找业务中的问题点，明确各自差异产生的原因，总结提炼问题点并制定相应的改进措施，以提高配送业务的客户满意度和提高市场占有率。

配送业务差异包括两类：一是配送业务数量差异，二是配送业务价格差异。产生差异的原因多样，例如，由于配送及时性、准确性不够导致配送业务差异及价格差异由配送部门承担责任；由于产品质量不合格导致业务差异由生产部门或相关部门负责；由于配送信息错误导致业务差异应由销售部门承担责任。除明确各类差异的责任部门外，还应提炼总结各类问题的具体解决对策。

2. 配送业务案例——A 企业 2017 年配送业务报告

A 公司甲产品的配送业务存在的差异如表 7-24、表 7-25 所示。

表 7-24　配送部门价格差异业务报告

产品名称	实际单位配送价格	预算单位配送价格	实际销售数量	单位售价价差	配送价格差异
甲产品	0.80 元/件	1.00 元/件	500 件	0.20 元/件(U)	100.00(U)

注：U 为不利差异。

表 7-25　配送部门数量差异业务报告

产品名称	实际配送数量	预算配送数量	预算单位售价	配送数量量差	配送数量差异
甲产品	500 件	520 件	0.80 元/件	20 件(U)	16(U)

注：U 为不利差异。

A 企业 2017 年配送业务报告如下。

配送部门 2017 年共实现配送收入 400.00 元，预算年度配送收入 520.00 元，实际完成预算销售收入目标的76.92%，配送部门未完成预算目标。主要原因分析如下。

1) 配送业务价格差异

甲产品的预算配送价格1.00元/件，实际配送价格0.80元/件，实际售价是预算售价的80%。由于配送单价低于预算单价，产生配送业务价格不利差异100.00元。

2) 配送业务数量差异

甲产品实际销售500件，预计销售产品520件，由于销售数量低于预算销售数量导致配送业务产生不利差异16.00元。

综上，配送业务共产生不利差异116.00元。配送业务产生价格不利因素的主要原因是由于竞争对手配备大量配送机器人完成配送分拣工作，使得配送成本大幅降低、配送工作效率及准确率大幅提升，导致业务竞争加剧，为保证配送业务份额，经过研究决定，以降价方式稳住配送业务市场占有率。配送服务单价由预算价格 1.00元/件下降到 0.80元/件，导致配送价格不利差异 100.00 元。由于竞争对手新产品上市，导致产品销售数量下降进而影响配送业务收入同比下降，产生配送数量不利差异16.00元。

结合市场反馈，配送部门建议公司务必加大研发投入，打造出符合消费者要求的新产品，以稳定市场占有率。此外，公司应加大信息化平台的建设，加快配送平台的建设，通过人工智能方式开展配送业务以有效提升工作效率降低配送成本，为客户提供更好的配送服务。以上工作报告，提请公司审议。

(四) 销售业务报告

销售业务报告的内容一般包括销售业务预算、销售业务执行结果、差异分析及改善建议等。销售业务报告要重点反映销售的数量结构和质量结构等方面的内容。

影响销售业务差异的因素有两项：一是销售价格差异，产生原因是实际销售价格与预算销售价格的差异；二是销售数量差异，产生原因是实际销售量与预算销售量不一致而导致。销售单一产品的情况下，销售量差异不涉及企业经营过程中资源投入上的偏差，管理者只需关注当期销量偏差所产生的经营收益差异即可。如果企业销售两种或两种以上的产品，则需要将销售量差异进一步分解为销售组合差异和销售数量差异，以此明确销售总量偏差的具体原因。在多品种产品销售的前提下，影响销售数量差异的因素包括总销售量实际值与预算值的差异、该产品在总销售量中的预算比重、该产品预算的边际贡献。在多品种产品销售时，由于产品实际销售占比与预算销售占比之间的差异产生销售组合差异。影响销售组合差异的因素包括该产品实际销售占比与预算占比的差异、当期企业实际总销售量、该产品预算的边际贡献。销售数量差异又可细分为市场规模差异和市场份额差异，其中，市场规模差异是由于市场整体规模的变化对企业经营收益产生的影响，市场份额差异则是由于企业所持有的市场份额变化而对企业经营收益所产生的影响。

影响销售价格差异、销售数量差异的因素很多，应逐一分析差异原因，明确相应责任部门。例如，由于宣传营销不到位，市场认可度不够导致销售价格和销售数量的差异应由销售部门承担责任；由于产品质量不合格导致折扣销售、销售数量下降的情况，应分析产品质量问题的具体原因并由相关责任部门承担责任；由于竞争对手研发新产品上市产生的销售价格和销售数量差异应由研发部门承担责任。应针对差异原因明确相应的改进方案并积极在销售过程中落实。实际业务中，企业生产、销售多种产品的情况常见。

(五) 售后服务业务报告

售后服务业务报告的内容一般包括售后服务业务预算、售后服务业务执行结果、差异分析及改善建议等。售后服务业务报告重点反映售后服务的客户满意度等方面的内容，包括产品市场份额、客户满意度、客户获得情况、服务质量等指标。

售后服务业务差异原因多样，应具体分析原因并明确责任承担部门。例如，售后服务部门服务意识不够导致的客户投诉应由售后服务部门承担责任，由于产品质量问题导致的满意度低下应具体分析原因由相关部门承担责任。售后服务部门应总结提炼实际业务的问题并向经营管理层提出相关建议和意见。

(六) 人力资源报告

1. 人力资源报告内容

人力资源报告的内容一般包括人力资源预算、人力资源执行结果、差异分析及改善建议等。人力资源报告重点反映人力资源使用及考核等方面的内容。人力资源执行差异原因受两方面因素影响：一是直接人工工资率差异，二是直接人工效率差异。前者差异由人力资源部门负责，后者差异由生产部门负责。

人力资源执行结果通常受直接人工工资率水平的影响，一般而言，直接人工工资率差异通常由人力资源部门负责。工资率差异形成的原因涉及多种因素，如直接人工级别调整(升级或降级)、奖励制度影响、工资率调整、加班、临时工使用、出勤率变化等。人力资源执行差异应详细调查分析原因，结合实际情况明确差异责任部门。应结合差异原因提出相应改进策略。实际业务中，生产一种产品往往需要多道工序，所需要投入的人工成本较为复杂，但是直接人工工资率差异的计算方式相同，只需在编制业绩报告时将各种直接人工工资率的成本差异汇总即可。实践中需要做好基础工作加总同类业务影响数进行比较分析。

2. 人力资源案例——A 企业 2017 年人力资源报告

A 企业生产甲产品，耗用 B 原材料，预计全月的生产能力标准总工时为 1000 小时、计划生产 500 件甲产品，当月实际耗用工时 1200 小时、生产甲产品 575 件，标准单位工资率为 5.00 元/小时，实际工资率为 5.50 元/小时。A 企业计算人力成本差异如表 7-26 所示。

表 7-26 A 企业人力成本差异

工资等级	实际工时	实际工资率	标准工资率	单位工资率差	工资率差异
一级	1200 小时	5.50 元/小时	5.00 元/小时	0.50 元/小时	600(U)

注：U 为不利差异。

A 企业 2017 年人力资源报告如下。

人事部门 2017 年圆满完成了年度工作任务，全年无安全生产事故，累计完成人事招聘 200 人次，同比增加 10%，开展各类培训 3000 小时，同比增加 15%。2017 年员工满意度调查结果为 90.5%，较去年同期上升一个百分点；全年员工离职率为 5.8%，同比下降 0.2%。全年直接人工实际工资率高于标准工资率十个百分点，标准工资率为 5.00 元/小时，实际工资率为 5.50 元/小时，由于工资率超标导致产生直接人工工资率不利差异 600.00 元。具体分析如下。

依照甲产品生产要求，招聘技术类一级水平生产工人负责产品生产。年度预算明确一级水平工人标准工资率为 5.00 元/小时，实际工资率为 5.50 元/小时，单位工资率差异为 0.50 元/小时，全年由于工资率差异而产生直接人工工资率不利差异 600.00 元。

人工工资率差异的主要原因是根据公司 2017 年董事会决议自 2018 年起全员人工工资上调，工资上调具体方案已报经董事会批准，按照方案生产甲产品的一级员工工时工资上浮 10%，由 5.00 元/小时上调至 5.50 元/小时，并自 2018 年 1 月 1 日起全公司开始执行新的工资率标准。2018 年全年，公司生产甲产品 575 件，实际耗费一级人工 1200 小时，人工工资率上浮后实际直接人工成本 6 600.00 元，超支 600.00 元直接人工成本是由于工资率上升所致。

综上，人事部门圆满完成了年度人事工作，直接人工成本超支原因客观合理，特此报告提请公司审议。

第五节　管理会计报告信息系统的建设

一、管理会计报告信息系统的需求分析

管理会计报告信息系统是个性化很强的信息系统，它与企业的性质、规模、所在行业、管理模式、管理者的知识背景、管理偏好等相关联。要结合企业的实际情况及管理需要进行管理会计报告设计。企业信息化程度及已上线功能模块的使用程度对管理会计报告信息化有着重要的影响，一般而言，信息化程度越完善，管理会计报告信息系统的应用效率越高。以下从共性角度概述需求分析特点。

首先，管理会计报告信息系统离不开分析模型的支持，通过建立业务模型模拟企业的商业模式和业务模式，进而分析论证并提供有效的管理会计报告。因而，管理会计报告信息系统必须具备强大的建模能力，如预算模型中的预算目标测算和分解模型、滚动预测模型、成本费用分配模型、业务分析模型等。随着互联网和信息化时代的到来，管理会计报告信息系统的建设必须应用商业智能技术。

其次，业财融合是管理会计工作的基础，通过管理会计工具的应用将涉及业务方面的内容进一步细化为产品角度、客户角度、地域角度、渠道角度等，也意味着管理会计信息系统必须实现从不同角度来组织、存储、计算和展现相关数据。

再次，管理会计报告信息系统是大数据平台的建立，通过各类数据的搜集、分类、整理、积累，构成了管理会计信息化系统数据平台。数据不仅包含财务口径数据(如收入、成本、费用、利润等价值量数据)，还包括大量业务实物数据(如产量、标准作业量、人工及工时量数据)，以及管理会计报告数据(如预算数据、成本数据等)。

最后，管理会计报告信息系统必须灵活适用。随着企业发展，组织内部的业务流程、生产工艺、组织架构等都会随之变化，要求信息系统必须适应业务需求，能够灵活调整。通过可视化的图形、图标和计量表，以记分卡和仪表板形式形成财务、业务和绩效监控的鸟瞰图，跟踪相关指标并通知相关趋势和可能需要的决策。

二、建立管理会计报告信息系统的解决方案

企业需要考虑自身的经营特点和管理基础，搭建能够满足自身需求的管理会计报告体系。而一个能够和企业已有系统集成的管理会计报告系统则是企业管理会计报告体系的核心。商业智能(Business Intelligence，BI)作为一种可以将数据迅速转化为知识的工具，能够较好地满足管理会计报告的分层次、多维度、灵活性等特点。所以，企业大多利用BI 搭建管理会计报告系统。BI 具有强大的建模能力，可以按不同的主题建立业务模型和财务分析模型。商业智能由数据仓库、联机分析处理、数据挖掘、数据抽取转换加载等技术组成，提供了迅速分析企业数据的技术和方法(包括收集、管理和分析数据)。商业智能的关键是从来自企业许多不同运营系统的数据中提取出有用的数据并进行清理，以保证数据的正确性，并将数据合并到一个企业级的数据仓库中，从而得到企业数据的全局视图，在此基础上利用合适的查询和分析工具、数据挖掘工具对数据进行分析和处理，形成有用的信息，对管理者的决策过程提供支持。

商业智能技术的特点完全符合管理会计信息系统获取数据的要求，国外主流的企业绩效管理软件供应商多数也都是商业智能软件厂商。依托于较成熟的商业智能技术平台，已搭建包含全面预算、ABC 成本、管理报告和分析、管理仪表盘等内容在内的管理会计报告信息系统的应用平台。从国内外应用企业案例来看，多数应用深入、效果明显的管理会计信息系统也是基于商业智能的管理会计系统。

三、建立管理会计报告信息系统的步骤

(一) 统一标准，准备好基础数据

首先，借助于 BI 搭建统一的管理会计报告平台，把各类数据整合到平台中，如财务、销售、生产，以及其他业务部门数据。其次，统一标准构建一套集团层面的管理会计报告指标库。具体包括：各类数据分类标准统一，如资产的分类、成本的分类等都需要统一；管理方法及操作流程方面的统一，如对某一项业务的处理方法需要统一；对指标的名称、含义、指标对应的数据源，以及统一指标的计算逻辑进行统一，如从业务角

度来讲，包括财务类、业务类、运营类等指标；要确定评价指标的具体角度，如产品角度、客户角度、地域角度、渠道角度等，并明确各类指标的具体分析方法。最后，需要根据公司和行业特点，建立指标体系的标准值，通过对比指标的实际值和标准值进行定性或者定量判断，特别注意因行业、发展阶段差异所产生的影响，以及指标关联性所产生的影响。例如，针对人工成本指标较低的情况，需要分析劳动效率指标和工资定额指标，若劳动效率低下导致人工成本偏低就不是好事。指标必须关联起来看，抽丝剥茧，清晰分析问题的路径。

管理会计报告系统并不是孤立的，它与核算系统、业务体系集成和互通。通过管理会计报告系统与核算系统、业务系统等系统进行数据集成，可以消除信息孤岛，实现数据共享和重用。

（二）完善制度及环境建设

管理会计报告体系的搭建作为一个系统化工程，需要在组织建设、思想建设、实现目标等方面做好准备。首先，在组织建设方面应建立专职部门并配备相应的人员。企业管理会计报告工作的开展与人才储备密切相关，除了招聘和内部培养管理会计方面的人才之外，还可以借助于外部的专业机构通过外包方式搭建起较为成熟的管理会计报告体系。其次，在思想建设方面，企业应该统一思想，让全员认识到管理会计报告工作的重要性，该项工作的开展离不开全员支持；该工作特别需要公司高层对该项工作的重视与支持，离开了高层的支持，管理会计报告信息化工作将难以开展。最后，管理会计报告体系的搭建需要企业结合实际情况明确其定位。不同行业、不同背景的企业对管理会计报告信息化工作的要求差异很大，企业应根据实际情况确立目标，可以采取整体规划、分步实施的方法，循序渐进地搭建管理会计报告体系。管理会计报告体系的建设和企业管理水平的提高其实是一个相辅相成的过程，无论何种管理基础企业，均可开展管理会计报告体系建设工作，统一标准、统一规范是开展体系建设的基础。

四、管理会计报告信息系统的应用案例

D集团是一家横跨三省区、资产近千亿元的煤炭生产企业。在企业管理精细化水平不断提升的情况下，OA系统、财务管理系统、生产管理系统、EAM系统、ERP系统、全面预算系统等都陆续进行了完善和优化。随着管理体系的优化、系统的运行，企业经营管理数据量也随之增加。如何实现从管理到体系、从体系到数据、从数据到信息、从信息到知识、从知识到利润的转化，是该集团管理提升和信息化改善面临的新难题和大挑战。[①]

① 案例改编整理自元年科技BI大数据分析平台实施案例，网址http://www.yuanian.com/index.html。

(一) 项目总体需求梳理

BI实施团队进驻之后，通过与D集团管理层的沟通和深入各单位、各部门的调研访谈，最终明确了D集团搭建以成本分析为中心的BI分析平台。解决了D集团在项目实施之前存在的体系设计、数据采集和分析展现的问题，满足了煤炭生产企业以成本为核心的管理分析需求和决策支持需要。明确项目数据分析方面存在的问题及BI平台搭建的需求。

(1) 各层级管控重点不同，成本分析内容不完善。D集团的组织生产方式为集团对矿井单位进行管控，矿井单位对本矿的各生产区队进行管控，每个管理层面需要关注和解决的问题各不相同。D集团层面、矿井层面、区队层面成本分析内容不够完善。

(2) 数据源分散，数据校对和交叉统计困难。D集团信息化系统众多，且均来自不同的厂商。不同职能部门的领导所需要的决策信息侧重点不同。目前集团主要依靠业务人员手工统计或从系统中导出再加工的方式来统计数据提供给领导。但这种方式存在数据统计的严重滞后性，且工作量非常大，也导致数据的准确性难以保障。各个系统数据口径不一致，也使数据的校对工作和不同业务部门交叉统计工作难以进行。

(3) 手工报表工作繁重、展现形式单一。目前的报表大多形式单一，表现力不强，无法给决策者直观的信息印象；同时，复杂报表的制作，更多依赖于个人对报表工具的掌握能力。当工具的复杂度增加时，报表的维护就成了很大的障碍，不利于形成团队的知识转移。

(4) 对高端分析的支持不足，缺少智能化分析工具。面对近两年行业下行压力的加大，企业决策层更需要对企业全局的及时把控，对决策信息尤其是成本信息的快速获取，对决策信息更加直观形象多维度的分析。

突破管理瓶颈的解决方案就是构建统一的分析模型、数据采集、数据建模加工、数据展现平台，也就是由事务型系统向决策支持型系统升级，透过多维视角把握现状，运用有效工具预测未来，高效传递数据价值。

(二) 项目详细分析主题

1. 集团管理驾驶舱

集团管理驾驶舱是供集团领导查看整个集团经营全貌的分析页面，通过集团关键指标的对比分析可直接下钻到明细业务环节，进一步查看产生数据的原因。集团管理驾驶舱包括集团 KPI 指标、矿井单位 KPI 指标、生产情况、应缴税费、资产运营状况、日常经营报表分析等内容。

2. 销售分析

销售分析包括集团销售情况分析和矿井销售情况分析两部分，可对集团自产煤、外购煤及托管矿井的销量、售价、吨煤完全成本、吨煤利润等进行对比分析。

3. 成本分析

成本分析可由完全成本分析对直接成本、间接成本、作业环节直接成本、区队成本进行分析。直接成本还可以再进一步获取到明细成本科目，如对材料成本、电力成本、人工成本、矿务工程费等进行分析。

4. 生产分析

生产分析主题分为设备效率分析和生产效能分析。设备效率分析主要包括设备综合效率、设备出动率、设备有效生产效率；生产效能分析主要包括成本与煤量涨幅分析、综采区队单产分析、连采区队单产分析。

5. 人工分析

人工分析主要包括人工效率分析和人均指标分析。人工效率主要分析直接工效、全员工效、掘进工效、全员产值贡献、全员利润贡献。

6. 税费分析

税费分析主要分析各区域的应缴税费结构占比及主要应缴税费科目的结构占比。

7. 财务比率分析

财务比率分析，包括盈利能力指标、资产质量指标、债务风险指标、经营增长指标。将这些财务比率与煤炭行业优秀值、良好值、平均值、较低值、较差值进行对比，可发现集团处在行业内的水平，为进一步提高工作效率、明确发展目标做好准备。

(三) 项目实施效果

BI分析平台解决方案提供了融管理体系、分析模型和方法、数据采集和保存、分析展现方式为一体的成本综合分析和决策支持平台，具体有以下作用。

1. 梳理企业管理思路，明确成本分析模型和方法

D集团在近年来积累了很多可行的成本管理和分析办法，通过BI平台，各级领导的管理思路得到体现，多维视角得到强化，分析内容得到明确，分析方法得到优化，业财数据得到融合，由果溯因的路径得到贯通。

2. 规范企业信息资源，实现高效的商业智能系统

该解决方案采用多维数据仓库作为稳定的数据支撑平台，数据采集和整理实现流程化和规范化。前端报表制作、展示、梳理与整合工作交由功能强大的BI设计工具来完成，达到了报表效果丰富、格局整洁，信息定位方便快捷等预期效果。同时，系统的报表格式可以在非开发环境中进行设置，其操作难度足以让非IT人员认识和接受。

3. 固化日常经营分析报表，减少重复工作量，永久性储存数据

对于财务部门、人力部门、生产部门、规划部门日常用到的报表及领导关注的经营分析报表，可以在系统中进行固化，便于领导随时查看；同时将数据永久性储存在系统中，避免了由于人员变动造成的数据丢失。

4. 历史数据收集，从海量数据中挖掘有用信息，用于支持领导决策

D集团建矿时间长，积累了大量历史数据，但是由于历史数据较为分散，且没有一个有效的存储平台和分析工具，历史数据的价值始终没有被开发出来。该解决方案将积累的历史数据导入系统数据库，在系统中进行历史数据的分析挖掘，从历史数据中找到生产经营的变化趋势，为领导决策提供了帮助。

5. 借助分析平台，提高企业决策的客观性、准确性、时效性

历史数据和现有数据口径的统一、业务人员准确及时的填报，保证了领导决策所必需的数据和报告是客观的，数据、信息是准确的，而不是靠经验、凭感觉拍板，杜绝了业务部门上报数据时由于种种原因可能导致的数据不真实、不全面。

6. 提高了数据资产利用率和企业综合利用信息的能力

该解决方案提高了 D 集团数据资产利用率，从广度上说，可以打破“信息孤岛”，给各业务领导提供一个统一的展示平台，整合数据，保证数据的关联性、一致性。从深度上说，将各业务部门数据获取、加工后，对数据进行分析、挖掘，实现“数据→信息→知识→智慧”的转变。

7. 为企业各层级搭建数据分析共享平台，打破沟通壁垒，提高沟通效率

在煤炭行业经济下行、竞争压力加大的背景下，降本增效成为 D 集团的重中之重。该分析平台实现了数据的统一采集、集中展现，有效地提高了企业各层级、各部门数据信息的流动效率和沟通效率。该平台已成为集团领导等决策层获取信息的主要渠道，成为各矿经营领导分析工作的主要方式，成为各财务部门对业务监控的信息平台，成为业务部门进行业务预警的重要手段。

本章小结

管理会计报告信息的可靠性是关键，企业内部的财务和业务信息、来自外部的其他信息，与企业经营决策相关且有助于各层级管理者做出规划、决策、控制和评价等活动的信息，在管理会计报告中予以披露。管理会计是对未来营运活动进行前瞻性管理，管理会计报告传递信息必须及时，以便管理者依据管理会计报告信息进行决策。管理会计报告自由度较大，依据管理者的决策需要而设定，没有固定统一的格式。报告可采取文字、数据和图表相结合的方式进行，报告内容可以是专项部分也可以是整体全面。本章结合管理会计报告从战略层、经营层、业务层分别通过相关案例对各种管理会计报告进行了分析，帮助理解管理会计报告，旨在通过案例方式对各类管理会计报告信息化进行指导。

关键名词

管理会计报告　战略层管理会计报告　经营层管理会计报告　经营层管理会计报告　业务层管理会计报告　管理会计信息化

思 考 题

1. 管理会计报告的目标是什么？按管理层级划分，管理会计报告可以分为哪几类报告？

2. 战略层管理会计报告包括哪些内容？经营层管理会计报告包括哪些内容？业务层管理会计报告包括哪些内容？

3. 管理会计报告与财务报告的区别有哪些？两者有何种联系？

4. 管理会计报告信息系统建设的特征有哪些？

案 例 分 析

案例背景：

(一) 背景介绍

得力集团有限公司(简称“得力文具”)成立于1988年，经过30年的发展，现已成为一家专业从事办公文具制造的中国民营企业500强公司，在国内轻工文教行业排名第一。经过多年的经营，得力文具已经在研发、生产、产品、渠道、物流等方面引领行业的发展，现主要以品牌经营为主，为消费者提供办公采购一站式服务。得力文具处于该行业的领先地位，有其独特的管理特征。

(1) 组织架构复杂。得力文具作为集团的控股母公司，下属约60家控股或全资子公司。这些独立的法人单位，以独立的法律主体或税务主体形式存在。但是，以资本为纽带的法人组织，在集团内部管理上并不一定是一个独立的管理主体。人事组织架构上，调整与更新现有组织架构的不合理之处，以组织架构来规划管理会计主体。

(2) 营销渠道多样化。得力文具属于快消品行业，得力文具在长达30年的渠道建设过程中，成立了60余家销售公司，建设了6000余家战略合作经销商。得力文具在2000年成立电子商务事业部，与京东、天猫建立战略合作关系，建立B2B电子商务平台，满足大客户直销的电商采购需要。成立大客户直销事业部，专门针对办公用品集中采购的政府类招标业务。与沃尔玛、华润等大型超市直接建立了业务合作关系。得力文具2013年前将生产基地转移到海外，并在海外市场推广得力品牌。在中东、南亚、东欧等地区建立了6家营销管理公司，与150多个国家(地区)、300余家海外经销商建立战略合作关系。

(3) 多源化项目供应商。得力文具按照产品的项目分类，设立了文具工厂、装订工厂等15家工厂。随着销售规模的提升，产品品类的不断增加，得力利用自身品牌与研发优势，将产品外包给全国其他工厂生产，超过50%的品类通过类似OEM方式完成产品的生产加工。从生产制造商逐渐转变为品牌经营商，提高规模效应。

(4) 多层次的供应计划链条。得力文具的产品包括商用机器、IT耗材、体育用品、办公生活、学生文具等20余个系列5000余个品种。产销计划部门负责编制滚动的销售预算，根据安全库存与交货期，将生产计划交给加工工厂，生产完毕，进入集团总仓。库存控制是得力文具营运系统的短板，要么造成货物短缺，引起客户极大的抱怨；要么引起库存的积压与呆滞，造成资金成本、仓储成本、货损成本的上升。

(二) 内部管理报告体系

在得力文具的内部管理报告体系建立过程中，有两个关键的节点。第一个关键节点是公司中高层管理人员系统地学习了稻盛和夫先生的阿米巴经管理念，并在相关业务部门引入阿米巴管理模式。第二个关键节点是借助IBM管理公司的咨询成果，对得力文具的财务组织架构进行了重组与构造，使财务会计与管理会计彻底分离，管理会计在组织中的地位得以保障。

1. 战略层的内部管理报告

(1) 外部环境分析。该模块主要对办公文具行业所处的宏观环境进行 PEST 分析；对产业环境开展五力分析，对齐心、晨光竞争对手及国际品牌(如BIC、PLUS)等潜在进入者进行分析，对得力文具规模化、集约采购对供应商的影响进行分析，其他如买方分析、替代品分析等均在该模块编制比较详尽的分析报告。

(2) 总体业绩分析。提炼集团公司整体关键经营目标，如销售收入、利润、经营性现金流量、人均产值、期间费用、新产品销售、研发投入指标等，以结果为导向反映得力文具整体的经营成果。经营成果的时间维度指标包括目标值、累计值、达成率、增长率，反映公司内部经营质量；空间维度包括与同行业的上市公司如晨光文具、齐心办公、广博文具等进行相关指标的比较，反映公司与同行业企业相比经营质量的高低。

(3) 营销与生产业绩分析。该模块主要反映销售收入与生产产值的整体变化趋势，以及各营销渠道、各工厂的目标达成情况。重点在于揭示异常数据，分析原因，提出对策。

(4) 营运资金分析。该模块主要反映经营性现金流量的质量，尤其是通过营运资金同比增幅、目标达成率与营运资产周转率的分析，揭示经营性现金流量与营运资金之间此消彼长的逻辑关系，在现金流量不足的情况下，提出如何减少营运资金的占用以释放充足的现金流量。

(5) 投融资分析。该模块主要反映重大投资项目的进度与资金来源、年度的资金预算执行情况、近期融资动态与资金存量、资金成本的变化趋势、集团整体资产负债水平等。

(6) 利税分析。该模块主要用于分析各区域、各法人单位对于税负规划的执行情况，反映集团整体及各业务单位的利润状况。

2. 管理层内部管理报告

针对产品供应商的生产体系与商品采购体系的经营业绩报告和针对国内外营销体系的经营业绩报告构成。

(1) 产品供应商的生产与采购体系经营业绩报告。

该报告主要反映一个独立完整体系的经营质量。例如，在生产经营业绩报告中，主要反映财务模块中销售收入、净利润、可控费用占比；在顾客市场的模块中，反映品质合格率、投诉次数、客户满意度；在先进生产力的模块中，反映人均产值、人力成本、工伤与安检情况；在过程有效性的模块中，反映缺货率、订单达成率、半成品周转率、呆滞物料存量等。

(2) 营销体系的经营业绩报告。

在营销体系的经营业绩报告中，财务模块包括销售收入、利润、费用等项目；内部运营模块反映应收账款周转率、存货周转率、呆滞存货存量、人均销售收入等信息；市场开发模块反映渠道客户开发、新品销售、重点品类推广等内容。

3. 操作层的管理报告

该报告主要以各渠道、各销售分公司和各工厂、商品采购部门为管理主体出具经营业绩报告。

4. 专题项目

该部分主要是针对一些重大的管控项目进行单独的报告，比如月度、年度的资金预算。按照不同的属性与维度对费用进行归类与管控，对新开发的项目进行专题报告等。[①]

请思考：

1. 请根据上述案例背景，结合本章的学习内容，动手为得力公司设计各类战略层管理会计报告、经营层管理会计报告、业务层管理会计报告，并思考如何将上述管理会计报告应用于日常管理之中。

2. 结合不同行业特点(房地产业、制造业、商贸行业、金融行业等)，由实务角度考虑各行业企业应如何应用管理会计报告开展管理工作？结合行业及企业实际情况，考虑如何开展管理会计报告信息化工作？

① 吴富中. 基于管理会计的内部管理报告体系构建——以得力文具为例[J]. 财会月刊，2016(4): 71-77.

参 考 文 献

[1] Johnson, H.T., and R.S.Kaplan. 1987. Kaplan's Relevance Lost: The Rise and Fall of Management Accounting.Harvard Business School Press.

[2] Kaplan，R.S.1984.The Evolution of Management Accounting. Accounting Review, 59 (3): 390 -418.

[3] 管理会计应用指引第 300 号——成本管理.

[4] 管理会计应用指引第 302 号——标准成本法.

[5] 管理会计应用指引第 304 号——作业成本法.

[6] 管理会计应用指引第 802 号——管理会计信息系统.

[7] 财政部关于印发《管理会计基本指引》的通知——财会〔2016〕10 号.

[8] 周森苗. 作业成本法在 T 半导体封装测试工厂的运用研究[D]. 武汉大学硕士专业学位论文. 2015.

[9] 孙茂竹，等. 管理会计学[M]. 7 版. 北京：中国人民大学出版社，2015.

[10] 吴大军. 管理会计[M]. 3 版. 大连：东北财经大学出版社，2013.

[11] 葛家澍，余绪缨，等. 会计大典第五卷：管理会计[M]. 北京：中国财政经济出版社，1999.

[12] 李天民. 管理会计研究[M]. 上海：立信会计出版社，1994.

[13] 岳爱真. 管理会计[M]. 武汉：华中科技大学出版社，2010.

[14] 毛付根. 管理会计[M]. 北京：高等教育出版社，2007.

[15] 葛家澍. 成本会计[M]. 北京：北京师范大学出版社，2007.

[16] 王海林. 管理会计信息化[M]. 北京：高等教育出版社，2018.

[17] 温素彬. 管理会计——基于 Excel 的决策建模[M]. 北京：中国工信出版集团，2015.

[18] 杨世忠. 管理会计的逻辑(一)——主体、目标与定位[J]. 财会通讯，2015(16).

[19] 青光源. 试论现代管理会计的对象[J]. 会计研究，1986.

[20] 刘梅玲. 管理会计信息化基础理论研究[J]. 财会通讯，2017(22).

[21] 刘勤. 我国管理会计信息化发展体系探讨[J]. 财会通讯，2017(22).

[22] 唐定碧. 标准成本法在企业成本管理中的应用[J]. 企业改革与管理，2018(05).

[23] 张彦，丁冉. 作业成本法的成本内涵及其应用[J]. 财会月刊：上 • 财富，2015(7).

[24] AI. 埃巴. EVA——如何为股东创造财富[M]. 凌晓东，等，译. 北京：中信出版社，2001.

[25] 白思俊. 现代项目管理[M]. 北京：机械工业出版社，2017.

[26] 毕意文，孙永玲. 平衡计分卡中国战略实践[M]. 北京：机械工业出版社，2003.

[27] 池国华，张彪. 央企实施 EVA 的现状分析与启示[J]. 财务与会计，2010(7).

[28] 胡玉明. 管理会计发展的历史演进[J]. 财会通讯，2004(1).

[29] 胡玉明，叶志锋，范海峰. 中国管理会计理论与实践：1978 年至 2008 年[J]. 会计研究，2008(9).

[30] 胡玉明. 强化管理会计理论研究的“中国元素”[J]. 财务与会计，2015(1).

[31] 胡玉明. 中国管理会计的理论与实践：过去、现在与未来[J]. 新会计，2015(1).

[32] 胡玉明. 中国管理会计理论研究：回归本质与常识[J]. 财务研究，2017(3).

[33] 刘曜铭，赵团结. PPP 项目风险计分卡的构建与应用[J]. 财务与会计，2018(12).

[34] 鲁百年. 全面企业绩效管理[M]. 北京：北京大学出版社，2006.

[35] (美)COSO 制订发布. 企业风险管理——整合框架[M]. 方红星，王宏，译. 大连：东北财经大学出版社，2005.

[36] (美)PMI. 项目管理知识体系指南[M]. 6 版. 北京：电子工业出版社，2018.

[37] 尼尔斯·约兰·奥尔韦，等. 使 BSC 发挥效用——平衡战略与控制[M]. 裴正兵，译. 北京：中国人民大学出版社，2004.

[38] 苏常强，冯巧根. 管理会计系统理论与实践创新[J]. 财会通讯(综合版)，2008(5).

[39] 王化成，刘俊勇，孙薇. 企业业绩评价[M]. 北京：中国人民大学出版社，2004.

[40] 英国皇家特许管理会计师公会. 管理会计师的基本工具[M]. 上海：复旦大学出版社，2016.

[41] 于增彪，张黎群. 平衡计分卡：理念、要点与经验[J]. 财务与会计(理财版)，2010(4).

[42] 赵团结，唐建新. 浅析平衡计分卡在企业实践中的应用[J]. 财会通讯(综合版)，2008(9).

[43] 赵团结. 企业财务风险预警体系设计与应用[J]. 财会通讯(中)，2009(6).

[44] 赵团结，奚清卉. 浅议 KPI 与 BSC 的比较及在企业中的综合运用[J]. 中国总会计师，2009(9).

[45] 赵团结. 个人平衡计分卡在企业中的应用探析[J]. 财会通讯(中)，2009(11).

[46] 赵团结，谢少华，李峻，李燕. 全面风险管理理念下 BSC 的应用探讨[J]. 新会计，2011(8).

[47] 赵团结. ABC 和 BSC：管理会计创新的典型代表[J]. 新会计，2011(11).

[48] 赵团结. 企业在实施 ERP 项目过程中应关注的十个问题[J]. 会计师，2011(7).

[49] 赵团结. 信息化视角下企业风险计分卡应用研究[J]. 财会通讯，2015(29).

[50] 赵团结，王子曦. 风险控制导向下 PPP 内部控制模型的构建[J]. 财务与会计，2017(14).

[51] 赵团结. BSC 在 PPP 项目绩效评价中的应用[J]. 财务与会计，2018(4).

[52] 赵团结，王姗. PPP 项目管理会计实践探索[J]. 国际商务财会，2018(5).

[53] 赵团结，李振. 项目管理软件在 PPP 项目中的应用探索[J]. 中国管理信息化，2018(12).

[54] 王兴山. 数字化转型中的财务共享[M]. 北京：电子工业出版社，2018.

[55] 互联网+企业赢在数字化转型[J]. 浪潮 ERP 特刊，2016(02).

[56] 新财务 大共享[M]. 浪潮财务共享云最佳实践，2016.

[57] 黄庆华，杜舟，段万春，杨鑫. 财务共享服务中心模式探究[J]. 经济问题，2014(07).

[58] 唐勇. 财务共享服务下传统财务人员的转型[J]. 财会月刊，2015(19).

[59] 黄哲芳. 财务共享服务中心构建研究[D]. 厦门大学，2014.

[60] 王钊，黄旭，吴念芝. 大数据背景下财务共享服务模式建构的途径[J]. 中国管理信息化，2016(01).

[61] 年瑞丰. 财务共享服务在中国的应用研究[D]. 财政部财政科学研究所，2012.

[62] 袁绪民，陈琦，张黎群. 财务共享服务下财务人员的转型出路[J]. 财会月刊，2014(03).

[63] 李闻一，朱媛媛，刘梅玲. 财务共享服务中心服务质量研究[J]. 会计研究，2017(04).

[64] 陈虎，陈东升. 财务共享服务案例集[M]. 北京：中国财政经济出版社，2014.

[65] 陈虎，等. 财务信息系统[M]. 北京：中国财政经济出版社，2017.

[66] 杨学富，耿广猛. 管理会计实训教程[M]. 大连：东北财经大学出版社，2014.